"十二五"国家重点出版物出版规划项目
教育部新兴领域教材研究与实践项目
城市交通系列教材　　邵春福　闫学东　总主编

城市交通经济

（第2版）

贾元华　编著

北京交通大学出版社
·北京·

内 容 简 介

本书根据我国近十年来城市化进程所处的新的历史阶段，重点补充完善了新的数据、新的经济现象、新的业态、新的观点、新的政策，以及新的案例等内容，并尝试从经济学视角做了一定的分析论证。全书共11章，内容包括绪论、交通运输与城市经济社会发展的关系理论、城市客运交通需求、城市交通供给、城市物流与城市经济发展、城市交通运输成本、城市交通运价、城市交通运输市场、城市交通外部性理论及应用、城市交通运输基础设施建设项目投资评估与后评价、城市交通经济政策。

本书是“十二五”国家重点出版物出版规划项目“城市交通系列教材”之一，既可作为大专院校城市交通类相关专业的教材，也可供交通规划、城市规划及相关领域专业人员使用。

图书在版编目（CIP）数据

城市交通经济 / 贾元华编著. —2 版. —北京：北京交通大学出版社，2022.11
ISBN 978-7-5121-4811-6

Ⅰ. ① 城…　Ⅱ. ① 贾…　Ⅲ. ① 城市交通运输–交通运输经济　Ⅳ. ① F57

中国版本图书馆 CIP 数据核字（2022）第 185494 号

城市交通经济
CHENGSHI JIAOTONG JINGJI

责任编辑：郭东青
出版发行：北京交通大学出版社　　电话：010-51686414　　http://www.bjtup.com.cn
地　　址：北京市海淀区高梁桥斜街 44 号　　邮编：100044
印 刷 者：北京时代华都印刷有限公司
经　　销：全国新华书店
开　　本：185 mm×260 mm　　印张：20　　字数：499 千字
版 印 次：2013 年 3 月第 1 版　　2022 年 11 月第 2 版　　2022 年 11 月第 1 次印刷
印　　数：1～1 000 册　　定价：65.00 元

本书如有质量问题，请向北京交通大学出版社质监组反映。对您的意见和批评，我们表示欢迎和感谢。
投诉电话：010-51686043，51686008；传真：010-62225406；E-mail：press@bjtu.edu.cn。

总序

现代交通系统对我国城镇化发展具有支撑性和先导性作用，它既是人们生活出行的基本保障，又是带动城市经济社会发展的"先行者"。自改革开放以来，我国的城镇化以年均超1%的速度快速发展，截至2021年年底，我国的城镇化率已经超过64.72%。城市交通系统，尤其在超大城市和特大城市，以公共交通为骨干的城市综合交通体系发展迅速，已经有28个省（自治区、直辖市）的51个城市开通了城市轨道交通系统，运营总里程位居世界第一。然而，城市交通拥堵、汽车尾气污染和交通事故多发等"城市病"现象也日趋严重，已经成为阻碍我国城市经济社会发展的社会问题，严重影响市民的生产和生活，人们出行的获得感、安全感不高，更谈不上满足感和幸福感。

"城市病"问题得到了政府和社会各界的广泛关注，但是至今高校尚没有设置城市交通专业，又没有与此对应的系列化、专业化教材，导致城市交通治理人才匮乏。城市交通牵涉人文、社会、政治、经济、工程等多个领域，是典型的交叉学科，治理城市交通需要复合型人才。

为满足社会对城市交通专业人才的培养需求，从2012年开始，作者与北京交通大学出版社共同组织北京交通大学交通运输学院交通工程和交通运输2个国家级教学团队的师资力量编写了"城市交通系列教材"，包括《城市交通概论》《城市总体规划》《城市交通调查》《城市交通规划》《城市交通流理论》《城市公共交通》《城市交通管理与控制》《城市交通设计》《城市交通枢纽》《城市道路工程》《城市交通安全》《城市交通经济》《城市智能交通系统》《城市交通专业实验教程》《城市智慧物流》，共15册教材。本系列教材获批了原国家新闻出版广电总局的"'十二五'国家重点出版物出版规划项目"，并于2016年完成了本系列教材第1版的出版发行。

本系列教材一直作为北京学院的主要参考教材使用。北京学院是北京市教育委员会借助在京高校的优势特色资源为北京市培养特需人才的一项重要工程。北京交通大学依托在交通运输领域的传统优势和特色，于2015年申报北京学院城市交通辅修专业并获批，并于同年招生，至今已经连续招收了6届。

本系列教材为"城市交通系列教材"的第2版。修订出版第2版的理由如下：首先，本系列教材初版发行6年来，受到了相关高等院校和科研单位的厚爱。其次，中共中央、国务院于2019年9月发布了《交通强国建设纲要》，于2021年2月发布了《国家综合立体交通网规划纲要》，并把交通强国建设作为国家战略，要求到21世纪中叶，构建安全、便捷、高效、绿色、经济的现代化综合交通体系，打造一流设施、一流技术、一流管理、一流服务，建成人民满意、保障有力、世界前列的交通强国，为全面建成社会主义现代化强国、实现中华民族的伟大复兴中国梦提供坚强支撑；实现"全国123出行交通圈"（都市区1小时通勤，城市群2小时通达，全国主要城市3小时覆盖）和"全球123快货物流圈"（国内1天送达，周边国家2天送达，全球主要城市3天送达），做到"人享其行，物优其流"。最后，城市和都市圈内部的“多规融合”和“多规合一”，京津冀、长三角、粤港澳、成渝等世界级城市群和国家、区域级城市群建设的推进，以及智慧城市、智慧交通和城市治理等对城市交通的知识体系和人才培养提出了新的需求。编写团队为适应上述需求的变革，修订出版本系列教材的第2版。

由于编者的水平、时间有限，本系列教材中难免出现疏漏和不足之处，敬请读者批评指正。

作　者

2022年10月

前　言

随着工业化和城市化进程的不断深入，我国经济发展很大程度上已进入工业化后期。从人均 GDP 标准看，2018 年我国人均 GDP 达到 7 755 美元，超过工业化后期 6 615 美元的门槛值。且 2019 年年底城镇人口比重达到 60.6%，略高于国际上工业化后期 60%的城镇化率门槛值。从经济增速看，随着现代交通运输与经济社会一体化程度的加强，工业化、城市化高速发展也带动了我国运输业总体水平的提升，城市交通（包括城市内、外部交通）已成为城市经济社会运行和发展的重要保障基础和支撑条件。城市交通问题已经发展成为社会普遍关注的重要民生问题，并且还将发展成为制约城市经济社会可持续发展和影响居民生活幸福感的关键问题。然而，我国目前尚无城市交通领域的系列教材，亟待提供一套相关的系列教材，以满足高等院校交通工程、城市交通等相关专业教学和行业培养的需要。本书是“城市交通系列教材”之一。按照系列教材总体要求，本书主要侧重介绍城市交通规划建设与管理中的经济学知识与理论方法，以便帮助城市交通规划建设与管理者以及广大用户运用经济学视角分析研究城市交通发展过程中的宏观与微观经济问题。

本书以供需关系为核心，主要针对城市交通系统存在的交通拥堵、供给需求矛盾、运力资源配置、公共交通发展及运输市场调控的经济政策制定等问题，运用经典经济学理论，参考城市交通规划和交通运输相关理论与方法，研究交通运输与城市经济社会发展的关系、城市交通客运需求特征及其演化规律、城市交通供给、城市物流运输、城市交通运输成本、城市交通运价、城市运输市场、城市交通外部性、城市交通运输基础设施建设项目投资评估与后评价、城市交通运输经济政策等内容。

本书的编著力争做到三个结合。

一是将学科发展的国际经验与中国实际情况有机结合。一些基本原理和方法可能具有国际普适性，但对原理和方法的把握则必须与本土的国情特点、经济发展水平、经济活动阶段性特征相联系，把抽象的原理与本土鲜活的、丰富多彩的城市交通现象相联系。本书在编著过程中力争充分吸收国际范围内相关教材所承载的理论和方法论体系，结合我国实际案例进行解读和理解，以便于本书读者熟练掌握并运用城市交通经济学理论与方法，分析、理解现实生活中的城市交通问题。

二是将成熟的理论、方法与最新学术研究成果有机结合。本书在系统介绍该学科领域已有的理论体系和方法论基础的同时，本着与时俱进的原则，还向读者介绍学科的最新动向以及理论创新发展的方向。

三是将经济学经典理论与交通运输工程、城市交通等学科专业知识、理论方法有机结合。本书注重学科的交叉和集成，城市交通问题涉及了经济、管理、交通运输和系统科学、系统工程等多学科的理论和方法，因此，本书注重经济学、交通运输工程跨学科知识与理论的有机结合，力争克服现有交通运输经济学教材中交通运输与经济板块融合深度不足的问题。

本书的编著者长期从事交通运输经济问题的研究，并具有丰富的经济学教学经验，因此本书在内容安排上特别注重交通运输发展与城市经济关系的研究。教材内容涵盖了经济学、城市经济学、资源经济学、物流经济学、管制经济学、技术经济学、交通运输学、交通工程学等学科，运用系统工程思路，对城市交通领域的经济问题进行系统阐述与分析，在编著过程中注重交通运输学、经济学、管理学、系统科学等多学科知识的有机结合，并按照研究型教学的教学改革要求，吸收了编者及其他学者的一些相关科研成果，在编著思路上更符合经济学应用分支类教材的属性特征。

本次再版按照“城市交通系列教材”的总体部署，其目的主要是根据国内外相关学科领域新发展，结合我国近十年来城市化进程所处的新的历史阶段，交通运输、经济协同发展所取得的新成就、新态势、新目标、新思路、新任务要求，特别是十九大以来党和国家提出的交通强国战略，以及国内外交通运输经济学领域学术理论研究创新成果，联系实际编撰而成的。

全书由北京交通大学贾元华教授负责主持编撰，罗江浩参与了第 6、10 章部分内容的编撰；尹曦辉、唐金金、李健、耿庆桥、赵良参与了第 3、7、9、10、11 等章节案例、习题的编写；此外，尹曦辉、张亮亮、李桦楠、税常峰、刘奕、唐会、李健、李为为、李超、孙东治、吴江、于帅、耿庆桥、赵良、薛晓娟等参与了资料收集、文献整理编辑等工作；耿庆桥、李健、赵良、郭慧婧、陈畅、李昆、周玉婷等参与了全书的文字录入、图表制作、校对等工作。在本书编写过程中得到了北京交通大学交通运输学院教学及相关课程组负责人邵春福、郭继孚、聂磊、贾顺平、姚恩健、武剑红、肖翔、尹相勇、李艳华、谢海红、李为为、景云、曾进等各位教授的指导和帮助，在此一并致谢。由于时间和个人能力所限，本书中难免存在不足之处，欢迎读者批评和指正。

城市交通经济学编著组

2022 年 8 月于北京

目 录

第1章

绪　　论

1.1　城市交通经济学概述

城市是人口、经济、文化等高度集聚的产物，也是一种社会形态或社会现象。纵观国内外城市形成和发展的历程，经济因素始终是城市发展重要的驱动力之一。城市经济在城市发展过程中特殊的地位和功能为人们认识城市的本质，以及如何推动城市发展提供了思路和研究方向。从最初的城市土地经济学到后来的城市经济综合发展研究，城市经济与社会文明协调发展，以及城市的可持续发展，城市经济学的学科体系一直处于一个动态的、为适应时代需要而不断调整、补充和完善的过程之中。众所周知，在人类社会城市化发展进程中，城市交通运输发挥了日益重要的保障和支持作用，并且，城市经济社会发展对城市交通综合服务水平的依存度在呈现不断增强的态势。两者之间的关系日趋紧密，也更为复杂化。从现代经济系统要素结构视角，城市交通经济学既是城市经济学的一个重要分支，也是城市交通规划建设与管理的基础理论，同时也是城市交通与经济一体化发展的理论依据。在国内外城市化发展的中后期阶段，随着城市交通问题的日益错综复杂，如何从城市资源环境角度及经济视角来解决城市交通现存的问题和矛盾，已成为城市可持续发展与管理的一个焦点问题。

1.1.1　城市交通问题

自18世纪工业革命以来，随着世界各国经济社会的持续快速发展，不断产生产业和人口在空间上的集聚，城市的数量和规模不断扩张。第二次世界大战以后，随着世界各国经济复苏，工业化和城市化进程不断加快，特别是汽车产业的民用化转型发展，各国主要城市道路基础设施建设步伐不断加快。近些年来，在城市化快速发展的过程中，为满足日益增长的交通需求，我国城市交通运输基础设施建设取得了长足的发展，城市居民出行及运输物流条件得到了显著改善，然而，除了面临持续存在的交通供需矛盾，城市交通发展的同时也带来了许多严重的负外部影响。如机动车拥有量的增长不但使石油等能源的消费需求日益增加，同时也造成了噪声和空气污染不断加剧；此外，机动车出行量的增加还导致交通事故频繁发生，城市交通环境恶化；等等。在以轿车为主导交通方式的城市中，城市交通主要存在以下问题。

1. 交通供需明显失衡

从 20 世纪 50 年代以来的欧美等西方发达国家，到 20 世纪 80 年代以后的中国等发展中国家，随着第二次世界大战后经济复苏，以及经济建设发展，城市化进程不断加快，城市人口和产业聚集度逐步提高，产城融合进入新的阶段，催化了城市交通需求的激增，使城市原有道路基础设施设计承载能力和新建道路供给能力的不足，与城市人口增长和交通需求不断增长之间的矛盾日益尖锐，特别是随着汽车产业发展，轿车拥有量、普及率的快速增长，导致一些城市尤其是大城市和特大城市的交通供需严重失衡，交通拥堵严重，环境恶化程度加剧，严重影响了城市经济社会的协调发展，成为制约城市经济增长和城市化健康发展的瓶颈。

从交通供给方面来看，由于基础薄弱，重视与投入不足，长期以来，相对于城市经济社会的快速发展，交通运输基础设施建设滞后，使得中国绝大部分城市一直处于交通供给能力不足，城市人均道路面积低于世界平均道路供给水平的状态；同时，城市道路修建和扩容速度滞后于车辆增长速度，车与路容量不匹配的矛盾日益突出；加之对静态交通问题考虑不够，停车空间和停车设施总量不足，布局与结构也欠合理，管理手段现代化程度不高，路边违规停车吞噬了有限的道路通行能力，进一步加剧了城市交通拥堵，如北京等大城市的交通拥堵已趋近于常态化，且愈演愈烈。

基于经济学需求理论，城市交通需求受到城市化水平、城市人口、市区规模、产业布局、居民收入和消费水平等因素的影响。一般来讲，随着城市人口及产业聚集度的不断增加，加上城市功能布局的不合理，势必会产生更多的交通需求，进而增加已有城市交通设施的使用率。伴随着城市规模不断扩张以及城市土地的稀缺性增强，“市郊居住、市内工作”的职住分离模式已经成为特大城市居民生活的真实写照，早晚高峰通勤需求数量巨大，使得脆弱的城市道路交通系统拥堵不堪。此外，随着城市居民物质生活水平的不断提高，加上近十年来轿车快速进入城市居民家庭，越来越多的人选择驾车出行，出行需求结构性变化也加剧了城市的交通拥堵现象。

2. 城市交通对资源环境的冲击所产生的负外部性问题

城市化进程的加快，机动车保有量的迅速增长，导致我国城市交通涌现出一系列问题，如交通拥堵、交通事故增加与交通安全状况恶化、空气污染和噪声污染、能源消耗。

1）交通拥堵

交通拥堵已经是当今城市亟待解决的问题之一，它破坏了人和货物运输的可达性，使经济生产付出更大的代价。造成交通拥堵的原因主要有两个方面：一方面，随着城市化和机动化的稳步发展，城市人口日益膨胀，城市居民的出行需求日益增长，生活水平的逐步提高也使家庭对轿车的需求日益增加；另一方面，城市道路建设的发展无法满足机动车增长的需要，致使单位面积道路上的车辆逐年上升，造成道路拥挤不堪，拥堵现象频繁发生。据相关研究机构调查分析，全国 667 个城市中，约有 2/3 的城市交通在“高峰”时段出现拥堵，其中 15 座主要城市每天因交通拥堵造成的经济损失近 10 亿元。

交通拥堵的直接危害是使行车速度降低，交通延误增大，城市客、货运输效率降低，带来巨大的时间损失、出行成本增加。虽然发达国家近几十年来一直致力于解决交通拥堵问题，但收效并不明显，例如，美国每年由于交通拥堵而导致的人均延误时间从 1982 年的 7 h 上升到 2000 年的 27 h，其中以轿车为主要出行工具的城市——洛杉矶的人均延误时间则高达 62 h。

近年来西欧国家的交通拥堵状况仍然在不断恶化，城市居民的出行时间在近二十年来增加了 2 倍。日本仍然是发达国家中交通拥堵最为严重的国家之一，日本首都东京的主要交通拥堵点有 51 个，首都高速道路最大拥堵长度高达 9.87 km，最长拥堵时间高达 17 h，几乎是终日处于拥堵状态。当然也应该看到，日本的城市扩张进程已基本接近尾声，加之长期以来大力发展公共交通的政策效果，以及社会大众较强的公共交通意识，使得日本的城市交通状况没有出现进一步恶化的态势。

相比之下，我国的城市化发展以及城市建设规模的扩张正处于方兴未艾阶段。城市交通已成为制约我国城市经济社会可持续发展的重要瓶颈之一。据高德地图与中国社会科学院社会学研究所、未来交通与城市计算联合实验室、阿里云等机构联合发布的《2018 年中国主要城市交通分析报告》的分析结果显示，2018 年全国 361 个城市中有 61%的城市通勤高峰处于缓行状态，13%处于拥堵状态，26%交通畅通。在拥堵占比上，有 11%的城市拥堵数据呈上升趋势，62%的城市低于 2017 年同期水平，剩余 27%的城市则基本持平。此外，在 2018 年“中国堵城排行榜”中，北京“实至名归”稳居第一，广州则位居第二。其中位居第八的上海，工作日平均通勤时长（早晚来回）为 85.27 min。按照这个时间计算，假如一个上海人工作 35 年，通勤用掉的时间大约为 11 869 h（约 495 d），而这其中有 5 443 h（约 227 d）是因为拥堵而浪费的。这样看来，在排名第一的北京，普通居民职业生涯就要在上下班通勤过程中无谓地浪费掉将近 1 年的拥堵时间。

2）交通事故增加与交通安全状况恶化

机动车保有量和出行需求的猛增，以及机动车与非机动车并存构成的混合交通，加之遵守交通法规意识欠缺等因素使得我国城市交通事故不断增加，经济损失严重。2019 年中国交通事故发生数量为 24.8 万起，交通事故死亡人数为 62 763 人，受伤人数为 256 101 人；机动车交通事故发生数量为 215 009 起；其中，汽车交通事故发生数量为 159 335 起；摩托车交通事故发生数量为 45 635 起，造成的直接财产损失达 13.46 亿元。交通事故宏观上已成为制约我国交通运输高质量发展，特别是“平安交通”目标实现的主要因素。

交通事故不但会给出行者的身心造成严重的危害，还会造成巨大的直接或间接经济损失。在许多发展中国家，交通事故是经济活动中造成居民死亡的最主要因素。据有关研究显示，在部分发达国家，交通事故是造成 30 岁以下居民死亡的最主要因素。交通事故的增加以及交通安全状况的恶化，不仅直接增加了城市经济系统的成本，也会使得城市经济运行效率降低。

3）空气污染和噪声污染

城市交通所产生的废气、噪声已经成为城市污染的主要来源。

目前，机动车燃油消耗量超过全国总油耗的 1/3，预计到 2020 年将达到 60%。城市交通发展除了带来对石油资源的大量消耗，加剧能源的稀缺性，机动车尾气也正在成为城市大气环境的主要污染源。据统计，我国大城市 60%的一氧化碳、50%的氮氧化物、30%的碳氢化物是机动车尾气造成的，空气污染每年给我国造成的损失大约为 GDP 的 5%。

第二次世界大战以后，噪声污染被公认是城市环境中仅次于空气污染和水污染的第三大公害，成为一个严重的社会问题。现代城市环境噪声主要来源于交通运输、工业生产和公共活动，而交通运输特别是道路交通仍然是造成城市环境噪声的最主要来源，相关研究结果表明，城市环境噪声中有 70%左右来自交通运输。

4）能源消耗

长期以来作为城市交通主要工具的机动车（包括公共汽车、轿车、出租车等）主要以石油等不可再生能源为动力来源，世界能源委员会的统计数据表明，全球交通运输能源结构中，石油制品占比为96.2%，天然气占比为2.3%，电力占比为1.1%。随着各国经济水平的增长，全球石油用量也将持续稳步增长，其中很大一部分用于交通运输。如果城市交通结构不发生重大改变，无论从全球石油资源的稀缺性不断增大，面临资源枯竭的威胁，还是我国石油资源严重短缺，长期依靠进口的现实国情特点来看，石油能源都将对我国城市交通的可持续发展产生巨大威胁。因此，来自资源环境不断增大的压力，倒逼城市交通发展必须坚持走“绿色交通”的道路。

1.1.2 城市交通经济学的基本概念

1. 城市交通的概念

城市交通是促进城市经济和社会持续发展的基础条件，也是增强城市综合竞争力和提高市民生活水平的重要因素。根据《交通大辞典》中对城市交通的定义，城市交通是指由各种交通运输方式（道路、铁路、水路、空路、管路）运载的城市内部和外部客与货的往来、传递和输送，这是广义上的城市交通的概念。城市交通系统包括城市公共交通、私人交通、对内交通和对外交通。

2. 城市公共交通的概念

根据《中国大百科全书》对城市公共交通的定义，城市公共交通是“城市中供公众乘用的经济方便的各种交通方式的总称，包括公共汽车、电车、轮渡、出租汽车、地铁、轻轨以及缆车、索道等客运交通工具及其配套设施”。它是联系城市生产和人民生活的纽带，对发挥城市功能、组织经济活动和促进社会发展具有重要作用，是国家当前和今后一个时期在基本建设领域中重点支持的产业之一。

根据《交通大辞典》对城市公共交通的定义，在城市及其郊区范围内为方便公众出行，用客运工具进行的旅客运输，是城市交通的重要组成部分。城市公共交通对城市政治经济、文化教育、科学技术等方面的发展影响极大，也是城市建设的一个重要方面。在城市公共交通结构中主要包括：公共汽车、无轨电车、出租汽车和各种轨道交通，如地铁、有轨电车、轻轨、近郊列车、磁悬浮列车等。

3. 城市交通规划的概念

根据《中国大百科全书》对城市交通规划的定义，“城市交通规划是指对城市范围内（包括市区和郊区）各种交通做出长期的全面合理安排的计划”。在城市规划中，通常把城市交通分为城市对外交通和市内交通，而通常所说的城市交通一般是指市内交通。

现代城市的综合交通规划是指完整的城市交通规划，前缀词“综合”两字，以强调其综合属性。其综合性贯穿交通规划的全过程，包括：各种历史、现状和未来信息的综合采集、综合处理和综合分析；综合考虑土地使用、交通需求、交通供应三者的相互关系及其预测技术；各种交通运输方式（工具）的综合协调；涉及技术、经济、社会、环境等多种因素的综合可行性研究和评价与决策。

2021 年 2 月 24 日，中共中央、国务院印发了《国家综合立体交通网规划纲要》，并发出通知，要求各地区各部门结合实际认真贯彻落实。通知中提出：为加快建设交通强国，构建现代化高质量国家综合立体交通网，支撑现代化经济体系和社会主义现代化强国建设，编制本规划纲要。规划期为 2021 年至 2035 年，远景展望到 21 世纪中叶。规划纲要所提出发展目标为：到 2035 年，基本建成便捷顺畅、经济高效、绿色集约、智能先进、安全可靠的现代化高质量国家综合立体交通网，实现国际国内互联互通、全国主要城市立体畅达、县级节点有效覆盖，有力支撑“全国 123 出行交通圈”（都市区 1 h 通勤、城市群 2 h 通达、全国主要城市 3 h 覆盖）和“全球 123 快货物流圈”（国内 1 d 送达、周边国家 2 d 送达、全球主要城市 3 d 送达）。交通运输基础设施质量、智能化与绿色化水平居世界前列。交通运输全面适应人民日益增长的美好生活需要，有力保障国家安全，支撑我国基本实现社会主义现代化。

4. 城市交通经济学的概念

作为交通运输经济学领域的重要研究分支，城市交通经济学与宏观经济学、微观经济学、产业经济学、区域经济学、空间经济学等学科理论有着密切的联系，可以说城市交通经济学属于应用经济学范畴。尽管随着现代社会城市化的高速发展，城市交通已经日益成为影响城市经济社会发展的重要因素，受到社会各界的广泛关注，然而技术、经济、配套政策法规逐渐成为城市交通发展的三大问题，且经济问题（包括投融资、成本、运价等）又是影响技术、政策等问题的关键所在，但学术研究的滞后使得目前学术界对于城市交通经济的概念还没有确切的定义。

有学者从城市规划的角度，给出了城市交通经济学的定义：“城市交通经济学是指运用经济学的理论和方法，研究城市交通规划方案的成本和利益、预测和评价交通政策的效果，运用经济杠杆来调节交通需求和供给等问题的城市经济学分支。”

参考其他学者对城市交通经济学的定义，本书给出了城市交通经济学的定义：“城市交通经济学是指运用经济学的理论和方法，解释城市交通经济现象，分析并研究城市交通资源的有效配置的途径和经济手段等问题的学问。”

1.2 城市交通经济学研究范围

1.2.1 城市交通经济学研究对象

本书以城市交通经济问题为研究对象，重点论述城市交通与城市经济发展的关系、城市交通的供给和需求、城市交通的成本和定价、城市运输市场和城市交通管制政策，并针对这些问题给予经济学上的解释，以期为读者分析解决城市交通经济问题提供理论基础和依据。

1.2.2 城市交通经济学主要研究领域

本书主要研究包含公共汽车、城市轨道交通、出租车（包括网约车等）等在内的城市交通系统中机动化的出行方式，以及由此引发的城市交通经济问题，此外，从公平与效率兼顾的视角，适当考虑自行车、步行等非机动化“慢行交通”，以及城市弱势群体交通需求等出行行为的经济问题。全书主要研究领域如下。

1. 城市交通与城市经济发展

总结城市交通相关的经济学及应用经济学分支的相关理论，结合经典经济学理论，分析论述不同理论视角下城市交通与城市经济的关系，解释城市交通经济现象。

2. 城市交通需求与供给

研究城市交通需求和供给的影响因素、层次结构、需求特征、需求管理措施和城市交通资源配置等方面的问题，研究城市交通供给与需求的合理匹配问题。

3. 城市交通运输成本

基于经济学的成本理论，研究论述城市交通运输成本的概念内涵、构成、影响因素以及城市交通运输成本的分析计算，论述城市交通运输成本的广义费用，以期为研究城市交通运价的制定和城市居民出行方式选择提供依据。

4. 城市交通运价的制定

基于经济学的价格理论，研究论述城市交通运价的分类、特征及影响因素，结合福利经济学，遵循公平与效率原则，研究城市交通运价制定的原理、方法和策略。

5. 城市物流与城市经济

从货物运输与物流一体化的视角，研究论述物流、城市物流、物流经济学的基本内涵，分析我国城市物流供需分类、特征、影响因素，以及城市物流需求弹性分析和物流成本分析，并阐述了城市物流建设融资模式、配置模式以及管理模式。

6. 城市运输市场

从运输市场的一般特征出发，论述城市运输市场的特征、分类、结构及运行原理，研究城市常规公共运输市场、轨道运输市场和出租车市场等的经济问题。

7. 城市交通的外部性

根据公共产品理论和外部性理论，论述城市交通带来的正外部性和负外部性问题，重点对城市交通拥堵、空气污染和交通事故等负外部性问题进行分析，研究城市交通发展的不同阶段，城市交通的负外部性特征；阐述城市交通负外部性内部化的方法。

8. 城市交通运输经济政策

针对城市交通供给中显著的公共产品特性，结合规制经济学理论，分析城市交通运输经济政策制定的原则和依据，结合城市交通管理实际，从城市交通投资政策、城市交通补贴政策、城市公共交通定价政策，以及城市交通需求管理管制、调控政策等方面举例进行论证。

1.2.3 城市交通经济学相关学科

经济是城市与区域发展的根本动力，也是解决城市与区域发展中产生问题的重要工具与实现手段。城市交通规划所涉及的内容十分广泛，随着科学技术的不断发展，城市交通经济学也不断吸纳了相关经济学科的理念与方法，这些学科共同构成城市交通经济学的理论基础。城市交通经济学与其相关学科的关系如图 1－1 所示。

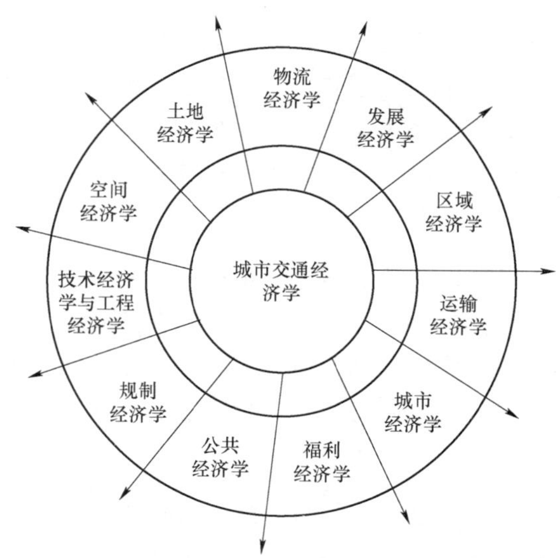

图 1－1 城市交通经济学与其相关学科的关系

1. 发展经济学

发展经济学（development economics）是 20 世纪 40 年代后期在西方国家逐步形成的一门综合性经济学分支学科，是适应时代的需要，在经济学的体系中逐渐形成的一门新兴学科，是主要研究贫困落后的农业国家或发展中国家如何实现工业化、摆脱贫困、走向富裕的经济学。

2. 区域经济学

区域经济学是用经济学的观点研究人类活动的区域规律的经济学，这使它明显有别于其他各类从区域观点研究人类活动的区域科学。区域经济学的形成和发展最早源于 1826 年德国农业经济学家冯•杜能提出的农业区位理论，然而，作为一门相对独立的学科，它大体形成于 20 世纪 50 年代。根据美国区域经济学家 E. M. 胡佛对区域经济学的定义，它是研究“哪里有什么，为什么，又该怎么办”的一门学科，其研究的基本对象是区域经济增长和区域经济协调。

3. 运输经济学

运输经济学主要是从旅客、货主等用户，以及运输企业的视角出发，使用经济学理论和方法来研究运输市场的供需关系，包括交通运输生产模式、组织方案的成本和利益，预测和评价交通运输对策的效果，以及如何运用经济杠杆来调节运输需求和供给如何实现均衡等问题。

运输经济学研究交通运输中人和物资的经济问题，即在制定重大交通决策时，更多地关心交通系统的环境和分布效果，最重要的是弄清楚交通运输所花费各种资源的费用及其机会成本，以便于科学合理地核算运输成本、制定运价，以及安排运输生产力或服务供给规模。

4. 城市经济学

城市经济学属于空间经济学的重要应用分支，是地理学、资源环境理论、社会学、城市规划理论等与经济学的交叉学科。它将经济学与城市国土资源环境、社会等相关学科理论融合为一体，以城市产业经济发展为主要对象，研究城市居民、家庭效用最大化，以及城市产业经济资源的配置效率，包括城市商业模式、市场供需关系、经济政策、厂商利润最大化下的位置或区位选择等。城市经济学还可用于甄别无效率的区位选择，对可供选择的公共政策进行检验，以便做出有助于提高城市经济系统运行效率的决策。

5. 福利经济学

福利经济学是研究社会经济福利的一种经济学理论体系，它是由英国经济学家庇古于20世纪20年代创立的。福利经济学是从福利的角度来评价经济体系运行状况的经济学分支学科，边沁的功利主义原则是福利经济学的哲学基础，其核心问题是研究社会成员的福利以及如何从社会成员的福利状况来评价一个社会的经济运行状态的好坏。

6. 公共经济学

公共经济学理论起源于西方经济学中对政府的经济作用与地位的研究和认识。20世纪30年代，面对资本主义经济大萧条所引致的传统制造业衰退、下岗工人增加、环境问题加剧等问题，经济学家又开始认识到政府必须在私人利益和公共利益之间发挥其经济作用。由此产生了以政府公共部门的经济作用、公共部门运行的经济效率和公共利益与私人利益协调关系为主要研究内容的公共经济理论。

7. 规制经济学

规制经济学（也有学者翻译为管制经济学）是对政府规制活动所进行的系统研究，也是产业经济学的一个重要分支。在规制经济学中，对规制经济理论的研究主要分为两大派别：规制规范分析与规制实证分析，规制规范分析与规制实证分析是经济学的两种基本分析方法。规制规范分析学派侧重于说明是否应该进行规制，更多标准来自政府官员的主观判断，而不是规制实施所产生的实际效果。规制实证分析则是透过主观判断的表面，通过对经验数据的分析，深入考察规制实施的实际效果，侧重说明规制产生的实际作用。

8. 技术经济学与工程经济学

技术经济学是从经济角度研究在一定社会条件下的再生产过程中即将采用的各种技术措施和技术方案的经济效果的科学。技术经济学研究的主要目的是将技术更好地应用于经济建设，包括新技术和新产品的开发研制、各种资源的综合利用、发展生产力的综合论证。技术经济学不是单纯研究技术，也不是仅仅研究经济，而是研究两者之间的关系，即把技术要素与经济分析结合起来进行研究，以选择最佳技术方案。

工程经济学是工程与经济的交叉学科，也可以说是技术经济学在工程领域的应用分支，是研究工程技术实践活动经济效果的学科。即以工程项目为主体，以技术—经济系统为核心，研究如何有效利用资源、提高经济效益的学科。工程经济学研究各种工程技术方案的经济效益，研究各项技术在使用过程中如何以最小的投入获得预期的产出，或者说如何以等量的投入获得最大的产出，如何用最低的寿命周期成本实现产品、作业以及服务的必要功能。

9. 空间经济学

空间经济学是在区位论的基础上发展起来的多门学科的总称。它研究的是空间的经济现象和规律，研究生产要素的空间布局和经济活动的空间区位。空间经济学研究经济活动的空间差异，从微观层次探讨了影响企业区位决策的因素，在宏观层次上解释了现实中存在的各种经济活动的空间集中现象。该理论最初起源于1826年德国农业经济学家杜能提出的农业区位理论，以及19世纪末劳恩哈特和韦伯提出的工业区位理论等。完整的空间经济学是美国经济学者沃尔特·艾萨德提出的经济学概念，是根据时间、层次、传统三维空间相互转化原理研究经济发展规律、预测经济发展趋向、进行经济空间布局、调整产业空间结构、取得经济规模效益、实现经济可持续发展的经济学流派，是结构经济学向发展经济学转化的中间环节。空间经济学与结构经济学使发展经济学成为一门新的科学。

10. 土地经济学

土地经济学首先是由美国威斯康星大学教授T.Ely在其1922年出版的《土地经济学大纲》中提出的。此后，社会经济运行所带来土地问题日益复杂化，加上经济科学理论与方法体系的不断创新，有力地促进了现代土地经济学理论和方法体系的形成与发展。土地经济学的研究领域包括三个方面，即土地利用经济、土地制度和土地价值。

城市土地经济学研究城市土地使用的过程与方式，以及在城市区域内因利用土地而引起的人与人之间的经济关系，并研究对于这种经济关系的调节手段及调节过程。城市土地经济学的研究内容主要包括：城市土地的一般理论、土地利用经济、土地制度、土地开发模式、土地权属转移及收益分配中的经济问题。特别是20世纪90年代以来，许多城市土地开发过程中普遍采用TOD模式，使得城市土地经济学与交通运输学进一步融合，不仅拓展了城市土地经济学，也丰富和发展了城市交通经济学理论体系。

TOD指：以公共交通为导向的开发（transit－oriented development，TOD）是规划一个居民区或者商业区时，使公共交通的使用最大化的一种非汽车化的规划设计方式。简单说TOD模式就是“以公共交通为导向的发展模式”。其中的公共交通主要是指火车站、机场、地铁、轻轨等轨道交通及巴士干线，然后以公交站点为中心、以400～800 m（5～10 min步行路程）为半径建立中心广场或城市中心，其特点在于集工作、商业、文化、教育、居住等于一身的“混合用途”，使居民和雇员在不排斥轿车的同时能方便地选用公共交通、自行车、步行等多种出行方式。城市重建地块、填充地块和新开发土地均可以TOD的理念来建造，TOD的主要方式是通过土地使用和交通政策来协调城市发展过程中产生的交通拥堵和用地不足的矛盾。

11. 物流经济学

物流经济学（logistics economics）是物流学与经济学的交叉学科，是综合运用宏观经济学、微观经济学、产业经济学、工程经济学、物流学、运筹学等相关学科理论，研究物流资源优化配置、物流市场的供给与需求、宏观物流产业的发展、物流产业组织形态演变规律、物流产业增长等问题的一门应用科学，是利用数学的方法研究现代物流各环节的流转规律，寻求获得最大的空间时间效益的经济学科。

1.3 城市交通经济学的理论框架

1.3.1 城市交通经济学理论基础

由于城市的集聚特性、城市规划与管理问题研究的多学科性，以及城市与区域规划问题的复杂性，需要城市交通经济理论从多学科中寻找理论支撑、研究手段与技术。这里从空间本质和资源配置与优化利用的角度出发，对城市交通经济学的理论基础总结如下。

1. 资源稀缺性理论

资源稀缺性理论是经济学的理论基石。经济学正视这样一个基本事实，即人类生活和居住的这个世界所拥有的资源是稀缺的。这种资源特指自然界赋予人类或我们的前辈留下来的资源，包括矿产资源、耕地与森林等，上述这些资源不可能被无限制地获取，因此经济学把资源的有效配置作为核心问题来研究。资源稀缺甚至即将耗竭的观点最初源于马尔萨斯的理论。1826 年，马尔萨斯解释说，人口的迅速增长将不可避免地与土地和矿产的固定数量发生冲突，从而将导致世界人口不断地生活在贫困和饥饿的边缘。人类消耗的资源越多，剩余的资源就越少；1931 年，Hotelling 的论文《耗竭资源经济学》中就对石油供应曲线做出了基本判断，认为未来的石油价格是一条倾斜向上的曲线，主要原因在于地下的石油数量是有限和固定不变的，每生产和消费一桶石油，剩余的石油资源就会越来越少和越来越昂贵。除了汽车运输迅速发展带来的石油资源稀缺性问题，城市道路、停车场等交通资源也是稀缺的，基于稀缺性理论，如何在有限的资源约束条件下实现城市交通资源的合理和有效配置也是城市交通经济学研究的主要任务。

2. 地租理论

地租理论是土地经济学的核心，其中竞标地租或竞标租金是指人们愿意向不同位置的土地支付的最高费用，它是竞标者为了某项用途而利用该地所愿意支付的最高费用。地租理论认为租金是选择最优位置的决定因素。其理论根据是，地租由市中心向外是逐渐减少的，以弥补收入的降低和成本的增加，这里的成本不仅仅是运输成本。地租理论是市场经济条件下影响城市空间结构的重要因素，也是城市经济、城市规划、城市交通规划共同关心的话题。

3. 集聚经济

人口、产业等要素的集聚是城市的本质，也是重要的城市经济现象。城市经济是空间集聚的经济，而社会经济要素在城市经济活动空间集聚给城市发展带来特殊的外部经济效益，即集聚经济效应，而与集聚经济对应的也就是集聚不经济。如目前城市交通经济协同发展过程中应运而生的“产城融合”现象。经济学界对产城融合的定义是在开发区升级和新型城镇化背景下，产业园区城市化与产城一体化的双向发展下导致的共同需求，是产业园区发展的第四个阶段。在国外，“产城融合”发展模式形成了区域新的经济增长极。如 20 世纪 40 年代，英国开始建设卫星城，西方发达国家开始有意识地在特大城市周围培育生活和工作平衡的独立新兴城市，成为产城融合发展的雏形，如日本筑波科学城和法国索菲亚·安蒂波里斯科学城等从产业园区开始培育功能完善的产业新城，有效缓解了中心城市的人口、交通压力，形成了区域新的经济增长极。自 2005 年以后，我国产业园区发展带动了新城、新区和大学城等多种新型城市空间的出现，并逐步在地区发展中承担起经济推动器的作用。然而，产业园区缺乏必要的城市公共服务等配套设施，形成“孤岛经济”，制约了产业园区的可持续发展及其与周边城市的融合。随着全球产业升级及产品更新换代速度的加快，传统的以制造业为主、强调对外出口、以外资为导向的产业园区发展策略逐渐被以产业集群为单位、规模化发展、高新科技与现代服务业相结合的发展理念所取代；与产业园区密切相关的城区面临区域化发展的趋势，城乡地域空间结构开始向一体化协调发展，“大都市区”概念逐步形成，对产业园区提出了新的发展要求。

因此，城市交通需求很大程度上也可以说是由城市空间集聚活动所派生出来的需求，因此学习和了解城市集聚经济的本质，更好地解读“产城融合”现象及其效应，科学合理地制定包括综合交通网络在内的城市规划方案也是城市交通经济学的重要研究任务。

4. 公共产品理论

公共产品是相对于私人产品而言的，是指具有消费或使用上的非竞争性和收益上的非排他性的产品。这也就意味着它要能为绝大多数人提供共同消费或享用的产品或服务。

现代城市的属性特点决定了城市经济社会大系统运行除了商品市场，离不开大量的公共产品或服务保障体系，主要包括城市中的道路、市政设施、给水排水、电力电信、图书馆、文化馆、博物馆、电影院、收费公园等属于纯福利性的公共产品或补贴性的准公共产品。公共产品理论是分析城市交通运输基础设施的属性、解释城市交通经济问题的有效工具。

5. 帕累托效率

帕累托效率是由意大利经济学家维弗雷多·帕累托的名字命名的，他在关于经济效率和收入分配的研究中最早使用了这一概念。这一概念后来被广泛用于西方福利经济学的分析中，表示资源配置的最优状态或者有效状态，在经济学、工程学和社会科学中也有着较多的应用。具体而言，帕累托最优资源配置指的是在资源配置中，如果在不减少一些人福利的情况下就不能增加另一些人的福利，那么这种资源配置就是帕累托最优资源配置。用帕累托标准衡量，就是任何经济活动，不损害任何一个人的利益，但至少会使其中一个人受益，这样社会财富总量就会增加，这就是经济学中的“帕累托改进”。帕累托效率充分地表明了公平与效率的关系，被视为资源配置效率的理想状态。

当前中国城市化已经进入了新的发展阶段，城市发展中的土地资源、公共交通、教育资源等的优化配置，核心是针对不同的社会群体、阶层如何统筹效率与公平问题，并且得到了城市社会各个阶层的广泛关注与重视。因此，帕累托改进或帕累托效率将不仅是城市交通规划建设、管理发展永恒的目标，也是城市经济社会发展不断努力的方向。

1.3.2 城市交通经济学研究方法

经济学不仅仅对城市交通经济基础理论产生着重要的影响，还包括为城市交通经济问题的研究提供分析工具和方法。

1. 外部性

外部性是一个经济学概念，也是微观经济学重要的分析工具。外部性理论在西方的福利经济学、环境经济学、交通经济学、基础设施经济学中都有大量的应用，它常常和市场失效现象联系在一起，如城市公共物品的提供、生产与消费过程造成的生态环境污染等。城市交通规划与管理作为国家或政府调控的重要工具，任务就是利用外部性分析，最大限度地发挥正的外部性，同时，将负的外部性降低到最小。对城市交通出现的一些问题，如交通拥堵，如何将它们的外部成本内部化，进而寻找最佳解决方案，是城市交通经济学研究的主要内容。

2. 供给与需求

供给与需求是微观经济学分析的基本工具。需求表现的是消费者的选择形成过程，而供给则变成生产者的选择，描述了人们在市场上的相互交易行为。供需则说明了均衡价格的形成和价格机制的作用，并考察价格以及相关因素的变化对于供给和需求所产生的影响。

3. 边际分析

边际分析是19世纪中微观经济学创立以来对经济学理论方法体系发展的重要贡献之一。边际成本或边际收益一般用来检验增加或减少经济物品对目前状态所产生的影响，它是经济分析的重要决策技术。边际分析考虑了变化所产生的影响，从而成为经济学思考方法中的一个重要工具。最基本的方法是比较由于改变所导致的新增加的收益和额外成本。

4. 成本–效益分析

城市交通投资项目可以通过投入项目的成本–效益分析，得出与预期成本相比认为比较满意的收益值。如果成本超过了预期收益，分析将得出项目将面临的经济亏损而不是经济获利的结论。

5. 多元统计分析法

多元统计分析法在城市交通经济研究中常常会用到，尤其是关于城市交通评价等一些因素分析方面。这些方法主要包括因子分析、聚类分析、回归分析、相关性分析等。近年来，大数据技术在城市交通领域的推广应用，极大地丰富和发展了城市交通统计分析方法与技术手段，也为城市交通经济问题的研究奠定了良好的基础。

复习思考题

1. 城市交通和城市交通经济学的概念是什么？
2. 试述城市交通经济学的研究范围和主要研究领域。
3. 试述城市交通经济学与各相关学科的关系。
4. 城市交通经济学的研究方法有哪些？
5. 如何理解城市交通资源稀缺性及其优化配置的必要性问题，并举例说明。

第 2 章

交通运输与城市经济社会发展的关系理论

城市是在一个特定空间内，由人口、土地、经济、文化、生态环境等因素及其相互关系所构成的社会载体，是一个复杂的社会巨系统。交通是城市经济社会运行的派生物，也是城市巨系统中一个重要的、复杂的子系统。城市交通在现代城市经济社会发展中发挥着至关重要的作用，城市交通在推动城市化进程、优化城市产业布局以及提升城市居民生活水平，包括城市在国家或区域的综合竞争力等方面具有重要影响。本章归纳总结发展经济学、区域经济学、运输经济学、空间经济学等交通运输与城市经济社会发展关系的相关理论，扩展分析研究城市交通经济问题的视角。

2.1 交通运输与城市经济发展的关系理论

发展经济学专注于研究经济发展的问题，研究生产要素与经济发展的内在联系。发展经济学学者较早注意到交通运输对城市经济发展的影响，图 2－1 反映了交通运输与城市经济发展的作用机制。发展经济学从宏观层面对交通运输与城市经济发展的关系进行了较为深入

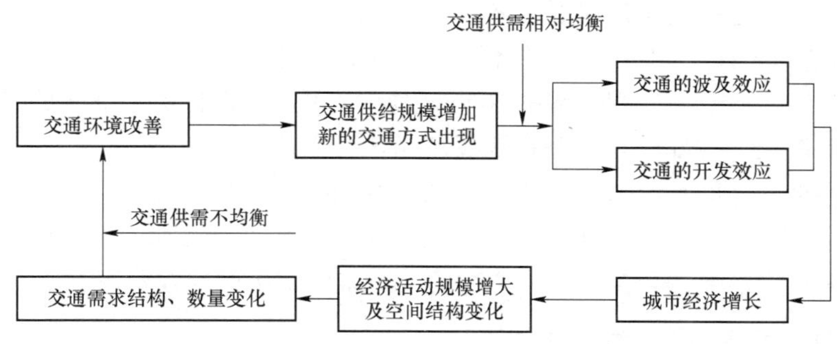

图 2－1 交通运输与城市经济发展的作用机制

的论述，罗森斯坦·罗丹、罗根纳·纳克斯、沃尔特·罗斯托和艾伯特·赫希曼等发展经济学家对基础设施与经济增长的关系都提出了许多有见地的思想。

2.1.1 优先发展理论

20 世纪 40 年代，随着宏观经济学的诞生以及凯恩斯理论的广泛应用，增加包括城市公共交通设施、装备在内的公共产品或服务保障市场经济高效运行和刺激经济增长的战略举措逐渐成为各国政府和社会大众的共识。其衍生发展的学术流派分支——供给学派更是在此基础上不断发扬光大，乃至影响到我国政府近年来积极推行的“供给侧结构性改革”方针政策出台。进入 21 世纪以来，按照科学发展观指导思想，城市交通发展过程中大力推行的“公交优先”政策正是这些理论的具体落实和体现，由此也迎来了我国城市轨道交通建设的高速发展阶段。

发展经济学就政府主导的公共基础设施建设与经济增长之间的关系进行了大量探讨。罗森斯坦·罗丹于 1943 年在其著名论文《东欧和东南欧国家的工业化问题》中提出“平衡增长大推进”理论，主张对各个产业部门同时按同一比率进行大规模投资，将基础设施视为“社会先行资本”提出了“社会先行资本”的概念，认为其最主要的作用是为其他产业创造投资机会，强调在一般的产业投资之前，社会应具备基础设施方面的积累。他认为社会先行资本供给的不可分性主要表现在以下三点：① 社会先行资本“在配置上的大规模聚集性”，即指由于这些项目规模巨大，各项目之间相互联系、互为依存，必须同时建成才能发挥作用，因而一开始就需要有最低限度的大量投资作为创始资本，并且要有相应的辅助设施才能投入使用、形成生产能力；② 社会先行资本有较长的酝酿期，与社会直接生产部门相比，交通、能源等基础设施建设周期长，投资难以在短期内回收；③ 社会先行资本在时间上是不可分的，由于基础设施建设周期长，因而其规划建设必须在时间上先于其他直接生产性投资。

此外，他还认为由于基础设施的最低规模是巨大的，并且是着眼于宏观经济的长期发展，因此，在经济发展初期，其生产能力的过剩将是不可避免的。基础设施的高水平初始投资必须先行，“以便为增加能更快地产生收益的直接生产性投资铺平道路”。罗森斯坦·罗丹对基础设施资本形成的认识，成为以后经济学家进一步研究基础产业发展的依据和线索。

2.1.2 同步发展理论

1. 纳克斯“温和的”平衡增长理论

从促进资本形成的角度出发，经济学家拉格纳·纳克斯提出了“温和的”平衡增长战略，认为只有同时、全面地投资于国民经济各部门，才能形成广大而充足的市场，产生足够的投资诱导，为投资规模的进一步扩大、经济的进一步增长创造条件。他指出，各部门平衡增长，既可以产生外在经济效益，实现资源的合理配置，又可以促进供给和需求的平衡增长，使经济均衡而稳定地增长，各部门之间互相购买产品，可以避免多余的生产能力，并加强对投资的诱导。由于各部门之间相互依存，相互提供市场的外部条件，因此，基础设施建设的资本品及消费品的生产，也必须平衡增长。但纳克斯并不主张各部门都按同一比率发展，而是以各部门产品的需求价格弹性和需求收入弹性的大小来确定不同的投资率。

2. 斯特里顿“完善的”平衡增长理论

经济学家保尔·斯特里顿的“完善的”平衡增长理论既强调扩大投资规模对于克服供给

方面的不可分性和需求方面互补性的作用，又强调各部门平衡增长的重要性；既主张国民经济各部门按不同的比例全面发展，实现平衡增长，也主张在达到平衡增长的过程中，可以依据各个产业产品的需求收入弹性来安排不同的投资率和增长率，通过某些部门的较快发展，来解决经济发展的“瓶颈”问题，最终实现国民经济各部门按适当的比例平衡增长。他把平衡增长当作目标，不平衡增长当作手段，前者是长期的增长过程，后者是短期的增长过程，是一种动态的平衡增长理论。

进入21世纪以来，随着重视和投入的不断增大，我国的城市交通建设发展已由城市规划建设倒逼交通基础设施建设，逐步转变为城市交通与城市经济社会统筹融合、整体规划、协同发展阶段，进一步优化了土地、资金等经济资源配置效率。随着TOD开发模式的引入，目前我国城市交通运输基础设施的建设正在逐渐成为带动城市经济社会发展的引擎。

2.1.3　非平衡增长理论

在对待基础设施发展的问题上，赫希曼在理论上对社会间接资本（基础产业）与直接生产活动（加工工业）之间的资本形成和资源配置关系进行了全面、系统的研究。他认为平衡增长对发展中国家并无益处，各产业部门齐头并进所需要的各种资源正是发展中国家所缺乏的。应当从充分利用稀缺资源，实施非平衡发展战略，集中力量首先发展一部分急需的基础产业，其次以它们为动力，逐步扩大对其他产业部门的投资，直接和间接地带动这些产业发展。

赫希曼认为，在社会间接资本超前建设的条件下，直接生产活动具有比较良好的基础设施条件，可以对直接生产活动产生吸引力，创造出从事直接生产活动的需求。但是，反过来看，如果社会间接资本建设滞后于直接生产活动，那将会产生对社会间接资本供给的强大压力，且压力比吸引力更具威力。对社会间接资本而言，因直接生产活动超前发展，弥补起来较为容易。赫希曼倾向于社会间接资本短缺条件下的发展选择；此外，赫希曼还认为，在不发达国家，社会间接资本和直接生产活动的平衡增长不能造成压力和动力，不能获得引诱投资所带来的“额外利益”。

2.1.4　交替优先增长理论

经济学家姆里纳尔·乔德赫里认为，最优化实践探索表明，在国民经济发展的最初阶段，应该集中精力优先发展尚属非生产性的社会分摊资本。由于国民经济基础产业或行业部门规模经济的作用，需要有较大规模的社会分摊资本，且在下一阶段，储蓄将直接形成生产性资本。这些基础产业投资具有经济效果或边际效用来得快的特点，产出增长率较高，刺激相关产业快速发展，由此产生市场经济系统对基础产业需求超常规增长，会使得基础设施的过剩能力耗尽阶段很快就会到来，国民经济需要再次集中形成社会分摊资本，如此循环往复。可见乔德赫里主张社会分摊资本和直接生产活动的交替优先增长。

乔德赫里指出，有关工业化和基础设施问题的理论分析，迄今为止都是建立在这样一种假设前提下的，即发展中国家是一个一体化的市场，不存在地理区位上的资源配置。对于一个大的地理上分散的国家来说，社会分摊资本的形成，就不可能在没有指定社会分摊资本设施所在地的情况下加以解决。显然，由基础产业部门所形成社会分摊资本的建立，必须联系直接生产活动。如果预先知道直接生产活动的经济地理分布、产品构成和增长的时间分布格局，就有可能设计出符合客观需要的社会分摊资本设施配置的蓝图。

20 世纪 90 年代中开始，我国交通运输经济学研究领域以荣朝和、韩彪、熊永钧等学者为代表，运用经济学基础理论，结合中国国情对交通运输与产业经济交替拉动效应进行了研究与探索。其中荣朝和提出“运输化理论”，认为运输化是工业化的重要特征，也是伴随工业化而发生的一种经济过程。韩彪提出交通运输与经济之间具有“交替推拉关系”，认为现代运输业成长过程可分为“剧变期”和“渐变期”。熊永钧的“运输成本阈值”理论，创新性地提出不应将运输简单地理解为阻碍市场活动的常量，而应将其看作变量。他认为现代经济增长过程只是在运输成本降低到某一个“阈值”时才出现的。

2.1.5 交通与社会经济协同发展的模式

纵观世界交通运输业的发展史，可以将交通运输业的发展归纳为以下几种发展类型：第一种是超前型，即交通运输业发展相对于国家（或地区）经济系统的直接生产活动超前一个时期；第二种是同步型，即国家（或地区）直接生产活动与其交通运输基础设施建设基本同步；第三种是滞后型，即交通运输业的发展落后于直接生产活动。

超前型发展模式能够促进经济的发展。如欧洲、美国等一些发达国家铁路、公路等交通运输基础设施的先行发展和超前建设，为 1850—1870 年的工业化发展高潮阶段准备了坚实的条件。

与此相比，同步型发展模式是一种“集约化”的协调型发展模式。采用该发展模式，对交通运输业来说，自身的投资效果比超前型好，能及时保证国民经济各部门正常运转、协调发展以及满足居民生活的需要，综合经济效果也好。而在交通等基础产业建设滞后型发展模式下，由于交通运输等基础产业发展滞后于国民经济整体发展需要，在一定时间内必然会阻碍国民经济发展，成为国民经济发展的“瓶颈”，限制生产力的进一步增长和宏观经济效益的提高，苏联和我国改革开放前后的经济建设实践的经验、教训也充分说明了这一点。上述三种发展模式可以通过表 2-1 进行比较。

表 2-1 三种发展模式的比较

发展模式	国家代表	对经济发展的影响	投资效果	国民经济效果	综合分析
超前型	英国	促进经济发展	较差	较好	一般
同步型	日本	与经济协调发展	较好	较好	较好
滞后型	苏联、中国	阻碍经济发展	较好	较差	较差

在国家（或地区）经济发展过程中，尤其是工业化的不同阶段，由于产业结构、发展水平与经济运行模式的差异，交通运输业在国民经济中的地位与作用是不完全相同的。交通运输资源在时间、空间和数量的配置上也有其内在的规律与经济动因。就交通运输业的阶段性发展过程来看，其发展模式可归纳为：①“滞后—超前—同步”型；②“滞后—同步—同步”型；③“超前—超前—同步”型；④“同步增长”型。

在国家的经济实力不是很强的时候，可以采用第①种类型或第②种类型发展模式。交通运输业与经济发展关系演变曲线如图 2-2（a）、（b）所示，纵轴表示发展速度或增长率，横轴表示时间，即经济发展或工业化的阶段，*OM* 表示经济发展的初级阶段，*MN* 表示经济发展

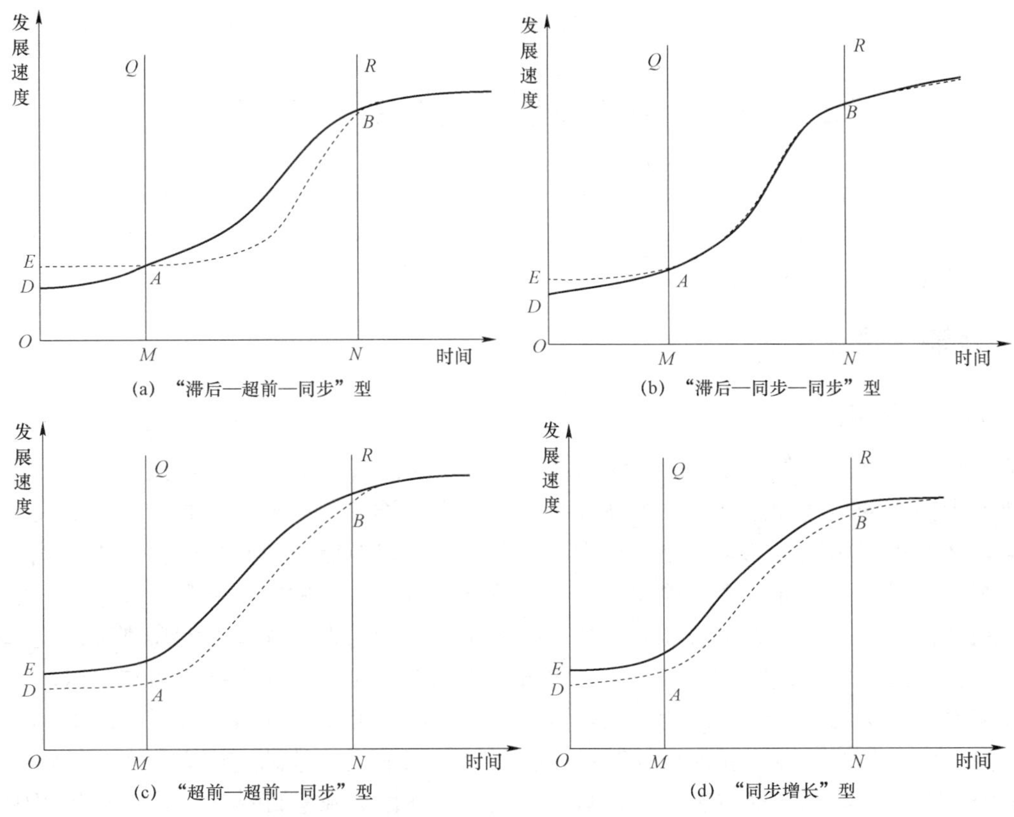

图 2-2 交通运输业与经济发展关系演变曲线

的中级阶段。*N* 点之后表示经济发展进入高级阶段，实线表示交通运输业的发展曲线，虚点线表示工业的发展曲线。在 *OM* 阶段，经济发展水平极低，社会需求结构简单，资本形成不足，社会必须把较大的资本份额用于发展直接生产活动，工业等的发展优先于交通运输业的发展。当经济发展到达 *M* 点时，交通运输业的滞后成为经济发展的瓶颈障碍，需要大力投资，以实现交通运输业的发展。第①种类型和第②种类型的区别在于在经济发展的中级阶段交通运输业是超前发展还是同步发展。当经济发展到达 *N* 点时，此时交通运输网络已基本形成，经济结构高度化的基础性条件已经具备，继续采取外延式扩大交通运输网络规模已不经济，经济效率和社会意义已不及前期那么明显了。从这一点开始，社会需要用更多的资源来发展直接生产活动，并实现产业结构的高级化，此时交通运输业不再需要优先发展，而应同直接生产活动保持协调与适应，适宜采用“同步发展战略”模式，特别是要重视做好交通运输服务体系结构性的优化调整。纵轴上 *OD* 线段的经济学含义是，无论如何，经济发展需要有诸如交通运输等基础产业部门社会间接资本的最低限度的发展或支撑保障条件，否则直接生产活动也不能顺利进行，或缺乏可持续能力。

对于经济实力比较雄厚的国家，也可以采用第③种类型或第④种类型发展模式。图 2-2（c）中体现的基本思想是，采用优先发展交通运输业的模式，即通过扩大在交通运输领域的投资，来达到促进经济发展的目的。但是这种模式需要社会财富的初始积累，否则难以得到采用。当经济发展到达 *N* 点时，交通运输网络已基本形成，经济体系结构高度优化所需要的基础性条件已经具备。此时交通运输业应采用与区域经济“同步发展战略”。图 2-2（d）中的发展模式是交通运输业与其他产业同步发展的模式，以期取得经济的平衡发展。

2.2 城市交通发展的运输经济学理论

交通运输业作为国民经济中的一个重要组成部分，具有自己的运行规律。交通运输经济学就是要从经济学的角度，研究和发现这种规律，即一般经济规律在交通运输业中的表现和作用，以及交通运输业本身特有的经济规律。

2.2.1 运输化理论

1. 运输进化模型

奥地利学者 A. 格鲁贝勒 1990 年在其著作《基础设施的涨落——运输的进化动力学与技术变迁》中提出的运输业进化与技术变迁动力学，在运输发展研究中代表了一定的突破性进展。格鲁贝勒提出运输业的发展是由运河、铁路、公路以及航空等几种主要运输方式，分别通过与畜力、煤炭、石油等主要能源相结合，依次经过产生、发展、饱和及衰落阶段的生命周期，相继占据然后又失去运输体系主导地位的历史，如内燃机火车对燃煤型蒸汽机车的更替，电力驱动的电气化铁路、电动汽车、混合动力汽车对传统燃油型铁路机车、汽车的逐步替代等现象。他认为，任何一种新的运输技术的成功应用都要求与另一种新的运输基础结构相伴而生，而在初始阶段，新的运输基础结构与已存在的运输基础结构既存在互补性，又存在相互独立性，然后逐渐地成长壮大，直至取代已存在的运输基础结构，这一过程表现为不同的交通运输基础设施在长期的技术演变过程中相继涨落更替。

格鲁贝勒认为，各国交通运输基础设施在大体类似的更替和进化过程中，通过改变人类经济活动的范围和所耗费的时间与费用，决定着“社会与技术的范式”，构成各个时期各国经济增长方式与过程的重要基础。在运输进化过程中，各国都有自己的自身特点，而某些技术的和国家的“群体效应”，又使得不同类型国家之间的进化过程出现区别。例如，发达国家在运输进化过程中各种运输基础设施特点表现得比较充分，发展中国家则由于先行国家运输技术的示范作用，每种的成长曲线都会低一些，即可以较早地转向新的运输基础设施。如图 2-3 所示为美国各类运输基础设施按里程增长变化示意图。

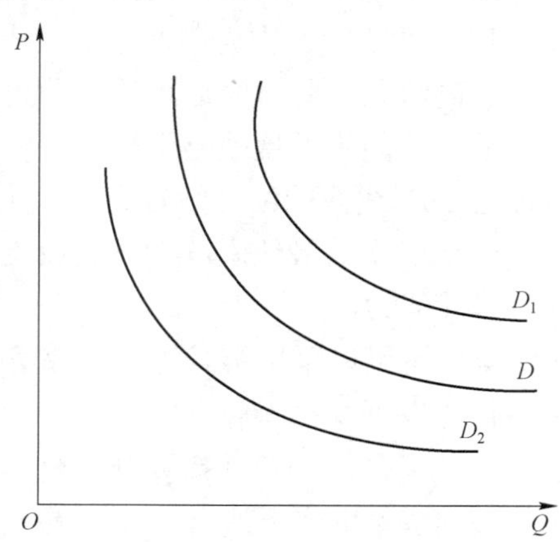

图 2-3 美国各类运输基础设施按里程增长变化示意图

在格鲁贝勒的运输进化模型中，限制每条成长曲线饱和阶段最高点的是决定该种运输基础设施发展极限的自然环境和资源条件，如所需的水路运输条件、相应的能源供应、修路和停车的地面空间等；而决定每种运输基础设施曲线下降速度的则是下一种新兴运输技术所形成的竞争压力。从总的运输变化来看，随着现代经济社会快速发展，特别是国民收入的不断增长、生活方式的改变、社会化大生产发展，格鲁贝勒认为旅客运输是一个持续不断的增长过程，货物运输却由于当前经济结构的高技术和服务化趋势而从数量增长转向更注重提高运输质量。

2. 运输化特征

学者刘统畏于《交通通讯与国民经济》（1988 年出版）一书中最早在国内提出了“运输化”概念，他把“运输化”看作现代大经济的一个特征；学者荣朝和于 20 世纪 90 年中提出了运输化理论，并在《论运输化》等论著中详细论证，进一步推进了交通运输经济学理论的发展和完善。运输化是工业化社会的重要特征之一，是指伴随工业化而发生的一种经济活动行为演化过程，也从特定视角科学地反映了工业化进程中交通运输与产业经济关系的动态演进特征。该理论认为工业化发展过程中，交通运输在经济现代化系统中的地位和作用不断提升，成为经济进入现代增长模式所依赖的最主要的基础产业、基础结构和环境条件。

具体来说，国民经济的运输化表现为以下几个方面：① 机械动力的运输工具取代早期运输工具，人类开始大规模地克服自然地理条件对人与货物空间移动的限制。社会运输能力迅速扩大，位移的速度及效率明显提高，而单位运输成本则显著下降；② 货运对象从过去以农产品和手工业产品为主，转向以大工业所需要的矿物能源、原材料以及半成品和成品为主。在近代及现代运输业的推动下，资本和劳动力迅速集中，原料产地、加工区和销售市场日益分离，商业关系急剧扩大，传统的经济地理概念也在不断改变；③ 社会经济生活中人与货物空间位移的总量急剧增加，越来越多的人和货物更多次地被运输工具推入空间的运动。由于各种特殊运载工具的使用，以前很难运送的物品，如液体、气体、危险物品和特大型货物，也逐渐进入了运输的行列。经济资源的流动性和移动规模都越来越大；④ 交通运输占用社会经济资源的数量大为增加，交通运输规模成为社会经济最基本的比例之一。交通运输基础设施建设、维护和运营所占用的劳动力、能源、各种材料变得相当可观，交通运输业投资超过了绝大多数其他经济部门。交通费用在居民消费支出中的比重也明显上升；⑤ 交通运输构成了经济增长所依赖的最重要的环境条件和基础结构，交通运输业及其相关的能源、钢铁、建筑和机械制造等行业，在国民经济中也成为最庞大和最重要的基础产业群之一。

国民经济的运输化过程受一定客观规律的支配。在工业革命发生之前，从原始游牧经济、传统农业社会到工场手工业阶段，各国经济一直处于“前运输化”阶段。与大工业对应的是运输化时期，而运输化本身的特征又在“初步运输化”和“完善运输化”这两个分阶段中得到充分发展。随着发达国家逐步向后工业经济转变，运输化的重要性在相对地位上开始让位于信息化，从而呈现出一种“后运输化”的趋势。简单地说，社会经济发展可以分为前运输化、运输化和后运输化三个阶段，其中运输化阶段又可以分为初步运输化和完善运输化两个分阶段。20 世纪 90 年代末以来，随着我国交通运输业的持续快速发展，以及经济改革的深化，国民经济对交通运输业的依存度不断提高，在某种程度上运输化速度甚至快于工业化进程，甚至推动了工业化的发展速度。运输化阶段划分示意图如图 2－4 所示。

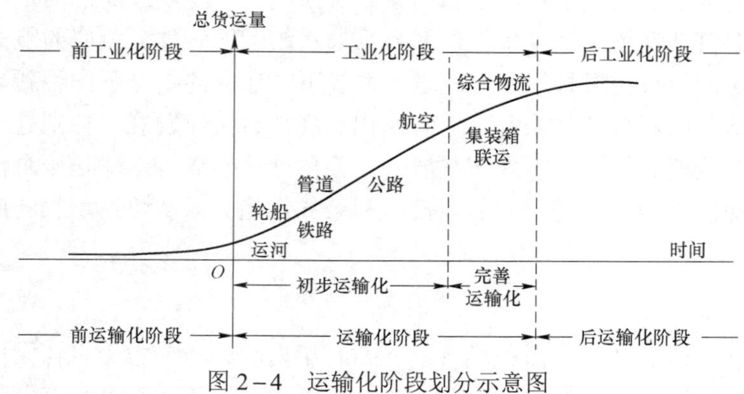

图 2-4 运输化阶段划分示意图

运输化必然伴随工业化发生和发展的原因在于，工业化造成的是一个以制造业为中心的经济，而现代制造业是以大规模利用矿物燃料，使用机械方式对原材料进行加工并大量销售为特色的。需要注意的是，人类社会工业化与城市化进程又有着密切的联系。工业化造成大批农民离开世代耕作的土地，进入城市参与集中生产，因此必然引起社会经济中人与货物空间移动在规模和速度等方面的需求大幅度增加，要求交通运输业进行革命性的改造以适应其发展的需要。

2.2.2 交替推拉与协同关系理论

国内学者韩彪在《交通运输发展理论》中提出交通运输与经济之间的“交替推拉关系”。运输方式演进的基本模式是客观的必然，是由社会经济发展对交通运输的需求在“质”与“量”两个方面的压力引起的。对任何一种运输方式来讲，“质”的方面改进与“量”的方面扩展的余地都是有限度的。这样，在特定的运输系统中，随着经济的发展，社会对交通运输的需求在“质”的方面与“量”的方面都会提出新的要求。他认为近现代交通运输业成长过程可分为渐变期和剧变期两种形态，它们交替占据主导地位，形成了脉冲式的发展方式。一种新的代表性运输方式的出现会引起一次“剧变期”的出现，每两次“剧变期”之间则属于“渐变期”。

协同理论亦称“协同学”或“协和学”，是 20 世纪 70 年代以来在多学科研究基础上逐渐形成和发展起来的一门新兴学科，也是系统科学的重要分支理论。协同理论认为，千差万别的系统，尽管其属性不同，但在整个环境中，各个系统间存在着相互影响而又相互合作的关系。其中也包括通常的社会现象，如不同单位间的相互配合与协作，不同产业、部门间关系的协调，企业间相互竞争的作用，以及系统中的相互干扰和制约，等等。

社会对交通运输的需求在“质”的方面与“量”的方面的要求在逐渐积累的初期，往往位于原有运输系统“质”的方面改进与“量”的方面扩展的极限之内，因而可以通过对原有运输系统的改造来满足。这一时期就是运输方式的“渐变期”。在交通运输业成长的渐变期，运输技术没有重大突破，各种运输方式的力量对比基本不变，主要靠扩大原有运输方式的规模和服务来适应经济发展的需要，交通运输对经济增长的作用是推动，即支持经济的增长。在该时期，交通运输业已不是新技术的标志，更不是新兴产业的代表，往往是一般的传统工业。它同更新一代产业的“联系效应”相对较弱，意味着所能产生的“引资投资较少”。此时若实施交通运输超前发展的战略对于经济的发展并不是最有利的。

随着“积累”的进一步扩大，社会对交通运输的需求在“质”的方面与“量”的方面提出了新的要求，将突破原有运输系统在“质”与“量”两个方面的极限，迫使新的运输方式产生（或引进）和发展。在“剧变期”期间，交通运输业对经济增长的作用变为拉动，即交通运输业跑在国民经济发展的前面。在这一时期，由重大技术进步所支持的新型运输方式得到迅猛发展，社会运输需求主要依靠新型运输方式的超常规发展而得以满足，如高速公路、高速铁路以及城市快速轨道交通等，运输基础结构也发生了剧烈的变动。在“剧变期”期间，新兴运输方式迅速而来的崛起给经济带来巨大的社会节约量，降低直接生产活动的成本，支持由新运输方式发展而来的新兴工业，同时也成为国民经济的带头或支柱产业，凸出地带动整个经济的进步。

2.2.3 运输成本的阈值理论

熊永均在其论文《铁路与经济增长》（1997 年）中认为，经济增长以至现代市场经济制度的创立与完善，其实都是运输成本降低的产物。熊永均将运输看作一个变量，认为现代经济增长过程只是在运输成本降低到某一个阈值时才出现的。运输成本是劳动分工和市场规模的决定性变量。应该把运输成本理解为一个动态递减的过程，一个国家的运输成本是由其地理环境、资源分布、人口等因素所共同决定的，这里的运输成本与一般定义的概念不完全一样，主要是用来反映一国经济增长所处的空间状态。经济增长过程一定要花费代价去克服空间障碍，而这种代价逐步降低的过程，正是经济增长所依赖的条件。

阈值理论有力地解释了运输条件的改善如何有力地支持现代经济的形成，它从成本这个重要角度论证了运输对于推进经济社会发展发挥的重要作用。该作者认为人类技术进步过程的顺序，使铁路有幸扮演了现代运输业作用于现代经济增长的初级阶段的主角。

2.2.4 交通经济带理论

陆大道、张文尝等学者从经济地理的角度，对交通运输与经济发展的关系，尤其是交通布局与经济、产业布局的关系进行了研究。陆大道提出了交通运输经济的“点－轴系统”理论模型，他认为，在区域发展过程中，交通运输线路对区域空间结构产生重大影响。张文尝提出了交通运输布局应与生产发展相适应，并对“交通经济带”理论进行了深化，研究了区域经济或交通经济带本身的发展进程和形成机理。

1. 交通经济带的基本概念

交通经济带的专门研究始于 20 世纪 80 年代，由于研究时段较短，加之研究角度的差异，目前尚无统一的定义，张文尝等将其界定为：交通经济带是以综合运输通道为发展主轴，以轴上或其紧密吸引域内的大中城镇为依托，建立在沿线经济部门技术联系和生产协作基础上的，由产业、人口、资源、信息、城镇、客货流等聚集而成的幅带状空间地域综合体。交通干线、以第二、第三产业为主的产业体系、城镇群是交通经济带的 3 个基本要素，其中，交通干线是交通经济带形成发育的前提条件；大中城市及城镇群是交通经济带的依托，是其发展的客观要求及增长极核；产业集聚、扩散及其结构的演进、升级是交通经济带得以维持的重要因素，是推进其发展的动力。

2. 交通经济带的类型

按照交通干线性质的不同，可将交通经济带划分为以下 4 种基本类型。

1）沿海型交通经济带

以沿岸航线及沿岸线路为经济带的生长轴线，以大中型沿海港口为经济带内主要经济中心的生长点，通过廉价的海上运输实现经济带内、外部客、货、信息等联系，社会、经济、政治和文化交流，通过港口后方集疏运线路取得与广大腹地的双向联系。如我国东南沿海交通经济带。

2）沿江（河）型交通经济带

以大江大河主航道两岸线路为经济带的生长轴线，以大中型内河港口或水陆交接枢纽为经济带内主要经济中心的生长点，通过廉价的内河水运实现经济带内部交流和对外交流，通过支流航线及港口陆路集疏运线路取得与腹地的广泛联系。这类交通经济带如欧洲的莱茵河经济带、我国长江经济带等。

3）沿陆路通道型交通经济带

以铁路、公路主干线为经济带的生长轴线，以大中型陆路枢纽为经济带内主要经济中心的生长点，通过快速、高效的铁路、公路运输实现经济带内部和外部经济系统的广泛联系，通过相连的支线线路取得和邻近地区的网络化联系，依据其与外部经济系统连接接点性质的不同，沿陆路通道型交通经济带又可分为完全内陆型和通达沿海型两种。此类交通经济带，如俄罗斯欧亚铁路干线沿线经济带，我国京沪、京广、哈大、胶济铁路，以及京津塘高速公路、沈大高速公路沿线经济带等。

4）综合运输通道型交通经济带

该类经济带是由以上三种交通经济带随机复合而成的，即由多种交通运输基础设施提供内外客、货、信息交流服务的复合型交通经济带，如沿海或沿江同时又建有发达的并行陆路干线，这类交通经济带集成各类经济带的诸多优势，发展优势也最为明显。世界上闻名的都市群带都属于这一类型，如美国波士华交通经济带、日本东海道交通经济带等。

3. 交通经济带的基本性质

1）交通经济带是一个具有耗散结构的空间经济系统

耗散结构是指远离平衡的开放系统，通过与外界不断地交换物质与能量，可能在一定条件下产生自组织现象，形成新的稳定的有序结构，并逐步实现从无序向有序，从较低水平向较高水平有序转化。交通经济带是由产业、人口、城镇、信息、交通运输基础设施等要素构成的非平衡态、非线性相互作用的开放系统。它通过内部要素的相互亲和以及与外部系统物质、能量、信息的频繁交换维系着自身的存在。交通经济带在纵向和横向的联系中，不断体现出对区域经济系统的影响和作用，即不断体现内部各要素的整合功能，并实现自身结构的自组织及有序化发展。

2）交通经济带是一个具有明显生命特征的社会经济生长有机体

交通经济带的形成是运输通道与经济活动在空间上长期相互作用的结果，在发展的过程中，城镇、产业、社会和文化等活动不断借助交通体系的技术创新，表现出明显的集聚和扩散趋向，从而导致经济带内部结构、总体功能、经济实力、腹地边界等要素呈现明显的阶段性变化特征；交通经济带通过与外部系统的质、能交换实现类似有机体的新陈代谢过程，并在内部组织结构上表现出相应的雏形、膨胀、成熟、消融等生命周期过程与自我生长特征。

3）交通经济带演化规律的可知性、宏观调控的可能性

交通经济带是大地域范围的空间巨大系统，其形成和发展对区域、国家经济建设的意义极大。交通经济带固有的时空演化模式使其形成和发展具有明显的规律性，其规律性通过研究是可知的。摸清了发展规律，政府可以通过制定总体发展战略和规划，以基础设施建设、产业结构调整、科技的传播及转化、城镇发展规划为契机，宏观上把握住交通经济带的总体发展水平，综合运用经济、法律和行政等宏观调控手段对其进行重新设计和调整，并恰如其分地干预其发展、演变的方向。

2.2.5 交通运输需求与供给理论

1. 交通运输需求与供给的基本内涵

1）交通运输需求

交通运输需求是指在一定的时间内，对于每种可能的价格，消费者愿意支付的从 A 地位移至 B 地的人、货物或运载工具的数量。有效的交通运输需求是指在一定的交通运输条件下，经济发展客观需要且具有支付能力的客货流通需求。潜在的交通运输需求是指由于运输能力不足而尚未被满足的运输需求。

旅客运输需求按来源可以分为生产性旅行需求和消费性旅行需求。生产性旅行需求或商务出行需求是生产活动在运输领域的继续，运输费用计入产品或劳务成本；消费性旅行需求是一种消费活动，其费用来源于个人消费基金。旅客运输需求的主要影响因素包括经济发展水平、人口数量及城市化程度、居民生活水平、运输服务价格、运输服务质量、居民出行消费观念等。

货物运输需求产生的来源主要有：① 自然资源的地区分布不均衡，生产力布局与资源产地分离；② 生产力与消费群体分离；③ 地区间商品品种、质量、性能、价格上的差异。货物运输需求的主要影响因素包括资源与地理要素、经济发展水平、经济与产业布局、产业结构与产品结构、交通运输基础设施数量和质量、运输服务价格、经济政策等。

因此，交通运输需求函数可以表示为

$$Q_{\mathrm{q}} = f(L, P, R, N, \cdots) \tag{2-1}$$

式中：

Q_{q}——交通运输需求量；

L——经济发展水平；

P——运输服务价格；

R——资源分布及生产力布局；

N——人口数量。

2）交通运输供给

交通运输供给是指运输生产者在特定的时间、空间内，在各种可能的运价水平上，愿意并能够提供的各种运输产品的数量。有效的交通运输供给是指能够将客货实现位移的现有交通运输设施形成的综合运输能力。潜在的交通运输供给是指由于开发、维护或运输组织不当，

而不能将客货实现位移的现有交通运输设施形成的综合运输能力。

交通运输供给的影响因素主要包括交通运输基础设施的数量与质量、技术经济特征与服务水平、交通运营管理与组织能力、运输服务价格、运输业的发展政策等。

因此，交通运输供给量可以表示为

$$Q_s = f(T, S, P, M, \cdots) \tag{2-2}$$

式中：

Q_s——运输供给量；

T——技术经济特征；

S——服务水平；

P——运输服务价格；

M——交通运营管理能力。

2. 交通运输需求与供给的特点分析

1）交通运输需求的特点分析

交通运输需求与其他商品需求相比有其特殊性，这种特殊性主要体现在以下几个方面。

（1）需求的普遍性和广泛性

现代社会生产生活的各个方面都离不开人和物的空间位移，与其他商品和服务的需求相比，交通运输需求具有普遍性和广泛性。

（2）需求的复杂性和多样性

交通运输业面对的是品类日益繁多的货物和各种不同出行目的与要求的人群，交通运输需求不仅表现在数量上，而且包含安全、速度、方便、舒适等质量上的要求。

（3）需求的派生性

交通运输需求是由生产、生活中的其他需求派生出来的，完成空间位移只是其中一个必不可少的环节。

（4）需求的空间特定性

交通运输需求是运输消费者指定的不同空间地点间的位移，即具有流向和流程。对货运而言，由于资源分布和地区经济发展水平及生产力布局不同，交通运输需求在方向上往往是不平衡的，从而决定了交通运输需求的空间特性。

（5）需求的时间特定性

交通运输需求对实现空间位移的起止时间有要求，即运输服务要适时；对实现空间位移的速度有要求，即运输服务要高效快捷。

（6）需求的部分可替代性

交通运输需求的部分可替代性可以分为外部替代性和内部替代性。外部替代性是指交通运输需求可以被非交通运输需求替代，如现代通信的发展，使得视频通话、远程网络会议成为可能，替代了部分探亲访友和商务出行需求；内部替代性是指交通运输方式之间的相互替代。

2）交通运输供给的特点分析

（1）交通运输业“有效”供给的范围较大

交通运输业资金密集型的特点意味着在总成本中固定成本的比例较高，使得各种运输方式的短期成本曲线较为平坦，单位成本随运量变动较小。因此，由边际成本确定的理想最优供给量的运输成本，与其周围非最优供给量所对应的成本可能相差不大，所以“有效供给”的范围较大。

（2）交通运输供给的短期价格弹性较大

运输成本和运输能力调整的难易程度是影响交通运输供给弹性的重要因素。由于短期内变动成本的比重较小，供给弹性较大。另外，交通运输能力是按交通运输高峰需求设计的，且交通运输产品不能储存，使得交通运输业在一定时期内保持相当大的运能储存，使交通运输供给可以在短期内随价格的变化而增减；但是交通运输能力大幅度的增加需要依靠交通运输基础设施投资，需要较长时间的调整过程，从长期来看交通运输供给的价格弹性较小，甚至几乎无弹性。

（3）交通运输供给存在着明显的外部性

由于城市公共交通的福利性或公益性特征，这类运输市场、企业会受到政府的管制约束，包括运价管制、市场准入管制、政府财政补贴、反垄断政策，以及载运工具排放标准限制等，使得公共交通产品或服务往往具有鲜明的“公共物品”属性以及“外部性”特征，导致该类运输市场经济机制的“失效”。比如，在有交通运输需求时，对于铁路、城市轨道交通、城市地面公共交通系统等具有规模经济特征或垄断性的大型交通运输企业或行业来说，可以在成本增加很少的情况下增加供给量，就是说其经济运能有一个较大的供给调节范围。如果缺乏政府的管制机制，可能出现企业出于自身经济利益而采取减少供给量，提高垄断价格，甚至降低运输服务质量。然而这种情况带来的运输市场供需矛盾加剧、运输条件恶化，运价提高、运输服务质量下降所引起的成本将全部由消费者承担，使得交通运输业可以在运价不变的情况下增加供给。图 2－5 显示服务质量下降时消费者负担的成本状况，SAC 为交通运输业生产的短期平均成本曲线，CSAC 为交通运输业生产的短期成本加上消费者平均负担的“拥挤成本”，当产出达到 CE 时，服务质量大为下降，而消费者要负担的成本除了生产者成本 ED，还要加上拥挤成本 CD。此外，运输活动引起的环境污染，造成的能源和资源的过度消耗以及交通阻塞等，也是其外部成本的反映。

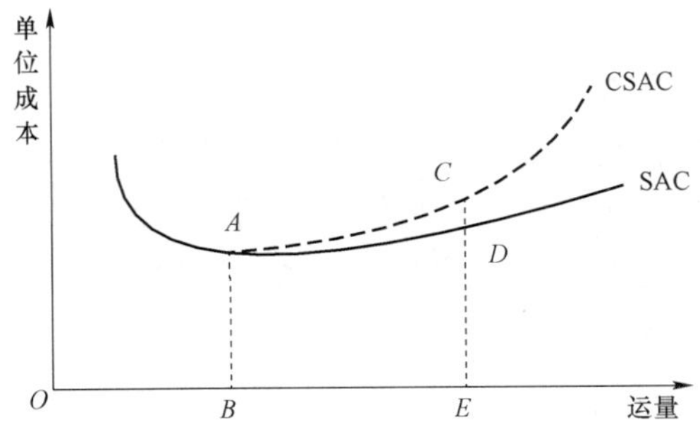

图 2－5 交通运输业生产与消费成本曲线图

（4）交通运输供给具有一定的不可分性

① 交通运输供给在资金上具有不可分性；② 从空间上看，交通运输网络是一个整体，交通运输基础设施的能力一旦形成就很难在空间上进行转移和分割；③ 交通运输业属于为全社会服务的公共事业，在某些情况下需要由社会共同负担成本，在这方面也具有一定的不可分性。

（5）可替代性与不可替代性共存

现代城市综合交通体系的建立和发展，使得出行者有更多的选择空间。当几种交通运输方式或者多个交通运输供给者都能完成同一交通运输对象的空间位移时，便存在一定的可替代性，这种替代性形成了交通运输供给者之间竞争的基础，如地铁与地面公共交通、出租车与轿车、城际铁路与高速公路、高铁与民航等。不同交通运输供给方式的替代性要受到交通运输对象在时间上的规定性、空间上的约束性、不同交通运输供给者技术经济特性的差别所提供服务的差别、运输网中的分工不同等因素的影响，即替代性是有一定条件的。

3. 交通运输需求与供给的关系分析

1）交通运输需求对交通运输供给的影响分析

交通运输需求的不断增长，致使原有的道路交通运输承担越来越大的交通运输压力，为保证交通运输系统的顺利运行，需不断增加交通运输供给，以满足交通运输需求，从而刺激交通运输供给的发展；反之，若交通运输需求持续不前，现有的交通运输供给已能满足交通运输需求的需要，单方面增加交通运输供给失去了现实意义，会制约交通运输供给的增长。交通运输需求对交通运输供给的制约和刺激主要是改变交通运输供给的数量、质量和结构。在实际中，充分理解交通运输供需双向制约互动关系，可以避免陷入认识和实践上的误区。

2）交通运输供给对交通运输需求的影响分析

交通运输供给对交通运输需求的制约和刺激作用主要通过交通运输供给的服务数量和质量杠杆来实现，包括可达性、出行时间、费用、安全性、方便性、及时性、舒适性等诸多要素。交通运输供给的增加，有效地改善区域交通运输的服务质量，保证整个区域综合交通运输系统的顺畅运行，会促进社会经济的发展和人们生活水平的提高，促使购物、休闲等弹性出行需求比重越来越大，最终刺激交通运输需求的增长；反之，若交通运输供给未能改善交通运输的服务质量，使交通运输成为社会经济发展和人们生活水平提高的瓶颈，则区域客货流的产生与流动均会受到制约和阻滞。

2.2.6 交通运输的经济适应性理论

交通运输的经济适应性理论源自系统科学中的系统自适应控制理论。交通运输是国民经济的基础性、服务性产业，是合理配置资源、提高经济系统运行质量和效率的重要基础。对于交通运输与社会经济发展关系的研究由来已久，区域经济学、产业经济学、运输经济学、发展经济学等学科领域都有深入的研究。总结回顾国内外区域交通、经济协调发展进程中的演化特征可知，交通运输与经济发展相互作用关系在不同历史时期、不同社会经济环境下，呈现出一种动态性特征，其表现形式虽然有所不同，但总体上呈现出一种相互影响、相互适应的动态关系。

1. 交通运输系统经济特征

按照系统论的范式，交通运输是经济系统中一类基本的、系统性的产业活动，因此交通运输系统经济特征包括：① 系统自身的经济特征，即由交通运输实体系统决定的经济特征（系统组分之关联而出现的整体特征）；② 交通运输系统的溢出效应，也称交通运输的外部性。

1）系统自身的经济特征

交通运输系统自身的经济特征，由交通运输系统的构成元素决定。由于交通运输基础设施网络是运输行为发生的基础，因此，交通运输基础设施的经济特征决定了交通运输的特征。

（1）交通运输基础设施供给的规模经济与不可逆特征

交通运输基础设施的经济特征表现为基础设施供给具有规模经济和不可逆性，这意味着运输固定设施存有一个最小的实际规模，低于这个最小规模，交通运输基础设施的供给是不经济的。

交通运输基础设施具有不可逆性，一旦建成，就必须投入使用，否则，没有其他用途；不可逆性决定了交通运输对土地以及其他经济资源的占用往往更具有沉没成本的特性（移动运输装备则具有易进入特征，相对于交通运输基础设施，规模经济不明显）。

（2）交通运输基础设施的网络效应

所谓网络效应或网络外部性，是指用户对一种产品的使用增加了其他的经济主体对同种产品的消费，或者说一种经济行为的发生导致其他经济主体发生同样的经济行为。网络效应也指每个人的生产率随加入网络人数的增加而上升，每个人的决策依赖于他人的决策。分工组织和市场都是最重要的网络。

网络效应可以分为直接物理效应与间接消费效应。交通运输系统具有明显的网络效应，表现为：交通运输基础设施供给的网络效应（如中国铁路网、公路网的建设，城市轨道交通网、港口及其集疏运系统的配套建设等）和交通运输系统运营的网络效应（如国际集装箱联运）。

从系统范式分析，交通运输系统的网络效应，实际上是交通运输系统的组分在整个系统中所表现的涌现性。可有两种涌现：① 当交通运输线路形成网络时，交通运输系统才能发挥效用或最大化效用，铁路在这方面特征最明显；② 系统中的部分所具有的性能远比它不属于该系统时要大，这是交通运输系统的微观涌现性。网络效应使得系统的供给和运营要求某种天然垄断特性，即所谓交通运输网络规模导致的自然垄断属性（自然垄断是一种极端的情况，即只有一个供应者时成本最低）。这就决定了交通运输基础设施的供给不能形成无序竞争局面。

2）交通运输系统在经济社会发展中的地位和作用

简单地讲，交通运输的溢出效应，就是交通运输对交通运输基础设施供给者或运输主体获得的社会效益不能货币化。

（1）交通运输作为外生条件对经济社会发展的决定性意义

作为外生条件，交通运输对经济社会发展的决定意义可以总结为交通运输对于经济社会发展的基础性作用和先导性作用。① 基础性作用是指交通运输是其他一切生产部门从事生产经营活动的基础性条件，处于“上游”产业部门，其服务的性能和价格，对其他部门产生连锁效应；② 先导性作用是指交通运输是经济发展的必要前提，是先行发展的产业，必须超前发展，为产业活动的集聚与扩散提供基础。

（2）交通运输作为内生变量对经济发展的促发机制

① 专业化生产和规模经济的必要条件。经济的空间分布在很大程度上受到交通运输的影响。一方面，根据经济学中的比较优势原理，一个地区将专业化生产一种自己拥有最大优势和最小劣势的产品，交通运输是实现各地专业化生产和多样化消费的必要条件。另一方面，地理上的专业化生产与大规模生产是互补的，但是，如果没有富有效率的有效的交通运输网络，规模经济的优势、生产的效率和相对廉价的资源优势就会化为乌有，交通运输为规模经

济提供了必要条件。

② 产业空间定位的重要决定因素。交通运输不仅影响产业的集聚，同样影响产业的扩散。经验显示，早期的城市化现象总是在具有天然交通条件的河道或海岸出现；铁路和公路建设改善交通运输的系统时，铁路枢纽或公路枢纽地的城市同样得到了发展。

③ 增加土地价值。交通运输的另一个外部效应与产业集聚/扩散和城市化过程高度相关。这些产业活动集聚地点的土地往往得到了升值；而城市地价远远高于郊区或农村的地价。交通运输的改善可以增加土地价值并促进经济发展，这是交通运输系统外部性的一个经典例证。其主要根据在于，如果土地邻近交通设施，并能获得交通运输服务改善的好处，则这类土地的可及性增强，用途当然就更大。于是，交通运输就增加了土地价值。在我国城市交通运输基础设施建设中，无论城市快速路或城市轨道交通线路建设，以及公交线网延伸等，都不同程度地产生了城市土地开发增值的效应，乃至我国大中城市由于交通线网建设带来的"土地溢出效益"已成为政府的城市交通基础设施建设资金的重要来源之一。在此效应的激励下，各地政府积极采用交通导向的土地开发模式，并由此实现城市交通、经济协同发展、交替拉动的良性循环。

④ 扩大市场的范围和规模并增进市场竞争。交通运输具有扩大市场范围、市场规模和增进市场竞争的作用。运输成本实际上是一种交易费用。运输的效率对扩大市场的地理范围和劳动分工具有至关重要的作用——运输的效率决定了市场范围。纳克斯进一步阐明了运输的外部经济特征：在人口密度和人均生产率为既定的条件下，交通运输的改进不仅将扩大市场的经济规模，而且将扩大市场的有形范围（市场的经济规模还取决于生产效率）。

另外，市场范围和规模扩大必然增进市场竞争，也就是说，有效率的交通运输可为消费者提供竞争带来的好处。没有交通运输，本地的企业家会无效率地生产产品、并对消费者实行高价。由于交通运输增大了产品的市场区域，产品必须以最有效的方式生产，否则外地竞争者就会进入本地市场。

综上，运输效率和运输成本限制市场交换范围，进而限制经济交换能力，限制劳动分工发展。有效的交通运输系统具有降低交易费用的作用，促进市场扩大和劳动分工并增进市场竞争；相反，低效的交通运输系统由于不具有这样的涌现行为，无助于降低交易费用甚至有可能增加交易费用，就会增加经济发展的成本，降低经济发展的效率，从而阻碍经济发展。

2. 交通运输经济适应性的定义

交通运输规划相关理论中对于交通运输与经济发展的适应性主要有以下几种定义。

1）贾元华

贾元华在其博士论文《高速公路经济适应性》研究中，从高速公路项目经济效益后评价视角，针对我国高速公路建设与经济发展的相互关系，提出高速公路经济适应性的概念，并将其定义为：高速公路的经济适应性主要是指高速公路这种现代化的交通设施在其规划设计、投资建设、经营管理、开发以及可持续发展过程中所采取的策略、管理体制和运作模式，制定的方案、措施等与国家和地区经济系统总体规划中发展战略目标、仿真、政策、法规及发展计划、决策方案等相互协调和制约的关系。高速公路的经济适应性包括规划设计方案的适应性、投资建设体制的适应性、投资效果的适应性、经营管理体制的适应性，为我国高速公路等现代化交通基础设施适度超前建设发展提供了理论依据。

2）国家发展和改革委员会综合运输司

国家发展和改革委员会综合运输司课题《交通运输与经济发展的适应性——理论与实证》主要从供需均衡的角度对交通运输与经济发展的适应性进行了研究。提出了交通运输需求导向的适应性和供给导向的适应性、交通运输系统的制度适应性与组织适应性、交通运输的网络适应性等概念。

① 交通运输与经济发展的适应性。该研究认为在经济发展过程中，在某一个特定的时期（所谓特定的时期，即隐含基础设施网络存量假设是一定的），通过交通运输需求函数与供给函数的相互作用，形成供给与需求的交点，即交通运输与经济发展的理论或潜在的均衡点。

基于潜在的均衡点，该研究提出了交通运输与经济发展的适应性的定义：

定义 1：交通运输系统的实际供给围绕潜在的需求/供给均衡点调整的功能，称为交通运输对经济发展的适应性，这是交通运输需求导向的适应性。

定义 2：经济系统的实际交通运输需求围绕潜在的交通运输需求/供给均衡点波动的过程和特性，称为交通运输的适应性，这是实际的交通运输供给约束所引致的适应性，是交通运输供给导向的适应性。

交通运输系统对经济的适应与经济对交通运输系统的适应，这两种适应不是孤立的，经济拉动/制约与交通运输的推动/制约是密切相关的，将这两种高度相关的适应性统称为交通运输与经济发展的适应性，它是空间资源与其他资源的优化组合及可持续发展。

② 交通运输系统的制度适应性与组织适应性。交通运输系统的制度适应性是指为了满足交通运输系统的实际供给围绕运输市场的理论均衡点波动，交通运输系统的制度安排应对经济系统环境变化所具有的反馈功能机制。交通运输系统的组织适应性是指为了满足交通运输系统的实际供给围绕运输市场的理论均衡点波动，交通运输系统的组织对经济系统环境变化所具有的学习、反馈和变革的功能机制。

③ 交通运输系统的网络适应性。交通运输系统的网络适应性是指交通运输网络运行在运输时间、运输成本和空间可及性等三个关键的供给属性，按照成本/效果原则满足经济发展对交通运输的需求。

3. 交通运输与经济发展的适应机制

1）交通运输系统与经济发展的短期与长期适应机制

下面通过图 2-6 的模型来分析交通运输系统与经济发展的短期与长期适应性。

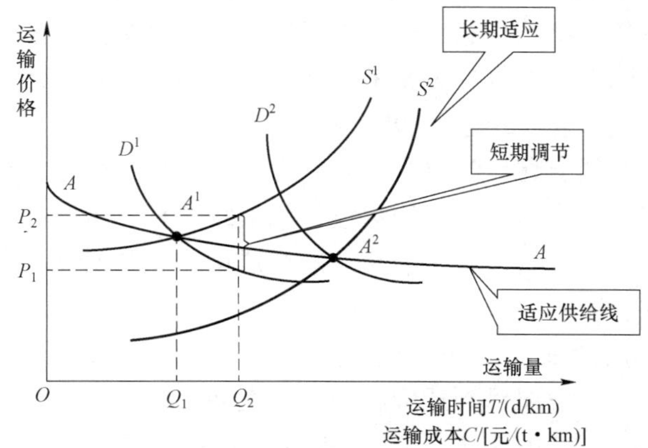

图 2-6　交通运输系统与经济发展的短期与长期适应性

图 2－6 考察了交通运输系统与经济发展在时期 1、时期 2，以及从时期 1 到时期 2 的适应性。S^1 和 S^2 分别表示两个短期实际交通运输供给曲线，D^1 和 D^2 分别表示相应的经济系统潜在的交通运输需求曲线。A^1、A^2 分别表示实际的交通运输供给与潜在的交通运输需求相适应的临界点，对应的均衡运价和运输量分别为（P_1^*，Q_1^*）、（P_2^*，Q_2^*），称为适应临界点。

（1）关于短期适应性特征

"短期"定义为经济系统的交通运输总供给和/或交通运输总需求水平保持不变或缓慢增长的时期。

假如经济位于交通运输均衡点 A^1，若经济系统的交通运输需求发生短期波动（比如，中国传统的春节前后的春运），引发交通运输需求量从 Q_1 增大到 Q_2，导致两种可能发生的结果。

① 交通运输系统以价格 P_2 提供相应的交通运输供给量 Q_2，但供给价格高于运输用户可接受价格 P_1，尽管满足了经济的交通运输需求，但减少了消费者剩余，这意味着，交通运输系统在对经济的短期适应中存在经济效益损失及福利损失。

② 交通运输系统短期缺乏增强交通运输供给的能力，无法满足交通运输需求的冲击，则供给可能还是停留在与 A^1 对应的 Q_1，或者虽然供给有所增大，但无法实现 Q_2 的供给量。这里将这两种运能短缺造成的交通运输供给短缺，称为交通运输"瓶颈"。

显然，交通运输"瓶颈"抑制了经济的有效交通运输需求，从而制约经济发展；如中国比较常见的煤炭运输能力短缺，抑制电力生产和供应，导致电力短缺从而对经济产生严重的影响。与通过提高运价而提高短期交通运输供给量相比，交通运输"瓶颈"不仅仅带来消费者经济福利的损失，更引致对地区乃至国家经济增长生产力的制约，从而影响经济的增长速度和经济社会发展的进程。这说明，交通运输是决定经济发展的空间布局的重要因素，是国民经济战略性基础产业。

（2）关于长期适应性特征

"长期"定义为足以使经济系统的交通运输总供给和交通运输总需求水平具有显著增长的时间跨度。

假设在经济经历一段时期的交通运输"瓶颈"之后，政府意识到交通基础设施作为具有先导性的战略性投资，对于经济发展的重大意义，于是开始加大对交通运输基础设施的投资，以便改善交通运输系统的网络结构和水平，提高交通运输供给能力。政府加快交通运输发展的政策措施，导致交通运输供给曲线从 S^1 右移至 S^2。一般来说，经济系统的交通运输需求也随之发生变化，这里假设需求曲线也从 D^1 右移至 D^2。

在长期内，经济系统的交通运输总需求将获得增长，导致交通运输需求曲线向右移动。需求曲线的右移，客观上要求相应的交通运输供给曲线右移，这意味着交通运输结构的变化和运输量水平的总体增长。否则，会引起长期的交通运输瓶颈问题，即结构性的交通运输需求短缺和交通运输总供给滞后。

在图 2－6 中，时期 1 到时期 2 的时间跨度内，经济的交通运输均衡点从 A^1 变为 A^2。在这两点上，交通运输与经济发展达到适应状态，即交通运输总供给与交通运输总需求实现均衡。连接 A^1 和 A^2 两点，得到近期的长期均衡曲线 AA。不难得知，在交通科技得不到持续创新的情况下，在更长的时期内，随着经济的演化，AA 曲线将呈现逐渐向右上方弯曲的趋势。

这说明外延式的运输供给增长，其代价是降低资源的使用效率，而导致运输成本上升。同时也说明，为了适应经济持续快速稳定增长，在交通运输总供给量扩张的同时，必须提高科技含量才可能实现可持续交通运输发展。

从图 2-6 的分析，得出另外几个结论。

① 交通运输供给超前于需求时对经济增长的推动效应。当交通运输供给适度超前发展，即供给曲线变为 S^2 时，将可以为经济发展带来充足的低成本运输服务，从而激发经济活动增长。

② 交通运输均衡点从 A^1 变为 A^2，交通运输规模增大，成本得到有效降低。表示交通运输供给具有规模经济的效应，基本上是由交通运输基础设施的投资特性所决定的规模经济效应，长期的规模效应要建立在技术创新和交通运输资源的有效配置基础之上，否则运输成本的上升会抵消规模经济效应，从长期来说，交通运输网络的发展更在于资源的配置效应。

2）适应性的复杂性分析

交通运输系统与经济发展的适应性具有复杂性。这个复杂性表现在以下几方面。交通运输系统与经济发展适应，是交通运输系统的交通运输供给与通过交通运输系统的制度、组织与网络相互之间的反馈、系统内各子系统以及系统与环境之间的反馈机制实现的。因此交通运输系统的多重反馈是交通运输系统与经济发展的适应机制。其中，系统的稳定性由负反馈机制决定，而系统的创新和发展则由正反馈机制决定。交通运输系统的适应性发展是短期自稳与长期的自组织共同作用的结果。从供给模型分析，短期的需求量变化可以在既有的交通运输系统结构下做适应性调整；但是，从长期来看，经济发展导致交通运输需求增加（交通运输需求曲线向右移动），交通运输供给曲线必须做出相应的移动，才可能适应经济增长和发展的潜在需求。

一方面，交通运输基础设施网络、交通运输组织和制度与经济发展的交通运输需求之间的适应存在反馈回环，交通运输系统的制度适应性、组织的适应性和网络适应性不是孤立的适应，而是相互作用共同适应，如图 2-7 所示。

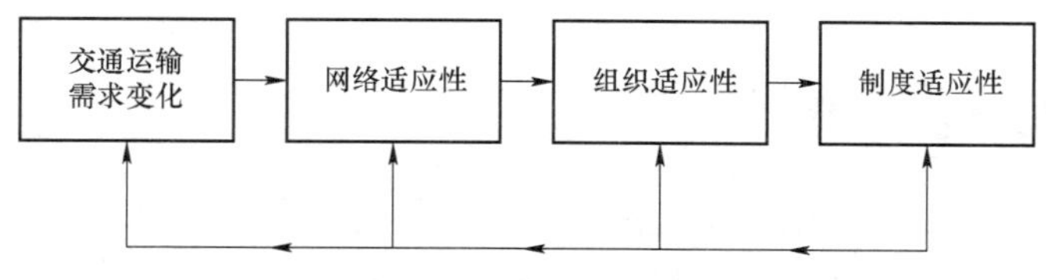

图 2-7　交通运输系统与经济发展的适应性

另一方面，交通运输系统内部的不同组分（各子系统）之间，即铁路、公路、水路和航空乃至管道等交通运输子系统之间，也存在相互作用和关联的反馈回路，如图 2-8 所示。

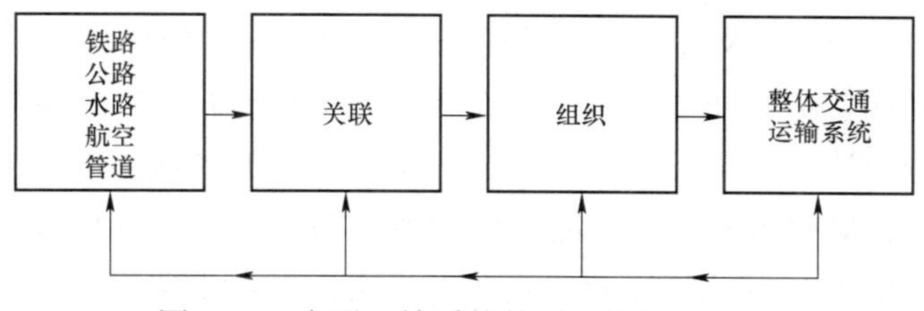

图 2-8　交通运输系统的适应性的复杂性

在一个经济的交通运输系统中，基础设施网络、制度、组织具有以下关联性：网络是实行交通运输的物质基础，制度决定交通运输主体的游戏规则及行为，组织决定交通运输活动的治理及效率。制度规则决定交通运输系统的组织和网络的结构、行为，从而决定交通运输运营的绩效；网络和组织结构及行为对交通运输的制度规则具有反馈效应。

通过分析可得，交通运输系统的适应性也是短期调整与长期调整共同作用的结果。长期的适应是通过市场自动调节和组织的有意识协同二者相互作用而实现的，市场与组织适应二者不可分割。由于交通运输系统的供给具有短期刚性的属性，经济发展所产生的交通运输需求从总水平而言也是具有刚性的；然而，对于一种具体的交通运输方式，或特定的交通运输需求而言，交通运输需求则表现为富有弹性。因此，交通运输供给和交通运输需求的这种特点也就决定，要使交通运输适应经济发展之需求，必须适度超前发展交通运输产业，重中之重在于交通运输基础设施的适度超前建设。组织适应则依赖于政府的制度安排，建构和发展具有适应性的交通运输系统，市场与政府的互补至关重要。

2.3 交通运输与区域经济发展的关系理论

交通运输的发展对区域经济的发展产生了重要的影响，特别是在促进区域经济增长极的培育以及经济带的形成等方面，发挥了重要的作用。交通运输条件的改善可以帮助克服生产中的瓶颈状态，从而进一步促进经济扩张。交通运输对于促进区域的经济发展发挥着以下几个作用：① 交通运输是生产过程中的一种基本要素投入，使商品和人员能在生产和消费中心之间和内部流动；② 交通运输条件的改善通过改变要素成本而改变生产函数，特别是它可以降低与生产过程密切联系的库存水平；③ 流动性被提高，使生产要素尤其是劳动能力转移到它们可以发挥最大生产效用的地方；④ 交通出行及交通运输条件的改善可以增加个人的社会福利，使其接触到更大范围的社会设施，还可以提供更好的公共物品，如更大的社会内聚性和增强国防。

2.3.1 交通运输与产业布局

交通运输对产业布局的影响是指经济合理的运费及其带来的可达性、便利性等对产业区位的吸引作用。1984 年，美国经济学家胡佛提出了一个使用一种原材料、生产一种产品、销售于一个市场的生产企业费用最小模型。如图 2－9 所示，如果原材料取得费用曲线高于产品运费曲线，即若原料在加工过程中是失重的，总运费曲线在原料产地 KM 处最低，企业布局在原料产地较为有利；相反，若原材料在生产过程是增重的，如酿造业和食品业，则总运费曲线在市场 M 处最低，市场 M 就是企业最优区位。当货物由一种运输方式转向另一种运输方式时，一方面要增加转运装卸费，另一方面要损失运价递减率，这就造成转运点支付的费用急剧上升。如果企业选址建于转运点或运输场站的直接服务区内，将减少装卸转运费，所以，港口、铁路枢纽、航空港都是工业企业的理想区位。当然，胡佛模型只能在其他条件相同的情况下才具有实用性。对于常规的工农业生产来说，由于它们的生产特点和运费在生产成本中的比重有差别，交通运输对它们布局的影响也不尽相同。

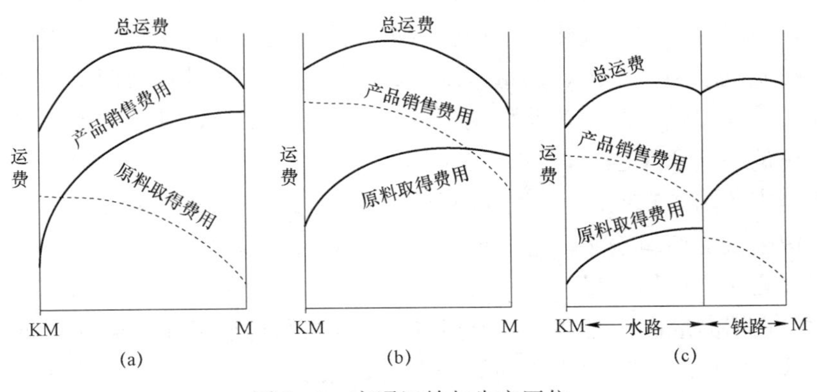

图2－9　交通运输与生产区位

1. 交通运输与制造业布局

在制造产品的过程中，消耗的原材料和燃料的重量与产品重量的比值，叫作原料指数。根据原料指数，可将受运输影响的制造业分为三类。

第一类为原料指向工业，原料指数大于1，如冶金、制糖和水泥等工业，一般布局于原料产地运费最低。

第二类为市场指向工业，原料指数小于1，如硫酸制造和食品、饮料工业，它们所生产的产品重量大，经济运程短，布局于消费地运费最节约。

第三类为无明显指向的工业，原料指数等于1，交通运输条件对此类工业布局影响较小，分布有一定的灵活性，如机床、纺织、面粉等工业，它们对地域生产力发展有重大意义。

近年来，涌现出以微电子、生物工程、光导纤维等为代表的高新技术产业，其产品具有轻、小、细、精和价值高的特点，可运性大，距离阻力影响小，但要求物流快速化，因而出现了由现代化交通枢纽与高新技术产业布局规划相互融合所形成“临空”型产业布局的新趋势。这说明交通运输业对产业布局的影响是随着科学技术的发展而变化的。

2. 交通运输与采掘工业布局

由于许多采掘部门的产品具有体积大、价值低、可运性小的特点，交通运输条件对这类产品布局的影响很大。采掘工业的布局受资源的开发顺序和开发规模影响，而这些又取决于其单位产品的生产成本和运费。可见一个矿区的开发顺序和规模主要受矿区对外交通运输条件的影响。交通运输条件好的矿区，必然得到优先开发；交通运输条件差而资源状况好的矿区的开发，需以新建或改善交通运输条件为先导。一个位于消费区附近、交通方便的矿区，即使其矿床质量较差，也可能优先得到开发和利用；相反，远离消费中心的矿区，交通不便，也只能在它最有价值时才适于开采。

此外，交通运输还影响采掘工业的集中和分散程度。一般来说，当交通运输部门的劳动生产率的增长速度高于采掘部门时，由于运价降低，经济运距增加，会使采掘部门更集中分布于一些开采条件优越的矿区；反之，如果交通运输落后，运价便提高，经济运距缩短，则导致采掘工业布局趋于分散。

3. 交通运输与农业生产区域化、专门化

农业生产的合理布局，就是依据自然可能性与经济可行性两个原则选择社会所需产品的实际生产区位，实现生产的区域化和专门化，最大限度地发挥地区优势，建立某几种农产品的生产基地。在此过程中，土地、热量、水分、光照等自然条件以及劳动力、技术、资金等社会经济条件，只能提供可能性，要将这种可能性变为现实性，使之更好地融入商品流通大市场，交通运输是关键条件之一。

农产品的销售范围与它们的可运性成正比，与它们的生产成本成反比。在生产成本一致的条件下，运费越低交通运输条件越方便，产品销售范围越大，农业生产的区域化、专门化越发达。美国大西洋沿岸的水果和蔬菜带、大城市周边的乳制品带、中西部的玉米带、大平原区的小麦带，它们的形成、发展和壮大都与市场需求和交通运输条件有密切关系。

随着我国以“村村通公路”“村村通班车”等政策引导，农村交通建设进入快车道，逐步实现城乡交通的一体化协调发展。这些举措不仅促进了农业的产业化发展，也带动了农副业的发展，衍生出了“观光农业”、以“农家乐”为主导的乡村休闲度假游、“农村物流”等相关产业的发展。

4. 交通运输的技术创新、变革与产业经济的发展

人们对创新概念的理解最早主要是从技术与经济相结合的角度，探讨技术创新在经济发展过程中的作用，主要代表人物是现代创新理论的提出者约瑟夫•熊彼特。独具特色的创新理论奠定了熊彼特在经济思想发展史研究领域的独特地位，也成为他经济思想发展史研究的主要成就。其“创新理论”的最大特色就是强调生产技术的革新和生产方法的变革在资本主义经济发展过程中的至高无上的促进和带动作用。

熊彼特创新理论的主要观点归纳起来包括：① 创新是生产过程中内生的；② 创新是一种“革命性”变化；③ 创新同时意味着陈旧制度的毁灭；④ 创新必须能够创造出新的价值；⑤ 创新是经济发展的本质；⑥ 创新的主体是“企业家”。第二次世界大战后，许多著名的经济学家也在此基础上进一步研究和发展了创新理论，20 世纪 70 年代以来，门施、弗里曼、克拉克等用现代统计方法验证熊彼特的观点，并进一步发展创新理论，被称为“新熊彼特主义”和“泛熊彼特主义”。进入 21 世纪，信息技术推动下知识社会的形成及其对创新的影响进一步被认识，科学界进一步反思对技术创新的认识，创新被认为是各创新主体、创新要素交互复杂作用下的一种复杂涌现现象，是创新生态下技术进步与应用创新的创新双螺旋结构共同演进的产物，关注价值实现、关注用户参与的以人为本的创新模式也成为 21 世纪对创新重新认识的探索和实践。

按照熊彼特创新理论，科学技术的发展和交通运输业的革命，同样能够给产业布局及产业经济发展带来巨大的影响。

19 世纪是以船舶运输为主的时代，工业企业分布于通航河流两岸。19 世纪后半期，铁路运输迅速发展，工业布局遂向内陆腹地深入，工业中心和大城市在铁路沿线和铁路枢纽地区陆续兴起。第二次世界大战后，公路运输迅速发展，轻工业尤其是民用电子和电器工业纷纷在大城市周围公路网发达的地区集中，这是一种新的发展趋势。随着船舶吨位的大型化，水路运输费用大幅度降低，沿河、沿湖、沿海建厂又受到人们的重视。

由于交通运输条件的改善，产业布局选择空间日趋扩大，原料地对加工工业的吸引力逐渐下降，包括冶金工业在内的许多制造业开始由原料指向转变为市场指向。当前高技术工业向科学文化中心和航空港集中，形成“临空型”布局，这是工业布局的又一新趋势，依托主要综合交通枢纽场站形成商贸物流产业园区或经济技术开发区，沿着重要交通走廊形成高速公路产业带或高铁经济带，以及依托城际交通网形成城市群经济圈，等等。

2.3.2 增长极理论

1. 增长极理论的内涵

经济增长极理论是20世纪40年代末50年代初，西方经济学关于一国经济平衡增长和非平衡增长论战的产物。西方经济学界普遍认为法国经济学家弗朗索瓦·佩鲁首先提出了具有产业部门联系和结构意义的增长极概念，后经布德维尔等学者的研究和发展，形成了一种颇具影响力的区域发展理论。该理论认为，经济发展并非均衡地发生在地理空间上，而是以不同的强度在空间上呈点状分布，并按各种传播途径对整个区域经济发展产生不同的影响。这些空间上呈点状分布的经济活动就是具有成长以及空间集聚意义的增长极。

增长极是由推进型部门和有创新力的企业在某些地区或大城市集聚发展而形成的活动中心，这些活动中心具有生产中心、贸易中心、金融中心、信息中心、交通运输中心、服务中心、决策中心等多种功能，促进自身并推动其他部门和地区的经济增长。

增长极理论认为区域经济的发展主要依靠条件较好的少数地区和少数产业的带动，应把少数区位条件好的地区和少数条件好的产业培育成经济增长极。通过增长极的极化和扩散效应，影响和带动周边地区经济发展。增长极的极化效应主要表现为资金、人才、技术等生产要素向极点集聚；扩散效应主要表现为生产要素向外围转移。在发展的初级阶段，极化效应是主要的，当增长极发展到一定规模后，极化效应削弱，扩散效应加强，并逐渐占据主导地位。

2. 增长极理论的基本特征

罗斯托在《经济增长的阶段》一书中，对西方国家经济发展史的研究指出，在任何特定时期，国民经济不同部门的增长率存在着广泛的差异。这时，整个经济增长率在一定意义上是某些关键部门的迅速增长所产生的直接或间接效果。罗斯托把这些关键部门称为驱动部门或推进型部门，关键部门主要特点如下。

1）具有高创新率

即能迅速地引入技术创新或制度创新。主导产业能迅速有效地吸引创新成果，即引入新的生产函数。

2）具有较高的增长率

即对经济增长具有较高的贡献。主导产业有较之国民经济其他部门持续的更高的增长率。这种高增长率主要受两种因素影响：① 引入新的生产函数和发挥规模经济效益；② 具有高收入需求弹性，从而为高增长率提供广泛的市场。

3）具有很强的带动其他产业部门发展的能力

即具有很高的“扩散效应”。主导产业具有同其他产业关联度大，带动系数高，生产链条长，对优化产业结构影响大的特征。

3. 极化方式与扩散作用

极化方式和扩散作用，一般表现在三个方面。① 技术的创新与扩散。增长极中有创新能力的企业不断进行技术创新，推出新技术、新产品、新组织与新生产方法。② 资本的集中与输出。增长极中一般拥有大量的资本和生产能力，为了自身的发展需要，它可以从其他地区或部门吸引、集中大量的资本，也可以向其他地区或部门输出大量的资本。③ 生产规模经济效益。增长极的企业和行业集中，生产规模庞大，可以形成规模经济。

极化是外围向中心移动的过程，形式多种多样，从极化波及和影响的范围来看，可以是全国性的，也可以是地方性的。极化作用可以有多种形式。① 向心极化，即由周围向中心的极化过程；② 等级极化，即基层小节点向区域次级增长极极化，而次级增长极又向首级增长极极化；③ 波状圈层极化，即极化现象是围绕极化中心向外作波状圈层式展开。

扩散是由极化中心向外围的移动过程，起作用方向恰好与极化方向相反。扩散作用一般以下述三种方式出现：临近扩散、等级扩散和位移扩散。① 临近扩散又称接触扩散，指以增长极所形成的核心区为中心向周围地域连续扩散；② 等级扩散，指以核心区为起点，循着一定等级顺序扩散，这种扩散形式在空间上是不连续的，但遵循一定规则；③ 位移扩散，指扩散随时间产生非均衡的位移，在这种扩散中，扩散往往通过传播者自身的移动，将先进的技术和生产力带到新的地方。

2.3.3 核心 – 边缘理论

美国经济学家艾伯特·赫希曼提出了区域非均衡增长“核心区 – 边缘”理论，认为经济发展核心区与边缘区之间同时存在着两种不同方向的作用——“极化效应”。而完整提出“核心 – 边缘”理论模式的是美国区域规划专家弗里德曼。1966 年，弗里德曼根据其对委内瑞拉区域发展演变特征的研究，以及缪尔达尔和赫希曼等人有关区域间经济增长和相互传递的理论，出版了《区域发展政策》一书，系统提出了核心 – 边缘理论模式。

弗里德曼认为，任何区域都是由核心和边缘两部分组成的。由于现实的资源、市场与环境的空间差异，某些地方或某一区位在经济、文化和政治上比其他地区（边缘地区）发展快且具有竞争优势，从而构成一定地域空间上的“制高点”或中心、核心。由于核心的存在，边缘地区的集聚和发展受到抑制。这样就构成“核心 – 边缘”结构。

核心区域由一个城市或城市集群及其周围地区组成。边缘的界限由核心与外围的关系来确定。一般意义上把它分解为四个部分。

1. 核心增长区

核心增长区主要指城市集聚区，其工业发达、技术水平较高、资本集中、人口密集、经济增长速度快，包括：国内都会区、区域中心城市、亚区的中心、地方服务中心。

2. 向上转移（或上升）地带

这个地带是联结两个或多个核心增长区的开发走廊，虽然处在核心增长区外围，但与核心增长区之间建立了一定程度的经济联系，受核心增长区的影响，经发展呈上升趋势，就业机会增加，能够吸引移民，具有资源集约利用和经济持续增长等特征。该区域有新城市、附属的或次级中心形成的可能。

3. 向下转移（或下降）地带

这种边缘地带多为边缘的农村地区，还包括原料枯竭、老工业衰退的区域。这些地区整个产业结构老化，效率低下，以粗放经营为主，人口向外迁移，社会经济特征处于停滞或衰落的向下发展状态。

4. 资源边际区

这些地区富有待开发的资源，对区域发展有着极大的潜在价值。它可能位于向上转移地带和向下转移地带之间，随着资源开发和人口集聚，使它与外界尤其是核心增长区的联系要多于与毗邻地区的联系，创新、变革可能以较快的速度到达这类地区。

2.3.4　点－轴系统理论

布代维尔将“增长极”概念的经济空间推广到地理空间，提出了“点－轴系统”理论。“点－轴系统”理论可以看作增长极和生长轴理论的延伸，它不仅强调“点”（城市或优区位地区）的开发，而且强调“轴”（点与点之间的交通干线）的开发，以点带轴，点轴贯通，形成点－轴系统。

“点－轴系统”理论的核心在于“点”和“轴”。“点”即中心城镇，是各级区域的集聚点，也是带动各级区域发展的中心城镇；“轴”是在一定的方向上联结若干不同级别中心城镇而形成的相对密集的产业带或人口带。其中，“轴”有着非常重要的意义，它一般是指呈线状布局的重要基础设施（交通干线、能源输送线、水源线及通信干线）经过的沿线地带。

① 在经济发展过程中，几乎在大部分社会经济要素都集中在“点”上的同时，“点”与“点”之间就形成“轴”，联结各种等级的城市的线状基础设施束。由于它具有促进区域类似扇面发展的功能，称为“发展轴”。这个“轴”对于地区经济系统的正常运转往往起着十分重要的支撑作用。

“轴”对附近区域有着很强的经济吸引力和凝聚力，同时“轴”也是“点”上社会经济要素向外扩散的路径（方向）。这就是说，社会经济客体在空间中以“点－轴”形式进行渐进式扩散。这里的“点”指各级中心城市，“轴”指由交通、通信干线和能源、水源通道连接起来的产业集聚带。

② 随着区域社会经济的进一步发展，“点－轴”必然发展到“点－轴”集聚区。这里的“集聚区”也是“点”，是规模和对外作用力更大的“点”。

③“点－轴系统”理论的核心是关于区域的“最佳结构与最佳发展”。也就是说“点－轴系统”是区域发展的最佳结构；要使区域最佳发展，必然要求以“点－轴系统”模式对社会经济客体进行组织。

④ 区域或国家的社会经济发展，是由发展轴线和中心地（城市）带动的。轴线是区域经济设施、社会设施的集中地带。根据空间相互作用原理，该地带对周围地区存在一个“力场”，具有吸引作用。轴线附近的社会经济客体则产生一个向心力，这个力不是只指向轴线上的一个点（城镇），而是若干点或一条线。这表明轴线对附近区域的社会经济有集聚或凝集作用，并通过影响范围内的客体带动区域的发展。轴线上集中的社会经济设施通过产品、信息、技术、人员、财政等，对附近区域有扩散作用。扩散的物质和非物质要素作用于附近区域，与区域的要素相结合，形成新的生产力，推动社会经济的发展。

“点－轴系统”理论在一定程度上反映了社会经济空间组织的客观过程和规律，因而为人们提供了一种最有效的区域经济开发模式或规划思路。这个理论揭示了区域发展过程中社会经济发展及其客体空间组织之间的关系，在一定程度上回答了农业、工业、交通通信、第三产业、文化等设施（发展的客体）的增长、布局以及地区经济和社会的发展及其空间变化。“点－轴系统”理论作为空间经济学理论体系的重要组成部分之一，在国内外城市交通规划建设中得到广泛的应用，推动了城市产业布局规划、人口居住分布与城市交通在规划建设层面的深度融合，促进了城市经济社会的协调发展。

2.3.5 圈层结构理论

圈层结构理论最早由德国农业经济学家杜能提出。该理论主张以城市为中心，逐步向外发展，适用于工业化程度较高的地区。圈层结构理论认为，“圈”实际上意味着向心性；“层”体现了层次分异的客观特征。圈层结构反映城市的社会经济景观由核心向外围呈规则性的向心空间层次分化。圈层结构理论认为城市在区域经济发展中起主导作用，城市对区域经济的促进作用与空间距离成反比，区域经济的发展应以城市为中心，以圈层状的空间分布为特点逐步向外发展。在圈层结构中，城市是圈层结构的主体。纵观世界城市和其周围地域组成的圈层结构，可以将其从内到外分为 4 个圈层，即内圈层、中间圈层、外圈层和都市圈圈层。

1. 内圈层的特征

内圈层可称为中心城区或城市核心区。该圈层是完全城市化了的地区，以第三产业为主，人口和建筑密度都较高，地价较贵，商业、金融、服务业高度密集。内圈层是地区经济最核心的部分，也是城市向外扩散的发源地。核心区有两种地域类型：一是结节地域，二是均质地域。结节地域是指结节点（具有集聚性能的特殊地段）与结节吸引区（各种不同规模集聚中心的有效服务区域）相组合的区域。均质地域是指具有专门职能的连续地段，即与周围毗邻地域存在明显职能差异的连续的地段。

2. 中间圈层的特征

中间圈层可称为城市边缘区，它是中心城区向乡村的过渡地带。城市边缘区既不同于城市核心区，也不同于一般的乡村。或者说城市边缘区既具有城市的某些特征，又保留着乡村的某些景观，呈半城市、半乡村状态。

3. 外圈层的特征

外圈层可称为城市影响区，土地利用以农业为主。农业活动在经济中占据绝对优势，与城市景观有明显差别，居民点密度低、建筑密度小、许多地方外圈层是城市的水源保护区、动力供应基地、假日休闲旅游之地。外圈层中也许会产生城市工业区、新居住区的“飞地”，并且一般在远郊区都有城市卫星镇或农村集镇又或中小城市。

4. 都市圈圈层的特征

都市圈圈层具有以下 4 个基本特征。① 都市圈圈层都具有向心力和辐射力足够大的核心城市或核心城市群；② 都市圈圈层自身形成一个相对独立的经济区域，都市圈圈层内部的人员和物资流动密度大大高于与外部之间的流动密度；③ 都市圈圈层在空间上呈现出比较明显的圈层结构；④ 都市圈圈层的日常交通呈现出明显的向心性，在核心区和内环就业、就学的人口大大超过当地的居住人口。

圈层结构理论与点–轴系统理论在实践中的不断融合衍生发展了“点轴圈带”理论，并且成为我国目前城市圈（群）交通、经济统筹规划、建设协调的重要理论依据，指导了包括“珠三角城市群”“长三角城市群”“京津冀城市群”“成渝城市经济圈”“武汉城市圈”等在内的城市群（圈）交通经济统筹规划。这些理论不仅发展和完善了城市交通经济学，同时也促进了城市交通规划理论的发展。

2.3.6 梯度推移理论

区域经济学家把生命循环理论引用到区域经济学中，创立了区域经济梯度推移理论，即每个国家或地区都处在一定的经济发展梯度上。世界上每种新行业、新产品、新技术都会随着时间的推移由高梯度区向低梯度区传递，韦伯等人形象地称之为“工业区位向下渗透”，交通运输为经济梯度转移提供了载体和路径。

区域经济学中的梯度推移理论是从美国哈佛大学经济学家弗农的产品生命周期理论发展而来的。经济学的产品生命周期理论总结了工业产品生命周期的特点，即任何一个工业产品，从其发展历程上看均要经过科研创新期、发展期、成熟期和衰退期四个阶段，处于不同生命发展阶段的产品，由于其对各种生产要素的依赖程度不同，布局也不相同。

① 处于科研创新期的产品，要求布局在资金充裕、技术水平高的经济发达地区，即经济发展的最高梯度区。

② 处于发展期的产品，其技术密度开始下降，生产开始追求规模经济效益，产品价格开始下降，要求占有更多的市场，布局趋向于拥有一定技术、资金及广阔市场的地区，即经济发展的第二梯度区。

③ 处于成熟期和衰退期的产品，由技术密集型转变为劳动者密集型，原材料供应及其价格、运输成本和劳动力报酬在生产成本中占有很大比重，因此，生产指向拥有丰富的自然资源和廉价劳动力的地区，即经济发展的低梯度区。

区域经济学家将这一理论引入区域经济学中，便产生了区域经济发展梯度推移理论。根据该理论，处于不同生命发展阶段的产品具有不同的空间布局规律，便产生了区域经济技术水平的空间差异，形成了区域经济技术梯度。梯度的存在导致产业、创新技术等从高梯度区逐步向低梯度区推移。

梯度推移理论的基本观点体现在以下三个方面。

① 区域经济的盛衰主要取决于区域产业结构的优劣，而产业结构优劣取决于地区经济部门，特别是主导产业专业化部门在生命周期中所处的发展阶段。如果一个地区的主导产业化部门正处在科研创新阶段或发展阶段，就会带来区域经济的高速增长和人均收入水平的快速上升，该地区应该是一个经济发展的高梯度区；反之，若主导产业专业化部门多处于衰退阶段，必然经济增长缓慢、人均收入水平下降，是一个经济发展的低梯度区。

② 创新活动（包括新产业部门、新产品、新技术、新的管理方法）大多发源于高梯度区，然后随着时间的推移，在扩散效应的作用下，按顺序逐步由高梯度区向低梯度区推移。

③ 梯度推移主要是通过多层次城市系统传递的。创新在空间上的扩散分为局部范围与大范围两种形式。局部范围的扩散是创新活动由发源地向经济联系密切的临近城市推移。大范围的扩散是创新活动由发源地按区域城市系统的等级顺序“蛙跃式”向广大地区扩散，这时决定推移去向的不是距离远近，而是接受创新能力的差异，因为，创新是按“梯度最小律”

传递的。只有处于第二梯度上的城市才有能力接受并消化发源于第一梯度上城市的创新产业或创新产品，并随着产业或产品的成熟与老化，逐步向第三、第四梯度上的城市推移，直到乡镇、农村。

梯度推移理论重视地区间经济发展水平和实力差距，认为较为发达地区属于高梯度区；不发达地区属于低梯度区。新兴产业和高技术产业应在高梯度区优先发展，而传统产业应在低梯度区发展。产业结构的升级逐步有次序地由低梯度区向高梯度区转移。

除了平衡发展理论，其他的区域经济理论都有一个共同特征，即一个经济中心可以带动周边。这类经济中心在不同的理论中分别叫作高梯度区、增长极、条件较好的增长区或大城市，中心地区对周边地区或低梯度区产生“扩散效应”和“极化效应”，并与周边地区进行物质、信息、能量和人员的交流。这些理论认为区域经济发展会经历三个阶段：早期发展的集中阶段、集中后的分散阶段、分散后地方经济中心成长阶段。进入第三个发展阶段后，区域经济中心已扩张到某一极限。在此之后，会出现继续集聚的不经济状况，经济增长速度会减慢。而各个次级经济中心一旦达到经济起飞的最小发展规模，就会加速增长，并将集聚效应传递至更低一级中心。

区域经济发展过程中，交通运输业作为一种满足公共性出行要求的基础性服务行业与保障部门，是核心区形成的必要条件，可以支持经济的发展，也可以利用其能动性引导经济发展。而交通运输作用的有效发挥取决于与区域经济发展模式同构的交通运输发展模式，或者说区域发展模式必须借助能支撑此模式的交通发展规划和布局来实现。而城市交通规划就可以借助区域经济发展理论，用比一般经济分析更长远的眼光去看待不同地区的优劣势，对产品的生产地选址、销售范围、城市功能区以及居民居住地点的影响因素进行分析，再综合分析由此产生的交通运输需求特点，指导交通运输规划。

2.4 交通运输与城市空间布局的关系理论

城市经济的本质特征就在于其空间性和集聚性。其中，城市空间结构是城市各种物质要素在空间范围内的分布特征和组合关系，它既是城市经济结构、社会结构、自然条件在空间上的投影，也是城市经济、社会存在和发展的空间形式。而“集聚效应”对城市具有特别重要的意义，它是城市各种经济要素、经济活动的相关性与结构性产生的重要机制。从宏观角度分析，城市作为一个“经济景观”，在其形成和发展的过程中，尽管自然条件、历史条件等起着重要的作用，但从根本上看，它是人类社会经济活动空间集聚的结果，集聚效应是城市形成、生存和发展的微观主体（居民、厂商）和其他有关的社会经济要素在城市地区空间配置所决定的，城市空间结构是各种要素集聚与配置的空间表现。

2.4.1 集聚效应理论

1. 集聚效应的概念

集聚效应是由社会经济活动的空间集中所形成的集聚经济与集聚不经济综合作用的结果。其中，集聚经济一般是指因社会经济活动及相关要素的空间集中而引起的资源利用效率的提高，及由此产生的成本节约、收入或效用增加。与集聚经济相对应，集聚不经济是指社会经济活动及其相关要素空间集中所引起的成本增加或收入、效用损失。集聚效应的特点可以概括为三点。

1）空间性

集聚效应是因为企业和居民在空间上彼此靠近获得的。

2）外部性

集聚效应是空间上集中的企业和居民，通过外在因素在客观上相互为对方提供利益而使经济效益增加（减少）或成本减少（增加）的。

3）规模性

集聚效应以一定的规模为前提，通过微观主体的内在规模经济来实现，即只有取得自身规模效益，才能使外在利益转化为现实的利益。

所以，集聚经济的本质是由厂商或居民集中而带来的规模经济和正外部性。集聚不经济的本质是由厂商或居民集中而带来的规模不经济和负外部性。

2. 城市集聚经济产生的原因和影响

关于城市集聚经济的产生，城市经济学家已经做了不少的研究，比较著名的如：巴顿把城市集聚经济效应按成因大体上分成十类。传统上，集聚经济包括三类：内部规模经济、区域化经济、城市化经济。

由于集聚经济内涵丰富、成因众多，且错综复杂，很难一概而论。集聚经济的来源大致包括以下几个方面。

1）分工和专业化利益

劳动分工的经济利益表现为单位生产成本的节约。在企业内部规模经济机制作用下，现代工业的发展使得企业内部的分工不断分解，并上升为企业和部门分工，使企业或部门之间的协作更为多样。这种企业间或部门间的协作或联合，使生产专门化的规模不断扩大，从而产生外部规模经济利益。因此，人们从分工中获得的各种利益是驱动城市内不同地域形成分异、发展劳动分工和专业化的直接动力和内在原因，是各个城市根据其在不同时代发展的需要，形成不同功能区、集聚体的主要动力。

2）规模经济利益

微观经济学的原理表明，如果厂商的全部投入按某一比例变化，导致其产出发生一个更大比例的变化时，这个厂商的生产函数就具有规模经济的性质。规模经济的产生是生产要素在单个企业内不断壮大密集的过程，也是生产要素集聚的最基本形式。没有规模经济，人口和生产在空间上往往相当均匀地遍布整个空间，生产也就只能以极其有限的规模进行。因此，规模经济是城市集聚经济得以实现的主要源泉。

3）外部性利益

集聚的外部性利益是指一方的生产或消费行为，为根本未参与的其他方的生产或消费带来利益的增加或减少，是各种经济活动相互作用所形成的经济利益。

外部性分为外部经济和外部不经济，或者说正外部性和负外部性。正负两种外部性在城市内产生两种不同的集聚效应，正外部性降低了厂商的生产成本，增加了消费者的效用，推动经济要素、经济活动趋向关联和集聚，是一种集聚经济；负外部性增加了生产成本，降低了消费者的效用，导致经济要素、经济活动彼此排斥和空间分散，是一种集聚不经济。

城市是一个相互联系、相互依赖的动态体系，城市经济的一个重要特征是各区位间的高度依赖性。外部经济和外部不经济对城市空间结构的影响十分广泛和强大，不仅厂商内部相互之间会存在外部性，居民与居民、厂商与居民之间都会存在外部性的影响。正外部性造成区位单位间的互相吸引，而负外部性造成区位单位间的互相排斥。外部性的大量存在，不仅在微观上影响厂商和居民的生产与消费决策，而且在宏观上通过对各类市场的干扰作用制约着这个城市地区的经济发展和空间布局。

2.4.2 基础设施的内涵和基本特征

基础设施是区域发展和城市化的支撑体系，交通运输对城市空间布局的影响主要通过基础设施来实现，因此分析城市交通基础设施的内涵的特点对于了解和分析交通运输与城市空间布局的关系具有重要意义。

1. 基础设施的概念

基础设施是指以保证国家或地区经济社会活动正常进行、改善人类自身生存环境、克服自然障碍等为目的而建立的公共服务系统，是国民经济各项事业发展的基础和人类活动的基础。其内容包括交通运输、信息、输变电、给排水、科研技术服务、园林绿化、环境保护、文化教育、卫生事业等公用基础设施和公共生活服务设施。

狭义而言，基础设施由固定基础设施、移动设备和管理利用系统组成，固定基础设施是指道路、站场、给排水管网、通信网线等，其一经确立，位置也就固定下来，其空间区位不随外部环境的改变而改变；广义而言，基础设施是一个具有层次性和多样性的复杂系统，是人类与自然协调发展的有机组成部分，内容广泛，涉及人类生产与生活诸方面。

2. 基础设施的特性

作为人类经济社会活动支持系统的基础设施，具有基础性、服务性、系统性、从属性、专业性和长效性等特点。

1）基础设施的基础性

基础设施的基础性主要表现在以下四个方面：① 基础设施是人类利用自然的基础；② 基础设施是人类活动的载体；③ 基础设施是人类生产和生活活动的先期投入；④ 基础设施是一个城市或区域，乃至国家赖以生存和发展的基础。

2）基础设施的服务性

基础设施的服务性主要表现在其非生产直接性：① 是产品位移的服务，即把一地的产品运送到另一地；② 是信息传输服务，如通过信息设施、文教设施等使信息、文化得到传播；③ 是能量传输服务，主要体现在供电、供热基础设施等方面；④ 是消费性服务，如购物等；⑤ 是休闲性服务；⑥ 是安全性服务。

3）基础设施的系统性

基础设施的系统性在交通运输基础设施、信息基础设施、输电设施等设施上表现较为突出，呈现出“点”“线”联系密切的网络形式，具体表现在空间关联的系统性和结构协同性两个方面。

4）基础设施的从属性

交通基础设施建设宏观战略上从属于经济社会发展目标，微观层面从属于国家和地区交通网络整体规划要求。从城市交通基础设施的基本属性上看，它的建设与运营承载着极高的社会公共服务功能和经济活动保障功能，并充分体现了交通产品的公共需求特性和公益性。从保障城市社会经济运行，促进城市经济发展的终极目标出发，交通基础设施是一个国家、地区社会经济发展中不可或缺的重要基础性物质条件。

5）基础设施的专业性

基础设施的专业性是指每类基础设施具有明确的职能，相互可替代性较差。如交通运输基础设施的职能主要是服务于人与货物的空间流动，输电设施的主要职能是输送能量。另外，各类基础设施的专业技术性也比较强。

6）基础设施的长效性

基础设施的长效性是指基础设施对经济社会活动具有较长远的影响力。例如，一条重要交通线的建设，将直接影响产业和城镇的布局和发展，且由于其空间位置的不可更改性而产生长久的影响。

3. 交通运输基础设施的职能

交通运输基础设施是人类社会发展所依托的重要设施，也是协调社会与自然的关系的主要基础设施，主要包括铁路、公路、水路、航空、管道等五种常规交通运输设施或方式，其职能是克服由于自然障碍所产生的空间阻隔，实现一定空间范围内资源的共享或经济社会活动的一体化、协同化。

交通运输基础设施的建设引致两种截然相反的作用，既引起人类活动的空间集聚又引起人类活动的空间扩散，二者并存，改变了人类社会与自然的关系。例如，随着交通运输基础设施的不断完善，人与物资的大规模流通成为可能，使得人类社会活动集聚于一点成为可能，沿交通干线形成了大都市绵延区和集聚的产业带；另外，交通运输基础设施的服务水平不断提高，增强了人类活动向外扩展的能力，表现为大城市卫星城的出现、乡村的城市化等。

2.4.3 城市交通运输与城市空间结构的相互关系

现代城市中，城市交通运输结构是由多种因素决定的，包括自然、经济、社会、文化、技术、生产方式、人们的富裕程度等因素，但是多种关系中，城市交通运输与城市空间结构两者之间的关系最为重要。城市交通运输与城市空间结构演化之间存在着动态互馈的相互作用关系。一方面，城市空间结构演化不断对城市交通运输提出更高的要求，影响着城市交通运输的布局、发展规模和发展速度，为城市交通运输的发展提供相应的基础条件；另一方面，城市交通运输可达性的提高和城市交通运输方式的变革又会对城市空间结构的进一步演化产生引导作用，城市特别是交通运输条件的改善，通过影响居民和企业的选址行为而促进城市空间的演化。城市交通运输与城市空间结构演化会通过各种方式产生相互作用、共同发展，但城市交通运输可达性是连接城市交通运输与城市空间演化的关键纽带，二者之间的相互作用通过可达性的变化得以实现，如图 2－10 所示。

1. 城市空间结构对城市交通运输系统的影响

城市空间结构演化的结果表现为一定的城市空间形态。衡量城市空间结构演化结果的参

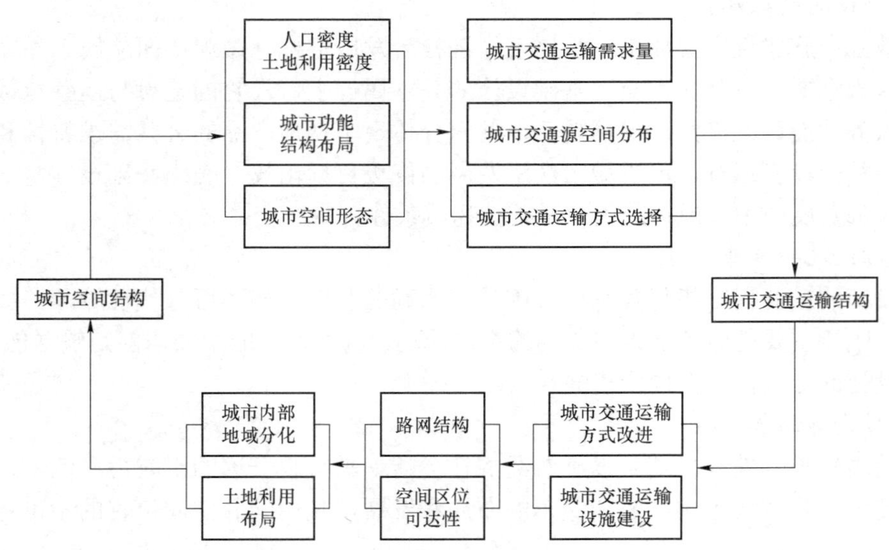

图 2－10 城市交通运输与城市空间结构的相互关系

数有许多，其中包括城市空间大小、空间形状、结构类型、人口密度及规模、就业密度及分布等。这些参数都在不同程度上对城市交通运输产生一定的影响。

1）城市空间结构的变化影响城市交通系统空间布局

不同的城市空间结构有不同的城市交通运输需求特征，必然要求相应的城市交通运输系统与之适应。“团状”城市的交通运输布局一般采用“环形+放射”或者“环形+棋盘+放射”型；“组团式”城市交通运输一般采用“放射网中网”型；“带形”城市的交通运输一般呈“带状”型。因此，城市空间结构的变化将引起城市交通运输系统空间布局的重新选择。

2）城市布局特征影响交通运输需求的产生

城市的用地规模、人口规模及产业布局通常决定着城市的交通出行需求规模、结构，也决定着城市交通运输流量、流向和流时等特征；各类产业的布点和居住人口的分布影响着城市的交通运输流向。

城市的出现是人类走向成熟和文明的标志，同时也是人类群居生活的高级形式。城市的起源从根本上来说，有因“城”而“市”和因“市”而“城”两种类型，因“城”而“市”就是城市的形成先有“城”后有“市”。比如，按照功能区布局，城市商业区一般居于城市中心以及繁华地段，居民区则居于商业区的外围，而工业区居于城市外围。“市”是在“城”的基础上发展起来的，这种类型的城市大多见于战略要地和边疆城市，如作为首都的海上门户，天津起源于天津卫；而因“市”而“城”则是由于市的发展而形成的城市，即先有市场后有城市的形成，这类城市比较多见。城市的布局特征来自其自身的经济社会运行特点，从而也决定了城市内外部交通体系的布局、结构特征。

3）城市形态和规模的变化影响城市交通运输发展方向和速度

不同的城市形态和规模，将导致城市交通运输系统具有不同特征，主要表现在居民出行方式的变化上。城市规模的扩大，城市地域的扩张，将改变城市交通运输集聚的特征，从而扩大机动交通运输工具的运行空间。

城市规模的大小对交通运输方式的选择具有重要的影响作用，这是因为，不同的城市交通运输方式有各自不同的特点，包括载客能力、行驶速度、空间占用、方便程度、成本投入、能耗及环境指标等，而不同的交通运输方式适合于不同的城市规模。

4）城市人口数量和就业分布引导城市交通运输的发展规模和交通运输方式的选择

城市的人口数量、人口密度及就业分布状况也是影响城市交通运输的重要因素。城市交通运输的整体规模必须与城市的总人口相适应，庞大的人口数量必然推动着城市交通运输向更大的规模和更高的层次发展。比如，我国的北、上、广、深等大城市拥有两千万左右庞大的常住人口规模，高密度的城市人口居住分布，且随着城市建成区域面积的不断扩张，以及高房价导致的职住分离现象的加剧，派生了巨大的上下班通勤客流，由此刺激了城市轨道交通的建设发展，形成了以轨道交通网为主骨架的城市交通网络体系。

5）城市土地利用结构影响客流分布、出行距离和交通运输方式

土地利用状况，即土地开发强度、建设密度以及土地的混合使用程度等，对城市交通运输有显著的影响。土地利用形态是出行总量及出行距离的决定因素。高密度、高强度的城市土地开发，必然造成庞大而集中的交通运输客流，极易造成城市交通拥堵，常规公交已不能满足居民的出行需要。这种高密度分布的客流不仅对城市交通运输的整体能力提出了更高的要求，同时，也影响着交通运输方式的选择，会促进运量大、速度快的交通运输方式的发展，如轻轨、地铁或城市快速公交（BRT）在公共交通运输出行中占据主要地位。

2. 城市交通运输系统对城市空间结构的影响

城市空间结构演化的现实表明，城市交通运输并不总是处于从属地位，而是在很多情况下对城市空间结构演化起着重要的引导和拉动作用。亚历克斯•阿纳斯等人认为，交通运输和通信的发展决定了现代城市空间结构的形成。而就交通运输对城市空间结构演化的作用而言，其影响是显著的，主要表现在以下几个方面。

1）城市交通运输引导城市空间结构的演化

城市交通运输系统的发展，特别是城市对外交通运输的发展对城市空间结构具有重大的引导作用，交通运输方式的改进和交通运输结构网络的建设是引导城市空间结构演变的主要原因，每一次交通运输方式的改进和交通运输网络的建设都会推动城市空间结构的演化。随着城市经济社会的发展，城市交通运输系统在引导城市空间结构方面有着重要的作用，城市交通运输的快速发展优化城市功能空间结构。从城市产生的历史来看，交通运输是在城市形态形成之前，就早已存在的。城市的土地开发，为生活、生产服务的设施布局均沿交通运输线路展开，形成不同功能的空间，同时随着交通运输条件的改善，城市功能空间将不断扩大，功能将不断完善。

2）城市交通运输决定城市空间的经济效益

城市交通运输决定城市空间的经济效益，表现为以下三个方面。

① 城市交通运输设施建设对城市经济增长的贡献十分显著。交通运输业是近年技术发展的主要受益者，也是对城市新经济的重要贡献者。② 交通运输影响土地使用效应。支撑土地使用和交通之间关系的基本概念是可达性，交通运输系统中的任何重要进步都会增加可达性并减少运输成本，可达性的改善将会使土地价值资本化并反映在土地使用的变化中。③ 交通运输条件的改善会不断提高相应区域的可达性，对城市居民和企业入驻产生一定的吸引作用。

3）运输成本影响住房价格和居民的迁移趋势

关于城市土地价格（地租）、运输成本与城市发展和土地利用之间的关系，已有不少学者进行了研究，如布鲁柯纳的城市经济理论模型等。运输成本对住房价格和居民迁移趋势的影响可以用下列模型加以说明。

假设城市为单中心布局形态，所有居民都居住在中心区（CBD）以外，并都到中心区工作；居民的收入、消费偏好和效用函数都相同；居民的消费支出只有住房、通勤和其他消费品，而其他消费品抽象为一种商品组合。

那么，居住在距中心区 X 处的居民的预算约束函数为

$$y = c + tx + ph \tag{2-3}$$

式中：

y——居民可支配收入；

c——其他消费品数量，其单价设为 1；

t——单位距离通勤成本；

p——单位住房价格；

h——住房消费量。

居民的效用函数可表示为

$$u = U(c,h) \tag{2-4}$$

由假设可知，城市内居民没有差异，所以均衡时城市内各区位居民的效用相等。而居民效用的最大化行为，就相当于在预算约束下，求 u 的条件极值。

因此，建立拉格朗日函数：

$$L(c,h) = U(c,h) + \lambda(y - c - tx - ph)$$

对其求偏导，令 $\partial L / \partial h, \partial L / \partial c = 0$，得：

$$\frac{\partial U / \partial h}{\partial U / \partial c} = p$$

对 x 求偏导，经整理得：

$$\frac{\partial p}{\partial x} = \frac{-t}{h} < 0 \tag{2-5}$$

对 t 求偏导，可得：

$$\frac{\partial p}{\partial t} = \frac{-x}{h} < 0 \tag{2-6}$$

从上式可知，住房价格随着 x 的增加而下降。按照微观经济学的“需求函数”理论，随着通勤成本所带来的广义出行成本的增加，必然导致通勤需求的减少，由此住房价格将出现下降。这一方面说明，离城市中心区越远，通勤成本就越高，而较高的通勤成本由较低的住房价格所抵消；另一方面也说明，交通条件的改善会提高相应区域的可达性，降低该区域的出行成本，从而吸引居民向该区域迁移。当节约的出行成本等于提高的住房价格时，这种迁移就会停止。

复习思考题

1. 发展经济学的观点对发展城市交通有何启示?
2. 交通运输对国民经济的推动作用主要体现在哪几个方面?
3. 国民经济对于交通运输的决定作用主要体现在哪些方面?
4. 交通运输如何影响产业区位选择?
5. 城市交通运输是如何影响城市空间结构变化的?
6. 试举例说明交通运输经济带现象及其产生机理。
7. 试结合实例分析大城市职住分离对城市交通运输的冲击和影响。

第3章 城市客运交通需求

3.1 客运需求概念与内涵

3.1.1 客运需求的基本概念

经济学中的需求包含两层含义：一方面，需求来自消费者的偏好或嗜好，是一种纯粹主观上的需要；另一方面，需求也受到消费者收入预算的约束，需求必须是有支付或购买能力的需求。因此，需求是主观偏好与客观能力的统一。

1. 客运需求的定义

交通运输需求是指在一定的时间内，对于每种可能的价格，消费者愿意支付的从A地位移至B地的人、货物或运载工具的数量。旅客运输需求简称为客运需求，是指在一定时间内，对于每种可能的价格，旅客愿意并实现空间位移的要求。在客运需求中，包含以下四项要素：客运流量、客运流向、客运流程和客运流时。

1）客运流量

客运流量即客运需求量（人、人次），表明客运需求规模的大小和数量的多少。一般以客运量（人）来说明客运需求的多少，而用周转量（人·公里）表示为满足旅客运输需求所完成的运输量的大小。

2）客运流向

客运流向即旅客发生空间位移时的空间走向，表明客流产生地和消费地。

3）客运流程

客运流程即旅客所发生的空间位移的起始地至到达地之间的距离。

4）客运流时

客运流时即为客运需求提供服务所需的时间，可以用起运时间和运达时间来表示。

从市场经济的视角，客运需求也可以理解为运输市场需要，即旅客向运输供给部门提出的希望实现旅客空间位移的需求。有效的客运需求一般应具备两个条件：① 有购买运输服务的欲望；② 有购买能力。

2. 客运需求的分类

1）根据经济活动分析

从经济活动方面分析，客运需求主要可以分为以下三种：① 与人的生活和生存有关的需求，包括人们对居住、上班、上学、就医等的交通需求；② 与生产有关的交通需求，如公务出差出行需求等；③ 与生活质量提高密切相关的交通需求，如娱乐需求、旅游需求、休闲需求等。

2）根据旅客出行目的分析

根据旅客出行的目的，客运需求一般可分为四类：公务出行、商务出行、个人事务出行、旅游出行。

公务出行是指由单位的事务性工作带来的出行；商务出行则是指由各种买卖、商品服务相关的事务所引起的出行。以公务和商务为目的的客运需求来源于生产领域，是与人类生产、交换、分配等活动有关的需求，可称为生产性旅行需求，这种需求是生产活动在运输领域的继续，其运输费用计入商品或劳务成本。个人事务出行是指个人事务需要带来的出行，包括探亲、访友等；旅游出行是指个人休闲性质的出行，包括观光、度假、进修旅游等。

3）根据旅行距离分析

根据旅行距离远近，客运需求可分为短途客运、中途客运、国内长途客运和国际客运。

3.1.2 客运需求的基本特征

1. 派生性

在经济生活中，如果一种商品或服务的需求是由另一种或几种商品或服务派生出来的，则称该商品或服务的需求为派生需求，引起派生需求的商品或服务需求为本源需求。客运需求是一种派生性需求，是由人们的社会经济活动需要派生出来的，以实现生产或生活的目的，完成空间位移只是使其实现真正目的的一个必不可少的环节。所以，对于客运需求而言，社会经济活动是本源需求，客运需求是派生性需求。

2. 时间上的不均衡性

客运需求在时间上的不均衡性，主要是由于人们出行的集中造成的，人们的出行常常集中在某一时间段，如我国的法定节假日和一些旅游旺季，人们都在这些时间内探亲访友，或到名胜古迹、游览胜地旅游，从而形成有规律的客流变化。

3. 方向上长期的均衡性和短期的不均衡性

客运需求在方向上具有较大的均衡性，客运需求方向上的均衡性是从长期的角度考察的。因为一般来讲，人们出行总是一往一返的，这是“循环式”的基本出行方式，特别是城市交通出行，如上下班通勤、上下学通学、节假日探亲及休闲游等。出行往返间隔的时间有长有短，只有极少数人例外，如因工作调动和迁居引起的出行，这部分需求量不大。

就短期来看，客运需求在方向上是不均衡的。例如，从一天来看，上班前人们集中在这个时间段前往工作地点或进入城区，与此同时，前往职工居住地或出城的人相对较少；而在周末时，出城郊旅游的旅客较多，在周末结束时，郊区的旅客回城。因此，客运需求在短时间内是不均衡的。

4. 部分可替代性

随着交通网络的不断完善，各种运输方式之间的分工日益明显。在实际活动中，人们总是选择最适当的运输方式来满足运输需求，因此不同的运输方式之间的部分替代性是客观存在的。随着现代化通信技术及互联网的发展，一部分旅客流动是可被替代的。

3.1.3 客运需求函数与需求曲线

1. 客运需求函数

客运需求函数是指用函数形式来表示客运需求量与影响因素之间的关系。

客运需求量受到许多因素的影响，客运需求函数是客运需求量与影响这一数量的诸因素之间关系的一种表达式，可表示为

$$Q = f(P,G,I,T,A,Z,\cdots) \tag{3-1}$$

式中：

Q——客运需求量；

P——运输服务价格；

G——商品经济发展程度；

I——居民的收入水平；

T——旅游业的发展程度；

A——运输布局；

Z——人口增长及其构成。

这种需求函数仅是客运需求函数的抽象形式，并没有表示出自变量与客运需求量之间的具体数量关系，一般称其为局部均衡分析方法。这里的客运需求函数中，假定其他自变量均保持不变，只考虑运输服务价格对客运需求量的影响。这样，式（3-1）的客运需求函数可以简化为客运需求价格函数

$$Q = f(P) \tag{3-2}$$

一般情况下，把客运需求价格函数称为客运需求函数。按照需求法则，在其他条件不变的情况下，客运需求量与运输服务价格成反比，即运输服务价格越高，旅客愿意购买服务的数量就越少，反之，运输服务价格越低，旅客愿意购买服务的数量就越多，即客运需求函数是随着运输服务价格的增长而单调递减的。当然，具体的客运需求价格函数形式是多种多样的，其中最简单的是一种斜率为负数的线性函数关系：

$$Q = a - bP \tag{3-3}$$

式中：

Q——客运需求量；

P——运输服务价格；

a——常数；

b——斜率。

2. 客运需求曲线

客运需求曲线是假定在运输服务价格以外的其他自变量均保持不变的条件下，反映客运需求量的变化和运输服务价格变化之间关系的曲线。在一般情况下，如果运输服务价格下降，旅客对运输服务的需求量会增加；反之，运输服务价格上涨，旅客对运输服务的需求量会减少。如图 3－1 所示，D 曲线表示在其他条件不变的情况下的客运需求曲线，如果运输服务价格以外的其他运输条件发生改变而引起需求增加，则 D 曲线右移至 D_1，反之，引起需求减少，则 D 曲线左移至 D_2。客运需求量的变化曲线是指运输需求量因运输服务价格涨落而发生的变化，其变动是沿一条既定的客运需求曲线从某一点移至另一点，如图 3－2 所示，在 D 曲线上，由于运输服务价格下降，客运需求量从 Q_A 点移至 Q_B 点。

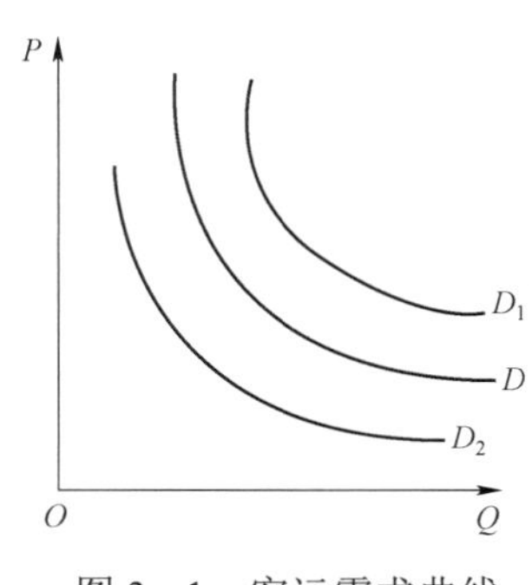

图 3－1 客运需求曲线

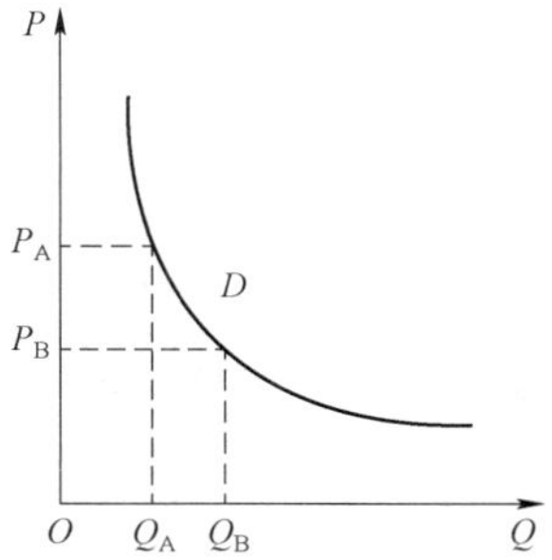

图 3－2 客运需求量的变化曲线

3.1.4 客运需求弹性

客运需求弹性是用来分析客运需求量随影响因素变化而变化的反应程度，即它是客运需求量变化的百分率与影响运输需求的因素变化百分率的比值。

1. 客运需求价格弹性

客运需求价格弹性反映了客运需求量对运输服务价格变动的反应程度，用公式表示为

$$E_d = \frac{\Delta Q/Q}{\Delta P/P} = \frac{\Delta Q}{\Delta P} \times \frac{P}{Q} \qquad (3-4)$$

式中：

Q、ΔQ——客运需求量及其变化值；

P、ΔP——运输服务价格及其变化值。

一般地，E_d 也简称为运输的需求弹性或价格弹性。

不同运输市场上的客运商品，如出租车、公交、地铁等，由于其属性或供给模式不同，客运需求价格弹性有很大差别。对于运输能力有限的运输方式、线路和方向，客运需求价格弹性显然较小，运输服务价格变动尤其是运输服务价格提高对客运需求影响不大；反之，需求价格弹性就较大。在微观经济学中，当一种产品的价格弹性很大时，称这种产品是“富有弹性”的，这就意味着该产品的需求量对价格变动反应强烈，这类产品往往属于奢侈品。当一种产品的价格弹性很小时，称这种产品是“缺乏弹性”的，也就是说该产品的需求量对价格变动反应微弱，这类产品一般属于生活必需品。根据客运需求价格弹性的大小，可以将客

运需求价格弹性分为五种类型：富有弹性、缺乏弹性、单一弹性、完全弹性、完全无弹性。当$1<|E_d|<\infty$时，客运需求是富有弹性的，比如，探亲访友、休闲度假等弹性活动，对运输服务价格、服务质量等因素较为敏感，此类客运需求对运输服务价格的弹性就相对较大，如图 3-3 所示。

当$0<|E_d|<1$时，客运需求是缺乏弹性的，比如，对各种业务洽谈、技术交流、商业活动和劳务流动、学生潮等目的性强的刚性需求，客运需求量对运输服务价格或服务质量等因素的敏感性较弱，此类客运需求对运输服务价格的弹性相对较小，如图 3-4 所示。

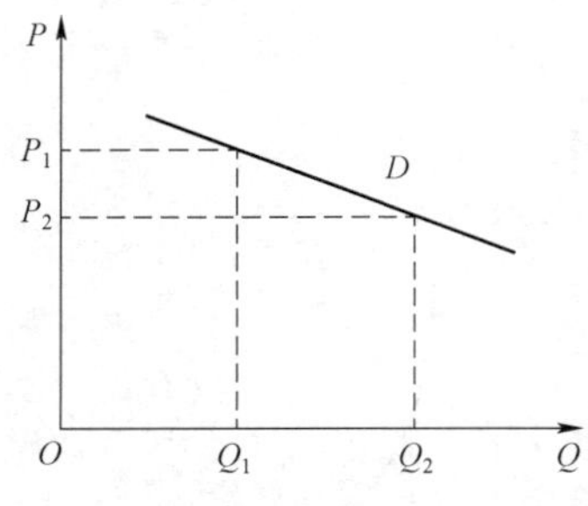

图 3-3　富有弹性的客运需求

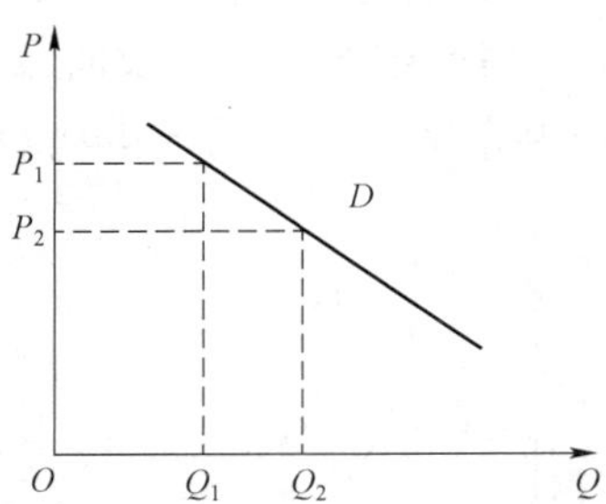

图 3-4　缺乏弹性的客运需求

2. 客运需求收入弹性

客运需求收入弹性只适用于分析客运需求的变动，用来表示客运需求量对消费者收入变化的反应程度和敏感程度。客运需求收入弹性等于当消费者收入变化一个百分比，运价不变时引起客运需求量变化的百分比。用公式表示为

$$E_i = \frac{\Delta Q / Q}{\Delta I / I} \tag{3-5}$$

式中：

E_i——客运需求的收入弹性；

Q——原有的客运需求量；

I——消费者原有的货币收入；

ΔI——消费者货币收入的变化；

ΔQ——消费者货币收入变化为ΔI时所引起的客运需求量水平的变化。

客运需求收入弹性系数为正时，表示消费者收入的增加将导致客运需求量水平的提高。

$$E_i = \frac{\partial Q}{\partial I} \times \frac{I}{Q} \tag{3-6}$$

如果客运需求函数是线性形式，则有

$$E_i = \frac{\partial Q}{\partial I} \times \frac{I}{Q} = r \times \frac{I}{Q} \tag{3-7}$$

如果客运需求函数是对数线性形式，则有

$$E_i = \frac{\partial Q}{\partial I} \times \frac{I}{Q} = \frac{\partial \ln Q}{\partial \ln I} \times r \tag{3-8}$$

显然，对数线性需求函数模型回归系数的经济意义十分明确，r 是客运需求的收入弹性。

其收入变动的弧弹性为：

$$E_{\mathrm{i}}=\frac{Q_2-Q_1}{I_2-I_1}\times\frac{I_1+I_2}{Q_1+Q_2} \tag{3-9}$$

客运需求收入弹性一般为正值，因为客运需求量 Q 和居民收入水平一般按同方向变动。即居民收入增加时，消费性旅行需求增加；反之，居民收入减少时，消费性旅行需求减少。客运需求分以下两种类型。

1）派生性需求

派生性需求指生产和生活过程必要的需求，它是维持生产和消费正常进行的基本需求。即使人们收入水平降低，但为了工作需要仍必须利用交通工具；相反，即使人们收入水平提高，用于上下班乘坐交通工具的消费支出也不会提高。

2）本源性需求

本源性需求指人们生活水平提高以后，以乘坐各种交通工具为旅行目的（如观光、旅游）的交通需求。本源性需求与人们收入水平的相关性较派生性需求大，当人们收入增加时，这种需求可能相应增加；当人们收入减少时，很有可能会减少这种非必需的旅行需求。

3. 客运需求交叉弹性

客运需求交叉弹性常用于分析两种客运商品或服务，当其中一种商品价格变动时对另一种商品需求量的影响程度。主要是指一种运输方式的运输服务价格每变化百分之一时将引起另一种运输方式的客运需求量变化的百分率，用公式表示为

$$E_{ij}=\frac{\Delta Q_i/Q_i}{\Delta P_j/P_j}\quad (i\neq j) \tag{3-10}$$

式中：

j——自变量；

i——因变量；

E_{ij}——运输方式 i 的客运需求与运输方式 j 的客运需求之间的交叉价格弹性；

ΔP_j——一种运输方式 j 的运输服务价格变化；

ΔQ_i——因运输方式 j 变化而引起的运输方式 i 的客运需求的变化；

P_j——运输方式 j 的初始价格；

Q_i——运输方式 i 的初始需求。

各种运输方式之间存在着一定替代关系和互补关系，任一种运输方式服务价格的变动往往会影响对另一种运输方式的需求，如图 3-5 所示。在运输方式的替代关系中，一种运输方式涨价，必然会引起对相关运输方式的需求增加；相反，一种运输方式降价，必然会引起对相关运输方式的需求减少，这就表明交叉弹性系数为正；若两种以上运输方式之间存在互补关系，一种运输方式的价格变化必然会引起对相关运输方式的需求发生变化，其变化方向与替代关系中情况相反，则表明交叉弹性系数为负。如城际高铁与民航飞机、铁路运输与公路运输、地铁与快速公交（BRT）、出租车与轿车等方式之间既存在相互替代的竞争关系，又存在联运、换乘的协作关系。在运输市场机制作用下，运输服务价格变动往往会引发运输方式替代或互补效应。

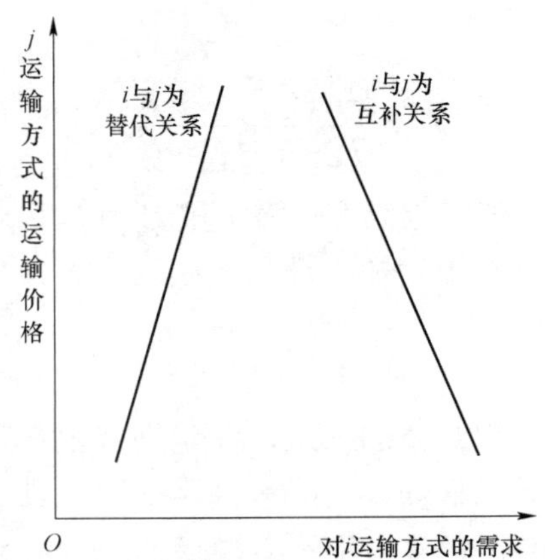

图 3-5　i 运输方式需求变动与 j 运输方式服务价格的关系

不同的交叉弹性值具有不同的经济意义。

① 交叉弹性为正值，$E_{ij}>0$，说明运输方式 j 的运输服务价格变动将引起运输方式 i 的需求的同方向变动。

② 交叉弹性为负值，$E_{ij}<0$，说明运输方式 j 的运输服务价格变动将引起运输方式 i 的需求的反向变动。

交叉弹性与价格弹性、收入弹性一样，在运价和运输量分析中起着重要的作用。表 3-1 所示为英国伦敦周一到周五估算的公共汽车与铁路（地铁）需求价格弹性。

表 3-1　英国伦敦周一到周五估算的公共汽车与铁路（地铁）需求价格弹性

研究者		莫里斯等		格莱斯特		科林斯等	刘易斯
出行方式		公共汽车	铁路（地铁）	公共汽车	铁路（地铁）	公共汽车	公路交通高峰时
自弹性和交叉弹性	公共汽车	-0.60	0.25	-0.56	1.11	-0.405	-0.025
	铁路	0.25	-0.40	0.30	-1.00	—	-0.056

4. 运输需求的派生弹性 E_G、E_C

运输需求是派生需求。运输需求的派生弹性用来分析运输需求随其本源需求的变化而变化的灵敏程度。

1）运输需求的生产派生弹性 E_G

运输需求的生产派生弹性是指（工农业）生产水平变化百分之一时运输需求量的变化程度。生产派生弹性一般用于分析货运需求，即

$$E_G=\frac{\Delta Q/Q}{\Delta G/G}=\frac{\Delta Q}{\Delta G}\times\frac{G}{Q} \tag{3-11}$$

式中：

G——生产水平（如 GDP、工业或农业生产总值等）；

ΔG——生产水平变化值。

E_G一般为正值，说明运输需求量 Q 同生产水平 G 呈同方向变化。即当工农业生产水平提高时，需要运输的工农业商品增加，所以运输需求量增加；生产水平降低时，需要运输的工农业商品减少，所以运输需求量减少。但在个别情况时也会出现负值，如工农业总产值出现负增长或运输需求量出现负增长。运输需求的生产派生弹性可用于总体运输需求分析，通过生产派生需求弹性的计算和分析，可以反映交通运输业与国民经济各部门发展的比例关系。

2）运输需求的商品派生弹性 E_C

在市场经济中，运输需求取决于商品的市场需求，因此可以构建反映运输需求随商品需求变动而变化的灵敏程度的商品派生需求弹性。运输需求的商品派生弹性是指某种商品需求水平变化百分之一时，运输需求量的变化情况。商品派生弹性一般用于分析货运需求，即

$$E_C = \frac{\Delta Q / Q}{\Delta C / C} = \frac{\Delta Q}{\Delta C} \times \frac{C}{Q} \tag{3-12}$$

式中：

C、ΔC——某一种商品的需求及其变化值。

此外，如果已知某种商品需求的价格弹性，还可建立商品需求的价格弹性同该类商品的运输需求价格弹性之间的关系：

$$E_{TC} = F \times E_{PC} \tag{3-13}$$

式中：

E_{TC}——某类商品的运输需求价格弹性；

E_{PC}——某类商品需求价格弹性；

F——E_{TC}、E_{PC}之间的关系系数，表示运输成本在商品最终价格（或交付价）中所占的比例。

运输需求的商品派生弹性可以应用微观经济学进行分析。例如，通过商品派生弹性的计算和分析，可以比较不同商品对运价变化的灵敏程度，同时也可以看出不同商品对运费的负担能力，为交通运输企业生产经营和制定运价提供依据。

3.2 城市交通出行需求的基本特征

3.2.1 城市交通出行需求的基本概念

1. 出行需求

凡人在空间上的位移需求都属于交通运输需求范畴。通常所说的客运需求特指由运输服务企业提供交通工具、完成城市间较长距离的人的空间位移需求。相对地，城市交通出行需求特指城市范围内的人的空间位移需求。这种空间位移的需求可以通过运输服务企业提供服务来完成，也可以由出行者自行完成，如步行、自驾车等。通常，出行者自行完成城市间长距离的空间位移，比如，驾车从 A 城市到 B 城市，这类活动一般也称交通出行行为，而不称旅客运输。

影响城市交通出行需求特征的最基本因素是土地利用结构。城市土地利用结构是交通产生的“源”，交通出行需求的性质、数量与分布、交通设施的配置数量与等级，都决定于土地利用的功能、布局与规模。人类社会经济活动的空间独占性和关联性，即生产与消费、供给

与需求的普遍存在并在空间上分离，决定了作为空间主要联系方式之一的交通运输联系存在的普遍性，即城市活动必然要产生交通，而正是交通系统在支持和影响着城市土地利用及其相关的活动。寻根探源，交通“流”的“源”就是土地利用结构，有土地利用才有居民出行、车辆出行，才有客流和货流；没有土地利用规划，就没有交通需求的预测。土地利用实际状况的改变，意味着交通流量、交通流向以至交通流率的改变。

目前，我国大城市在城市化进程中，在保持城市高密度开发和强大中心的同时，在城市形态结构上的演变将集中表现为向外扩展和内部重组。向外扩展即城市将通过用地和空间的扩展来增加城市容量，扩大城市规模；内部重组主要是对计划经济下形成的城市内部不合理的用地结构进行调整优化。对于城市中心区而言，它虽然仍是商务、商业、行政管理和居住多种职能共存，但在地价和改善居住条件等因素的综合作用下，中心区的人口密度将逐步下降，第三产业的就业岗位迅速上升，其职能不断强化。城市居住人口将向中间地带和外围转移；城市中心区的工业、仓库等以较快的速度向着比居住区更外围的地区迁移。整体空间形态上表现为由单中心圈层式蔓延向多中心组团式或分散集团式转变。这些变化在客运交通需求特征上将主要表现为出行量增加、出行距离增大以及在早高峰期间存在着大运量的“向心客流”，晚高峰又存在着明显的“离心客流”等。这就迫切需要一种机动化、快速、大运量的出行方式来满足城市客运交通需求。

2. 出行强度

出行强度（出行率）是指城市居民人均一日出行次数，从总体上反映居民在日常生活中参与各项活动的出行需求强度，是决定城市交通需求总量的重要参数。例如，根据上海市第五次居民出行调查结果，上海市常住人口出行率从 2004 年的 2.21 次提高到 2009 年的 2.23 次，其中，中心城（外环以内）常住人口出行率从 2.36 次提高到 2.37 次，常住人口日均出行量达到 4 200 万人次。另据北京市交通发展研究院 2019 年出行调查统计结果，居民出行以通勤为主，中心城区非通勤出行比例超过 50%。从出行时间看，居民出行主要集中在早晚高峰时段，该时段出行量占全日出行总量的比例为 21.0%。据居民出行入户调查，中心城区居民的出行主要为生活类出行，占出行总量的比例为 52.9%，其中休闲娱乐健身及购物在生活类出行中占比较高，达到 8.8%。通勤类出行占出行总量的比例为 47.1%。此外，调查显示，2019 年北京市对外客运总量 3.13 亿人次，同比增长 2.4%，其中铁路占比最高，达到 47%；全年城市客运总量达 84.0 亿人次，其中轨道交通占比最高，达到 47.2%。

城市经济与交通的协同发展导致城市化进程不断加快，源源不断派生出大量的客货交通出行需求，也使得城市出行强度指标日益增大。这种现象也是符合现代社会“运输化”理论的。

3. 出行方式

随着城市经济社会发展，出行需求在数量增长的同时，需求的质量、层次结构也在不断变化，导致出行方式呈现出多样化趋势，特别是个性化出行需求。按照不同出行方式的出行量进行统计是计算出行结构的常用方法，量化统计单位为“人次”。出行方式是指出行者完成一次出行所使用的出行方式，当一次出行使用一种以上出行方式时，按照出行方式的优先级认定该次出行的出行方式。出行结构受各种出行方式的特性、服务水平，城市形态和用地布局，交通管理政策等因素影响（如公交优先等），是反映城市交通发展水平的重要指标。出行方式的多样化趋势也使得我国城市交通供给侧结构性改革成为必然选择。

3.2.2 城市居民出行方式

人的每次出行都有各自的出行目的，如奔赴工作单位、学校、超市或市场以及观光地等，即产生通勤、上学、购物、观光等出行。在从生产到消费的过程中，出行目的可以分为生产性目的和消费性目的。在生产性目的的出行中，包括通勤、出差、销售等；在消费性目的的出行中，包括观光、娱乐、购物等。

城市居民出行需求作为一种派生性需求，必须满足一定的出行目的，当某种目的性的出行需求产生后，出行者首先关心的是到达目的地可能需要的出行时间。在其他条件相同的情况下，人们通常会选择出行时间短的出行方式。同时在一定条件下，出行时间与出行距离是等价的，并且可以相互转化。同样的出行时间，因出行方式不同，能够完成的出行距离可能会有很大的差异；反之亦然，同样的出行距离，因出行方式不同，所需的出行时间也大不同。而城市居民出行距离又取决于城市用地形态（包括自然条件在内）。

1. 城市居民出行使用的出行方式

1）轨道交通系统

目前在一些现代化大城市中，地铁、轻轨已经或正在成为城市综合交通体系的主骨架，承担了大量旅客运输任务，如英国伦敦、法国巴黎、美国纽约、俄国莫斯科、日本东京，以及我国的北京、上海、广州等大城市。

在一些城市交通网络布局比较合理的现代化城市中，地铁、城市快轨和有轨电车等组成了一个有机的整体，如德国慕尼黑和法兰克福，这两个城市虽然都有 100 多万人口，却有一个很有效的轨道交通网络，换乘方便又准时，平均时间间距小，因此，城市居民一般都愿意选择轨道交通系统出行。尤其是在随着城市规模扩大、平均出行距离不断增大的情况下，无论从社会还是个体视角来看，城市居民选择轨道交通出行方式出行的边际成本都很小，但边际收益却很大。

2）道路公共交通

相对于城市化进程中人口与市区规模的发展速度，我国大城市公共交通，包括地面与地下现代化公共综合交通体系的发展相对滞后，服务水平不高，居民出行选择比例较低。据统计，北京轿车的动态占地面积为道路总面积的 77%，但是只承担了 12%的出行量。与轿车相比，如果用道路公共交通出行方式运输 100 名乘客，会节省 90%的道路空间，同时减少 80%的环境污染。

3）轿车

自 1994 年国家计委颁布《汽车工业产业政策》以来，我国确立了将汽车产业作为国民经济支柱产业的发展目标，国家的宏观政策不仅推动了汽车产业的发展，而且改变了许多城市对轿车发展的种种限制，为轿车的生产、购买、使用创造了良好的外部环境。近年来，我国汽车工业飞速发展，人均轿车拥有量的年平均增长率高达 33.5%，出行分担比例大幅度增加。与公共汽车相比，轿车交通不受固定站点限制，方便灵活，自由度大，交通可达性高，服务水平高。

然而，轿车交通人均占用道路面积大，道路利用率低。据统计，轿车人均占用道路面积为 10～20 m^2，而公共汽车人均占用道路面积为 1～2 m^2，仅为轿车的 1/10。此外，轿车交通所需的配套停车空间与停车设施远远高于公共汽车，轿车人均占用停车场面积为 4～6 m^2，公共汽车人均占用停车场面积为 1.5～2 m^2。

随着轿车进入家庭和机动车数量的不断增加，城市客运将面临许多问题，如道路建设、停车场规划、交通控制管理系统、环境保护规划与措施、提高全民安全意识等。

4）出租车

出租车机动灵活、舒适方便，能较好地满足人们高层次的出行需求。出租车的交通服务对象主要是居民中较高收入者，服务目的一般为公务、娱乐、看病、购物等弹性出行。

5）自行车

我国是传统的自行车大国，自行车出行是我国许多城市的一个基本特征。自行车的好处显而易见：低价格、节省能源、无噪声、门到门（方便）等。不过作为个体交通工具，自行车需要占用比公共交通更多的空间。自行车占用的空间与道路公共交通相比，静态为 2:1，动态为 10:1。

自新中国成立到改革开放初期，自行车是城市居民的主要出行方式之一。随着城市经济发展，人们收入的增加，特别是城市公共交通、地铁的发展，轿车逐步进入城市居民家庭，城市居民出行条件迅速改善，自行车出行比例一度急剧下降。近十年来，随着国内大城市交通需求管理政策的陆续出台，以及人们绿色出行意识的增强，特别是随着互联网租赁自行车（俗称“共享单车”）的出现，自行车出行需求又迎来了一个新的高峰。共享单车（自行车）以一种分时租赁模式，实现新型绿色环保共享。共享单车运营企业通过在校园、地铁站点、公交站点、居民区、商业区、公共服务区提供共享单车，不仅方便居民从单位、居民区到公交站点、地铁站点“最后一公里”的出行需求，也完成了城市客运交通行业最后一块“拼图”，同时带动了居民使用其他公共交通工具的热情，与其他公共交通出行方式产生协同效应。

我国共享单车从市场培育到普及发展经历了三个发展阶段。2007—2010 年为第一阶段，由国外兴起的公共单车模式开始引进国内，由政府主导分城市管理，大多为有桩单车。2010—2014 年为第二阶段，专门经营单车的企业开始出现，但公共单车仍以有桩单车为主。2014—2018 年为第三阶段，随着移动互联网的快速发展，以摩拜为首的互联网共享单车应运而生，更加便捷的无桩单车开始取代有桩单车。截至 2019 年 4 月底，在北京市运营的共享单车企业共 9 家，报备车辆规模达 191 万辆。

随着城市共享单车的大规模普及，在方便城市居民出行的同时，也出现了一些不可避免的问题和乱象，包括政府市场监管滞后、消费者权益维护、乱停乱放影响市容市貌等。近年来，国内成立了一些行业协会组织，政府部门也相应出台了一系列专项管理政策法规，如 2017 年 5 月 7 日，在上海召开共享单车专业委员会成立大会，宣布成立中国自行车协会共享单车专业委员会。2017 年 8 月 3 日，交通运输部等 10 部门联合发布了《关于鼓励和规范互联网租赁自行车发展的指导意见》。2018 年 8 月，北京公布共享单车减量调控方案，将共享单车的发展上限定为 191 万辆。同年 9 月，北京上线共享单车监管与服务平台，对共享单车运营进行监控管理。共享单车作为一种新的城市交通经济现象和问题，也逐步引起学术领域和社会各界的关注。

6）步行

步行方式的选择主要依赖于两个条件：人的身体状况和出行距离。只要身体条件许可，均可自由选择步行作为其出行方式。不同的出行目的，人们选择步行的机会不同。一般来说，以生活、娱乐等为目的的出行，人们更有可能选择步行。出行距离也是影响人们是否愿意选择步行方式出行的主要因素。一定的步行速度下，出行距离较大时，步行需要花费较多时间，且容易使人感到疲劳。因此，随着出行距离的增加，选择步行的人会减少。除上述因素外，气候条件也会对步行方式的选择产生一定的影响。

7）单位班车

单位班车即单位按一定时间和行程使用的客车，大多为本单位员工或到访人员使用。其发展主要取决于班车购买和班车使用方面的政策。相对来说，单位班车的使用效率低，随着市场经济的进一步发展，单位班车的发展必将有所抑制。根据单位班车的服务性质，可按从业人员的数量及单位班车的使用率进行分析。

8）摩托车

摩托车作为一种个体交通出行方式，在我国中小城市占有很大比重。它适合中短距离的出行，经济实用，深受城乡居民的喜爱，在改善居民出行方式、拓宽居民出行空间上发挥了重要作用。但是，摩托车污染高、安全隐患多的特征与城市交通和环境的可持续发展要求是相悖的。因此，目前大城市严格控制摩托车的使用，其逐渐被电动自行车取代。

2. 各种出行方式优缺点

各种交通方式担当的角色不同，这决定了城市交通的发展思路、策略与方向。出行方式结构决定了城市交通的运行效率。如公共交通所占的比例较高，个体交通的交通量就会相对较低，从而保障了道路系统的畅通运行；反之，个体交通所占比例较高，道路上的交通负荷就会增加，甚至造成严重的交通拥挤。公共交通是满足出行需求最有效的方式，应该予以优先发展；自行车和步行交通是环境友好的出行方式，在短距离出行中应予以鼓励；轿车具有舒适、灵活和快速的优势，将有很高的增长趋势，必须在宏观需求管理下实现有序发展。城市居民各种出行方式对比如表 3－2 所示。

表 3－2 城市居民各种出行方式对比

方式	优点	缺点	发展政策
步行	绿色、环保、健身，适合短距离	消耗体能较大，不适合长距离	短距离出行首选方式
自行车	路线可随意选择，“门到门”	不适合长距离交通，自行车过多无序会导致交通混乱	合理规划自行车车道、与其他交通方式换乘场地
公共汽车	投资少，机动性、可达性较高	服务水平不高、效能较低	优先发展公共交通，大城市发展大运量轨道交通
轨道交通	大运量、高速、污染少、占地少	投资大、建设及回收期长、成本高	
摩托车	实用、机动、灵活、经济	安全性差、污染高	不符合城市可持续发展要求，大城市严格限制其使用
单位班车	为单位员工提供方便	使用效率较低	除校车外，一般不鼓励其发展，合理改制
出租车	快速、方便、舒适、“门到门”	空驶率较高，容易造成环境污染	坚持宏观调控、稳定发展方针，降低空驶率，提高效能
轿车	快速、舒适、交通可达性高	高污染、高能耗、道路利用率低	控制增长速度，限制使用，合理适度发展

表 3－3 所示为北京市六环内早晚高峰期间各种出行方式平均出行时耗。

表 3－3 北京市六环内早晚高峰期间各种出行方式平均出行时耗 单位：min

出行方式	2015 年		2016 年		2017 年		2018 年	
	早高峰	晚高峰	早高峰	晚高峰	早高峰	晚高峰	早高峰	晚高峰
地铁	62.3	56.8	73.7	75.3	73.2	74.9	74.9	75.6
公共汽车	60.5	58.1	66.2	67.3	66.1	67.2	66.5	67.6
轿车	39.9	40.0	40.7	47.2	46.5	47.1	47.2	48.2
出租车	44.2	47.5	43.5	46.2	41.4	43.0	43.2	45.2
自行车	21.4	23.1	22.6	24.7	22.5	23.7	22.9	24.3
步行	15.5	15.7	11.8	12.0	10.8	11.5	11.6	11.9

（数据来源：2016—2019 年北京市交通发展年度报告，北京交通发展研究院。）

3.2.3 城市交通出行需求特性

1. 基本出行需求与派生需求

城市交通出行需求可以分为两种：基本出行需求与派生需求。基本出行需求是以人的出行及各类物资的流动为主的最原始的、无法回避的需求，是城市不可或缺的一种功能。

基本出行需求的产生主要源于城市政治、文化、经济以及人们的日常生活需要。基本出行需求总量及时空分布强度是受城市规模、形态、地理环境、社会经济发展水平以及城市土地使用布局等诸多因素制约的。因此，基本出行需求具有较大的刚性。

派生需求源自基本出行需求，中间加入了运输方式选择、运输组织以及交通管理等若干环节，而每个环节都会直接影响最终反映在运输系统和运输载体网络系统上的负荷量大小及分布状况。因此，派生需求具有较大的弹性。正是由于派生需求存在的这种弹性，才为交通需求管理提供了可能性。

2. 显性需求与隐性需求

显性需求是指消费者可以明确意识到，并有能力购买且准备购买某种产品或服务的有效需求；隐性需求是指消费者或客户没有直接提出、不能清楚描述的需求。显性需求实际上往往来源于隐性需求的实现或挖掘；隐性需求则可以说是显性需求的延伸、诱导，并且与显性需求有着千丝万缕的联系。在很多情况下，隐性需求是显性需求的延续，满足了用户的显性需求，其隐性需求就会提出；两者需求的目的都是一致的，只是表现形式和具体内容不同而已。

通常而言，显性需求比较容易识别，隐性需求则比较难于辨认，但是在客户决策时隐性需求起决定作用，因为隐性需求才是客户需求的本质所在。从城市交通长期规划原理上看，最重要的是科学有效的识别、发现、分析预测隐性出行需求，并通过投资建设新的交通网络，优化运力资源配置去满足这部分可以在未来一段时间被显性化的出行需求，从而实现新的供需均衡。过度超前的交通规划建设可能夸大了隐性需求规模；而建设滞后则往往是由于忽略了某些隐性需求的存在。

3. 基本需求的随机性与可控性

人的出行是交通基本需求的一个主要方面。工作出行、上学出行等不可或缺的出行称为“必要的出行”，也可称“刚性需求”；购物、休闲活动、社交、观看体育比赛、参加会议、旅游等出行并非每人每天都发生，但也可能一天之内重复多次发生，这样的出行称为“非完全必要的出行”，也可称“弹性需求”。在人口规模及构成一定的情况下，出行总量中“必要出行”应该是比较稳定的，而影响出行总量的因素主要是那些对“非完全必要出行”中较敏感的一些因素，如消费水平、公共服务质量水平、个性化需求等。

相对于出行量的稳定性而言，在空间分布上，出行选择会随着城市布局的变化而变化；在时间分布上，由于上下班季节性作息时间调整、商业服务设施营业时间调整以及运输作业时间调整（如货运作业大部分改为夜间进行），出行时段都会明显改变。

如上所述，基本出行需求的产生与分布虽然有一定的不确定性，但就其总体而言还是相对稳定的。由于决定基本出行需求变化大小与方向的各类外界因素的改变往往需要较长的时间，所以基本出行需求的调节也需要较长的时间。派生需求弹性较大，规律性不是很强，通过短期内的措施影响便能够加以调节和限制，有利于交通需求管理政策措施效果的体现。

4. 派生需求的随机性与可控性

与基本出行需求相比，派生需求的随机性与可控性更为明显。就随机性而言，加载于各类运输系统的客运量与货运量无论在总量上，还是在时空分布上都会有相当程度的不确定性。各类交通载体设施（例如，道路、场站、轨道交通系统等）负荷量的变化也同样存在很大程度的不确定性。而乘客、货物、道路上的各种车辆等系统服务对象对运输方式及运输路线的选择也有一定程度的随机性。派生需求的随机变化比基本出行需求的变化程度、频率、突发性都要大。影响派生需求的因素既有系统外部的，如城市环境、交通运输政策、投资体制及交通管制等，也有系统自身的，如系统功能配置、系统容纳能力、服务水平等。除城市环境及投资体制等外部因素外，绝大多数因素都是较易改变的。

因此，派生需求具有更为显著的可控性，也更容易调节与控制。正因为如此，对派生需求的调节与控制就成为交通需求管理中最为常用的手段，也是见效最快的调控手段。

5. 动态交通需求与静态交通需求

动态交通主要指车辆与人的流动，而静态交通则主要指车辆的停泊。一般来说，动态交通量的增长会同时伴随静态交通需求的增长。一方面，车辆保有量的增加必然导致基本停车位需求量的增加；另一方面，车辆出行频率的增加也会引发公共停车位需求量的增加。同时，静态交通需求不能得到充分满足时，很可能会抑制动态交通需求，如我国城市中常常出现的由于机动车、摩托车、自行车随意占道停车，也包括公共社区内的乱停车而导致道路交通拥堵或社区出行障碍等现象。但是，也会出现相反的情况，即在某个区域范围公共停车位暂时出现短缺（不是常年性的供给短缺），这个范围内的道路负荷就会有明显的额外增长或通行条件恶化。这是由于有相当数量试图寻找停车位的机动或非机动车辆在道路上巡游、滞留而使得道路通行效率下降、负荷提高。

3.2.4 城市交通需求曲线与弹性

以公共交通出行量 Q 为横坐标，以公交票价 P 为纵坐标，考察在每一种价格下所对应的公共交通出行需求量，将这些坐标点连成曲线，就形成了如图 3-6 所示的公共交通出行需求曲线。

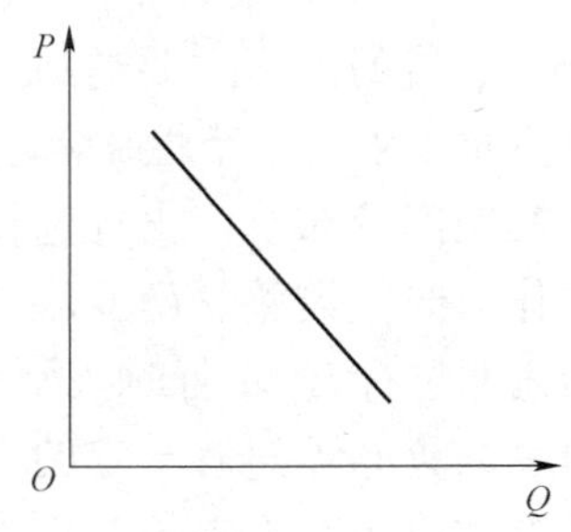

图 3-6 公共交通出行需求曲线

1. 交通出行需求价格弹性

交通出行需求价格弹性可以定义为票价每变化一个百分点时所引起需求量变化的百分率。

$$E_{\mathrm{d}}=\frac{\Delta Q/Q}{\Delta P/P} \tag{3-14}$$

式中：

Q、ΔQ——交通出行需求量及变化量；

P、ΔP——票价及票价变化量。

一般而言，公共交通出行需求是缺乏弹性的。大量文献研究了乘坐公共交通工具的乘客对价格和服务变化所做出的反应。利用经验法则进行研究时发现，平均来说，公共交通票价每增加 10%，乘客数量将下降 3.3%，这意味着价格弹性是 -0.33。另外，公共交通出行需求价格弹性对于通勤出行与非通勤出行、高峰出行与非高峰出行的影响是不同的，非通勤出行需求弹性和非高峰出行价格弹性都相对较大。

从时间弹性角度来看，公共交通出行需求随着时间的不同有很大差异。长途公共汽车的时间弹性是 -0.39，即长途公共汽车运行时间每增加 10%，乘客数量下降 3.9%。对于花费在公共汽车站和交通站点的候车和换乘时间而言，该类型的时间弹性为 -0.71。

从出行时间价值角度来看，出行者乘坐公共交通工具出行所花费的时间价值大约是工资的一半：典型的出行者愿意将每小时工资的一半，作为支付乘坐公共汽车或者铁路的每小时出行成本。在步行和等待方面所花费的时间价值大约是乘坐公共汽车的 2～3 倍，这意味着典型的出行者愿意支付的票价等于 1.5 倍的小时工资，从而避免步行或者等待所花费的时间。当收入增加时，出行的时间价格将以较低的比例增长。

2. 交通出行需求交叉弹性

需求交叉弹性是需求交叉价格弹性的简称。对任何一种交通工具的需求，无疑会受到与其竞争或与其互补的其他交通工具的影响，这其中也包括收费或价格方面变动的影响。需求交叉弹性反映一种交通出行方式的需求量对可以替代的另一种交通出行方式价格变化的反应程度，

表示为

$$E_{Pji}=\frac{\Delta Q_j/Q_j}{\Delta P_i/P_i} \tag{3-15}$$

式中：

E_{Pji}——交通出行方式 i 价格变动引起交通出行方式 j 需求量变动的反应灵敏程度；

Q_j——交通出行方式 j 的需求量；

ΔQ_j——交通出行方式 j 需求量的变化量；

P_i——交通出行方式 i 的价格；

ΔP_i——交通出行方式 i 价格的变化量。

3.3　交通出行需求结构特征

3.3.1　城市居民出行方式选择

基于出行行为模式的交通需求分析主要研究单个交通出行主体（个人或家庭）在日常出行过程中的决策行为，研究框架如图 3-7 所示。

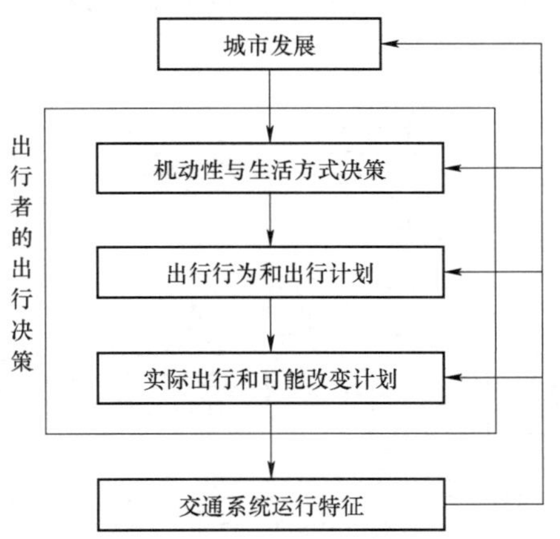

图 3-7　出行决策行为研究框架

由于从刻画出行个体出行决策角度建模，行为模型是基于概率选择的，并且重视家庭成员之间在交通出行上的相互影响，比如，夫妻开一辆车上班这一过程中的顺路行为。在考察全天出行行为过程时，基于出行行为模型强调各次出行之间的关联性，比如，开车上街购物者基本上不可能丢下轿车而换其他出行方式返回。

正是对全天出行行为进行考虑而不是对每次独立的出行行为进行分析，基于出行行为的交通需求模型能非常好地模拟人在出行过程中可能的变化。比如，“家—送子女上学—上班—午餐—购物—下班—外出娱乐—回家”的出行过程也可能由于各种原因的变化调整为“家—送子女上学—上班—购物—午餐—下班—外出娱乐—回家”。因此，基于出行行为的交通需求分析模型是非集计的、随机决策的。

在对出行行为的分析中，最重要的研究内容是对出行者的出行选择行为进行需求分析和建模。出行选择其实是交通出行者在特定交通环境下心理和行为的综合反映，影响交通出行者出行选择的因素多且复杂，例如，出行时间、出行费用、延误时间、道路状况、道路拥挤程度以及天气状况等，但从经济学角度，更注重其行为过程的成本–效益分析，或投入产出关系的分析。因此，出行者在选择出行时刻以及出行路线时，必然会根据自己的出行经验以及新获取的交通信息做出自己的判断，选择可能的总出行时间最低或者总出行成本最小的路线或出发时刻。可以说，出行行为决策过程是一个交通参与者的成本控制行为过程，也可以说是实现效益最大化的过程。

对于个体出行者而言，选择出行方式的过程实际是一个广义的消费过程。在这个过程中，出行者针对个人的出行需求，考虑是否存在可替代性的出行方案。随着社会的发展，可替代出行的方式越来越多。如对于购物出行可考虑网上购物；对于上班出行可考虑家庭办公。当一种出行方式不可由其他方式替代时，出行者需要做出出行决策，包括出行目的地及出行方式选择等。

在出行方式选择过程中，出行者依据个人及社会条件确定可供个人选择的出行方式选择集，如对于拥有轿车的群体，出行方式选择集包括轿车、出租车、公共交通及自行车等；对于无轿车的群体，出行方式选择集包括出租车、公共交通及自行车等。

在此基础上，用户通过比较出行方式的技术经济特性，分析出行方式广义费用，依据个人购买力和出行偏好，感受出行方式相对吸引力的强弱，从而做出出行方式的选择决策。具体过程如图 3–8 所示。

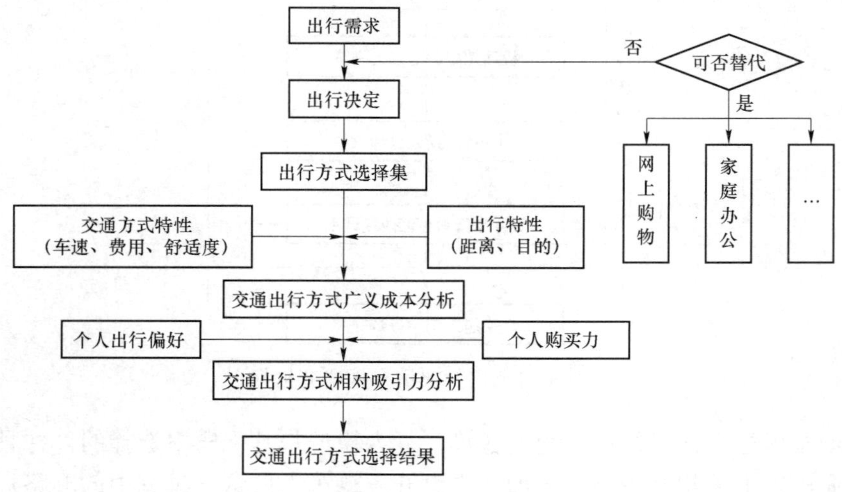

图 3–8 出行方式选择行为决策过程

3.3.2 城市交通出行需求方式结构

城市交通出行需求方式结构是指一定时间、空间范围内城市不同交通出行方式所承担的交通量比例，它可以反映特定时间和空间范围内交通出行需求的特点、城市综合交通系统中各种出行方式的功能与地位，是市场选择行为与交通资源配置行为共同作用的结果，是城市客运交通系统的最本质特征。在考虑不同区域、不同时间范围的需求特点和交通供给资源的差异的基础上，城市交通出行需求方式结构可以作为评价综合交通体系结构合理性的重要标志。每个城市依据其主导交通出行方式及其辅助交通出行方式的客运分担关系，形成独特的城市交通结构模式。

根据不同的研究重点，城市交通出行需求方式结构的内涵不同，常用的有两大类：一类是基于出行链的交通结构，一般以出行方式链为研究对象，一次完整的从出发地到目的地的出行包括分段多种出行方式的组合，因此不同的城市交通出行方式的组合形成了不同的出行方式链；另一类是基于度量方式的交通结构，常用的有基于城市交通出行方式、乘行方式和客运方式的交通结构，也可从城市交通出行量、乘行量和客运周转量三个角度来定义。表 3－4 给出了三种不同度量方式组合下的交通结构特点。

表 3－4　不同度量方式组合下的交通结构特点

交通结构类型	度量指标	单位	优点	缺点
出行方式结构	出行量	人次	反映全方式出行优先级出行方式构成	通过交通调查得到，模糊了次要级交通模式比重
乘行方式结构	乘行量	乘次	反映各种出行方式承担客运量的构成，通过统计资料方便获得	未考虑运距因素
客运方式结构	客运周转量	人・km	考虑各种方式客运量运距的客运周转量构成，客观反映交通结构	交通统计资料要求较高

采用不同度量方式，交通结构会有较大差异。出行方式结构一般基于出行中优先级出行方式的构成；乘行方式结构在出行方式结构的基础上考虑了换乘因素，是各种出行方式承担的客运量的构成；客运方式结构考虑换乘次数和出行距离，能客观反映交通本质。

不同的国家和城市有不同的出行方式和出行结构。表 3－5 为北京市历次交通调查出行方式的比例结构。

表 3－5　北京市历次交通调查出行方式的比例结构

出行方式	2017 年	2018 年	2019 年	2020 年
地铁	15.4%	16.2.%	16.5%	14.7%
公共交通	15.8%	16.1%	15.3%	11.7%
轿车	24.0%	23.3%	22.6%	24.3%
出租车	2.8%	2.6%	2.5%	1.9%
自行车	11.9%	11.5%	12.1%	15.5%
步行	29.0%	29.2%	30.2%	31.2%
其他	1.1%	1.1%	0.8%	0.7%
总量	100%	100%	100%	100%

注：全方式构成。

（数据来源：2018—2021 年北京市交通发展年度报告，北京交通发展研究院。）

由表 3－5 可以看出，北京市出租车出行比例逐步下降，而与之对应的是自行车出行、步行比例一直上升。这说明安全连续、覆盖广泛的“骑行+步行”网络体系逐渐完善，自行车、步行与公共交通的衔接更加紧密，市民绿色出行意愿持续提升，交通拥堵问题得到缓解。

另外，从表 3－6 可以看出，自行车的出行距离呈现下降的趋势，轿车、出租车、地铁、公共汽车的出行距离呈现先上升后下降的趋势。

表 3－6 北京市历次交通调查全日各种出行方式平均出行距离 单位：km

出行方式	2016 年	2017 年	2018 年
轿车	14.2	13.9	14.4
出租车	9.4	9.2	9.4
地铁	17.9	17.7	17.9
公共汽车	11.2	10.9	11.0
自行车	3.4	3.0	3.0
步行	1.0	0.9	1.0

注：统计范围为六环内。

图 3－9 描述了美国人选择不同出行方式的比例。约有 75%的人选择独自驾车出行。约有 12%的人选择合用汽车。约有 5%的通勤者使用公共交通，但使用公共交通出行方式的人数在不同城市之间有很大差别。其中，有两个大都市区所占的比例在 10%以上，它们分别是纽约（25%）和芝加哥（12%）。7 个大都市使用公共交通方式的比例在 6%以上，美国其他都市区使用公共交通出行方式的比例都低于 6%。

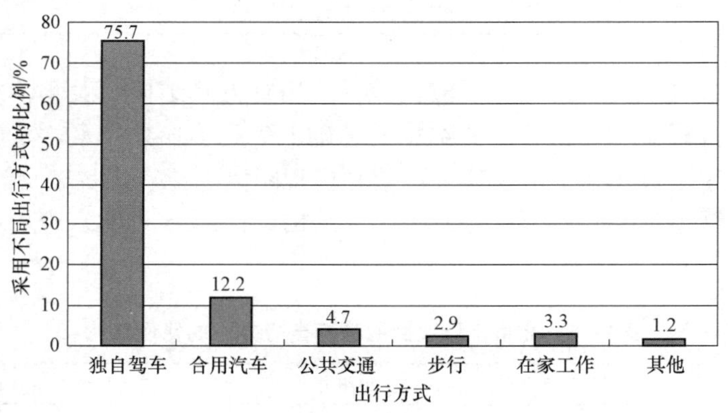

图 3－9 美国全国平均出行方式比例（2000 年）

另外，如表 3－7 所示，使用轿车进行通勤（往返就业地点）的比例仅占总出行量的 19%。以交际与娱乐为目的的出行比例最高，占 30%的比例。每个家庭每年平均出行的里程超过 35 000 英里，其中通勤距离约为 6 700 英里，通勤平均出行距离约为 12 英里。交际与娱乐方面的平均出行距离约为 11 英里。

表 3－7 美国轿车不同出行目的比例与平均出行距离

出行目的	出行目的比例/%	平均出行距离/英里
交际与娱乐	30	11.36
往返就业地点	19	12.11
家庭和个人的其他所有商务活动	19	7.84
购物	14	7.02
与工作相关的商务活动	9	28.26
学校/教堂	6	6.00
其他	4	43.08

3.3.3 城市交通出行需求层次结构

需求结构理论认为，需求是有层次的，不同的市场需求主体对于商品、服务的质量、价格等方面的需求具有不同的层次，这种层次上的对接成功与否直接关系到需求的形成及需求向现实交易的转化。运输市场上存在着大量的运输服务需求者，他们有出行的需要，同时也受到不同层次的支付能力的限制。运输需求同其他普通商品或服务一样，无疑是具有消费的层次性的。不同的社会群体或货物品种对运输方式、服务质量的需求层次不同，对运输服务的要求也有所不同。研究运输需求层次的问题，是与前述的消费者选择机理研究紧紧联系在一起的。从消费者出发，区分不同的需求层次，分析其特征，从而从内涵上为提高运输系统的供给能力提供参考，对潜在运输需求的有效化、优化交通运输供给结构、合理配置资源有着重要意义。

在对人的需求层次的研究中，目前比较经典的是马斯洛从心理学角度提出的需求层次理论，其他的大部分研究成果都是在它的基础上发展演变而来。

1. 马斯洛需求层次理论

马斯洛将人类千差万别的需求进行了层次划分，认为人类所有的需求可以归为 5 种层次上的需求，即生理上的需求、安全上的需求、感情上的需求、尊重上的需求、自我实现的需求。这种需求呈现由低到高逐层递升的阶梯状，如图 3－10 所示。

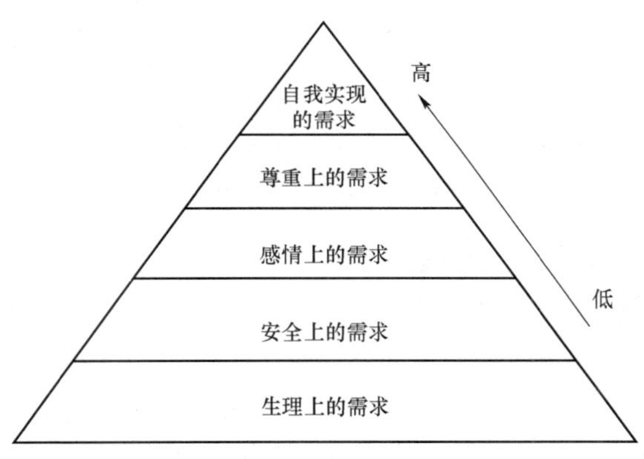

图 3－10 马斯洛需求层次图

马斯洛认为，5 种层次上的需求像阶梯一样从低到高，按层次逐级递升，但这样的次序不是完全固定的，是可以变化的，但也有种种例外情况。一般来说，某一层次的需求相对满足了，就会向更高一个层次发展，追求更高一个层次的需求就成为驱使行为的动力；相应的，获得基本满足的需求就不再是一股激励力量。同一时期，一个人可能有几种需求，但每一时期总有一种需求占支配地位，对行为起决定作用；任何一种需求都不会因为更高层次需求的发展而消失；各层次的需求相互依赖和重叠，高层次的需求发展后，低层次的需求仍然存在，只是对行为影响的程度大大减小。马斯洛和其他的行为科学家都认为，一个国家大多数人的需求层次结构，是同这个国家的经济发展水平、科技发展水平、文化和人民受教育程度直接相关的。

2. 居民出行需求层次论

居民对出行的需求是随着社会经济的发展而变化的，其层次上的需求也是随着社会的发展而发展的。当经济发展水平较低时，人们收入水平也较低，对出行，如服务质量、设备设施、出行速度等方面的需求并不高。但是，随着人们生活水平、收入水平的日益提高，人们对出行的需求也越来越高，不仅要求“走得了”，还要“走得好”，并由此对交通运输提出了安全、快速、舒适各个层次上的需求。参考马斯洛的需求层次理论，可以类似地将居民出行需求划分成四个层次：安全可达性需求、方便快速性需求、舒适享受性需求、自由选择性需求，如图 3-11 所示。

① 各个层次的出行需求随着人们收入水平的提高呈阶梯状变化。每个更高层次的出行需求的提出，都是在其低层次的出行需求满足的前提下发生的。处于最低层次的可达性需求是居民出行的最基本的要求，是整个出行需求层次结构提出的基石，只有这个出行需求满足了，其他层次的出行需求才有存在的基础，否则，一切其他层次的出行需求都无从谈起。

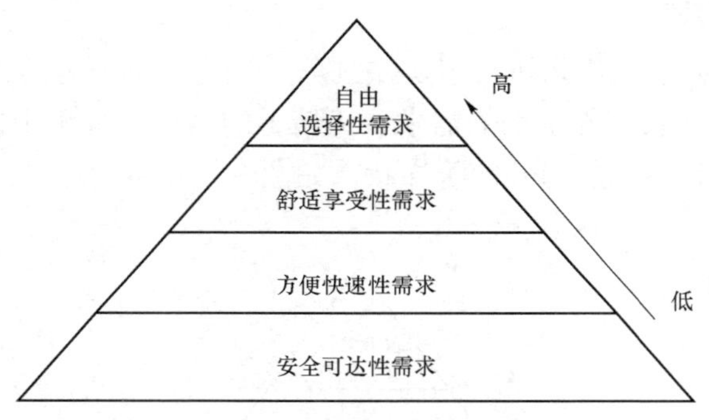

图 3-11 居民出行需求层次结构

② 各个层次的出行需求有相互重叠、相互影响的区域，其相对高低程度不是绝对的。面对相同的运输服务，对各个层次的出行需求因人而异，这取决于居民的消费心理、收入水平、教育程度、年龄等多种因素。

③ 各个层次的出行需求是随着人们的收入和消费水平逐级升高的，但低层次的出行需求不会随之消失，而是容易被供给方或市场忽略，或被包含在高层次的出行需求之内，如我国高速铁路动车组出行需求的增加，并不能完全改变乘坐普通中低速旅客列车的中低收入社会群体的出行选择行为；同样，民航班次的快速增加，也不能彻底改变乘坐铁路或公路长途大巴出行的旅客群体的出行选择行为。正因为如此，每个高层次的出行需求都是在低层次的基础上提出来的，所以居民出行需求层次图呈现金字塔形。

④ 图中的几个出行需求层次是最广泛意义的层次划分，而自由选择性需求也并不是出行需求的顶点，只是现阶段所能要求的最高层次的需求。在实际生活中，经常会存在由不同需求层次的路线组成的一次性出行，比如住在郊区的居民驾车到地铁站，然后换乘地铁、公共汽车等公共交通出行方式出行。

从居民出行目的的角度，可将居民出行划分为上班、上学、公务、探亲访友、休闲娱乐等。一般认为，居民出行目的与需求层次有以下对应关系：公务、休闲娱乐——舒适享受性需求；上班和上学——安全可达性需求；探亲访友——方便快速性需求。但是出行目的一般不能独立地决定居民对出行方式的选择，居民对出行方式的选择还受其他因素的交叉影响。如家庭条件一般的学生，上学以经济性需求为主，主要采用公共交通的出行方式上学；家庭条件较好的学生，往往注重出行的方便快速性，可选择轿车接送的出行方式上学。

因此，影响城市居民出行需求整体层次升降的主要因素是城市社会经济发展水平。城市社会经济的发展会促进居民生活水平的提高和出行目的的多样化，同时也会促进城市交通系统的整体运输供给水平的提高，从而诱使居民出行消费逐步倾向于更高层次的运输商品。它们之间的关系如图 3－12 所示。

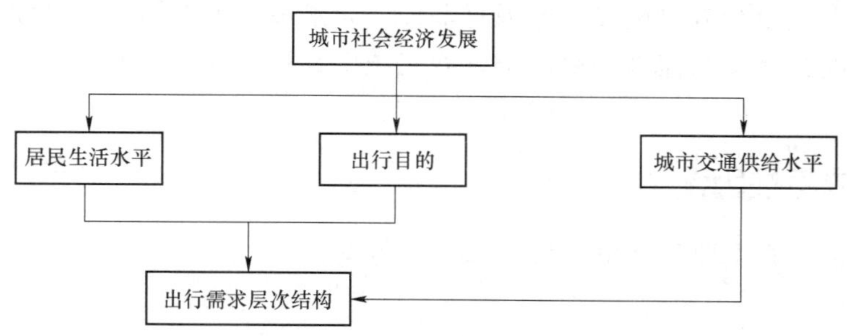

图 3－12　城市居民出行需求层次结构的主要影响因素

根据以上对出行需求层次的说明，对我国的居民出行需求层次结构进行分析，可以得出以下结论。

① 我国的居民出行需求层次正处在变动时期，总体上出行需求层次不断提高，但多元化特征依然客观存在。一方面，改革开放以来的 40 多年，我国城市迅速发展，人民收入和消费水平也快速增长，对出行的需求已经从基本的能够出行渐渐发展到对安全、快速、舒适等方面的高层次出行需求；另一方面，由于近些年城市交通基础设施建设力度加大，各种出行方式在提供出行服务方面都在进行不断地调整，带动出行需求层次的提高。因此，收入水平和消费水平与供给这两方面的发展都使得居民的出行需求处在不断的变动中。

② 城市居民出行需求层次结构具有区域差异性。城市经济发展水平的不平衡导致不同城市的居民出行需求层次结构存在一定的差异。

3.4　交通出行方式选择的影响因素

人们工作和上学等日常性的反复出行，将会形成交通出行路径的详细信息，从而形成各自的交通出行方式选择模式。对这种日常性、稳定性的交通出行方式，其划分容易确定。然而，人们并非一成不变地沿用同一种交通出行形态，经常因为某种原因改变其交通工具利用情况。例如，平时乘坐公共汽车出行的人们，因为行李、天气、身体等原因改乘出租车等。另外，人们到外地出差，由于不熟悉当地的公交线路或不了解业务单位的具体地址，常乘坐出租车。诸如此类的交通出行方式为非定型性出行方式。人们因为没有掌握交通信息而多选择出租车，如果事先有这方面的信息，则可能会选择乘坐公共汽车。另外，人们的出行方式选择还与出行的时间相关，过早或过晚出行时，由于公共汽车不便等原因，人们会更多地选择出租车。

地区特性与出行方式选择有着较强的关联性，地区特性指标主要包括居住人口密度、人口规模、交通设施水平、地形、气候、停车场和停车费用等。地区内人口密度越高，公共交通利用率相对越高；城市规模越大，交通设施水平越高，公共汽车利用率越高；山川、河流越多的地区，公共汽车利用率越高。

一般来说，城市居民的活动，是以一天为一个周期的，因此在某一时刻，人们具有类似交通目的的出行集中的倾向，相同性质的出行集中的时间段有：早高峰上班时间段、平峰时间段、晚高峰回家时间段。因为时间段的不同，交通阻塞的道路和出行目的地也比较集中。另外，因工作日和节假日的交通出行目的差异很大，因此出行方式选择特性也就不同。

如上所述，影响出行方式选择的原因有多种，如果不考虑不同地区之间的差异，在一个城市内主要影响因素有出行需求特性、出行方式技术经济特性、个人及家庭经济条件及个性化属性等。

3.4.1 出行需求特性因素

出行需求特性因素主要包括出行目的和出行距离。

1. 出行目的

出行目的不同对出行方式选择的影响较大，这是因为出行目的的不同，对出行方式的服务质量要求不同，例如，上班出行时对准时性要求高，而旅游时对舒适性要求高。表 3－8 所示为北京市 2014 年根据抽样调查得到的居民不同出行目的的出行方式选择情况。

表 3－8 北京市 2014 年出行方式选择情况 单位：%

出行目的	步行	自行车	地铁	公共交通	轿车	出租车	班车	合计
上班	20	11	19	21	25	3	1	100
上学	33	15	10	25	14	1	1	100
生活	54	12	3	12	17	2	0	100
工作外出	5	2	15	6	55	16	1	100

上学的出行方式以自行车、步行和公共汽车为主。通常，学校分布在居住社区附近，因此采用步行和自行车出行方式的比例高达 48%；但是，以未成年人为主体的学生上学出行方式选择中，轿车分担率达到 14%，显然这是由于大多数家长接送孩子上下学造成的。北京市居民上班的出行方式选择中，步行和自行车约占 31%，轿车占 25%。

生活的出行方式以步行和自行车构成的非机动交通为主，非机动交通分担率达到 66%，这主要是由于生活性出行一般以休闲健身、文化娱乐等活动为主，而这类活动的出行距离不长，出行时间弹性大，因此出行者可以从容出行。

工作外出的出行方式以轿车为主，占到了 55%；而出租车也是工作外出的出行方式的重要组成部分，其分担率达到了 16%，是上班出行的 5.3 倍，生活性出行的 8 倍，上学出行的 16 倍。

2. 出行距离

出行距离是影响出行方式选择的主要因素之一。在出发地到目的地之间存在多种出行方式时，出行距离将影响乘客的选择。随着出行距离的增加，人们的出行大致按照步行、自行车、摩托车、公共汽车、轿车、轨道交通的顺序增加。不过不同的出行方式在一定的距离范围内可互相替代。如表 3－9 所示，从北京市 2014 年六环内不同出行距离的各种出行方式承担的比例可以看到，在不同出行距离内，单一出行方式承担的比例不同，如随着出行距离的增加，地铁、公共汽车、轿车等承担的比例持续增加，在出行 20 km 以上时，地铁、公共汽车、轿车承担的比例为 94.4%；即使同一出行距离内，各种出行方式承担的比例也不同，如在出行距离为 0～5 km 时，步行出行具有绝对优势。

表 3－9 北京市 2014 年六环内不同出行距离的出行方式结构 单位：%

出行方式	0～5 km	6～10 km	11～15 km	16～20 km	20 km 以上
地铁	0.9	12.5	26.2	38.9	30.3
公共汽车	10.9	40.3	32.2	21.9	17.9
轿车	9.4	24.9	29.5	31.0	46.2
出租车	3.9	7.6	5.5	3.9	2.5
班车或校车	0.2	0.7	1.6	1.7	2.1
自行车	14.1	10.4	3.4	1.4	0.4
步行	60.4	3.4	1.2	1.0	0.5
其他	0.2	0.2	0.2	0.1	0.2
合计	100	100	100	100	100

3.4.2 出行方式技术经济特性因素

从技术经济特性分析角度看，不同的出行方式在速度与时耗、出行费用、准时性、舒适与方便性、安全性、换乘次数和侯车时间等方面具有不同的特点，这些都会影响到人们的选择决策。

1. 出行速度与时耗

时间是影响出行方式选择的最重要因素之一，在出发地和目的地之间存在多种出行方式时，不同出行方式所耗费的出行时间往往成为乘客选择的关键因素。出行时耗包括路途行驶时间、中转换乘时间以及候车时间。除了车速影响行驶时间，换乘次数增多也会导致换乘时间增加，这与候车时间增加一样将导致出行时耗增加。

2. 出行费用

出行费用应该是指人或货物实现位移所付出的全部代价，也是影响出行方式选择的主要因素之一。出行费用（也称出行成本）可分为直接财务成本和间接机会成本。直接财务成本是指客货位移所付出的运费；而间接机会成本则包括选择某种运输方式所付出的时间价值、安全可靠性缺失、舒适度损失等可折算为经济价值的各种使用者效用损益。也有学者将出行费用划分为广义费用、狭义费用，其道理基本一样。

在不同的出行方式中，乘坐公共交通出行费用最为低廉，对于吸引一般工薪阶层，特别是低收入群体具有显著优势。但需求分析时也应注意到，对于不同收入水平的居民群体，人们对出行费用变化的敏感程度不同。一般而言，低收入群体比高收入群体的费用敏感度更高。因此，公共交通出行费用的降低对原来选择自行车出行方式群体的影响要远大于选择轿车出行方式群体的影响。

3. 准时性

在选择出行方式时，到达的准确性，对于不允许迟到的出行方式选择的影响很大。人们上班对交通工具的准时性要求高，选择不受交通阻塞影响的出行方式比例高。因为准时性是一个概率问题，人们在决策时倾向于经验判断，将准时性概率转化为时间补偿，纳入总出行时间中加以考虑，因此这里把准时性因素也并入出行时耗的范畴中。例如，在日本，人们都愿意把住宅选择在地铁或城市铁路沿线，主要是考虑了这些交通工具的准时性高。

4. 舒适性与方便性

舒适性是指交通工具的拥挤程度、乘坐的舒服性、车内环境的友好性等综合因素，正因为如此，舒适性的评价尺度难以制定，受乘客主观感受的影响很大。一般而言，人们对舒适性的要求与收入成正比，收入越高对舒适性的要求就会越高。方便性是指人们采用出行方式的便利性、容易性。就出行的舒适性和方便性而言，公共交通与轿车相比并不具有优势，但人们对于舒适性和方便性的要求并不完全根据绝对顺序排列，一般有一个可接受度，只要高于可接受度，就没有选择意义上的显著差别。因此，对于舒适性和方便性因素，公共交通虽然无法达到绝对领先优势，但可以超越预定的可接受度，虽然可接受度也是一个动态的、逐步提高的门槛。

5. 安全性

安全性也是出行方式选择的主要因素之一。无论多么快捷舒适的交通工具，如果它的安全性差，乘客的人身安全得不到保障，都不会有人选择它。然而，因为交通事故本身既有的突发性，因此人们在选择交通工具时，明确地考虑安全性的比较少。

6. 换乘次数和候车时间

换乘次数增加会导致换乘走行时间和等待时间的增加，从而延长抵达目的地的时间，在城市居民时间观念不断增强，时间价值不断提高的现代社会条件下，必然会因为时间成本的增加影响乘客对出行方式的选择。同时，换乘次数和候车时间的增加还会带来身体和精神上的疲劳。

3.4.3 个人和家庭经济条件及个性化属性因素

人是出行方式选择的主体，因此出行方式的选择因个人属性和家庭属性的不同而异，主要因素包括年龄、性别、职业、家庭收入等。

1. 年龄因素

不同年龄段的人对交通工具的偏好各有不同，这对出行方式的选择产生显著影响。例如，北京市的一项研究表明，随着年龄的增长，选择乘坐公共汽车出行的比例呈现先下降后上升的态势，20～29岁的群体选择乘坐公共汽车出行的比例最低；选择乘坐地铁出行的比例在20～39岁的群体中最高；乘坐出租车出行的比例，在60岁以上的老年群体中最高。

2. 性别因素

性别的差异在出行方式选择方面也比较明显，通常选择乘坐公共汽车和地铁出行的女性较男性多；而选择轿车出行的男性较女性多，这通常与消费心理有关。

3. 职业因素

一般而言，职业经理人、政府公务人员等高收入水平的群体对轿车使用率较高。然而，西方发达国家的经验表明，随着汽车业的发展，各种职业的群体购买家庭轿车的比例趋于平均化，职业对出行方式选择的影响逐渐减弱。

4. 家庭收入因素

家庭月收入对出行者出行方式的选择存在近乎决定性的影响。北京市的一项研究表明，选择乘坐地铁出行的比例随着家庭月收入的增加呈现先增后减的趋势，家庭月收入为3 000～6 000元的群体选择乘坐地铁出行的比例最高；选择乘坐公共汽车出行的比例则随着收入的增加而下降；选择轿车出行的比例随着家庭月收入的增加而增加；对于选择乘坐出租车出行的比例，各群体均保持在较低水平，低收入的群体相对更低。

3.5 交通需求管理的经济学原理

3.5.1 交通需求管理的兴起

交通需求管理是基于城市交通资源的“稀缺性”原理产生的一种交通资源科学化配置管理方式。进入20世纪70年代以后，由于财政紧张、石油危机、环境保护等问题的出现，城市交通拥挤问题将和能源、环境问题紧密联系在一起，重点也转向了如何提高现有交通网的利用效率，使现有交通网的通行能力得以充分利用。在这一时期美国提出了交通系统管理，但是实行交通系统管理时出现了许多问题，其中关键一点是政府同私人之间缺乏有机联系，从而像“汽车合乘”（Car－pool）这样的交通系统管理措施难以实行。总之，无论是通过加强道路网的规划与建设来提高交通容量，还是通过加强交通系统管理来提高交通网的利用效率，都是从加强交通供给这一点出发，仅仅考虑了交通供给方面的对策。

进入20世纪80年代以后，交通工程专家认识到，城市交通供求的不平衡是城市交通拥挤问题的本质，由于城市道路交通资源的“稀缺性”，仅依靠交通供给方面的对策，很难从根本上解决城市交通中供求不平衡的矛盾。因此提出了交通需求管理的概念，明确了从供求两个方面解决交通拥挤问题的思想，这是在交通规划和解决交通拥挤对策指导思想上的一个转变。

交通需求管理是指为了提高交通系统效率、实现特定目标（如减少交通拥挤、节约道路资源及停车费用、改善安全、改善非驾驶员出行、节约能源、减少污染等）所采取的影响出行行为的政策、技术与管理措施的总称。

需求管理的产生源于供给资源的不足。最初的交通需求管理主要是从减轻或消除道路交通拥挤角度提出的，主要方式是通过交通政策的导向作用，影响出行者的出行方式选择行为（如改变出行方式、增加单位车辆的合乘人数等）以减少道路机动车出行总量，从而达到减轻或消除道路交通拥挤的目的。

为了使地区交通系统达到安全、高效的平衡，现代交通需求管理已从减少高峰期间的拥堵和改善环境（如改善空气质量）扩展到对交通运输系统各个环节、各项功能的优化，既涉及通勤出行和非通勤出行，也需要考虑常发事件和偶发事件等。从宏观上讲，交通需求管理的目标是通过一系列的交通管理措施，在当前土地及能源、资源和环境容量有限的条件下，使交通需求与供给达到平衡，促进城市的可持续发展；从微观上讲，是通过一系列的政策导向措施，促进交通参与者的选择行为的变更，减少机动车出行量，提高交通工具的利用率，最终削减道路流量，减轻或消除交通拥挤。

3.5.2 城市交通需求管理的经济学原理

交通需求管理的最终目的是在资源（土地、能源）和环境容量限制条件下，使交通需求和交通供给达到平衡，促进城市的可持续发展。以前这种平衡主要由提高交通设施的供给能力来满足，交通需求管理策略的出现，改变了这种被动的供需平衡调节关系。

传统方法与交通需求管理方法的不同之处如图 3-13 所示。传统的解决供需矛盾的方法是单方面地提高交通供给能力，而交通需求管理方法是在适度的交通建设规模下，控制交通需求总量，削减不合理的交通需求，即通过减少或分散需求，使供需平衡，保证系统有效运行，保障旅客出行和货物运输快捷安全到达目的地，有效缓解交通拥挤，改善城市生态环境和居民生活环境质量。

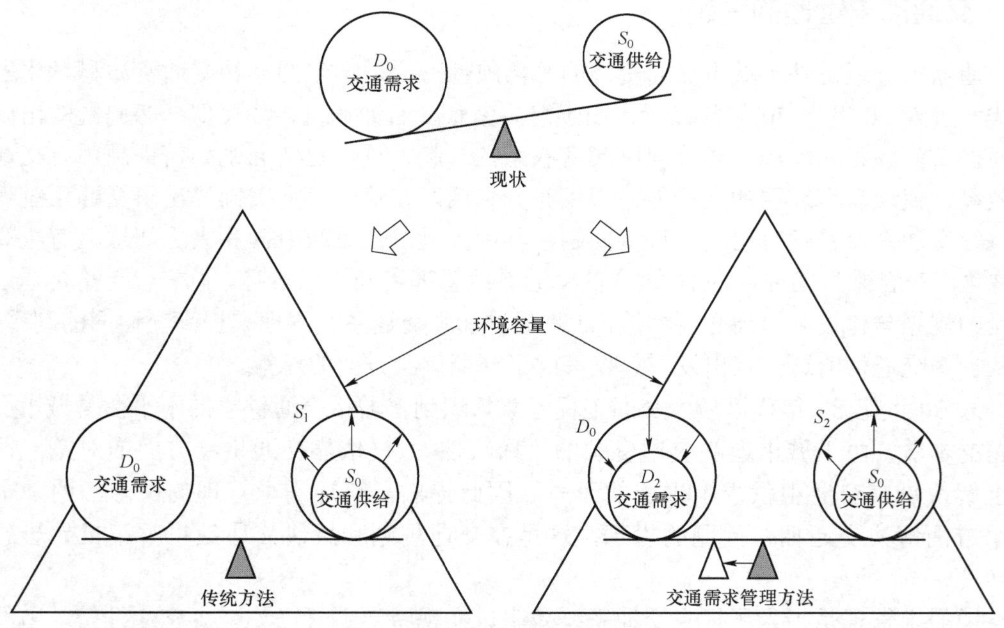

图 3-13 交通需求管理原理示意图

当现有的交通需求 D_0 高于交通供给 S_0 时，交通系统的平衡被打破，此时交通拥挤加剧，交通污染严重，交通出行环境恶化等诸多交通问题就会暴露。依传统的方法，政府会通过各项措施，比如，投资新的建设项目、改扩建交通基础设施等提高交通供给（使供给由 S_0 提高到 S_1），以此满足日益增长的交通需求，但该种方法是被动的，某些情况下甚至是“饮鸩止渴”

的行为。在实际中，盲目增建道路设施，以至于“修一条路，堵一条路”的情况屡见不鲜。不仅如此，盲目地增加供给会破坏环境容量的限制，引发新的环境问题，给社会造成更大的负担。

在目前的情况下，随着经济的增长，交通需求（D_0）快速增长，传统的交通规划者想用新的建设项目、交通设施的较大改善以及通过各种交通工程手段（例如，交通管理）有效地利用现有的交通设施来满足日益增长的交通需求，在一定时期，这种跟随需求的方式是非常有效的。然而，随着城市化和汽车工业的发展，交通系统（提供的供给 S_1）在财政和政策方面的困难却没有得到改善，这一结果趋于破坏环境容量限制，于是交通需求与供给的极不平衡导致了目前的各种交通问题。

与传统方法不同，交通需求管理考虑了环境容量的限制，使交通需求和交通供给达到一个新的平衡，其使用的策略是在适度增加交通供给（供给由 S_0 提高到 S_2）的同时，加强对交通需求的管理和控制，降低交通需求（需求由 D_0 降低到 D_2），并且使制度性框架向交通需求方向偏移，以此采用更为经济有效的方法解决交通问题。

TDM 的解决方法是在资源的限制范围内，在修正的制度性框架（IFI）指导下（平衡支点由▲移到△），通过选择性地改善交通系统（S_2）来平缓需求（D_2），从而使整个社会系统的交通秩序在资源限制内趋于平衡状态。

复习思考题

1. 交通运输量与运价的关系如何相互影响?
2. 城市交通需求的特征是什么，不同经济发展水平有何不同?
3. 影响城市交通出行需求结构和交通出行方式选择的因素分别都有哪些?
4. 居民出行需求层次结构都有哪些划分方法? 其主要划分思想是什么?
5. 如何认识和理解城市交通需求管理的意义和作用? 试结合城市案例举例说明。
6. 结合自身体验，分析网约车、共享单车的出行需求的特征及替代效应。

第 4 章

城市交通供给

4.1 经济学供给理论概述

1. 供给的概念

供给的一般意义指“把准备好的东西给予需要的人”。在经济学上，供给的意义是指生产者根据市场需求进行商品生产，并提供出售给需求方的行为。供给包括生产、向市场提供出售、售出三个环节，一般简化为生产与销售两个环节。

供给定理是指在一般情况下，当其他条件不变时，商品的价格越高，该商品的供给量越多，而商品的价格越低，该商品的供给量越低。该定理主要反映供给量与商品价格之间的正向变动关系，即供给量变动的规律。

分析供给定理的相关因素如下。

1）供给、供给表、供给曲线

① 供给是指生产者（企业）在某一特定时期内，不同供给量与不同价格之间的关系。供给是供给意愿与供给能力的统一。

② 表示某种商品的价格与供给量之间关系的表是供给表。

③ 供给曲线是根据供给表画出的，是表示某种商品价格与供给量之间关系的曲线，向右上方倾斜，如图 4－1 所示。

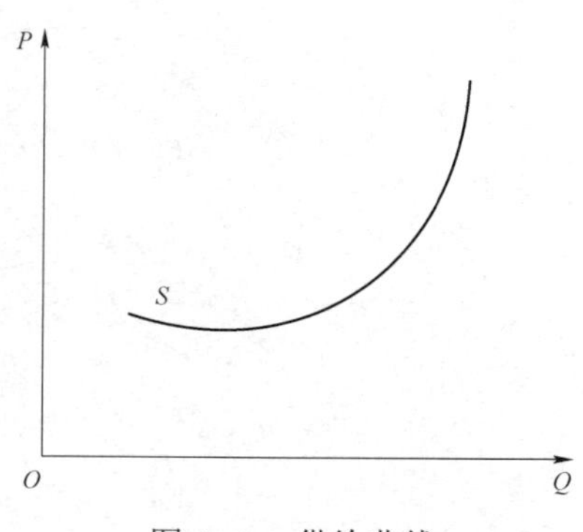

图 4－1　供给曲线

2）影响供给的因素

① 商品的品质。易腐商品需快速供给，非易腐商品可以减缓供给。

② 生产者对现金流的需要。生产急需的资金应快速供给，不急需的资金可以减缓供给。

③ 预期价格。预期价格上涨，减少本期供给；预期价格下降，增加本期供给。

3）供给量的变动与供给的变动

① 供给量的变动是指生产者根据各种因素的综合作用向市场提供销售商品数量的变动。供给量的变动表现为垂直的供给量线左右移动。右移表示供给量增加；左移表示供给量减少。

② 供给的变动是指需求（需求曲线）变动，供给（供给曲线）随之变动。供给总是随着需求的变动而变动。

2. 关于经济学界的“供给学派”及其主要观点

供给学派亦称“供给经济学”，是着重从供给方面考察经济现状和寻求对策的一种经济理论。相对于强调经济需求的凯恩斯主义而言，该学派 20 世纪 70 年代出现于美国，主要代表有蒙代尔、拉弗、吉尔德等。主要论点和主张为：① 大幅度降低个人和企业纳税的税率，以增加个人储蓄能力，刺激人们工作的积极性，提高对企业的投资能力和投资积极性；② 取消国家对经济的过多干预，加强劳动和商品市场上的竞争；③ 实行货币管理，使货币的增长与经济的增长相适应。减缓政府预算支出的增长速度，逐步实现预算平衡；削减社会福利支出。

万尼斯基所著《世界运转方式》被认为是供给学派的第一部理论著作，吉尔德的《财富与贫困》阐述供给学派的资本和分配理论，被誉为供给经济学的第一流分析。实际上供给学派并没有建立其理论和政策体系，只是学派的倡导者对于经济产生“滞胀”的原因及政策主张有些共同的看法。他们认为，1929—1933 年出现的世界经济危机并不是由于有效需求不足，而是由于当时西方各国政府实行的一系列错误政策造成的。他们还认为萨伊定律完全正确，凯恩斯定律是错误的。萨伊（1767—1832），法国著名经济学家，他于 1803 年在《政治经济学概论》一书中提出“供给创造需求”这一经济学中著名的定律，称为“萨伊定律”。萨伊定律重视供给、主张自由放任、强调实物经济和充分就业均衡，是新古典宏观经济学的思想基础。供给学派重新肯定萨伊定律以后，进而确认生产的增长决定于劳动力和资本等生产要素的供给和有效利用，在生产要素中资本要素的作用至关紧要。资本积累决定着生产增长速度，应当鼓励储蓄和投资。

供给学派认为，在市场经济条件下，个人和企业提供生产要素和从事经营活动都是为了牟取报酬或利润。因此，对报酬和利润的刺激会影响经济主体的行为，对实际工资的刺激将影响劳动力的供给；对储蓄和投资报酬的刺激会影响资本的供给和利用。充分发挥市场机制，能够使生产要素供需达到均衡和有效利用。应当消除不利于生产要素供给和利用的因素。同时，供给学派指出，政府的经济政策是经济主体经营活动的刺激因素，其中财政政策最为重要。在分析经济政策对行为的影响时，供给学派反对凯恩斯主义只注意政策对经济主体收入和支出的效果，而强调政策对生产活动的作用。

3. 供给侧结构性改革及其理论依据和意义

2016 年 1 月，在省部级主要领导干部学习贯彻十八届五中全会精神专题研讨班上，习近平对供给侧结构性改革重点及价值做了论述并指出：“供给侧结构性改革，重点是解放和发展社会生产力，用改革的办法推进结构性调整，减少无效和低端供给，扩大有效和中高端供给，增强供给结构对需求变化的适应性和灵活性，提高全要素生产率。”习近平强调推进供给侧结构性改革，表明我国宏观经济调控和政策从需求管理向供给管理的重大转折，预示着我国经济体制深化改革和转型升级有望获得重大突破，由此实现经济结构的大调整、企业转型大升级及经济发展的弯道超越。

1）提出供给侧结构性改革是对凯恩斯主义经济学基本观点的中国化创新

我国政府现在所强调的供给侧结构性改革，是指从提高供给质量出发，用改革的办法推进结构性调整，矫正要素配置扭曲，扩大有效供给，提高供给机构对需求变化的适应性和灵活性，提高全要素生产率。这是党中央强调供给侧结构性改革的内涵。

党中央强调供给侧结构性改革是从中国当前宏观经济问题导向出发，着眼当前我国经济下行趋势还没有结束，难点在投资。我国固定资产投资增速持续下滑，出口仍在负增长，消费还算平稳，这表明，继续单纯通过“三驾马车”的需求侧管理刺激经济，空间不大又有限，必须调整经济发展的理念与思路，把目光放在供给与生产端，通过解放生产力，调整结构，解决供给水平弱化的主要矛盾，建立供需相匹配的新经济结构，打造中国经济的调整升级版，目的是提高供给体系质量和效率，增强经济持续增长动力，推动我国社会生产力水平实现整体跃升。

2）提出供给侧结构性改革是对我国多年宏观经济调控实践的理性反思和理论总结

十三五时期我国经济发展进入转变经济发展方式、实现创新发展的关键阶段。但现实中经济下行的压力逐步加大，其中有周期性问题，也有结构性问题，但主要是结构性问题，L型的表现形态，凸出表现为“供给不足”和“需求不足”并存形成的“供需错位”，这是我国经济持续增长的最大障碍。过去在分析和解决问题时，都把经济调控和政策制定的重点放在需求侧，误以为是需求侧的问题。特别是2008年世界次贷危机以来，世界经济低迷，我国经济下行，暴露出许多问题。我们在经济宏观调控上一度仍按传统思维和传统办法进行思考和制定政策，仍采取需求管理办法，以持续的货币政策和财政政策进行需求侧的管理。时至今日单一货币强刺激已不再管用，仅2015年央行5次降息降准，国家发展和改革委批准基本建设项目远超2万亿元人民币，仍无法阻止经济下滑。所以，李克强近期说到，国内近几年经济没搞“强刺激”，过程颇不容易。下一步发力点在供给和需求两端，落脚点是调整结构，解放和发展生产力。可见党中央和国务院共同提出的供给侧结构性改革就是要把问题导向与目标导向统一起来，着眼全面深化改革，用改革建立有效创新创业的制度环境，通过市场化、法治化、国际化的制度保障体系，推动供给侧的改革，由此实现结构的调整，解决我国经济下行的压力问题。可见提出供给侧结构性改革并不是源自教科书中的理论，更不是对现实中实践的照搬和套用，而是面对我国经济进入新常态，党中央着眼解决实践问题的必然选择和实践深化。

3）供给侧结构性改革方针对我国交通运输业未来发展方向的启示

按照党中央、国务院提出的供给侧结构性改革的方针、指导思想，交通运输部对我国交通运输业未来的发展方向制定并提出了“四个交通”发展目标，即全面深化改革，集中力量加快推进综合交通、智慧交通、绿色交通、平安交通（简称“四个交通”）的发展。总之，大力发展综合交通，优化完善运输结构是核心，智慧交通是关键，绿色交通是引领，平安交通是基础，“四个交通”相互关联、相辅相成，共同构成了推进交通运输现代化发展的有机体系。

经过多年的建设，我国交通运输已经进入了各种运输方式融合交汇、统筹发展的新阶段。加快发展现代化综合交通体系，构建综合立体交通网，是适应全面建成小康社会的必然要求，是加快转方式、调结构、提质增效升级的重要内容，也是推进交通运输可持续发展的必由之路。加快发展综合交通，要义是坚持适度超前、改革创新，做到量力而行、尽力而为，与区域协调发展和新型城镇化要求相适应，合理布局不同区域、不同层次、不同方式的运输网络，合理配置和优化整合交通运输资源，发挥各种运输方式技术经济优势和交通网络整体效能；核心是从基本国情和国家战略出发，顺应新型工业化、信息化、城镇化、农业现代化同步发展的新需求，统筹规划铁路、公路、水路、民航以及邮政行业发展，建立完善与综合交通相适应的制度体制机制，提升服务水平、物流效率和整体效益；关键是通过综合交通战略规划、政策法规、标准规范促进各种运输方式深度融合，优化交通运输主要通道和主要枢纽节点布局，统筹各种运输方式在区域间、城市间、城乡间、城市内的协调发展，发挥组合效率和整体优势，实现各种运输方式从分散、独立发展转向一体化、集约化发展，加快构建网络设施配套衔接、技术装备先进适用、运输服务安全高效的综合交通系统。

通过“四个交通”的协调发展，使得我国交通运输服务经济社会发展的基础性、先导性作用更加突出，公众出行将更加安全便捷、更加舒适满意，为实现交通运输强国目标打下坚实基础。

4.2 交通运输供给概念与内涵

交通运输供给是运输生产者在特定的时间、空间内，在各种可能的运价水平上，愿意并能够提供的各种运输商品的数量。供给包含两个层次的含义：微观层次上表示一家厂商在一定的价格上所愿意出售的物品和数量；宏观层次上指市场中所有厂商在一定价格上愿意提供的物品总量，又称市场供给。从经济学意义上，交通运输供给必须同时具备两个条件，即交通运输生产者有出售交通运输服务的愿望和生产交通运输服务的能力，二者缺一不可。

交通运输供给的能力由交通运输基础设施、运输设备和运输组织方式三部分构成。铁路、公路、航道、管道等运输线路及车站、港口、机场等交通运输基础设施形成了运输供给的物质技术基础，是运输设备运行的载体。铁路机车车辆、汽车、船舶、飞机等运输设备和运输线路共同构成了运输的生产能力。虽然在运输管理体制上，交通运输基础设施与运输设备的运营管理在有些情况下是可以分离的不同经济体，但是在最终面向经济社会的运输生产能力的形成上，二者缺一不可，需要相互协调配套、紧密结合，两者之间也存在内在的供需关系，如汽车与道路系统、船舶与河海航道及港口系统、飞机与机场等。

4.2.1 交通运输供给的主要内容

1. 交通运输供给的数量

交通运输供给的数量通常用交通运输基础设施等级和运输设备的运输能力来表示，以说明运输供应商所能提供的运输服务商品的数量和规模，如道路通行能力、铁路输送能力、水路港航运输能力、民航系统运输能力等。

2. 运输方式

运输方式主要是指公路、铁路、水路、航空和管道五种运输方式。尽管各种运输方式产业属性相同，但具有不同的技术经济特征，如铁路、水路运输具有大容量、运价低的特点，公路运输具有便捷、机动灵活的特点，而航空运输具有速度快、运价高的特点，因此不同运输方式呈现出一定差异化的供给特点，以满足经济社会系统运行过程的不同需求偏好。

各种运输方式在满足客货运输需求时，既有竞争替代性，如城际高速铁路与高速公路、民航等；也有互补性，如煤炭等大宗货物铁路、水路联合运输，以及铁路与公路的联合运输；在城市公共交通体系中地铁与地面公交的换乘衔接；等等。

3. 交通运输布局

交通运输布局是指在一定经济社会、资源与环境约束条件下，各种运输方式的基础设施在空间的分布和运输工具的合理配备及发展变化方面的情况。

4. 交通运输管理体制

交通运输管理体制包含交通运输业发展的结构、制度、资源配置方式以及相应的政策、法规等，主要体现交通运输业的生产关系，它对运输生产力具有直接的影响。

5. 交通运输组织方式

交通运输组织方式是经营主体通过有关措施、手段和机制，将交通运输基础设施、运输线路、运输设备、人力资源等系统有效地集成并运作，以实现客、货位移预期目的的运行管理模式。交通运输组织方式对交通运输供给能力大小、交通运输效率的高低有较大影响。

4.2.2 交通运输供给特征

交通运输供给与传统的供给主要有以下三点区别。

① 在运输活动中，在微观层面往往很难确定一个清晰的供给者的概念，因为交通运输产业体系一般都拥有庞大的规模、综合的性质、多部门企业的参与以及协同作业的生产流程等特点，以至对于某一种特定的运输活动，很难唯一地明确谁是在既定价格下提供交通运输服务的供给者，也就是说，交通运输服务供给者可能是多元化的，比如，铁路、公路、水路、航空、管道等多种交通运输方式，并且属于不同经济实体的供给者。例如，在公路运输中，道路使用者交纳的过路税、管理税、燃油税以及其他间接费用都是因使用交通运输系统而支付的费用，都从不同的侧面反映出供给者的存在。当然，在某些情况下，交通运输服务供给者是比较明确的，例如，地铁公司或轻轨运输公司，它们都是交通运输服务的主要供给者；在城市公共汽车运输中，短期内经营者是供给的主要决策者。

② 在运输活动中，除了能用货币价值（如运价、财务成本等）衡量的供给，还包含非货币的供给，如运输过程所花费的行程时间就是极为重要的供给变量。尽管在某些情况下时间也是有价值的，但因其间接性和非等量性，故而在微观经济学经典的供给理论中，并没有提供满意的分析方法来研究交通运输供给在这方面的特性问题。但随着现代社会人们时间观念的不断增强，交通运输生产消费过程中的时间价值在交通运输理论和实践中越来越受到重视，这反映在社会大众对民航、高速公路、高速铁路、城市轨道交通等大容量、快捷出行方式的市场需求迅速增长。而需求的快速增长要求供给侧不断做出改革调整，高

质量发展成为我国交通运输业未来追求的一个主要目标，将会刺激新的运输商品或服务的开发。

③ 由于交通运输生产与消费是同时完成的，因此交通运输供给特征并非完全由供给者行为决定，而是由用户行为和供给者行为共同决定的。如民航飞机航班的运行组织是根据旅客行程预订制定的；随着我国铁路信息化平台建设的完善，目前我国铁路旅客列车的开行方案基本上也是根据旅客在 12306 信息服务平台的客票预订情况制定的；此外在城市交通中，出租车、网约车，乃至部分公共汽车也是按照乘客定制来进行运输调度组织的。直接影响交通流量或运输量形成的运输服务水平，不仅依赖于供给者所提供的交通运输体系的技术水平或现代化程度，还依赖于旅客或货主对现有交通运输体系的利用程度。

4.2.3 交通运输过程的主要参与者

交通运输过程中的主要参与者有主体运输供给者和经营者、客体出行者和货主以及代表政府行使行业管制的机构部门，理解每类参与者以及它们之间的关系，是进行交通运输供给分析的必要条件。

1. 主体运输供给者和经营者

主体运输供给者是指真正提供运输服务的人或单位，它可以是建设、维护交通基础设施的政府交通部门，或者是拥有运输工具、提供城市交通客货运服务的运输企业。交通运输的供给者几乎承担了所有与技术生产特征直接相关的生产成本，它可以参与，也可以脱离运输服务的经营管理。例如，在一些国家，火车站是由中央政府规划和建造的，却由地方管理机构或拥有特许权的企业经营，当然，这种经营还要受到政府机构的必要管制。经营者负责运行路线、运行班次、服务质量、运营管理等事项，并通过收取运费直接从出行者和货主那里回收成本。如果交通运输供给者和经营者是同一实体，那么交通运输供给者负担的成本就能直接回收，如轨道交通系统，交通运输供给者和经营者往往是同一个企业或实体，成本可以通过收取票价及其他各项费用直接回收；如果交通运输供给者和经营者是分离的，那么成本只能间接地回收，如公路部门担负的非经营性道路的建设、养护维修成本只能是通过政府颁布各种税收（包括燃油附加税、车辆购置税、车辆使用税等）间接地回收，而不是由地方各级公路运营管理部门回收。对大多数运输系统来讲，交通运输供给者可能不止一个，交通运输基础设施一般由公共部门提供，承运人或其他经营者则提供运营设备。再如，政府负责修建公路，而汽车及其配件则由用户自己承担。交通运输供给者和经营者从不同的角度为社会大众提供各类运输服务。对道路运输行业来讲，由于其运输生产方式的特点，决定了它的运输供给是由不同部门机构共同承担的，交通运输供给者（一般是以政府为主体的）提供基础设施，经营者（企业为主体）负责运输设备、系统运营和管理等。这种情况不仅适于道路公共交通运输，也适于私人运输，如轿车出行、个体道路运输户等。

2. 客体出行者和货主

交通运输业的客体出行者和货主是真正制定出行决策的人或实体。在供给分析中，客体出行者和货主的重要性在于其承担的实际成本或显性成本部分与交通运输供给函数相关，如客体出行者和货主支付的运费以及出行花费的时间等非货币成本。客体出行者和货主在供给分析中的另一个重要作用在于他们的选择行为往往会造成对运输成本和其他交通运输服务属性的影响。因而，交通运输供给函数实际上描述了交通运输业供给者与经营者的成本合成、成本回收以及客体出行者或货主行为对成本的作用。

3. 行业管制者

行业管制者（一般指有关的政府部门）是依照特定的法律法规，代表国家或地方政府对交通运输行业的企业和从业者经营行为进行管控、规制，并对交通运输供给各参与方之间的关系进行协调的部门机构。管制活动可以具有技术性、政策性及管理性；此外，管制也可以与成本回收、定价政策以及供给数量、交通服务性能相联系。由于交通运输不仅是涉及面最广的行业之一，也是直接关系到城市社会经济和公共福利的公共部门，因此，为了实现交通运输资源的优化配置，保证交通运输系统作为国民经济发展基础的可靠性，以及实现社会公共服务体系公平与效率的统筹兼顾，对其通过宏观调控实行管制是十分必要的。

总之，交通运输供给者提供的技术水平基本上决定了运输类型，经营者根据交通运输条件和系统环境使交通运输系统得以运转，客体出行者和货主接受交通运输服务，其行为又反过来影响交通运输体系的发展，最后行业管制者起到宏观调控的作用。这种结构体系也同样将成本和其他交通运输服务特性有机地联系在一起，交通运输供给者的成本影响经营者的成本，随之也影响客体出行者和货主的成本，这些成本之间的关系均受到管制者的制约。

4.2.4 交通运输供给的影响因素

1. 技术创新方面的因素

交通运输系统的技术特征直接影响交通运输的效率。特别要指出的是，交通运输系统的运营成本主要取决于采用的技术类型，交通运输供给的其他重要属性如运力规模、技术标准、性能规格、运行速度的设计选取等，也直接依赖于行业的技术水平，如民航飞机、高速铁路、城市轨道交通系统等现代化交通运输方式，都是依托先进的技术性能实现其运行的大容量、高效率、服务高标准。

随着绿色交通发展理念在我国交通运输领域被广泛接受，加上政府政策的引导，城市公共交通系统交通设备的创新发展得到快速推动，无论是城市公共汽车，还是轿车、出租车等，其中采用混合动力、纯电动等模式的新能源车的比例都不断增长。

2. 运营策略方面的因素

在一定的技术水平条件下提供特定的运输服务，还依赖于经营者的行为和目标。如城市公共交通系统，其显著的基础保障性和公益性等社会属性，决定了其经营目标及行为主要是服务社会大众、满足居民基本出行需求，而非营利；而出租车同样作为城市交通的一种补充方式，则主要为了满足个体对出行条件的改善、个性化交通出行的优化的需求，因而其经营目标及行为更符合市场化要求，且主要以盈利为目的。

3. 市场条件与政府管制政策方面的因素

因为交通运输系统，特别是基础设施投资建设的主体往往是国家或地方政府，这使其具有准公共服务性质，所以为了防止出现垄断带来效率低下与公平缺失等问题，运输生产经营过程中的营运决策如定价决策，往往依附于运输管制和市场所强加的种种限制条件，例如，公共交通运输系统中企业经营者的定价策略可能会受到政府严格的管制，甚至系统提供的运力、使用的设施也是受政府控制的。还有一些施加于经营者身上的限制是市场结构所导致的，以运输商品定价为例，竞争市场（如出租车、货运物流等）的定价机制就完全不同于垄断市场和寡头市场（如铁路、轨道交通、城市公交企业等）的定价机制。

4. 用户行为方面的因素

交通运输供给的某些属性也依赖于交通运输体系中的用户行为。城市客运中出行者可按照其自身的价值取向通过对出行路线、行程时间、安全性、舒适性、经济性、便利性以及人性化程度等有所要求，从而对交通运输方式进行选择来影响交通运输供给的属性。交通运输系统将根据用户行为来不断地调整和更新自身的交通运输服务的规模、效率、水平等供给属性。

4.2.5　交通运输供给函数及供给曲线

交通运输供给的大小通常用供给量来描述。交通运输供给量是指在一定时间、空间条件下，交通运输生产者愿意且能够提供的交通运输服务数量。在这里“一定时间、空间”同交通运输需求量中的时间、空间的含义是相同的，“一定的条件”指的是影响交通运输供给的诸多因素，如政府对交通运输业的政策、交通运输服务的价格、交通运输服务的成本等。

交通运输供给量可表示为影响它的诸多因素的函数

$$Q_s = Q_s(P, X_1, \cdots, X_n) \tag{4-1}$$

式中：

Q_s——交通运输供给量；

P——交通运输服务价格；

$X_1, \cdots, X_n$——除运价外的其他影响因素。

实际工作中，可通过对具体问题的具体分析和数据处理确定具体的表达式。

在影响交通运输供给量的诸多因素中，运价是来自市场最灵敏、最重要的因素，交通运输供给曲线就是假定其他因素不变，反映交通运输供给量与运价之间关系的曲线，此时交通运输供给函数可简化为$Q_s = Q_s(P)$。交通运输供给曲线如图4－2所示。

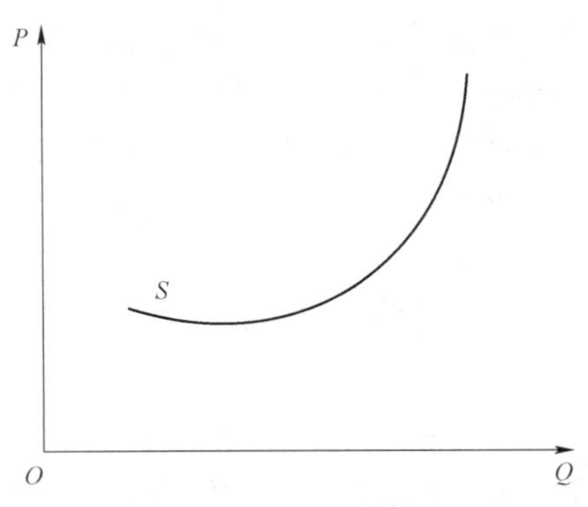

图4－2　交通运输供给曲线

一般情况下，Q_s与P同方向变化，即交通运输供给量随运价上涨而增加，随运价下跌而减少，这不仅是交通运输商品供给的一般规律，也是其他商品的普适性市场规律。基于交通运输业特有的基础性、公益性以及经营受管制性等特征，交通运输供给曲线可分为企业供给曲线和行业供给曲线，它们分别表示企业和行业提供交通运输服务的数量与交通运输市场价格或政府管制价格之间的关系。在几何上，行业供给曲线可由企业供给曲线叠加而成，即将同一市场价格下的交通运输企业供给量相加，得到该价格下的行业或企业供给量。

与交通运输需求的变动和交通运输需求量的变动相类似，交通运输供给的变动与交通运输供给量的变动也是两个不同的概念。交通运输供给表示在不同运价水平下，交通运输生产者愿意且能够提供的交通运输服务的数量，它表示的是交通运输供给量与交通运价之间的一种对应关系，一个特定的交通运输供给对应一条交通运输供给曲线。而交通运输供给量则表示在确定运价水平上，交通运输生产者提供的交通运输服务的数量，它对应交通运输供给曲线上的一个点。交通运输供给量的变动就是当非价格因素不变时，交通运输供给量随着运价的变化而沿着交通运输供给曲线水平移动，每个运价水平对应一个交通运输供给量；交通运输供给的变动是非价格因素变化时导致的交通运输供给曲线的移动。如果交通运输供给发生了变动，即便运价不变，交通运输供给量也会发生变化。

4.3 城市发展与公共交通供给

4.3.1 城市发展的集聚效应

随着社会生产力的不断发展，手工业、商业从农业中分离出来，从事手工业、商业的人需要有个地方集中起来，进行生产、交换，从而有了城市的产生和发展。这也就是目前所谓“产城融合”模式的雏形。

城市规模一般是指一个独立连续的城市市区面积与城市人口的关系总和。随着城市规模的扩大，人们的出行距离会延伸，会增加交通运输出行需求量。从交通运输需求产生的直接原因分析，在一定区域发生活动的次数或频率，包括工作、回家、购物、游览、访友、娱乐、看病等，是决定此区域交通强度的主要依据。由于出行距离的延伸，利用车辆出行的可能性还会增强。

工业化带动了城市最初的基础设施建设，以及关联行业集群和规模扩展，进而吸引大量的分散劳动力聚居，随之而来的是顺应这部分人的需求而产生的城市新一轮基础设施建设和服务业的产生和增长，长期发展的结果就是形成了规模化的城市。城市的发展产生了城市集聚效应。城市集聚效应是指社会经济活动因为空间的集聚所产生的效应。这种效应最直接的体现就是产业的集聚，产业集聚度越高，则城市规模越大。城市集聚效应是关于城市发展规模的函数，在城市规模扩大的过程中随着规模的扩大发生阶段性变化。由此，形成了“产城融合”效应。

产城融合是指产业与城市融合发展，以城市为基础，承载产业空间和发展产业经济，以产业为保障，驱动城市更新和完善服务配套，进一步提升土地价值，以达到产业、城市、人之间有活力、持续向上发展的一种的发展新的发展模式。其意义体现在：① 有利于实现城市土地集约化，扩大产业空间，加速产业集聚；② 有利于增加就业人口，规避盲目城市化带来的空城或“睡城”现象；③ 有利于构建城市产业生态体系，增强产业自我更新能力；④ 有利于城镇化有序推进，促进城市一体化建设。

产城融合是在我国产业转型升级的背景下相对于产城分离提出的一种发展思路。要求产业与城市功能融合、空间整合，“以产促城，以城兴产，产城融合”。城市没有产业支撑，即便再漂亮，也只是“空城”；产业没有城市依托，即便再高端，也只能“空转”。城市化与产业化要有对应的匹配度，不能一快一慢，脱节分离。而且产城融合发展并不是一蹴而就，因此全面理解产城融合的内涵，有利于提出更为合理的规划建议。产城融合应建立在城市人口、产业、交通布局规划的统筹融合、协同发展的基础上，因此，必然离不开现代化交通体系的支撑和保障。

从图 4-3 可以看出，在 *M* 点的左侧，随着城市规模扩大，它所产生的产业或人口集聚边际效益大于所耗费的集聚边际成本，即产生正的集聚效应，而随着城市规模的扩大，集聚边际效益呈现下降趋势，而集聚边际成本则随之上升，到达 *M* 点时二者正好相等，此时的城市规模是最佳的城市规模；在 *M* 点的右侧集聚边际成本大于集聚边际效益产生负的集聚效应，所以超过 *M* 点的城市规模是集聚不经济的城市规模。可见，城市规模和城市的集聚效应值是一个区间值，城市规模不足或过度都会使城市集聚效应呈反向趋势。

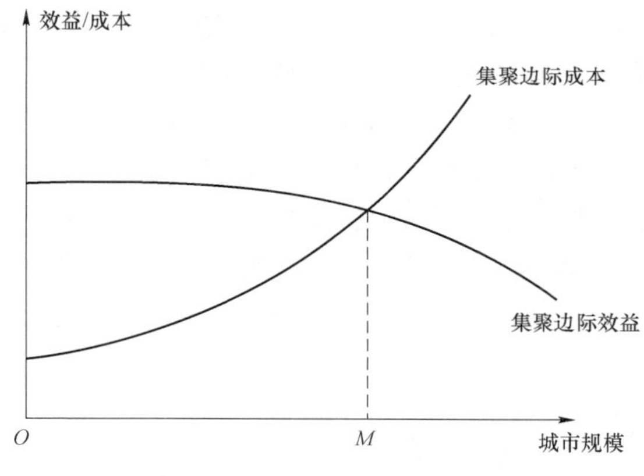

图 4-3　城市适度规模示意

城市规模与交通强度的关系曲线如图 4-4 所示。一般来说，在同样的城市规模条件下，如果城市布局结构不合理，或城市发展及活动的活力强，则出行需求高，交通强度要大一些，如北、上、广、深等人口规模在 2 000 万以上、经济实力雄厚的特大城市，本身出行需求基数就大，加上房价的上涨，造成职住分离加剧，通勤出行需求强度进一步增强，上下班高峰期对城市交通供给保障系统形成了巨大的压力和冲击，地面交通和地铁站点拥堵严重。据 2018 年有关机构对工作日通勤高峰期间，城市路网中发生严重拥堵的路段里程与路网总里程的比例（用以评估路网中严重拥堵状态的空间蔓延程度）的调查统计，在汽车保有量超 300 万辆的城市中，北京、上海排前两位；汽车保有量在 200 万～300 万辆的城市中，天津、石家庄、沈阳排前三位。在对工作日通勤高峰期间，全路网处于严重拥堵状态的平均累计时间（用以评估路网中严重拥堵状态的时间持续程度）指标的调查统计中，在汽车保有量超 300 万辆的城市中，北京、重庆排前两位；汽车保有量在 200 万～300 万辆的城市中，长沙、济南、南京排前三位；汽车保有量在 100 万～200 万辆的城市中，哈尔滨严重拥堵持续时间远高于其他同类城市。

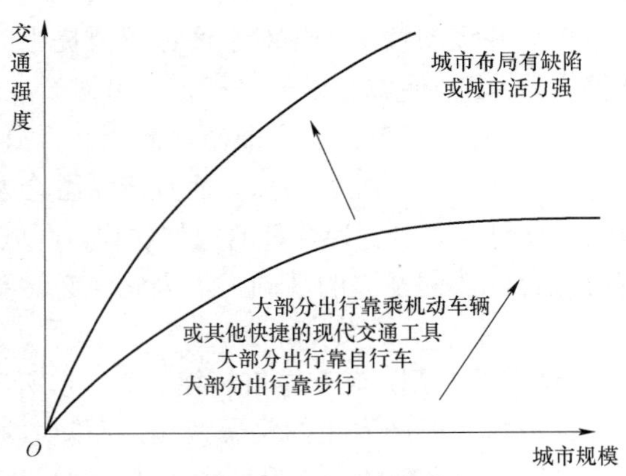

图 4－4　城市规模与交通强度关系曲线

当城市规模较小时，出行距离较短，大部分出行活动依靠步行；当城市规模扩大时，出行半径加大，大部分出行活动开始依靠自行车等人力工具；在城市规模很大时，平均出行距离必然相应增大，大部分出行活动就必须依靠机动车辆或其他快捷的现代交通工具。据中国城市规划设计研究院合作发布的《2020 全国主要城市通勤监测报告》，我国 36 个城市的平均通勤距离均超过 6 km，且城市规模越大，平均通勤距离越长。其中北京以 11.1 km 的平均通勤距离位居榜首，上海、重庆、成都等紧随其后，平均通勤距离也都超过 9 km。城市平均通勤距离越大，意味着居民的通勤成本越高，城市就更需要快速高效的交通系统来支撑。

基于服务的供求关系，城市交通必然是与城市发展相辅相成。在城市的不断发展中，城市交通也会影响城市规模效益的实现，城市出行方式的需求和发展，与城市规模存在必然的联系。一定的城市规模，需要一定的公共交通体系及交通运输方式与之适应，如图 4－5 所示。

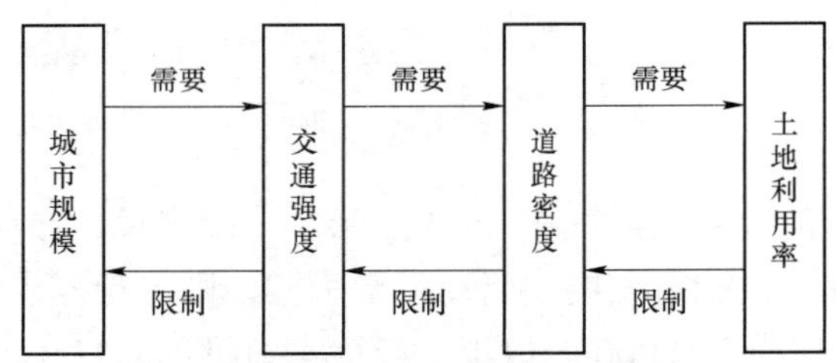

图 4－5　城市交通制约城市规模原理

随着城市规模的扩大，出行需求增加，这往往需要交通强度及保障能力相应地增大来支撑，交通强度需要道路密度来满足需要，道路密度需要占用土地资源。反过来看，土地资源利用限制了道路密度规划，道路密度又限制了可达性，而可达性只能支持一定的城市规模。因此，在不改变土地利用率和道路密度的情况下，提高公共交通系统的技术能力及其在城市交通出行结构中的比例，能够增加城市发展规模的极限。

公共交通系统与城市形态协调和发展，大致上能够形成以下三种类型的关系。

1. 适宜公共交通发展的城市

这些城市以公共交通引导城市土地开发利用。适应公共交通发展的城市往往都建成了以轨道交通为骨干的公共交通体系，新城镇的建设和发展多集中在轨道交通车站周围。通过轨道交通引导城市发展，轨道交通在优化城市交通结构、空间结构和产业结构等方面起到了积极作用。图4－6中一维和二维图示，描绘了在适应性的城市中，区域公共交通与城市发展形态之间的关系。纵轴代表密度和土地价格，横轴代表到中央商务区（CBD）的距离，该图表示了在按照总体规划建设的，以轨道交通为导向的都市区中，密度/土地地价与到中央商务区距离关系的梯度分布。在中央商务区的密度/土地地价最高，在郊区的轨道交通车站附近密度/土地地价出现尖峰，当离开这些节点时，密度/土地地价迅速逐级下跌，在绿化带中降为最低水平。

为解决都市内强大的、占主导地位的中央商务区的交通出行需求，轨道交通将外围社区和次级中心与中心商务区连接起来。城市在轨道交通沿线的节点集中发展，并由此导致出行被限制在放射性走廊的沿线，这样的布置从机动性方面来看是极有效率的。轨道交通为主导的城市交通体系之所以能较好地适应大城市发展，其关键在于轨道交通可以对中央商务区、外围轨道交通车站周围进行集成，同时构建长距离放射性的轨道交通，以及双向平衡出行客流。

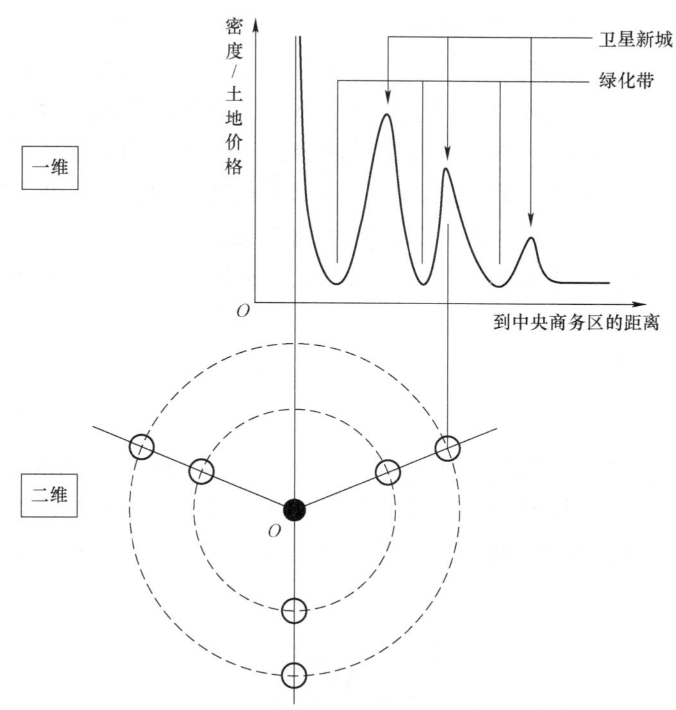

图4－6 适应性城市中区域公共交通与城市发展形态之间的关系

2. 适应城市发展的公共交通

与适应公共交通发展的城市相比，适应城市发展的公共交通是一种被动发展的模式，是对城市中心发散化发展的一种被动的反映。这类低密度向外扩展式的城市建设发展模式，是接受了在财富增加后许多人希望过上他们喜好的生活而产生的一种结果。这种形态中，轿车出行是主要方式。公共交通随之被调整和重整来最好地服务这样的环境。在低密度分散化发展模式的地区，通过合理地调整公共交通的服务和技术，以适应蔓延式的城市发展模式。公共交通的作用在于逐渐尽可能好地服务于那些起讫点分散的出行。这种居住环境产生了类似布朗运动的几乎完全随机的出行方式，看上去出行是从区域内的任意一点出发，去往任意其他地方。在过去的几十年，世界上很多地方所发生的就业岗位和零售业从市中心搬向郊区的分散化发展，在很大程度上造成了穿越城区的出行和城区外侧出行的迅速增加。越来越多的通勤者改变了沿着设计良好的放射性走廊在郊区和城市中央商务区出行的模式，转向郊区至郊区的出行，并且常常被迫使用那些原本不是针对或为引导这样的出行而设计的设施。

具有良好经济适应性的公共交通通常分为三种类型。第一类是直接服务于市中心和郊区，在干线走廊上快速公共汽车高速运行，在郊区和市内的中央商务区，快速公共汽车驶出专用道，像常规公共汽车那样在普通街道上运行，成为集散线路和小区环线。主线和支线功能合并到同一辆公共汽车上，消除换乘。第二类是进行服务改革，目标是显著地减少乘客的候车时间和换乘。运营商优化公共交通线路设计并提供设计好换乘时间的服务。第三类适应性的公共交通是利用线路灵活的非常规共同交通服务，如利用穿梭往返的面包车，随上随下的小型公共汽车和中型公共汽车等，提供门到门的，或近似于门到门的服务，填补了公营公共交通系统留下的服务空白，并为轨道交通车站提供了有效的支线集散服务。

虽然这种形态迎合了城市低密度的发展，但也助长了蔓延式发展和不可持续发展模式，并且可能甚至使这种发展模式成为一种永久的形态。但是这种形态的存在也有一定的市场合理性。要求所有的城市增长都应该是紧凑型和由公共交通引导的，忽略了政治的现实和市场的喜好。政府部门确实可能征收更高的燃油价格或采取类似的措施，将真实的社会和经济成本转嫁给建成这种环境的开发商和居住在这种环境中的消费者。当然精确地计算这些成本或价格会比包容蔓延式发展更加困难，只要存在对包括土地在内的稀缺资源定价偏低的现象，就会产生蔓延式发展的结果。对于一些区域而言，一个明智的方法是调整公共交通系统，使之更好地服务于这种发展模式的出行需求。

3. 混合型城市

介于适宜公共交通发展的城市和适应城市发展的公共交通之间的那类城市，称为混合型城市。这些城市的发展模式是城市中部分区域由公共交通引导，同时城市中的部分公共交通服务是来适应城市布局的。混合型城市又可以分为有强大市中心的城市和多中心布局的城市，如图 4－7 所示。

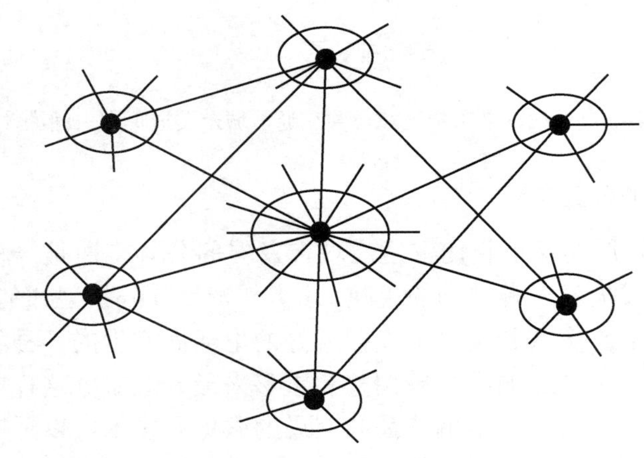

图 4－7　公共交通和多中心城市

多中心城市在最主要的中心点或中央商务区外环绕着次级中心、第三级中心和周边地区，这些中心的混合用地的发展项目以及对行人友好的设计构成了将来能够与区域公共交通相互配合的街区。如我国天津规划并正在形成的滨海新区与天津老城区组成的双城双港城市布局特色，基本上属于这种多中心的混合型城市交通模式。这些中心间通常通过轨道交通、城际高速公路或者是公共汽车专用道、快速公共汽车等现代化、大容量出行方式相互连接，通过统一的运营时刻表，用公共汽车、有轨电车和小型公共汽车将外围的居住区与次级中心以及主干线的公共交通相连接。

4.3.2 城市公共交通供给

不同的出行方式在可达性、便捷性、舒适性、准时性等方面各不相同，其服务范围也不相同，公共交通供给方式主要包括道路公共交通供给、城市轨道交通供给和辅助公共交通供给三大类。

1. 道路公共交通供给

道路公共交通供给是指在城市及其辖区内供公众出行乘用的诸种道路客运方式的总称，主要包括公共汽车、快速公共汽车和无轨电车等。道路公共交通具有运输量大、运营效率高、服务面广、排污量较少、占道面积小等特点，是城市交通运输需求的主要承担方式，是我国城市公共交通的主导类型，公共交通优先策略成为城市经济社会发展的重要战略之一。

2. 城市轨道交通供给

城市轨道交通供给主要指有轨电车、地铁、轻轨交通和市郊铁路等。轨道交通提供大容量、快速、准点、安全、便利的大众化交通工具，能够有效提高城市客运能力，缓解市中心地区的交通拥堵状况，方便城市居民的出行，提高居民生活质量和水平，同时在加速沿线经济发展和调整城市发展格局等方面都具有一定的推动作用。由于我国大中城市，尤其是特大城市道路交通拥堵现象的持续加剧，轨道交通已经成为解决道路交通拥堵的主要方式。

3. 辅助公共交通供给

辅助公共交通供给主要包括出租车，随上随下的小公共汽车，包括国内许多城市当下流行的定制公交等，另外，单位开行的班车、各学校的校车等也属于辅助公共交通，主要是补充道路公共交通和城市轨道交通，增强公共交通的灵活性，适应个性化的出行需求。

4.3.3 公共交通的特征

城市公共交通是一种特殊的产业，既具有经济属性，又具有社会公益属性，作为一种准公共服务商品，公共交通服务具有不同于其他商品的特征。

1. 公共交通在严格意义上不属于公共物品

公共物品是相对于私人物品的一个经济学概念，需要同时符合两个特征，一是消费的竞争性，二是消费的非排他性。从严格意义上来看，城市公共交通供给均不符合这两个特征，因此，一般认为城市公共交通不属于公共物品。

2. 城市公共交通投资具有明显的社会公益性

与私人轿车交通相比，城市公共交通可以减少环境污染、减少交通拥堵、节约道路使用，社会效益显著。尽管城市公共交通不是严格意义上的公共物品，但城市公共交通具有明显的公益性，体现为普遍服务原则，即为所有人提供公平的服务。世界范围的研究表明，对于低收入家庭而言，交通费用占家庭收入的比例不应超过 12%，超出这个比例就成为生活负担了。城市政府为解决低收入人群出行难的问题，通常可以采取的方法有低票价管制或者直接针对低收入人群进行资助。

3. 公共交通服务的差异性

公共交通提供的公共服务是一种无形的商品，公共交通服务的生产和消费是同时进行的，需要乘客全程参与，投入大量的时间成本。但是与供水、供电等其他网络型的商品或服务不同，城市公共交通提供的服务具有很大的差异性。客观存在的社会群体收入层次结构的差异，以及消费水平和习惯，导致公共交通服务的质量存在差异性，不同社会群体对费用、速度、准时、安全、舒适提出了不同的要求，形成了公共交通服务需求的层次化和多元化趋势，不同方式、不同线路、不同时间段或者不同方向的交通运输是不同的服务商品。

4. 城市公共交通服务具有规模经济的特征

规模经济是指商品的平均成本随着产量的增加而不断下降的情况。公共车辆如果以乘客人数为计量单位，则提供公共交通服务的平均成本将随着乘客的增加而下降。因为运送额外的一名乘客所增加的成本非常小，运送的乘客越多，平摊到每位乘客身上的成本就越低。对于公共服务的规模经济特征还有一种解释，在城市公共交通服务中，乘客需要付出时间，包括等车时间和乘车时间。如果把出行者的时间成本也放进成本函数中，城市公共交通服务也会存在规模经济。假设乘车人数因某种原因突然增加 1 倍，只要将公共汽车数量增加 1 倍，这时尽管每辆车的运营成本不变，但是每个乘客等车时间是原来的一半，因此，包括乘客时间成本在内的城市公共交通服务的平均成本下降了。

5. 公共交通投资具有巨大的社会经济效益

城市交通基础设施以及公共交通的发展虽然不能够直接给投资者带来满意的财务回报，但作为一种社会福利，其对国民经济发展的贡献以及给城市广大居民带来的社会效益往往是巨大的、难以估量的，尤其是轨道交通等公共基础设施的投资建设，不仅对城市公共交通体系的完善、沿线城市居民出行条件以及城市生态环境的显著改善产生巨大的促进作用，同时也会引起沿线的土地开发和房地产升值，对相关产业产生积极的传导或拉动效应。

城市交通基础设施的建设，提高了当地的交通可达性，直接表现为客、货运输时间节省和交通费用的降低；间接效益表现为居民社会公共福利的改善和保障条件的提高，从而增加了生活居住及投资置业对人们的吸引力。人们倾向于在交通可达性良好的地区集聚，导致这些区域的土地和房地产具有较大的升值空间。

6. 城市公共交通运营管理模式具有管制的特征

由于城市公共交通关乎广大居民的生活、工作、安全、健康等，因此加强对公共交通管制是城市政府和公共管理机构的重大职责。为了确保公共交通服务能力、质量与水平，保障城市公共交通系统的正常稳定运行，针对公共交通的准公共物品属性，城市政府通常对公共交通服务领域实行经济管制（价格管制、数量管制和进入管制）和社会管制（健康、安全和环境等方面的管制）。

如为了保障公共交通优先，降低公共交通出行费用，城市政府对公共交通实行价格管制，并根据提供公共交通服务的运营公司的服务与收益，实行差别性补贴机制，保障提供公共交通服务的运营公司能正常运转，为低收入人群提供基本的出行保障。再如，为了保证公共交通服务质量，政府对公共交通进行数量管制，要求公共交通企业在高峰时段要保持较高水平的发车频率，在低谷时段也要保持适当的发车间隔时间，即使在亏损线路上也要保持适当数量车辆以体现公平原则。

4.4　城市公共交通基本供给形式

城市综合交通系统可以分为公共交通和个体交通两大类，公共交通是面向公众的乘客运送服务，形式多样，技术经济特征差别很大。一般城市公共交通由道路公共交通、城市轨道交通和其他辅助公共交通系统组成。

4.4.1　道路公共交通

道路公共交通是指沿着固定的线路并按照确定的时刻表定期运营的常规地面公共客运交通系统，它的运营包括固定的停靠站、行驶路线、时刻表和票价。道路公共交通线路的开设和运营必须经过批准，并接受服务的监督。常规公共汽车的技术特征与其所使用的车辆、运营线路在线网中的地位有很大关系。目前我国大城市道路公共交通通常是油气混合动力驱动的，未来还将发展为节能环保的电动公共汽车等绿色出行工具，在一些大城市，也有依靠架空电网为动力的无轨电车在运营。由于公共汽车在城市里与其他车辆共用道路，它比轨道交通的成本更低，适应性也更好。然而以每人每公里的票价率为基础计算，公共汽车在一般情况下燃油经济性和污染排放要高于城市轨道交通。

由于公共汽车运营很容易受到道路拥堵的影响，在特大城市中的运营速度相当缓慢。解决这个问题的措施是给予公共交通优先权，如开设公共汽车专用道。由于有更高的运营速度，理论上公共汽车专用道最大乘客通行能力可达到每小时单向 2 万人次，比在普通地面街道上运营的常规公共汽车速度快两倍以上。快速公交 BRT 是一种基于专用道路空间的快速公共汽车交通系统，结合了轨道交通系统服务特性和常规公共汽车的灵活性，提高了公共车辆的运载能力、舒适度、环保性能和视觉效果。快速公交 BRT 建设成本低、建设周期短，是一种具有充分可持续发展性的城市大众运输系统。

相对传统地面公共交通系统，快速公交 BRT 的优势主要体现在速度、可靠性和运送能力等方面。首先，快速公交 BRT 通过专用车道、路口优先提高行车速度，缩短乘客乘车时间。由于行车可靠性提高、可以按时刻表到站，减少了乘客的候车时间，而站台设计车外检票可以减少乘客上下车时间。乘客到站和离站的时间亦可通过提高快速公交 BRT 网络布局密度而降低。其次，快速公交 BRT 通过系统整合设计，通常是在一个相对独立的空间中运行，减少了受到外界交通状态干扰的可能性，可以严格按照一定组织计划运行，保证了乘客掌握出行的时间预算，乘客能够准确安排自己的出行计划。最后，快速公交 BRT 车辆单车载客量、车站候车能力以及服务频率都优于常规公共汽车，基本上可以接近或达到轻轨系统的服务水平，可以作为城市的快速骨干公共交通系统发挥作用。

4.4.2 城市轨道交通

城市轨道交通系统是大容量、现代化的城市公共出行工具，在中央商业区、次级城市中心和郊区走廊间提供快速的干线连接。城市轨道交通按照其主要的运行服务性能可分为有轨电车、轻轨、地铁、市郊铁路系统。从运量上可分为大容量轨道交通、中容量轨道交通、低容量轨道交通三种级别。

1. 有轨电车和轻轨

有轨电车是最古老也是速度最慢的轨道出行方式，其诞生之初担负的功能是合租干线运输。随着城市区域向外扩展，它扮演的角色发生了变化，成为在中心城区内循环的客运干线。地面有轨电车不具备完全独立路权，发车间隔时间一般为 5～6 min，高峰时段可提高到 2～3 min。一般采用多轴车辆单列运行，根据系统运量设计，车辆长度为 20～50 m，运量在 1 万人/h 以下。近年来地面有轨电车在技术上有很大的发展，使其在客运性能上与轻轨已经没有明显的分界线。如新型地面有轨电车车辆长 20～50 m，车体宽 2.3～2.65 m，最高速度可达 70～80 km/h。

轻轨是地面有轨电车的现代化形式，因为可以作为昂贵的重轨系统的替代而被越来越多的城市接受。特别是那些 300 万人以下的中等城市。与有轨电车相比，轻轨系统通常在封闭或者半封闭的路权内运营，并采用现代化的自动列车控制技术，轻轨车辆具有更高的车厢和更低的底板，车厢比有轨电车车厢更加宽敞和舒适。由于通过架空接触网而不是第三根轨道来供电，人们通常认为轻轨要比重轨更安全，因此没有必要设置围栏来隔离轻轨线路。这不仅节约建设成本，而且使轻轨列车能在城市街道上与其他交通设备混行。除此之外，轻轨系统的其他优点包括：运营相对比较安静，对环境的影响和冲击较小；用电力驱动的轻轨，比公共汽车更少依赖燃油供给；轻轨能够以一次几公里的长度稳步延伸，不必像重轨那样需要较长的建设时间。

表 4－1 比较了国外地面有轨电车、轻轨和其他城市轨道交通模式的实施和运营特征。在以接近 3 min 的间隔时间 4 车编组运营时，轻轨系统每小时可单向运送 1.1 万人次，当车头时距缩短为 90 s 时，最大通行能力还能提高一倍，达到每小时可单向运送 2 万多人次。轻轨系统如果采用直线电机推进的温哥华天车系统、多伦多轻轨系统以及伦敦港区系统，则每小时可单向运送 2.5 万人次。因此，它们也被称为中运量轨道交通系统。

表 4－1 国外不同类型的城市轨道交通服务形式的特征和运营标准对比

运营环境	地面有轨电车	轻轨	地铁	通勤铁路/郊区铁路
城市规模/万人	20～500	50～300	＞400	＞300
中央商务区就业规模/万人	＞2	＞3	＞10	＞4
线路轨道	地面	混行/专用	隔离/专用	隔离/专用
站距				
郊区	305 m	1 km	2～5 km	3～10 km
中央服务区	250 m	200～300 m	500～1 000 m	——
中央商务区循环线路	地面	地面/地下	地下	地铁运营至中央商务区边缘

续表

运营环境	地面有轨电车	轻轨	地铁	通勤铁路/郊区铁路
系统技术参数				
列车编组数/节	1～2	2～4	4～8	8～12
列车载客数/人	125～250	400～980	1 230～2 460	1 040～1 560
电力供应	架空	架空	第三根轨道	架空、第三根轨道、机车牵引
运营指标				
平均速度/（km/h）	10～20	30～40	30～40	45～65
高峰运营间隔/min	2～5	2.5～5	1.5～2	3～5
每小时最大乘客运送能力	6 000～10 000 人次	10 000～30 000 人次	30 000～50 000 人次	30 000～60 000 人次

2. 地铁

狭义上地铁专指以地下运行为主的城市铁路系统或捷运系统；但广义上，由于许多此类系统为了配合修筑的环境，可能也会有地面的路段存在，因此地铁通常涵盖了都会地区各种地下与地面的高密度交通运输系统。在大城市尤其是特大城市，地铁是大容量的公共交通工具的重要组成部分，最早在欧美发达国家大城市得到了广泛的应用，如英国伦敦、法国巴黎、美国纽约等。亚洲发达国家日本首都东京也在第二次世界大战后大力发展地铁，并一度成为亚洲最发达的地铁网络系统。北京自 20 世纪 60 年代末修建国内第一条地铁后，由于技术及经济因素一度发展速度缓慢。20 世纪 90 年代以后，为适应城市快速发展的需要和缓解城市交通的紧张状况，我国政府加大了对城市交通基础设施的投入，开始强调轨道交通对城市交通系统和城市发展的引导作用，发展大运量轨道交通系统的理念开始显现。20 世纪 90 年代，上海、广州、深圳、大连开始了轨道交通建设。随着我国主要城市经济社会的快速发展，城市地铁的建设发展步伐也不断加快。截至 2019 年 6 月，在已开通地铁的 33 座城市当中，有 13 座城市的地铁运营里程超过 100 km。其中，上海以 669 km 的运营里程排行第一，北京以 617 km 的里程数位列第二，广州则以 473 km 的里程数位列第三。以运营线路条数而言，北京、上海、广州分别以 20 条、15 条、14 条位列前三。按照城市地铁规划目标，不久的将来，第一梯队的北京、上海、广州三市地铁总里程均会超过 1 000 km；第二梯队的深圳、武汉、成都则紧随其后，规划总里程都将超过 800 km。

地铁系统的目标市场是客流较大且流向集中的干线走廊。它具有每小时单向运送 5 万人次的能力，能在城市建成区内以及城市外围组团和中央商务区之间提供高速度、高品质的运输服务。在城市中心区，地铁系统几乎是在地下运营的。为了使用于获取路权、拆迁和挖掘的巨额成本体现出应有的价值，实施地铁项目建设的前提是有极高的客流量做支撑。在城市的中心区以外，特别是连接市郊线路的延伸路段，为了节省投资，地铁线路通常是在高架结构或是高速公路的中央隔离带上运营。大多数重轨线路的站距要大于轻轨线路的站距，通常都达到 2 km 或者更长，在城区会有例外，城区的车站间距可能仅有 1 km，相距 3～4 个街区。

3. 市郊铁路系统

市郊铁路系统利用国家铁路资源来为大都市居民出行提供客运服务。郊区铁路一般归铁路公司所有，线路供电方式按照大铁路的 25 kV 设计，运营模式也是按照大铁路来管理。发车密度低于城市公共交通，一般发车间隔时间介于 5～30 min，高峰时发车间隔一般为低峰时的 2～3 倍，为乘客提供时刻表服务。

市郊铁路系统通常利用原铁路网改造。其线路设施与干线铁路基本相同，连接市区中心与郊区或卫星城，服务对象以城市公交客流为主，线路一般穿城而过，长度可达 40～50 km 甚至更长，其车站平均站间距远大于一般的地铁，可达 2～3 km，以提高运营车速。市郊铁路设计最高时速可达 120 km、平均运行速度为 40～50 km/h，单向最大运输能力可达 4 万～8 万人/h。市郊铁路车站规模比一般的地铁车站大。运行线路设计比较灵活，同一线路往往有快线、直达、区间、普通等多种方式。由于服务距离长，所以使用包括双层列车在内的载客量较大的车辆，要求车厢内座位多、设行李架及行李柜，不要求完全水平登车。车门形式、数量介于地铁和常规铁路之间，列车车厢与普通货车车厢等宽，编组灵活，最多可达 10～12 节。

市郊铁路连通至城区的尽头是终点站，郊外场站周围一般都环绕着地面停车场，以确保住在郊区的人们能够方便地利用轿车到达铁路车站。郊区铁路系统主要是服务于居住在郊区而在市区工作的人们通勤出行。

4.4.3 其他辅助公共交通

其他辅助公共交通包括随上随下的小公共汽车、出租车等，它们介于私人轿车和常规公共汽车之间，包括非常规公共交通，通常由私人企业和个体户拥有并运营，其服务非常灵活，能很快地应对市场的变化，在区域内可将多名乘客运送至不同的目的地，有时是门对门的。由于运送多名乘客，票价虽低于出租车，但也足够支付所有的运营成本。由于不受严格运营规则的限制，随上随下的小公共汽车能最大限度地实现“门到门”运输，除了车身在尺寸上相对较小，随上随下的小公共汽车和小型公共汽车的服务与大型公共汽车相比具有明显优势，如上下客的时间更随机，班次的频率更高，停站的次数更少，在繁忙的道路上行驶更灵活。借助互联网条件的智慧交通系统建设，在我国许多城市，这种辅助性公共交通正在转变为定制公共交通模式。

研究结果显示，不管在美国还是东南亚，随上随下的小公共汽车和小型公共汽车都为公共部门和私人运营商带来了经济和财政上的收益，也就是说，它们在许多情况下要比传统的公共交通更有效地将驾驶者吸引出来，并无须高昂的公共财政补贴就能实现。然而，当公共交通客流规模上升到一定的水平时，小公共汽车在服务质量和经济上的优势就开始急剧下降，这反映了小公共汽车在运送大量直线客流时的局限性。因此，不管在发展中国家还是在发达国家，小公共汽车的角色都是支持和补充性的，而不是替代性的。

另一种辅助公共交通是出租车。出租车可以提供门到门的服务，便利、快捷，它不是某个人专属的交通工具，只要乘客愿意承担一定的费用都可以乘坐并到达自己的目的地。这种方式是以公共交通作为长距离出行方式的乘客在市内出行的便利选择。但是，与其他公共交通工具相比，出租车是道路空间利用效率比较低的交通工具，类似于私人轿车，占用道路面积是公共交通的十倍。

出租车一方面解决的是城市公共交通方面的问题，另一方面又能以价格、竞争作为资源配置的信号来实现市场供求平衡。所以出租车具有其他公共交通工具不具备的特点，通常不可能完全被其他交通工具取代。

4.5 城市交通的交通工具供给

4.5.1 城市交通工具分类及特征

每种出行方式都需要使用移动运输设备，即交通工具。只有通过交通工具在固定设备上的移动，才能完成旅客和货物的空间位移。不同的运输固定设施，需要不同类型的交通工具与之对应，而城市交通的交通工具主要是道路交通和轨道交通的交通工具。

道路交通的交通工具主要是指利用汽油、柴油、电能或其他能源（如燃气、酒精等）作为动力，通过轮胎在道路上行驶的各种车辆，按用途一般可分为轿车、客车、载货汽车、牵引车、专用运输车和特种车等。道路交通的交通工具主要特点有：① 全运程速度快；② 运用灵活，受地形、气候限制小（可实现门到门服务）；③ 单次运量小、总运量大等。因为道路交通交通工具的这些特点，其主要适用于对速度、灵活性要求高，时间紧、线路多变、运输量不是特别大等运输条件。

轨道交通的交通工具是指通过铁路轨道运行的各种机车与车辆，轨道交通的交通工具主要特点有：① 建设费用高；② 运输能力大；③ 运输准时性、耐久性高，安全性高；④ 需要汽车等交通工具进行辅助；⑤ 不能离开轨道进行运输；等等。由于这些特点，轨道交通的交通工具主要适用于客流量大的城市内部或城际客运通道。

4.5.2 交通工具效率

1. 交通工具的经济装载量

交通运输业的商品是旅客与货物的位移，交通工具的成本和供给特性在不同交通运输方式之间甚至同一交通运输方式内部都是有差别的，对于某一交通运输过程来说，交通运输供给的产量就是载运交通工具的装载量乘以运输距离。对于不同的需求批量，不同交通工具的经济性有差异。根据经济学的基本原理，供给者应当将产量置于边际效益等于边际成本处。因此，交通运输供应者应当将交通工具的装载量定在运输的边际收益等于边际成本水平上，这里将此时的装载量定义为“经济装载量”。

从经济学的观点来看，如果装载量达不到经济装载量，交通工具的运输能力出现闲置，这是不经济的。而如果交通工具的装载量超过经济装载量，又会导致对交通工具的过度使用，在经济上也是无效率的行为。因此，交通运输供给者应当选择经济装载量为最佳装载量，使交通运输供给服务利润最大化。

影响交通工具经济装载量的因素有很多，其中包括以下主要影响因素。

1）交通工具类型的影响

不同类型的交通工具，其成本曲线的形式不同，经济装载量也千差万别。即使对于同一类型的交通工具来说，由于货运需求的多样性与复杂性，加上具体状况和使用环境的不同，其在某一运输过程的经济装载量也存在差别。

2）货运需求地区不平衡性的影响

交通工具的运输存在“返程问题”，由于货运地区的需求不平衡性，会引起交通工具的满载方向与回程方向经济装载量的区别，如我国西部地区矿产等资源丰富，货物向外发送运量大，而到达运量相对较小；作为资源输入型的东部发达地区情况则正好相反。

3）固定税费的影响

如果固定税费水平提高，等效于增加车辆的固定运输成本，那么车主就会增加车辆的经济装载量。这也是我国公路货车超载运输治理中，有时会出现“越治越超”的原因。如果对超载车辆的处罚与其装载量无关，对于车主来说处罚相当于固定收费，因为他有趋利的动力，所以车主往往通过装运更多的货物来分摊这些处罚的成本。

4）生产要素价格的影响

如果某一生产要素的价格出现变动，情况就会比较复杂。如果生产要素的消耗相对于装载量缺乏弹性（例如，司机工资通常不会随着装载量的变动出现较大的浮动），那么这类生产要素价格越接近于固定成本，其价格水平的上升就越可能导致车辆的经济装载量增加。而如果生产要素的消耗相对于装载量富有弹性，那么这类生产要素的价格上升就越有可能导致车辆的经济装载量降低。但从整体上看，市场要素价格的变动对车辆的经济装载量影响不大。

2. 交通工具的运力结构

1）货物交通工具大型化与小型化

对于某种运输方式来说，存在随着交通工具个体的增大以及载运能力的提高，单个交通工具的平均运输成本逐渐降低的经济现象，即运载能力的经济性。例如，对于卡车，随着车轴数量的增加与车体的增大，卡车的平均运输成本逐渐降低。但在实际运输过程中，即使卡车的大型化可以降低运输成本，也不会导致所有的车主都购置大型卡车，因为这里存在一个能力充分运用的问题，也就是说需要提高卡车的实载率，否则卡车越大，浪费越严重。但是实载率的保障是有难度的，货运需求的分散性和货运的信息不对称导致车主难以获得市场上的有效信息，使其难以找到合适的消费者。

城市交通需求层次结构特点及其交通管制复杂性，也促使城市货运物流运载工具向小型化方向发展。城市物流系统中的邮件、行包等快运车辆的小型化发展由以下几个因素决定：① 快件货主对于物流运输效率及服务质量的需求；② 城市物流的高附加值；③ 由于城市交通运输管理部门出于对交通运输安全以及交通运输秩序等因素的考虑，对进入市区的货运车辆车型、吨位实行管制。

2）实载率与运输组织

在运输市场中，大型交通工具和小型交通工具都有存在的必要，各类交通工具的比例形成了运输市场的运力结构。理论上，可能存在所谓的最优运力结构，但实际上，这是一个交通运输市场中千千万万供给者与需求者的群体选择问题，由于交通运输需求和供给的时空差异，加上供需双方之间交易信息的不完全，二者之间的平衡很难实现。从供给者的角度看，需要通过合理的交通运输组织手段，减少交通工具的效率损失。例如，可以通过交通工具的交通运输组织方法的优化，来充分利用大型交通工具的成本优势和小型交通工具的灵活性，提高交通运输生产效率，增加效益，这便是交通运输组织与经营的范畴。

现有交通工具运输能力的充分利用应该是基于短期成本曲线进行讨论的，而不适用于用规模经济理论来分析，因为规模经济表现为生产的长期平均成本逐渐降低。假定直达运输的商品是同一性的，那么在网络中经过中转的运输则肯定包括了不同的交通运输商品。如果同一目的地或去向的货物运输需求量足够大，交通运输企业也就会组织直达运输，因为那样效率更高；如果同一目的地或去向的货物运输需求量不够大，如小批量货物，那么提高实载率的要求就会促使交通运输企业利用网络形成中转式交通运输结构，以便充分利用设备的能力，而一旦经过中转，交通工具上显然就会包括起讫点不同的交通运输对象，中转结构的范围越大，网络上不同起讫点的交通运输对象也就会越多，所以交通运输业在很多情况下是在用商品的范围经济去满足提高设备实载率的要求。使用的交通工具越大，支持其有效运营的交通运输网络往往也就会越大，交通运输企业利用网络经济的优势提高交通工具的实载率，是交通运输业规模经济和范围经济密不可分的突出例证。实载率过低就要利用中转结构去提高，但由于中转方式会带来货物送达时间和其他方面效率的降低，因此只要实载率状况允许，交通运输业者就会尽可能地组织直达运输。这样既满足了货主时效性服务要求，也满足了交通运输企业提高生产效率与降低成本的经营目的。

4.5.3 交通工具寿命周期

交通工具从投入市场到被市场淘汰为止所经历的时间，称为交通工具的寿命周期。一般将交通工具的寿命分为物理寿命、技术寿命和经济寿命三种类型。

1. 物理寿命

交通工具的价值一般来说都会随着其使用时间或行驶距离的增加而减少。物理寿命是指交通工具从开始使用直到报废所经历的时间。这些有形损耗是由于使用和自然力的影响而引起的，因此交通工具的物理寿命的长短与交通工具的质量、使用条件、使用强度和维修技术密切相关。

2. 技术寿命

由于交通工具生产制造工艺技术的发展，使原有交通工具的无形损耗加剧，有些交通工具甚至在它们的物理报废状态到来之前就应该在技术上被淘汰了。从交通工具开始使用到因技术性能落后而被淘汰所经历的时间，称为交通工具的技术寿命。

3. 经济寿命

根据经济效益确定的交通工具的寿命，称为经济寿命。虽然依靠维修可以延长交通工具的物理寿命，但随着其役龄的增加，技术状况不断恶化，维修费、燃油费等运营费用不断增加，交通工具使用的经济效益逐渐降低。

经济寿命理论认为，应以交通工具的经济寿命为最佳更新时机，但由于使用经济寿命需要精确地估算相应成本项随着运载役龄的变动情况，因此模型的适用范围极大地受到了限制。同时一些外部因素的变动如技术进步、生产要素价格调整等也增加了经济寿命估算的复杂性。

案例：丹麦哥本哈根城市交通供给模式

1. 发达的公共交通系统

哥本哈根市是丹麦的首都，同时也是国家的商业、工业和文化中心。区域内轨道交通的所有权和运营权分属两个不同部门。丹麦国家铁路负责运营郊区铁路系统。郊区铁路系统拥有 170 km 长的线路，79 个车站，沿哥本哈根市向外伸展呈手指形的城市发展轴而建，主要作为哥本哈根市中心向外辐射 30～40 km 的通勤铁路。城市轨道系统由哥本哈根市交通部门管理，主要在哥本哈根市中心区域运营。同时，作为这两个系统的补充，该区域还有一些私营的铁路交通服务。哥本哈根市公共汽车运输系统共运营 1 100 辆公共汽车，主要服务西兰岛北部地区。

2. 严格的轿车使用限制

多年以来，哥本哈根市遵循可持续发展的思路，在城市交通供给侧采取了更多的交通需求管理政策措施去限制在中心城区轿车交通的使用，给予行人和自行车优先权。为了控制轿车的使用数量，哥本哈根市采取的措施包括：① 保持市中心道路网的总通过能力不变，除了扩展市内自行车道和行人道网络，哥本哈根市还采取了公交信号优先、设置公交专用车道、将路边的停车位移到别处等措施；② 控制停车位供应，在过去几十年间，哥本哈根市停车位数量每年减少 2%～3%；③ 用税收限制轿车的拥有和使用，目前，哥本哈根市购买轿车所需缴纳的税费大致是购买车辆费用的 3 倍。同时，为了限制购买大型、高油耗的轿车，车辆购置税随着车的重量和发动机排量的增大而增加。

高昂的轿车拥有成本、支持公共交通优先发展以及限制轿车使用等措施，抑制了哥本哈根市的轿车保有量，使其成为发达国家中轿车拥有量最低的城市之一。

复习思考题

1. 交通运输供给的含义是什么，其包含的四部分内容是什么？
2. 交通运输供给与传统供给的区别是什么？
3. 交通运输供给的影响因素有哪些？
4. 交通运输过程的主要参与者及其关系是什么？
5. 简述城市发展与公共交通的关系。
6. 城市公共交通具体有哪些特征？
7. 交通工具寿命的类型有哪些，如何确定交通工具的经济寿命？
8. 如何理解城市交通供给侧结构性改革方针政策？试举例说明。

第 5 章

城市物流运输与城市经济发展

5.1 物流与物流经济学

5.1.1 物流的基本内涵

1. 物流的定义

《物流术语》（GB/T 18354—2021）将物流定义为：“根据实际需要，将运输、储存、搬运、装卸、配送、流通加工、信息处理等基本功能实施有机结合，使物品从供应地向接收地转移的过程。”

日本日通综合研究所 1981 年出版的《物流手册》对物流的定义是：物流是物质资料从供给者向需求者的物理性流动，是创造时间性、场所性价值的经济活动。从物流的范畴来说，物流包括包装、装卸、保管、库存管理、流通加工、运输、配送等诸种活动。如果不经过这些过程，物就不能移动。

1985 年美国物流管理学会给物流下的定义是：物流是对货物、服务及相关信息从起源地到消费地的有效率、有效益的流动和储存进行计划和控制，以满足顾客要求的过程。该过程包括进向、去向、内部和外部的移动以及以环境保护为目的的物料回收。

1994 年欧洲物流协会给物流下的定义是：物流是在一个系统内对人员及商品的运输、安排及与此相关的支持活动的计划、执行和控制，以达到特定目的。

物流到底是什么，简单地说，物流由“物”和“流”两个基本要素组成，物流中的“物”指一切可以进行物理性位移的物质资料。这类物质资料可以是有形的（如仓储运输的实物），也可以是无形的（如期货或仅仅是资产归属关系发生转移的某种物资）。“物”的一个重要特点是，必须可以发生物理性位移，而位移的参照系是地球。“物”是物流要研究的对象，物流中“流”是指物理性运动。这种运动也称“位移”。很明显，如建筑物、未采伐的森林、矿体等由于不会发生物理性运动，尽管其所有权会发生转移，但不在物流的研究范畴之中。

从经济学视角来看，物流是联系生产、供应、销售的一个必要纽带，也可以说是产业经济一个狭义的供应链。物流活动的本质源于产业经济从生产、仓储、包装、运输到销售环节的资源动态配置过程，并由此衍生了经济学的另一个分支——物流经济学。物流经济学是研究一定的物流系统内，与物流活动有关的经济关系，是宏观经济学、微观经济学、产业经济学、技术经济学、物流学、运筹学等相关学科理论的综合运用。它是研究物流资源优化配置、物流市场的供给与需求、宏观物流产业的发展、物流产业组织形态演变规律、物流产业增长等问题的一门应用科学。

2. 物流的价值

物流并不是“物”和“流”的一个简单组合，而是经济、政治、社会和实物运动的统一。它有自身的运动规律。物流主要是通过创造时间价值和场所价值来体现的，当然也不排除物流创造一定加工附加值，所以物流活动过程也是一个价值增值过程，也有人将其称为“价值链”。当然，其对价值的认知必然是以经济学理论为基础的。

1）时间价值

“物”从供给者到需求者之间有一段时间差，由于改变这一时间差而创造的价值，称为时间价值，通过物流获得时间价值的形式有：缩短时间创造价值、弥补时间差创造价值、延长时间差创造价值。

2）场所价值

现代经济社会，由于资源空间分布的不均衡性，供给者和需求者之间往往处于不同的场所，由于改变这一场所的差别而创造的价值称为场所价值。经贸格局的演化，全球经济一体化趋势促使供应链空间布局不断优化，更加剧了这种现象。物流创造场所价值是由现代社会结构和社会分工所决定的，主要原因是物从供给者和需求者之间有一段空间差，商品在不同地理位置有不同价值，通过物流活动将商品由低价值区转到高价值区，便可获得价值差，即场所价值。场所价值有以下几种具体形式：① 从集中生产场所流入分散需求场所创造价值；② 从分散生产场所流入集中需求场所创造价值；③ 从甲地生产流入乙地需求创造价值。

3）附加值

物流也可以通过增值服务产生增值效应，创造附加价值。除了传统意义上的仓储、配送服务，增值服务还包括增加便利性的服务、加快反应速度的服务、降低成本的服务以及延伸服务，如常见的加工、包装等，以及基于物流大数据的信息服务产业、期货交易等新经济价值。它们并不是物流的本来职能，而现代物流的一个重要特点是根据自己的优势从事一定的补充性的增值服务。这种增值服务不是创造商品的主要实体，而是带有完善、补充、增加性质的活动。这种活动必然会形成劳动对象的附加值。虽然在创造附加值方面物流不是主要责任者，其所创造的价值也不能与时间价值和场所价值相比拟，但它是现代物流有别于传统物流的重要方面。

5.1.2 城市物流的定义与特点

1. 城市物流的定义

现代物流的形式、种类有不同的划分，而总体上可以说，大致以企业物流、城市物流及国家、国际物流几种形式存在，其业务也是相互交叉、渗透的，尤其是企业物流与城市物流更是关系密切，相辅相成。现代城市发展过程中，随着制造业的外迁，城市作为重要的消费节点，其物流主要表现为产品供给目标导向型。城市物流是以城市为依托的区域物流，须服从于区域经济的发展需要，城市物流服务的集中度、强度往往显著高于乡村地区。

1997 年 7 月，在澳大利亚召开的第一届城市物流国际会议上，日本学者谷口荣一等将城市物流（管理）定义为“在市场经济框架下，综合考虑交通环境、交通阻塞、能源浪费等因素，对城市内私有企业的物流和运输活动，进行整体优化的过程”。

王之泰教授在《现代物流学》中提出：“城市物流要研究城市生产、生活所需要的物资如何流入，如何以更有效的形式供应给每个工厂、每个机关、每个学校和每个家庭，城市巨大的耗费所形成的废物又如何组织物流等。”其后又进一步说明，“在城市物流系统中，物流系统服务对象首先是人，其次才是物。以人为对象的物流系统，显然有别于一般的物流系统”。

唐秀丽等在其编著的《城市物流》中定义：“城市物流是指物品在城市内的实体流动、城市与外部区域的货物集散，以及城市废弃物的清理等活动。城市物流考虑的是货物在城市内的流动以及在城市外的交换，以城市配送为主。城市物流的任务是合理组织整个城市的物流活动，使其以经济高效的方式，满足人们生产、生活的需要，保障城市运行，是城市运行的物流服务保障系统。”

有些观点认为城市物流是以城市为主体的，围绕城市的需求所发生的物流活动，不论城市地域范围的大小，物流活动都有共同的属性；还有些观点认为城市物流是在一定城市规划及其产业政策规制条件下，为满足城市经济发展要求和城市发展特点而组织的区域性物流。

本书认为，城市物流是指在一定时间和空间范围内，由某城市的物流企业、物流工作者、物流设施、物流对象和物流信息等要素构成的具有组织、运行城市物流功能的有机整体。城市物流系统由三个部分构成：物流基础设施平台、物流信息平台和物流政策法规平台。由软、硬件技术共同组合而成的三个平台，共同支持城市物流系统中制造、商贸、物流、信息服务等企业运作，完成存储、保管、运输、配送等功能，实现提高整个城市效益和竞争力的目标。

2. 城市物流与其他物流的区别

1）城市物流与企业物流

现代社会城市化的推进过程其实也可以看作城市物流产业升级换代的过程。城市人口越多、规模越大，对于物流体系的供给与服务保障要求程度就越高。城市物流体系中供应链的效率往往直接影响城市产业化的效率，因此，在市场竞争日趋激烈的背景下，城市物流供应链也可以说是城市经济社会系统运行的一条生命线。城市物流是企业物流的一种转化、升级、时空聚集，城市物流不仅包括生产领域、流通领域，而且还包括消费领域，它涉及社会再生产的全过程的每个环节，其规模或流量要比企业物流大得多。这是因为城市物流不仅仅是针对某个企业，而且是为整个城市服务，追求城市总体运行效率、效益最大化，这其中不单单是经济上的问题，还与城市的总体发展目标、城市环境和城市交通等社会问题紧密相关。主要表现在以下几个方面。

（1）在资源配置方面

对企业的物流而言，企业所能配置的资源仅限于企业内部资源，在此范围内，企业所能做的优化配置是有限的。而对于城市物流而言，需要配置的资源包括全社会的加工、包装、仓储、运输资源，不单单是运输工具、运输路线。在信息高速发展的时代，信息资源以及社会其他服务行业，如公安、消防、医疗行业的优化配置更能使城市物流充分发挥物流系统的效率。

（2）在物流要素综合集成程度方面

对企业而言，其物流系统只能在现有的道路、城市用地规划及其客户的分布基础上，进行物流系统的设计，且运输方式、运营模式也比较单一。相比之下，城市物流系统将在综合考虑多种运输方式、调整城市用地规划、调整城市路网规划的基础上，使物流资源得到最大限度的集成和最优的配置，因此，城市物流体系的综合性较其他的物流更强。

2）城市综合物流与行业物流

城市综合物流与行业物流相比，最主要的一个区别是追求的目标不同。行业物流如商业物流追求的是本行业的效益最大化，在此过程中，不可避免地要牺牲其他行业的利益或者社会利益，不考虑对环境、交通等造成的影响；城市综合物流追求的目标是整个城市社会成本的最小化，包括环境、交通等因素。另一个区别是研究的对象不同：城市物流研究的对象是城市内的所有物流活动，行业物流是针对本行业货物种类本身的特点，确定其配送、加工模式等物流活动。

3）城市物流、国际物流与区域物流

城市物流与国际物流、区域物流相比，最大的区别是研究的内容不同。国际物流、区域物流的重点在于如何组织货物在大范围区域内的流动，通过不同交通运输方式的联运使得物流活动经济、快捷，主要考虑的是干线运输组织；而城市物流的重点是研究如何保障整个城市的物流活动满足人们生活、生产的需要，考虑的是货物在城市内的流动以及与城市外界的交换，以城市物流配送为主，构造现代化的城市供应链。因此，城市物流的综合性以及网络化、体系化程度较其他的物流更强，对运行效率及服务质量要求往往也更高。

3. 城市物流的特点

1）城市物流的数量规模及网点分布密度大

（1）城市物流的数量规模与城市人口、经济总量、商贸市场活跃度等指标密切相关

城市人口规模越大，经济发展水平越高，商贸市场活跃度越高，因此产生的物流需求量也越大。2019 年 1 月出台的《国家物流枢纽布局和建设规划》中确定了 127 个承载城市，规划建设 212 个国家物流枢纽，包括 41 个陆港型、30 个港口型、23 个空港型、47 个生产服务型、55 个商贸服务型和 16 个陆上边境口岸型国家物流枢纽。我国物流行业提出的“城市物流竞争力”是指城市物流体系吸引周边生产要素聚集和带动城市经济发展的能力。城市物流竞争力主要从城市物流吸引力和城市物流辐射力两个维度进行评价。权威研究机构以全国 302 个城市为评价样本，按照吸引力和辐射力相对能力大小，将我国物流城市类型划分为枢纽型城市、消费型城市、口岸型城市和一般型城市等四种，其中消费型城市的物流吸引力强于辐射力，口岸型城市的物流辐射力强于吸引力。评价结果表明，上海、北京、重庆、天津四大直辖市均位列二十五强。江苏、浙江、广东、山东等省份的物流市场比较发达，且物流枢纽城市分布比较均衡；其中，江苏省拥有全国最多的物流竞争力二十五强城市和百强城市。

（2）城市物流密度大

物流密度是指单位面积内所拥有的物流业务、物流设施、物流设备及物流组织的数量。人口多、产业集聚是城市的主要特点，因此与其他物流相比，城市物流密度大，特别是大城市，其物流密度更大。物流密度越大要求城市物流组织和管理更科学、更系统、更严密，组

织与管理的难度就越大。城市物流涉及领域多、流量大、流向多变，充分体现了小批量、多品种、高频率、近距离和“门到门”的服务特征。近年来，随着我国大城市人口规模快速增长，垃圾废物处理量不断急剧增加，如何科学合理地解决逆向物流问题业已成为城市经济社会发展过程中政府和社会公众关注的一个焦点。这些特征决定了城市物流的运输方式主要为公路运输，部分涉及管道运输和内河运输。

2）城市物流的制约因素多

① 与企业物流、乡村物流相比，城市物流受到地域限制和城市属性的影响。城市空间内高密度分布着各种行政管理机构、商业旅游设施、文化体育设施、教育医疗设施、工厂、居民住宅等建筑物及其生产和生活设施，这些都会影响和制约物流网点的布局和路网的选择。② 城市公共事务管理体制的条块分割分治模式往往也是制约和影响城市物流体系布局规划和建设的政策、制度因素，比如我国城市规划、交通运输规划、物流规划分别由不同政府部门牵头负责，物流体系规划建设与城市公共设施、交通运输体系的统筹协调难度较大。③ 随着城市物流对环境保护重视程度的不断提高，环保措施日益严格，对城市物流设施建设和运营都会产生一定的制约作用。④ 由于我国物流体系发展的滞后性，即城市建设一般要先于城市物流的建设，进一步加剧了城市物流的复杂性。

3）城市物流以城市配送为主

从理论上讲，城市物流包括城市输入物流、城市输出物流和城市内部物流。城市输入物流是指由城市外部进入城市的物流，城市输出物流是指以城市内部为出发点向城市外部流出的物流。显然，城市输入物流与城市输出物流的主要形式是车站物流、港口物流、机场物流及其他物流网点物流。而城市内部物流是指发生在城市内部的各物流网点之间、物流网点与用户之间，以及用户与用户之间的同城物流。城市内部物流是城市运行的服务保障系统，城市物流配送若为小批量、频繁运送，则将增加运输成本。为了降低运输成本，城市物流要求集装运送。城市内的不同行业、供应链的不同环节、不同的销售渠道，应进行统一调度、运输、信息处理、组织和管理，以实现城市物流整体最优，这是现代物流的根本要求。

4）城市物流以城市道路系统以及货运场站枢纽等交通基础设施为基础

城市物流受城市地理区域限制的特点使城市物流服务的开展和实施过程与经济生活中的交通运输具有相同的目的和类似的功能，在很大程度上使用和依托交通运输的设施、装备、技术和服务市场。因此，城市物流的开展很大程度上以城市道路系统以及货运场站枢纽等交通基础设施为基础，并且这些场站枢纽往往兼有地区或区域物流中心的功能。

5）城市物流与企业物流关系密切

广义的物流产业由作为客户方的广大工商企业或其他用户与作为供应商的从事物资仓储、运输、供销的物流企业共同组成。其中主要从事货运的企业也被称为“第三方物流”。城市物流产业与企业的物流需求是一对供需之间的客户关系，相互依存。一方面，城市物流与企业物流客观上存在着密切的集散关系。企业输出的产成品必须通过城市物流才能汇集并输出，而外部物流也只有通过城市这个节点再分配，才能到达各个企业。广大用户及企业是城市物流系统存在的条件，城市物流系统是连接企业与外部的纽带，是企业通向外界的通道，是促进企业发展和城市经济快速发展的有效手段。另一方面，企业本身存在于城市中，城市物流和企业物流功能存在着交互，城市中企业的存储，既可以看作城市的存储，也可看作企业的存储。

6）城市物流为城市经济可持续发展服务

先进、高效的供应链是现代城市经济社会发展的重要基础保障条件。城市物流系统运行过程中也同样要着重解决交通拥堵、环境恶化、能源高消耗等公路物流外部成本高的问题，以保证为城市提供经济、高效、可靠的物流服务。上述这些问题是城市经济可持续发展的潜在威胁，而城市物流通过合理的规划和组织，可避免重复、倒流、迂回、单程运输等不合理运输，提高车辆的利用率，减少汽车在城市里的运行时间和数量，优化配送方案，尽量减少出行高峰期对城市客运交通的影响，积极发展绿色载运工具，既可实现城市商品流通的通畅，又可减少环境污染和能源浪费，从而在货畅其流的同时保护环境、节约资源。

5.1.3 物流经济学的基本内容

物流经济学以对宏观经济学、产业经济学和中国宏观物流问题的关注为基础，以深度分析宏观物流发展趋势及物流产业发展政策为特色，致力于探索和建立经济发展中的物流理论体系，研究物流产业发展政策及其同国家宏观经济政策的关系，对物流业发展提出决策建议；同时又以微观经济学、技术经济学等为基础，关注微观物流活动的经济问题，为企业微观物流活动的科学化、合理化、最优化提供理论指导，物流经济学的主要研究内容如下。

1. 物流市场的需求与供给

物流需求分析的目的在于为社会物流活动提供物流能力供给，不断满足物流需求，以保证供给与需求之间的相对平衡，使社会物流活动保持较高的效率与效益。在一定时期内，当物流能力供给不能满足这种需求时，将对需求产生抑制作用；当物流能力供给超过这种需求时，将不可避免地造成物流供给的浪费。从物流的发展规律来看，现代物流服务的需求包括“量”和“质”两个方面，即从物流规模和物流服务质量中综合反映出物流的总体需求。物流规模是物流活动中运输、储存、包装、装卸搬运和流通加工等物流作业量的总和。物流服务质量是物流服务效果的综合反映，可以用物流时间、物流需求费用、物流效率来衡量，其变化突出表现在减少物流时间、降低物流成本、提高物流效率等方面。在当前我国经济发展水平仍然落后的情况下，要使物流需求与供给相适应，除设法提高物流服务的供给总量及质量外，还应引入物流资源合理化配置以及运营的高效化、低成本化的理念，加强物流需求管理。要加快建设重要的物流基础设施，使物流的合理化组织具有功能强大的物流中心等设施作为依托。

2. 物流的时空价值分析

物流可以创造出时间价值和空间价值，包括物流加工作业中所创造的加工附加值。物流不是“物”和“流”的简单统一，是生产、分配、交换、消费的物质运动过程时间和空间的统一。商品在不同时间不同地点具有不同价格，因此时间差别和场所区别给物流带来了“时间价值”和“场所价值”；物流过程中不同场所，根据专业化分工和场所优势所从事的补充性的加工作业也会形成劳动对象的附加值。另外，物流的加速一定会节约商品在流通领域里的时间，这不仅会节约流通费用，也会加快资金周转，带来经济效益。现代科学技术在物流领域里的应用，大大加快了物流的速度，使现代物流创造出了前所未有的时间价值。物流不仅存在时间特征，而且具有向高价值区流动的趋势。在竞争的市场经济中，商品总是向价值高的场所流动。无论是从集中生产场所流向分散的需求场所，还是从分散生产场所流向集中需求场所的物流，追求空间价值是区域物流、国际物流发展的主要因素之一，也是物流产业链不断延伸的根本所在。

3. 物流资源的优化配置

物流资源的优化配置是物流经济学研究的核心内容，物流经济学的主要任务是运用相关理论与方法，研究货物运输、库存、仓储、配送等环节的经济问题，以指导物流企业缩短流通时间、减少物品库存、降低资金积压、节约运输费用、降低物流各环节的运行成本，实现物流综合成本的最小化，节约社会资源，提高社会经济效益。从物流交易费用和物流时空价值论分析，就不难看出流通领域蕴藏着提高经济效益的无穷潜力和丰厚的利润源，发展前景十分可观，这也正是当今世界范围内物流蓬勃发展的根本原因。

4. 城市物流模式的经济性

随着城市经济的快速发展，物流需求规模的不断增长，城市物流问题目前主要集中在第三方物流健康有序发展，努力实现共同配送，优化配送资源配置，降低物流运输成本，实现供需均衡等方面。第三方物流的经济性，主要反映在规模经济性、价值创新性和外部经济性。规模经济性是其基本特征，价值创新性是其功能特性，而外部经济性则是其社会效益的表现。全面理解第三方物流的经济性，有利于企业进行科学的物流决策，有利于政府制定有效的物流发展战略。从第三方物流的发展可以看出，第三方物流的经济性潜力大、增长率高。生产经营企业只要及时做出正确的决策，就能尽早获得收益。欧美、日本等发达国家采用第三方物流较早，已经获得了很大的收益。在欧洲，约 50%的企业实现了采用外部物流资源和服务的模式，大大降低了企业在物流方面的投入，使企业固定成本趋于最小化，增强了企业的核心竞争力。

第三方物流的经济性是一个整体的经营发展观念，并不是说对每个企业都是经济适用的，在实际运作中，对于选择第一方、第二方物流或是第三方物流取决于企业的决策标准和自身的物流能力。第一，从竞争战略的角度看，最重要的决策标准是对渠道的控制力要求。一些知名品牌，如国外知名的耐克、沃尔玛、戴尔和麦当劳以及中国的海尔、美的等企业，它们具有极强的渠道控制能力，企业内部物流管理体系先进，物流整合能力较强，物流能力已成为企业核心竞争力的一部分，往往倾向于选择自营物流。第二，从企业竞争战术的角度来考虑，最重要的决策变量有两个：一是看能否提高企业运营效率，二是看能否降低企业运营成本。因而选择第三方物流的前提是看它能否达到企业要求的服务标准。第三，看物流在企业供应链中的位置及产品自身的物流特点。一般来说，主机厂或最终产品制造商对渠道或供应链过程的控制力比较强，往往倾向于选择自营物流。而大宗工业品原料的回运或鲜活产品的分销、全球市场的分销等宜采用第三方物流。

随着我国城市规模的不断扩大，产业集聚度提高，城市经济社会快速发展对物流仓储、配送体系的供给能力和服务水平提出了更高的要求，城市物流发展由此产生了诸多经济问题，如建设与投资规模、融资渠道、生产组织管理、经营模式、运行成本、定价机制等。目前相关理论研究总体上滞后于物流业的发展步伐，亟待学术界通过加强理论与实践相结合，加强技术创新，为城市物流可持续发展提供决策依据。

现代企业生产社会化的发展趋势要求社会化的大物流与之相适应，同时为社会化的大物流创造条件。社会化的大物流已拓展到包装、配货、加工、配送、信息处理等多项增值服务，从而涉及生产、流通和消费全过程。应当承认，精细分工在提高生产效率方面所体现出的巨大优势。然而，在这种分工体系下，每个组织或职能部门只是完整流程的一部分，表面上看这种分工在各业务单元中是合理而高效的，但事实上一个原本完整的业务流程却被若干职能部门分割得支离破碎，高额的物流成本使得企业的生产与流通存在着巨大的浪费。这些问题的存在迫使人们在社会化大生产的总体框架下，重新考虑物流模式的经济问题，研究物流价值链的优化与再造。

5. 物流业态的演变

物流经济学主要从供求因素变化出发，结合物流发展的外部环境演变和物流业内生增长机理，来研究物流产业的业态变化，目的是为企业选择适合的物流业态提供理论依据，提高物流产业的运作效率。需求的增长和变动是物流业态变动的最主要因素。影响物流业态需求的一个重要因素是顾客的特征、购买频率、购买习惯、消费偏好。影响物流业态的另一个重要因素——供给因素，主要是产品的技术性和复杂性、公司的特性等。从供给因素的变化看，科技新成果物化为一代又一代新产品，加快了产品结构更新转化的步伐，各种新产品层出不穷，新科技革命推动着经济的发展和市场经济的繁荣，同时也更新着人们的消费观念和偏好，由此导致市场与消费结构以前所未有的速度、节奏和周期变动，并带动了物流业态的变革。流通领域中的这种变化虽然可以用生产理论中的规模经济给予解释，但更多的是从人们需求的变化中寻找到物流业态变化的印记。

6. 物流信息的经济性

现代物流最具鲜明特点的是高新科技在物流中的应用。以电子技术、信息技术为核心的新技术改造着传统物流设施、经营手段和经营方式；计算机和网络进入物流管理，实现了实时管理，使产、供、销三方信息反馈的时间差、地区差缩小到最低限度，最大限度地实现了物流的时空价值。电子导购、大型屏幕广告、价格显示器、网络购物等各种新的推销和购物形式的出现，最大限度地节约了寻找费用、获取信息和交易费用，使传统的以百货商店现金销售和消费为主的形式发生了革命性的变化。实践证明，电子信息技术是现代物流生存的基础，在未来“互联网+产业经济”飞速发展的年代，谁能在物流管理中有效地使用信息技术生成、分析处理信息，谁就能在物流竞争中获得巨大的成功。在近二十年来不断加快的城市化进程中，借助现代信息技术，我国城市物流显示出了巨大的后发优势，目前正在从“智能物流”向“智慧物流”迈进，城市物流将成为城市新兴经济的重要支柱产业之一。

7. 物流体制与政策问题

物流产业的发展不仅仅要有充分的市场需求基础、活跃的市场主体以及完善的物流设施，更为重要的是要有适应物流产业发展的体制环境、政策环境，以保证市场机制能够充分发挥作用并使各种物流活动规范有序地进行，促进物流产业健康有序发展。物流产业具有高度的产业综合性、复合性，决定了物流体制、物流政策研究工作必然顾及和协调各个产业领域的不同特点与要求。

物流经济学对物流体制、物流政策的研究，就是要以物流技术、物流管理、物流服务、物流信息等物流活动所包含的理论要素、内容以及相互之间的联系为重点展开，在物流立法、市场准入、合理税收、土地利用、交通管制、鼓励第三方物流企业发展等各个层面上，研究如何完善物流体制和如何制定各类配套政策，使物流经济学的学术研究与政策研究更加契合。

5.2 城市物流需求

5.2.1 城市物流需求分类

城市物流是与城市自身生产、生活和基本建设有关的运输物流。据国内一些大城市的调查资料显示，市内货运量中煤、石油燃料占比为10%～15%，钢铁、机电、五金占比为5%～10%，油粮、副食品和日常生活用品占比为8%～15%，基本建筑用的材料如水泥、沙石等占比为35%～45%，其余为纺织、化工和垃圾等。根据当前大城市主要物流的构成，可以将城市物流需求分为以下几类。

1. 粮油、蔬菜及日用必需品物流需求

粮食、蔬菜和日用必需品是城市内居民生活的基本保障。由于城市土地利用的性质，决定了城市内无法种植农作物，那么城市内居民生活所需的粮食、油料都要从农村地区输入。日用必需品等需要从郊区工厂或者外地输送到本城市内。

2. 基本建筑材料物流需求

城市基本建筑材料包括水泥、沙石等，一般运输量都比较大。随着城市经济的发展，必然伴随着对城市人居环境进行改造，对城市系统内各物质设施进行建设，城市建设的内容包括城市系统内各个物质设施的实物形态。城市的建设需要各种建筑材料，那么便产生了对城市建筑材料以及建筑垃圾等的城市物流需求。城市物流需求在城市各个阶段有所不同，在城市发展时期，以城市基础设施建设为主，由城市建设引起的城市物流需求比较大；在城市成熟时期，以旧城改造和原有基础设施的维护为主，城市物流需求较小。

3. 能源型物流需求

在目前大城市市内货运量调查中，能源运输占比为10%～15%。城市居民日常生活离不开能源，例如，汽车加油、城市供暖所需煤炭的供应等。

4. 原材料物流需求

城市郊区或者开发区企业进行生产所需的原材料的运输，都要占用城市内道路。

5. 一般消费品物流需求

一般消费品不同于日用必需品，这类物品不是必须在短时间内一定要持有的，与已经有的类似的商品具有很强的替代效应，例如，服装、家电等一般生活消费品。

6. 一般服务型物流需求

城市内居民需求的多样性，表现在如快递公司、搬家公司、生鲜配送、定制送餐等相关物流需求的产生，一般服务型物流是居民日常生活的重要组成部分。

5.2.2 城市物流需求的特征

城市物流作为一种特殊的物流形式，是围绕城市生产生活需求所发生的物流活动，主要体现为运输物流，除了具有一般物流的派生性、多样性、层次性、空间性、集聚性、动态性、网络性及不平衡性等共性需求特征，还呈现出城市物流需求的繁杂性、多样性，空间的特定性，时间的特定性，城市物流需求层次多、节点多和分布广，以城市综合运输体系为依托，以配送服务为主要运输方式的需求特征。城市物流的主要需求特征如下。

1. 城市物流需求的繁杂性

城市是人们生产和消费高度集中的空间载体，城市物流涉及整个城市的政治活动、经济活动以及居民的生活、消费、休闲娱乐等习惯，这些都为城市物流的组织工作带来了繁杂性。城市物流的客体不断呈现小批量、多样化的趋势，进一步加剧了城市物流的繁杂性。除此之外，城市性质的差异也为不同城市物流带来了不同的特征，尽管不同城市的物流存在一定的共性，但往往都具有各自鲜明的特征。

2. 城市物流需求的多样性

运输物流供给者面对的是种类繁多的货物，所运输的货物在形状、性质、重量、容积、包装上各不相同，因此会对运输条件提出不同的要求，同时，也要在运输过程中采取不同的技术措施，选择不同的运输线路与运输方式，如鲜活货物需要用冷藏车快速运输。对于附加值较高的贵重货物运输需求来说，一般要求服务质量高、安全、快捷，同时对时间与运输速度的要求比较高。由于货运需求的层次不同，对货运服务的质量提出了不同的要求，所以会呈现出需求的多样性。货运需求的概念比较宽泛，不仅仅是数量与规模的概念，同时还有需求质量的要求，快速、安全、方便等是货运需求质量的具体表现。运输物流服务者必须适应货运质量方面多层次的要求，如城市快递业的快速发展。

3. 城市物流需求的空间特定性

从运输物流需求对空间位移的要求来看，这种位移则带有方向性，且是货运需求者在两地之间的位移，即货运需求具有空间特性。运输物流需求的这一特点构成了运输物流需求的两个要素，即流程与流向。流程即运输距离，指货物发生的空间位移的起始地至到达地之间的距离。流向指货物发生空间位移时的空间走向，表明运输物流需求产生的起讫地，即货流的产生地和消费地。而城市物流的服务对象是城市内部的机关部门、企业以及市民，供给者主要以物流配送的方式，依托城市交通体系，完成货物在城市内部空间的去向消费需求的位移。

4. 城市物流需求的时间特定性

货物运输需求在发生的时间上具有一定的规律性，如农作物、蔬菜和瓜果收获的季节就造成货物运输处于繁忙时期，从而反映了城市物流需求的时间特定性。城市物流需求在时间上的不平衡引起货运生产在时间上的不均衡。时间特定性的另一层含义是对货运速度的要求。物流需求发展的趋势必然是要求更高的时效性，即购买货物的消费者对货运服务的起运和到达时间有各自特定的要求，例如，鲜活货物、鲜花等对时间的要求就特别高。从运输物流需求看，由于商品市场千变万化，货主对起止的时间要求各不相同，各种货物对运输速度的要求相差很大。城市物流需求的时间特定性引出货运需求的两个要素，即货运需求的运送时间和送达速度。运送时间是指货物运输需求对空间位移起止时间的要求；送达速度是指货物运输的消费者对货物实现位移全过程中运输速度的要求。运输速度和运输费用是成正比的，运输消费者必须在配送速度和运输费用之间进行权衡，以尽量少的费用和尽可能快的速度实现货物必要的空间位移。

5. 城市物流需求层次多、节点多、分布广

城市物流除了存在大量的货物运输，每个工厂、配送中心，货运场站、各类市场、商业网点、机关、学校甚至广大家庭都形成了物流的节点。最终用户所形成的末端节点在城市内分布数量多、范围广。末端节点越多，所需的中转节点就越多。城市的物流基地、物流中心、物流园区、配送中心的规划就成为城市物流规划的重点。物流节点及节点之间联系所承载的线路共同构成了城市的物流网络，它体现了物流在城市空间的覆盖程度，同时其合理化程度也决定了城市物流的合理化程度。

6. 城市物流运输需要以城市道路运输为主的综合运输体系为依托

城市物流运输是城市交通运输的重要组成之一。与客运相同，物流运输同样具有流向、流量、流程、流时四个特点。其运输组织必须依托城市交通基础设施等硬件条件，并遵循城市交通管理政策法规。由于城市物流受到城市地理区域的限制，从而决定了该系统服务的主要对象是城市内部的各个需求主体，以城市交通系统为运输载体。随着城市经济社会的迅速发展，现代物流迅猛发展，对货物运输提出了新的要求，呈现个性化、多元化、快速化的需求特征，出现了中铁快运、航空物流等多种运输方式，逐渐形成了以城市道路运输为主的综合运输体系，提供短途运输为主的城市运输物流服务。

7. 城市物流以配送为主要运作方式

由于城市范围一般处于汽车运输的经济里程，城市配送可直接将物资送达最终用户，所以城市配送往往和商品经营相结合。由于运距短、响应能力强等特点，从事多品种、小批量、多批次、多用户的配送服务优势明显，这使得城市配送成为城市物流的主要运作方式。

5.2.3 城市物流需求影响因素

1. 经济影响因素分析

1）城市经济发展规模对物流需求的影响

随着物流业的发展，在社会物流总成本占 GDP 的比例逐年下降的情况下，社会物流总成本随国民经济增长而增长，但其增幅滞后于国民经济的增幅。国民经济发展规模与综合货运量一般而言是呈正相关的，即随着国民经济的发展，物流需求规模呈增长态势。但是，经济总量对物流需求的影响程度在不断弱化，而随着城市产业结构的不断优化，经济结构的变化对物流需求量的影响在增强，而这种影响是抑制性的。

2）城市经济产业结构对物流需求的影响

影响一个城市物流需求规模和结构发生变化的根本原因是城市经济产业结构和布局的调整。一个城市的经济产业结构在不同的历史发展时期是不同的，它随着城市工业化发展的不同阶段而不断变化。特别是到了工业化中、后期，随着信息产业的产生和发展，尤其是中心城市，原来的加工业逐步迁往郊区，城市对外及内部交流的有形货物不断减少，而无形货物日渐增加，其结果是此消彼长，同时由于城市信息功能和管理功能的不断发展，综合导致城市物流总量呈明显的下降趋势。

不同地区的城市其产业结构也是不同的。例如我国东部、中部、西部地区的城市，其产业结构就存在较大差异东部地区城市经济发展已经进入工业化后期阶段，产业结构基本形成“三二一”结构，城市的经济功能已经进入升级转换阶段，城市的物流量在下降，而信息量在上升；中部地区城市正处于工业化阶段，产业结构基本是“二三一”结构，城市经济功能正处于扩展阶段，城市的物流量和信息量都在增加，但物流量可能要大于信息量；西部许多地区的经济结构还是“一二三”的结构，城市经济功能还处于集聚发展阶段，城市的物流量发展较快，信息量发展相对滞后。

3）城市对外贸易对物流需求的影响

对于全国性的港口城市或以外向型经济为主的大城市而言，依托水运港口码头或大型国际化航空港的外贸物流在整个城市物流规模或产值中往往占有很大的比重，如上海、广州、天津、大连、青岛、武汉等城市依托江河、海港型的外贸物流，以及北京等大城市依托航空港型的外贸物流等。同时，外贸物流对现代物流服务提出了较高的要求，因此在分析此类城市的物流需求时应充分考虑外贸物流，以更好地满足对外经济交流的需要。

4）城市居民消费水平对物流需求的影响

随着城市经济的发展、城市化水平的提高，城市居民的人均可支配收入也日渐增加，城市居民购买能力也相应增强，多样化、个性化的生活需求逐步显现，为了适应这种要求，具有小批量、多品种、高频率服务的城市物流配送无疑是居民生活的首选。城市物流需求特别是作为物流需求重要组成部分的城市物流配送量也将随着城市居民消费水平的提高而“水涨船高”。

5）城市商贸流通对物流需求的影响

城市社会消费品零售总额这项经济指标能很好地说明一个城市商贸流通的活跃程度，也能从一个侧面较好地反映城市物流需求的规模，对于配送中心、物流中心等物流节点的规划有着十分重要的意义。因此，通过分析目标城市历年社会消费品零售总额及其构成，可以反映出消费市场物流需求的规模、构成及其变化趋势。

2. 非经济影响因素分析

1）交通运输对物流需求的影响

物流作为现代社会经济活动的重要组成部分，在其发展和运行过程中，与交通运输有着密不可分的内在联系。① 交通运输是现代物流的主要组成部分，是物流的核心环节，不论是企业的输入物流还是输出物流，或者流通企业的销售物流，都有赖于交通运输实现商品的空间转移；② 交通运输还影响着物流的其他功能要素，如包装的选择就要考虑各种交通运输方式的衔接，交通运输方式的选择影响装卸搬运工具及技术方法的选择、交通运输条件影响仓储量的确定等。③ 现代化的交通运输体系是实现物流管理现代化的基础，为了适应现代物流的需要，在满足流通需求的同时，追求将服务全过程系统总成本降至最低水平，而流通过程本身则有赖于完善的交通运输体系。

2）城市交通运输系统对城市物流需求的影响

城市物流与城市交通运输系统是息息相关的，城市物流离不开城市交通运输系统，城市交通运输系统是城市物流流动的唯一载体，城市交通运输系统的合理性和畅通性是衡量城市物流合理与否的重要标志之一，同时也是保证城市物流需求得到充分实现的前提。但近年来我国城市道路建设投资，主要用于快速路与主干路的兴建和改造，没有从城市道路网络的整体规划出发，导致的后果首先是各类车辆都集中在主干路和快速路上，必然造成干线道路的拥挤、堵塞；其次是有的主干路当支路使用，道路功能混乱，整体效率严重低下。因此，城市综合交通投资建设及布局规划是否合理，将影响城市交通运输的正常运行，进而影响城市物流需求。

3）城市区位对城市物流需求的影响

我国幅员辽阔，地区经济发展不均衡，城市物流需求也由于城市所属区位的不同而存在明显的差异。这种差异主要表现在物流需求的规模和结构上。总体而言，我国东南沿海地区的城市物流需求规模比中西部地区大，需求相对旺盛，增速更为明显；城市物流需求结构也因能源、矿产资源、产业结构等因素的差异而有所不同。

4）信息产业发展对物流需求的影响

随着信息产业的快速发展，新的信息产业逐步取代和改造传统产业，并预示着现有的以物质资源高消耗为基础的传统工业经济的衰落。目前，我国经济发展尚处于工业化阶段，信息化同样冲击着我国的经济。作为服务业的物流产业，面对经济形态的变化，产业结构的升级也在不断地调整和发展。信息化的发展对于物流需求产生了重要的影响：信息化降低了运输需求量；信息流对货流和库存的替代影响。

5）科技创新因素对物流需求的影响

以科技创新带动的技术进步能够使物流需求量增加或使潜在的物流需求得到释放，而技术落后则会抑制物流需求。例如，在发达国家，集装箱运输技术的使用大大地推动了集装箱多式联运的发展，其快速、安全、低成本优势很快吸引了诸多客户的物流需求。又如，随着现代通信和信息技术的发展，在货运及物流领域引入智能化生产和管理技术，加快了订货需求的传输速度、生产进度、装运进度以及海关清关速度等，使国际物流作业周期大为缩短，提高了国际物流作业的准确性，大大刺激了全球范围的物流需求增长。如射频识别 RFID，即电子标签技术，可通过无线电信号识别特定货物并读写相关数据，应用于动态物流跟踪，提高物流各环节流速，降低物流成本，据估计通过采用 RFID，沃尔玛每年可以节省 83.5 亿美元物流成本。

6）物流产业政策对物流需求的影响

在城市物流发展过程中，政府扮演着不可或缺的角色。政府主要从资金投入，制定合理的产业政策和运输政策方面对物流业的发展起引导、推动、调控作用。在城市物流的发展前期，往往是政府的推进与支持作为起始点的推动力，它有利于城市物流有较高的发展起点，在较短的时间内完成社会资源的前期整合，在较长的时期保持城市物流良好的运行轨迹。在城市物流进入良性发展轨道之后，良好的政策环境仍然必不可少，并转向以宏观调控为主。所以城市物流的发展除了需要有相应的内在条件，还需要相对完善的政策环境作为支撑。在我国，由于物流产业发展时间尚短，物流政策还不够完善，在一定程度上制约了物流产业的发展。因此，近年来我国出台了多项物流政策，各地政府也相继出台了许多鼓励物流产业发展的政策。

5.2.4　城市物流需求弹性分析

需求的价格弹性也称需求弹性，是指价格变动的比率引起需求量变动的比率，弹性系数是需求量变动的比率与价格变动的比率的比值。一般情况下，城市物流需求弹性是指城市物流需求的价格弹性。城市物流需求的价格弹性往往与单位货物价值相关，单位货物价值小的货物其价格弹性较大；单位货物价值大的货物其价格弹性较小。城市物流需求的价格弹性往往还与所运货物的季节性与市场状况等相关。例如，当某种货物急于上市销售或者不易保存时，为了避免损失，那么其价格弹性较小。货主会选择运价高、速度快的运输方式，而不会选择运价低、速度慢的运输方式。城市物流需求与资源分布及工业布局有很大关系，决定了相当部分的货运量，这些货运量一旦形成，其物流需求的价格弹性就会较小。根据城市物流需求弹性的弹性系数大小，可以把城市物流需求的价格弹性分为以下五类。

1）需求完全无弹性，即 $E_d = 0$

需求价格弹性为 0 表示无论价格如何变动，需求量都不会变动。这时需求曲线为一条与横轴垂直的线，如图 5-1 所示的 D_1。

2）需求有无限弹性，即 $E_d \to \infty$

需求价格弹性为无穷表示当价格既定时，需求量是无限大的。这时需求曲线是一条与横轴平行的直线，如图 5-1 所示的 D_2。

3）单位需求弹性，即 $E_d = 1$

在这种情况下，需求量变动的比率与价格变动的比率相等。这时的需求曲线是一条正双曲线，如图 5-1 所示的 D_3。

4）需求缺乏弹性，即 $0 < E_d < 1$

在这种情况下，需求量变动的比率小于价格变动的比率。这时的需求曲线是一条比较陡峭的线，如图 5-1 所示的 D_4。

5）需求富有弹性，即 $E_d > 1$

在这种情况下，需求量变动的比率大于价格变动的比率，这时需求曲线是一条比较平坦的曲线，如图 5-1 所示的 D_5。

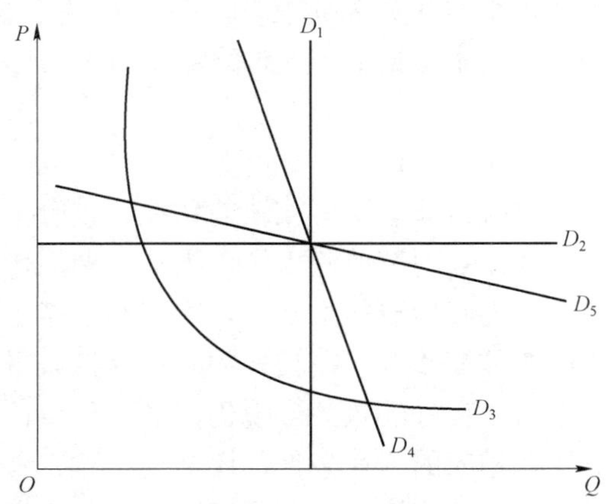

图 5-1　物流需求价格弹性的分类

由于城市物流不同于一般货运，有其特性，因此城市物流需求弹性必然也有其特殊性。根据 5.2.1 节，城市物流需求分为：粮油、蔬菜及日用必需品物流需求、基本建筑材料物流需求、能源型物流需求、原材料物流需求、一般消费品物流需求、一般服务型物流需求。

① 粮油、蔬菜及日用必需品物流需求是城市居民生活所必需的，离开这些必需品，人类

将难以生存，城市也无法存在。所以粮油、蔬菜及日用必需品物流需求弹性很小，此时需求曲线是一条非常陡峭的线。

② 基本建筑材料物流需求是指城市建设的快速发展导致基本建筑材料运输在城市物流需求中占很大比重，并且城市基础设施、公共设施等工程建设一般都是政府主导的，例如，物流旧城改造、行政办公楼堂馆所、市政道路、地铁、交通场站枢纽等设施建设等，这些基本建设所需的建筑材料物流需求弹性较小，物流需求曲线也是一条陡峭的线，但是相对于粮油、蔬菜及日用必需品的物流需求曲线较为平坦。

③ 能源型物流需求一般以煤炭、石油、天然气等为运输对象。一般运输量大，运输方式以公路与管道运输为主。能源与城市的经济发展密切相关，能源是一个城市得以维持的必要保障，所以能源型物流需求弹性也较小，是一条比较陡峭的线，同样，相对于粮油、蔬菜及日用必需品的物流需求曲线较为平坦。

④ 原材料物流需求主要由市场状况以及该企业的经营状况决定，如果企业的经营状况好，市场需求充足，那么物流需求弹性会较小；如果企业经营状况不好，市场竞争激烈，那么物流需求弹性会较大。运价的上涨将造成货运量的大幅度下降。但是相对于以上三种物流需求弹性，原材料物流需求是富有弹性的。

⑤ 一般消费品物流需求主要由市场供给状况决定。城市是人口高度集聚的地方，一般消费品的供给具有多样性和供给充足的特性。由于一般消费品不是人们所必需的，所以很容易找到相应的替代品。一般消费品物流需求是富有弹性的，并且弹性系数大于1，物流需求量变动的比率大于价格变动的比率，需求曲线是一条比较平坦的线。

⑥ 一般服务型物流需求是城市居民日常生活的重要组成部分。一般而言，服务型物流需求弹性较小，物流需求是一条比较陡峭的线。

5.3 城市物流供给方式

5.3.1 城市物流供给结构

1. 物流节点

一个完善的物流网络，需要由物流节点来联结各种不同的物流线路。物流节点在网络中的作用各不相同，有的影响到整个物流网络，有的只是在局部网络范围起作用。完整的物流系统一般有三个层次的物流节点，即物流园区、物流中心和配送中心，除了这三个层次的物流节点，货运场站、各类市场、商业网点、机关、学校甚至家庭也是城市物流的节点。

1）物流园区

物流园区是综合性、大规模的节点，在物流园区之间进行快速、直达、大量干线运输，尤其是多式联运的干线运输。物流园区是由多个物流组织及设施和不同专业性的物流企业构成的，一般除了具有仓储、运输、加工等功能，还具有与之配套的信息、咨询、维修、综合服务等功能。物流园区将众多物流企业集聚在一起，实行专业和规模化经营，共享相关设施，降低物流成本，提高了物流效益。

2）物流中心

物流中心是某一专业范畴的综合性大型物流节点，可以与干线运输相衔接，也可以从物流园区转运。物流中心是从事大规模多功能物流活动的场所，主要面向社会提供物流服务，物流业务统一经营、管理，具有完善的信息网络，很强的存储、吞吐货物能力，辐射范围广。物流中心具有将分散的、小批量的货物集中起来，集中处理的功能；对物流货物暂存功能；按照客户的需求和运输配载需要进行分拣的功能；根据客户的需求，将货物进行简单加工及散货包装的功能；根据客户的要求将货物按时按量配送到客户手中的功能；具有商品展示和贸易功能；物流中心作为多种物流功能齐聚的场所，还具有传递和收集处理物流信息的功能。

3）配送中心

配送中心是面向最终用户末端运输的专业清晰、规模适应于需求的专业性物流节点，是从事集货、加工、分货、拣选、配货和组织对用户送货等工作，实现销售或供应的现代物流设施。配送中心从供应者手中接收多种大量的货物，进行倒装、分类、流通加工和信息处理等作业，然后按照众多需要者的订货要求备齐货物，以令人满意的服务水平进行配送。配送中心的目的是降低运输成本、减少销售机会损失，它是以物流配送为核心的经济组织。同时，配送中心可以按照生产企业的要求，组织货物定时、定点、定量地送抵用户，也可以把配送活动和销售供应等经营活动相结合，使配送成为经营的一种手段。配送中心作为现代化流通设施与传统的流通设施如商场、贸易中心及仓库有很大区别，它不但处理商流，还处理物流和信息流，是集商流、物流和信息流于一身的全功能流通设施。

物流园区、物流中心与配送中心对比分析如表 5－1 所示。

表 5－1　物流园区、物流中心与配送中心对比分析

项目	物流园区	物流中心	配送中心
规模	超大规模	大规模和中等规模	一般规模较小
综合程度	综合性强	带有一定的综合性	专业化或局部范围
服务对象	主要面向市场	主要面向局部区域	主要面向特定用户和市场
功能	功能很全面	主要是分销功能	主要是配送功能
运作方式	政府为主体、企业协助运作	政府为主体、企业协助运作或企业为主体运作	企业为主体运作
供应链	上游是供应商，下游是物流中心或配送中心	上游是物流基地或供应商，下游是配送中心或批发商	上游是物流中心或物流基地，下游是批发商或零售商
物流特点	处理大批量、少批次、多品种的商品	处理大批量、少批次、少品种的商品	处理小批量、多批次、多品种的商品

2. 物流线路及配送网络

城市物流线路是指城市内部不同物流园区、配送中心、车站、货场、工矿企业、信息中心之间的物资流动过程中相互联系的组织和设施集合（物流所依托的城市道路等），城市中的物流网络是以城市道路为主的综合运输体系，其目标是满足城市生产、生活的需要，实现其城市物流系统最优。

物流线路及配送网络规划的主要目的是保证城市物流节点具有良好的交通区位条件，保证物流节点各项物流功能顺利实现，从而达到货物运输时效性的目的。配送网络规划应与城市土地使用规划和综合交通规划相互协调，结合城市产业及功能布局，合理规划配送路径与时间，科学调配运输车辆，使物流路线便捷，减少重复、迂回，分工合理、运输社会化、集约化，降低运输成本，同时也要尽量将物流运输活动对出行高峰期城市客运交通的影响减小到最低程度。

5.3.2 城市物流供给特征

1. 空间集聚性

城市功能区的特点在于它受自然、经济、历史、社会等众多因素的影响，随着城市的发展而形成并发展。现代城市根据各功能对环境、社会、技术经济等条件的要求，为避免工业生产、交通运输和居民生活相互干扰，有利于生产和环境保护，并合理利用土地和自然条件，将城市按一定功能划分为若干功能区，实现同属性功能空间集聚。西方发达国家大城市内部一般分为中心商业区、行政区、工业区、文化（娱乐）区、居住区、仓库码头区、游憩区和郊区。中小城市的分区则相对简单或不明显，工业区、居住区和商业区是各类城市共有的、基本的功能区，但有时各区划分的界限并无明显的标志。以集聚为导向的城市功能区的合理布局，对促进生产、方便居民生活、城市环境保护等具有重要意义。现代大中城市按功能区集聚所进行的布局规划，为城市交通运输、物流等公共服务资源的优化配置提供了有利的条件。

城市物流需求的空间集聚性决定城市物流供给的空间集聚性。城市物流属于服务行业，最终目标是满足客户对运输的需求，物流企业尽量靠近运输服务需求者可以节约交易成本和运输费用，并能够快速响应客户对运输的个性化需求，提高服务水平。物流企业与工商企业具有明显的外部性特征，物流节点与需求点紧邻布局将获得集聚经济效应，实现共赢。

2. 以短距离的公路（城市道路）运输和管道运输为主

受城市本身运输基础设施限制，目前城市内的物流方式以城市道路运输和管道运输两种方式为主。道路运输因其“门到门”的优势，在城市物流配送体系中起到无可替代的主导作用；管道运输主要用于居民自来水、天然气和生活污水等运输，自来水和天然气的管道运输主要由自来水和天然气供给方承担，具有垄断性，但同时具有公共物品特征，其运输方向基本为点到面发散式。生活污水运输基本由政府的公共服务承担，供给主体是政府，具有更为明显的公共物品特征，其运输方向基本为面到点集聚式。

3. 制约因素多

城市既是生产、流通、消费中心，也是区域政治、经济、文化中心。在有限的城市空间内高密度地分布着各种交通设施、商业旅游设施、文化体育设施、教育医疗设施、园林绿地、工厂、居民住宅等建筑物以及生产与生活区域，同时还有大量的人员流动。从某种意义上讲，这些要素都是城市物流的“障碍物”，城市物流线路的选择以及物流节点的布局都会受到上述障碍物的影响与制约。

4. 城市道路交通的时空管制

由于大型的货物集散地内车辆、设备较为集中，其对周围环境产生的废气、噪声污染的程度较大。因此，一级货物集散地一般都分布在城市的郊区，远离城市人群密集区，并且对一些不符合排放标准的车辆进行管制，禁止其驶入市区；目前绝大部分城市还对大型配送车辆进行时间上的管制，一般以夜间配送为主，避免妨碍正常的城市公共交通。

5.3.3 城市物流供给影响因素

1. 社会经济发展水平

物流是社会经济发展到一定阶段的产物，物流供给受社会经济发展水平的制约。随着社会经济的发展，贸易范围不断扩大，分工进一步深化，才使现代物流供给有可能大规模地发生和发展。

2. 价格水平

价格是影响物流市场上物流服务供给量的重要因素。在一定时期内，物流价格高，物流服务供给总量就会增加，反之，物流价格低，物流服务供给量就会减少。

3. 技术水平

物流技术和基础设施是物流供给的基础条件。科技创新与技术进步不仅是现代产业经济发展的支撑条件，同样也是物流供给的重要决定因素，物流技术与装备水平的提高会对物流供给能力产生革命性的影响。

4. 物流需求

物流需求规模的大小和变化方向决定了物流供给的可能空间和发展方向。如果缺乏物流需求，会导致物流供给动力缺乏。如果物流需求旺盛，则会刺激物流供给不断增加。如果存在潜在巨大的物流需求，则会对未来的物流供给产生很强的诱导作用。随着城市经济社会的快速发展，城市物流需求总量不断增长的同时，个性化、多元化、层次化的运输物流需求也会不断涌现，这在很大程度上促进了物流供给结构的优化，如快速货运公司和快递公司的涌现，满足了货主对货物快速、安全运输的需求。

5. 制度和政策

由于物流对现代城市经济社会系统运行具有十分重要的基础保障功能，因此，出于对国家利益的考虑，各国政府往往会制定相应的物流法律法规和国家物流发展战略，来规范和管理本国物流产业的发展。政府在决定国家物流产业的发展方向和模式方面的作用是十分关键的，其建设目标和政策措施直接影响物流基础设施，如运输线路的选址、规模和质量。因此，基于政策性扶持、制度性行业（市场）监督的双重属性，政府对物流企业经营行为的管制是一把双刃剑。政府支持性政策体系旨在为物流产业提供一个发展的基础平台，主要包括物流产业政策、政府投资政策、企业融资政策、土地政策、税费政策、运输管理政策等。

为加大力度支持现代物流及供应链管理服务业发展，自 2011 年以来国务院、国家发展和改革委等政府机构先后出台了一系列政策文件，主要内容如下。

①《关于促进物流业健康发展政策措施的意见》（国办发〔2011〕38 号），提出要切实减轻物流企业税收负担、加快物流管理体制改革、鼓励整合物流设施资源及加大对物流产业的投入，以促进物流产业健康发展。

②《关于鼓励和引导民间投资进入物流领域的实施意见》（发改经贸〔2012〕1619 号），提出引进民间资本投资第三方物流领域，减轻民营物流企业税收负担，加大对民营物流企业的土地政策支持力度，优化物流企业融资环境，鼓励民营物流企业做强、做大。

③《深化流通体制改革加快流通产业发展重点工作部门分工方案》（国办函〔2013〕69号），提出大力发展第三方物流，促进企业内部物流社会化；将信息化建设作为发展现代流通产业的战略任务；支持流通企业建设现代物流中心，积极发展统一配送；拓宽流通企业融资渠道，支持符合条件的大型流通企业上市融资、设立财务公司及发行公司（企业）债券和中期票据等债务融资工具。

④《关于推进国内贸易流通现代化建设法治化营商环境的意见》（国发〔2015〕49号），提出大力发展第三方物流和智慧物流，鼓励物联网等技术在仓储系统中的应用，支持建设物流信息服务平台，促进车源、货源和物流服务等信息高效匹配，支持农产品冷链物流体系建设，提高物流社会化、标准化、信息化、专业化水平；放开商贸物流等领域外资准入限制，鼓励外资投向共同配送、连锁配送以及鲜活农产品配送等现代物流服务领域。

⑤《关于开展现代物流创新发展城市试点工作的通知》（发改经贸〔2015〕2008号），其中确定了天津、沈阳、哈尔滨、上海、南京、青岛、厦门、武汉、广州、深圳、重庆、成都、西安、乌鲁木齐、郑州、保定、临沂、赣州、岳阳、义乌等20个城市为现代物流创新发展试点城市。

⑥《"互联网+"高效物流实施意见》（发改经贸〔2016〕1647号），提出顺应物流领域科技与产业发展的新趋势，加快完善物流业相关政策法规和标准规范，推动大数据、云计算、物联网等先进信息技术与物流活动深度融合，推进"互联网+"高效物流与大众创业万众创新紧密结合，创新物流资源配置方式，提升物流业信息化、标准化、组织化、智能化水平，实现物流业转型升级；形成以互联网为依托，开放共享、合作共赢、高效便捷、绿色安全的智慧物流生态体系。

⑦《关于推动物流服务质量提升工作的指导意见》（国质检质联〔2017〕111号），提出通过强化物流企业服务质量意识、建立物流服务质量指标体系、健全物流服务质量标准体系等9项重点任务，树立并强化"中国物流"优质服务形象。到2020年，基本建立规范有序、共建共享、运行协调、优质高效的现代物流服务质量治理和促进体系，物流行业服务能力和水平明显提升，优质服务、精品服务比例逐步提高；培育形成一批具有国际竞争力的大型本土物流企业集团和知名物流服务品牌。

⑧《关于进一步推进物流降本增效促进实体经济发展的意见》（国办发〔2017〕73号），其中提出7项工作业务：深化"放管服"改革，激发物流运营主体活力、加大降税清费力度，切实减轻企业负担、加强重点领域和薄弱环节建设，提升物流综合服务能力、加快推进物流仓储信息化、标准化、智能化，提高运行效率、深化联动融合，促进产业协同发展、打通信息互联渠道，发挥信息共享效用、推进体制机制改革，营造优良营商环境。

⑨《推进运输结构调整三年行动计划（2018—2020年）》（国办发〔2018〕91号），其中提出到2020年，全国货物运输结构明显优化，铁路、水路承担的大宗货物运输量显著提高，港口铁路集疏运量和集装箱多式联运量大幅增长，重点区域运输结构调整取得突破性进展，将京津冀及周边地区打造成为全国运输结构调整示范区。

⑩《国家物流枢纽布局和建设规划》（发改经贸〔2018〕1886号），提出到2020年，通过优化整合、功能提升，布局建设30个左右辐射带动能力较强、现代化运作水平较高、互联衔接紧密的国家物流枢纽，促进区域内和跨区域物流活动组织化、规模化运行，培育形成一

批资源整合能力强、运营模式先进的枢纽运营企业。到 2025 年，布局建设 150 个左右国家物流枢纽，推动全社会物流总费用与 GDP 的比率下降至 12%左右。

⑪《关于推动物流高质量发展促进形成强大国内市场的意见》（发改经贸〔2019〕352 号），提出选择部分基础条件成熟的承载城市，启动第一批 15 个左右国家物流枢纽布局建设，培育形成一批资源整合能力强、运营模式先进的枢纽运营企业。完善县乡村三级邮政农村物流配送体系建设。加快农村物流快递公共取送点建设，提升乡镇快递网点覆盖率。加大重大智能物流技术研发力度，加强物流核心装备设施研发攻关，推动关键技术装备产业化。鼓励物流和供应链企业在依法合规的前提下开发面向加工制造企业的物流大数据、云计算产品。

物流产业相关政策法规体系是现代物流业生存发展的制度平台，也是影响物流供给的重要因素。市场准入的条件决定了物流企业进入市场的难易程度，严格的市场准入条件将会提高企业从事物流服务的门槛，从而影响市场物流供给的总量。当前，影响我国物流产业发展的政策与体制障碍主要有条块分割的管理模式，部门、行业和地方的保护倾向，以及缺乏明确、有效的政策措施。由于各种运输方式的多头管理和相互分割，各种运输方式长期以来呈现分立发展的局面，不同运输方式在运输组织方式、服务规范、技术及装备标准等方面存在较大差距，使得物流企业很难根据市场需要选择合理的运输方式，许多企业只能利用单一的运输方式来开展物流服务，而以多式联运为基础的许多现代化物流服务方式还难以开展。

6. 管理、知识和人力资源

为了实现对各种分散物流功能、环节和资源的有效整合，管理者需要提高自己的知识水平，学习和掌握物流知识。要提升整体物流效能，最重要的是要有现代物流人才，不管物流设备和系统如何先进，物流节点和物流网络如何完善，没有好的物流人才加以经营、管理和统筹，都难以确保物流效率。

5.3.4 城市物流成本与分析

1. 价格与供需关系

供需规律是服务经济的内在规律，物流服务价格同样受供需关系的影响，围绕价值发生变动。

1）价格与需求

这里所说的需求，是指有物流需求欲望和支付能力的有效需要。影响物流需求的因素很多，这里只讨论物流价格对物流需求的一般影响。在其他因素不变的情况下，物流价格与物流需求量之间有一种反向变动的关系：物流需求量随着物流价格的上升而下降，随着物流价格的下降而上升，这就是通常所说的供需规律。

2）价格与供给

物流供给是指在某一时间内，物流提供者在一定的价格下愿意并可能提供的物流服务。物流价格与物流供给之间是一种正向变动的关系：物流供给量随着物流价格的上升而增加，随着物流价格的下降而减少。

3）物流供求与物流均衡价格

受价格的影响，物流供给与物流需求之间是反向变动的。如果在一个物流服务价格下，物流需求量等于物流供给量，那么市场将达到均衡。这个价格称为物流均衡价格，这个交易量称为均衡量。

4）价格与需求弹性

由于价格与需求一般呈反方向变动，因此弹性系数是一个负值，采用时取其绝对值。不同的服务具有不同的需求弹性。

2. 城市物流成本

从宏观构成来看，城市物流成本包括：① 伴随着物资的物理性流通活动所发生的费用以及从事这些活动所必需的设备设施费用；② 完成物流信息的传送和处理活动所发生的费用以及从事这些活动所必需的设备设施费用；③ 物流综合管理所发生的费用。

从微观构成来看，物流成本由物流功能成本和存货相关成本构成。其中物流功能成本包括物流活动过程中所发生的包装成本、运输成本、仓储成本、装卸搬运成本、流通加工成本、物流信息成本和物流管理成本；存货相关成本包括企业在物流活动过程中所发生的与存货有关的资金占用成本、物品损耗成本、保险和税收成本。

物流成本是物流服务商实现再生产的基本条件，因此物流服务商在制定价格时必须保证其物流成本能够收回。物流成本有个别物流成本和社会物流成本两种基本形态。个别物流成本是指单个物流服务商提供物流服务所耗费的实际费用。社会物流成本是指不同物流服务商提供相同服务所耗费的平均物流成本即社会必要劳动时间，这是物流服务商制定服务价格时的主要依据。由于各物流服务商的资源条件和经营管理水平不同，其个别物流成本与社会物流成本必然会存在差异，因此物流服务商在定价时，应当根据物流服务商个别成本与社会成本之间的差异程度，分别谋取较高利润、平均利润、较低利润。

就单个物流服务商而言，其个别物流成本由固定物流成本和可变物流成本组成。固定物流成本是指用于物流设施、设备等固定资产投资所发生的费用，在短期内它是固定不变的，并不随物流服务量变化而变动。可变物流成本是指用在物流服务过程中所在地发生的燃料、动力、人员工资等支出的费用，它随物流服务量的变化而变化，如图 5-2 所示。

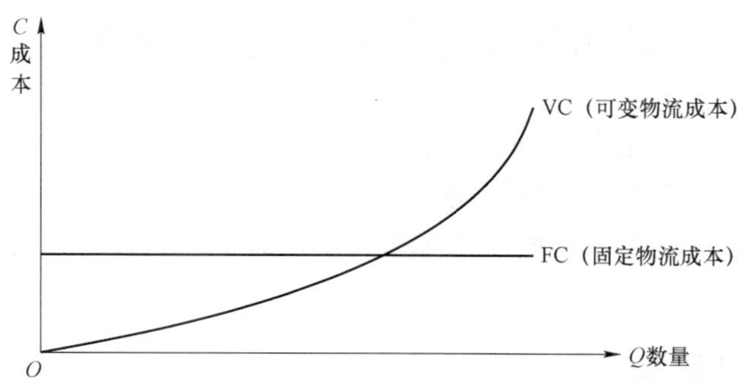

图 5-2　固定物流成本和可变物流成本

为使物流总成本得到补偿，要求服务的价格不能低于平均物流成本。平均物流成本包含平均固定物流成本和平均可变物流成本两部分。显然平均固定物流成本随着物流服务量的增加而下降；在一定物流服务量范围内，平均可变物流成本最初也是下降的，但受边际物流成本递减规律的影响，平均可变物流成本最终会出现上升现象。受二者的共同作用，平均物流成本呈现先下降后上升的U形状，如图5-3所示。

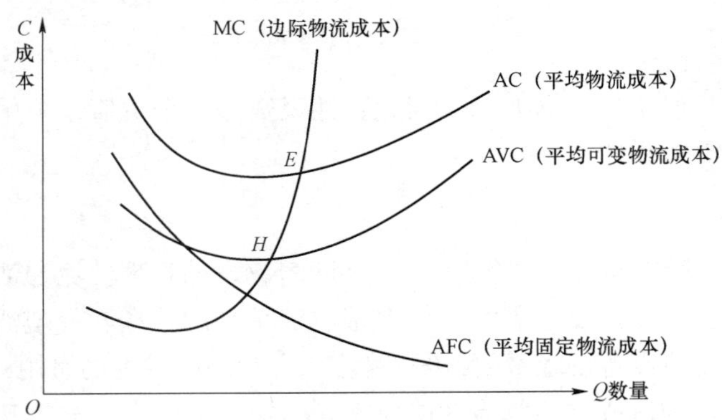

图5-3　平均物流成本、平均可变物流成本、平均固定物流成本、边际物流成本

边际物流成本是指增加一单位物流服务量所增加的总成本。当物流服务量很低时，边际物流成本随物流服务量增加而下降；当物流服务量达到一定规模时，边际物流成本随物流服务量增加而上升。

物流服务商取得盈余的初始点只能在物流服务的价格补偿平均可变物流成本后等于平均固定物流成本之时，也就是图中的 E 点，该点称为收支相抵点。在此点，MC 曲线一定交于 AC 曲线最低点，即当 AC = MC 时，物流服务的价格正好等于物流服务的平均成本，该点称为物流服务商核算盈亏的临界点。当物流服务价格大于平均物流成本时物流服务商就可能会盈利；反之则可能会亏损。

物流服务商亏损并不意味着物流服务商会停止提供物流服务。在图中 E 点和 H 点之间，物流服务商还有可能继续提供服务，因为价格除了能够弥补全部平均可变物流成本，还能抵偿一部分平均固定物流成本。当服务的价格低于 H 点时，物流服务商将会停止提供物流服务，故该点称为物流服务商停业点。H 点是 MC 曲线与 AVC 曲线最低点的相交点，即当物流服务价格等于 H 时，物流服务商将不得不停业。

5.4　城市物流系统投融资及管理模式

随着我国城市化进程的加快，城市物流对城市的发展起到越来越重要的作用。城市物流必须进行系统分析、系统研究和系统管理，必须构建起城市物流系统，才能保证城市物流的健康、快速发展。城市物流系统以城市物流作为研究对象，既具有物流系统的基本特征，又具有自身的结构特点。

5.4.1　城市物流系统架构

城市物流系统包括城市物流的主体系统、要素系统、功能系统、运营系统及政策系统，城市物流系统架构如图5-4所示。

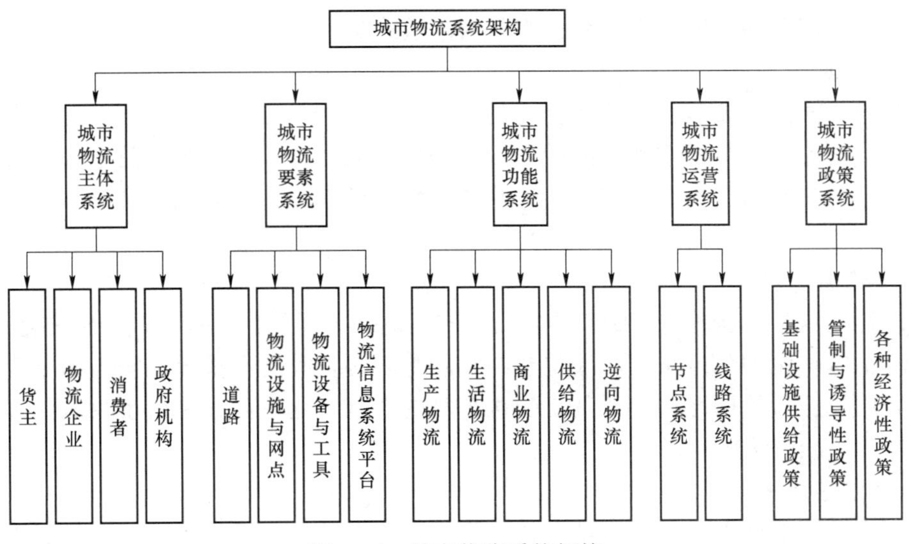

图 5-4 城市物流系统架构

1. 城市物流主体系统

城市物流主体系统也称城市物流系统的运作层，是整个系统的能动者，城市物流主体系统主要由货主、物流企业、消费者及政府机构组成，每个参与主体都有各自的目标和不同的行为方式。

1）货主

货主是货物的所有者，包括发货货主（发货人）与收货货主（收货人）。货主是物流服务需求者，货主的期望目标是谋求物流成本、速度、安全及货物在途信息等方面的最优化，能够使用最省的费用、在最短的时间内获得最好的服务。

2）物流企业

物流企业是物流服务的提供者，物流企业以实现自身利益的最大化、降低企业运营成本为目标，但为保证货主对物流快速的要求，要其降低成本也是不容易的。

3）消费者

消费者的期望是达到尽可能低的物价，同时，作为居民的消费者，希望没有交通拥堵、噪声污染和空气污染以及交通事故。在城市的商业区，零售商希望在准确的时间收到货物，但有时这也会与他们作为居民的身份希望安全、安静的环境目标相矛盾。

4）政府机构

政府机构作为城市的管理者，希望经济增长和增加雇佣机会。同时也希望避免交通拥堵、改善环境和提高道路的安全性；政府在解决托运人、运输人和居民之间的矛盾中起着重要作用，并且主导城市物流体系中的规划与调整。

2. 城市物流要素系统

从城市物流所需要的物质要素来看，城市道路主要由道路、物流设施与网点、物流设备工具和物流信息系统平台构成。

1）道路

城市物流是以城市道路为依托，提供短途运输为主的物流服务。城市物流所使用的道路主要包括城市高速公路、城市快速路、普通城市道路等。

2）物流设施与网点

物流设施与网点主要包括物流园区、物流中心、配送中心、物流基地、仓库、车站、港口、货场等，物流设施是组织物流系统运行的基础物质条件，对城市物流系统来说是城市物流设施与网点的空间布局问题，它直接影响城市物流效率，进而影响城市整体交通状况和居民生活。

3）物流设备工具

物流设备工具是指运输、存储和装卸设备和工具，主要包括运输车辆、集装箱和托盘等。从城市物流整体优化的角度来看，最重要的问题是限制货车尾气排放、噪声污染等问题，以及实现集装箱与托盘的标准化，尤其是配送车辆的选型，这些问题是城市物流管理者制定物流设备工具的标准政策重点。

4）物流信息系统平台

物流信息系统平台主要是指与城市物流运行密切相关的各种信息系统的集成平台，包括道路交通信息系统、自动收费系统、车辆供求与物流供求信息系统、车辆或货物跟踪系统、车辆自动识别系统、卫星定位系统及数字化地图等。城市物流信息系统平台对城市物流系统整体优化目标的实现是至关重要的。

3. 城市物流功能系统

城市物流功能系统主要分为生产物流、生活物流、商业物流、供给物流和逆向物流 5 个系统。

1）生产物流

生产物流是指支持和运行城市工业、园林绿化业、交通运输业等生产活动所需要和所引发的物流。

2）生活物流

生活物流是指工作、生活、学习、娱乐、休闲、健身等各项活动所需要和所引发的物流。

3）商业物流

商业物流是指支持和运行城市零售业、批发商业、电子商务等商务活动所需要和所引发的物流。

4）供给物流

供给物流是指为满足水、电、煤气、粮食、原材料、日用品等日常生活必需品物流需求，向企业、机关、家庭、个人供给的物流活动。

5）逆向物流

逆向物流主要是指废旧物资回收物流和废弃物物流两部分，是废旧物资、废气、污水、垃圾等排放活动所需要和所引发的物流。

4. 城市物流运营系统

城市物流运营系统主要是指由节点系统和线路系统组成的物流网络，由物流园区、物流中心、配送中心、物流基地、车站等构成的物流节点是物流活动的主要载体，具有物流处理功能、衔接功能、信息功能和管理功能等物流功能要素。物流效率的发挥依赖于物流节点的位置和功能配置，根据物流规模和功能差异，物流节点布局对优化整个物流网络至关重要。

线路主要是指货物运输通道，包括区域间、城市内部、城市末端的运输通道，线路的最优化是城市物流运营组织的重点。

5. 城市物流政策系统

城市物流的发展，尤其是发展初期，除了要有相应的区位优势、基础设施、信息平台基础、市场氛围等，还需要有相对完善的政策环境作为支撑。城市物流政策系统包括三大体系，即基础设施供给政策、管制与诱导性政策和各种经济性政策。从政策的适用领域看，城市物流政策又可分为土地政策、道路通行政策、物流设施建设支持政策、运输车辆相关政策等。

5.4.2 城市物流系统融资模式

在城市物流基础设施系统中，港口、机场、铁路、公路货运枢纽和物流园区等都是大规模的项目。这些项目的建设一般都需要大量的资金，而且投资回收期长，因此融资是一个很重要的问题。根据公共物品理论，港口、机场、铁路、物流园区等属于既有竞争性又有排他性的基础设施，政府可以让民间资本参股、控股甚至独资经营，鼓励多方多渠道融资。港口、机场、铁路、物流园区等物流设施从属于基础设施大范畴，具有基础设施的性质，其融资方式有以下几种。

1. 政府投资

政府投资是指政府为了实现其职能，满足社会公共需要，实现经济和社会发展战略，投入资金用以转化为实物资产的行为和过程。过去政府投资一直是基础设施项目融资的主要来源方式，但是仅靠政府投资不能满足国家发展的需要。城市物流基础设施本身具有的竞争性使得政府可以考虑采用多种方式吸引民间和国内外资本的投入，以减轻政府财政的压力。

2. 国内商业银行贷款

商业银行的资金运用要求安全性、盈利性和流动性的“三性”统一，港口、机场、铁路、物流园区等投资一般规模大、期限长，资金收益率相对较低，偿债能力差，商业银行往往不愿向这类项目贷款。因此，商业银行贷款很难成为铁路、机场、港口、物流园区等项目融资的主要来源。

3. 国内股票市场融资

利用股票市场融资，是将民间资本导入基础设施领域最有效的方式之一。股票市场融资的优势不仅在于能在短期内为基础设施项目筹集巨额资金，而且不需要偿还本金，从而没有债务偿还压力。而股东和市场摘牌的压力又迫使上市的基础设施公司努力经营，提高效率。股市融资还有利于竞争机制的引入，目前很多国家在基础设施发展中都积极采用这一手段。

4. 债券市场融资

具有固定利率的长期债券是基础设施最适合的融资方式。因为基础设施项目通常在一个较长的周期内产生可预见的稳定收益，其收费水平是受政府控制的，所以一般不会发生人为的变动，这种特征与固定利率的长期债券的融资特点相一致。利用长期债券为基础设施项目融资，既有利于融资者，又有利于投资者。它在为融资者提供一种廉价有效的融资工具的同时，也为投资者提供了一个具有较高收益的投资品。在我国，由于债券发行市场的严格控制，导致国债占主导地位。企业发行债券受到严格控制，民间资本被排除在债券融资之外，这对港口、机场、铁路、物流园区等物流基础设施项目的融资非常不利。

5. 产业投资基金融资

投资基金是指由基金发起人（证券公司、信托投资公司和投资基金管理公司）向社会公开发行基金份额，由不确定数量的投资人不等额认购，然后将投资者基金集中交给基金托管人管理，从事投资的一种金融活动。产业投资基金是以个别产业为投资对象，通过发行基金收益券募集资金，交由专家组成的投资管理机构运作，投资收益按资分成。产业投资基金以特定的产业为投资方向，但不会将全部资金集中投向个别公司。产业投资基金规模大，投资周期长，很适合基础设施项目投资要求规模大、回报期长的特点。而且产业基金的投资不以控制股权为目的，较少参与企业管理，从而较好地解决了敏感的控制权问题。此外，由于产业基金是股权融资，没有硬性的利息负担，投资者的回报与项目的盈利程度相关联，因而降低了基础设施项目的融资成本。产业投资基金是城市物流基础设施最理想的融资方式。

6. 国外资本融资

在国内资金不足时，可以考虑引进外资用于城市物流基础设施的建设与运营。这种融资方式，不仅能够获得发展这些基础设施需要的资金，而且可以引进先进的技术和管理方法，提高基础设施的建设和运营效率。以上海为例，许多重大的城市基础设施项目都是利用外资建成的，引进的外资主要流入交通、港口、水、电、气等部门，缓解了资金的供需矛盾，加快了上海基础设施的建设，带来了显著的社会效益。

我国在引进外资投资基础设施方面还存在一些问题。主要表现有：① 基础设施投资回报率低，往往借贷信用评级低，利用外资的范围有限，只能利用外国政府或世界银行等国际金融机构的贷款；② 我国曾成功地利用 BOT、TOT 项目融资方式引入外资，但是一方面由于基础设施所具有的重要性和社会性，要求其控制权必须掌握在政府或国有经济手中，从而限制了外资在基础设施项目中的股权比重；另一方面由于项目融资成本高、耗费时间长、技术性强等特点，限制了外资在基础设施项目投资中所占的比例。

5.4.3 城市物流资源配置模式

城市物流资源广义地讲，是指物流服务和物流作业所依赖的资金、技术、知识、信息、人员、场地、设备、设施、网络等所有生产要素。物流资源狭义地讲，主要是指城市交通设施资源、运输设备资源、仓储设备资源、包装设备资源和装卸搬运设备资源等。物流资源是物流业的基础，它决定着物流能力的大小和物流水平的高低。现代物流的目标不是盲目地扩充物流资源，而是应该合理地整合物流资源，通过整合形成物流的核心能力，在降低物流成本的同时提高物流服务水平。物流资源配置是指物流产业的整体优化，一方面，借助计算机网络技术，利用多种手段将企业既有的城市物流资源与社会分散的物流资源进行整合，以此来提高物流业内部组织化与外部协调化的程度；另一方面通过物流基础设施的规划建设完善城市物流系统，实现城市物流动态资源的优化配置。

横向物流协同整合模式，就是指相同产业或不同产业的企业之间就物流管理达成协调、统一运营的机制。就产业内部而言，不同的企业之间通过配送中心，使企业之间的物流管理协调配合，以共同实现规模效益。这种产业内部横向物流协同化表现为两种形式：一是承认并保留各企业原有的配送中心，通过配送中心间的沟通或联合，实行商品的集中配送和处理；二是各企业放弃自建配送中心，通过共同配送中心的建立，来实现物流管理的效率性和集中化。相比而言，不同产业间进行的物流协调，更容易被企业所接受。因为这些企业分属于不同的产业，不存在直接的竞争替代性，因而既能保证物流集中处理的规模经济性，又能有效地维护各企业的利益以及经营战略的有效实施。

纵向物流协同整合模式，则是指处于流通渠道不同阶段的企业相互协调、相互合作，为实现共同利益而形成的物流管理系统。其主要形式有供应商与生产商之间的物流协作，生产商与批发商之间的物流协作和批发商与零售商之间的物流协作。其中，生产商与批发商之间的物流协作按二者之间的力量对比，分为生产商主导型的物流管理系统和批发商主导型的物流管理系统。在生产商力量较强的产业，为强化批发物流机能或实现批发中心的效率化，多自设批发中心，代行批发功能，或利用自己的信息网络，对批发企业进行多频度、小单位配送支援。批发商与零售商之间的物流协作也有不同的主导类型。当零售商力量强时，建立自己的物流中心，批发商经销的商品必须经由该中心向各商场或店铺进行配送，这种零售商主导型的物流中心，多见于大型的百货商店、购物中心及超市。而对于中小型零售企业而言，则通常借助实力雄厚的批发商所建立的物流中心，实现销售商品的即时配送。

城市物流系统规划是在综合考虑多种运输方式、调整城市用地规划、调整城市路网规划的基础上，考虑城市物流对社会、环境、经济、金融和能源的影响，使城市物流资源最大限度地集成和优化配置。城市物流系统规划主要包括城市物流基础设施规划、城市物流装备体系规划、城市物流配送体系规划、城市物流人力资源规划、城市物流信息平台规划等。城市物流基础设施规划建设应该是站在政府和广大用户的角度，侧重于追求社会整体利益最大化，往往是一种政府行为的体现，考虑的不仅仅是经济利益，同时还有社会利益，包括环境、交通等各个方面。正确合理地进行城市物流的规划与实施，可以减少物流活动对环境的污染，缓解交通拥堵压力，在城市可持续发展的前提下，为城市物流业创造一个良好的发展环境，引导整个城市物流业向健康方向快速发展，满足人们生产生活的需要，并创造更多的经济效益。

5.4.4　城市物流系统管理模式

城市物流系统管理是一项系统工程，涉及众多的政府部门及几乎每个企业和个人。与物流业务相关的政府部门包括计划、商务、公安、交通、铁道、民航、税务、工商、工业、农业、信息、规划、环保、气象等部门。因此，需要政府营造良好的政策、体制和市场环境，发挥政府的组织职能，协调各方力量，在政府的有力扶持和有效管理下，从政府、企业、中介三个层次构建城市物流系统的组织管理模式，推进城市物流业的发展。

1. 政府层次

在城市物流系统的组织管理模式中，政府的定位是发动者、组织者、推动者和协调者，应该发挥宏观指导、组织协调、推动保障、行业指导和监督服务的职责。为此，在城市物流系统组织管理的政府层次上，可以组建一个全市的统一领导机构——城市物流管理领导小组，由市政府统一领导，目前国内城市物流业一般是由政府商务局（委）负责归口管理，此外，市发改委、公安、交通、铁道、民航、税务、工商、工业、农业、信息、规划、环保、气象等职能部门参加管理，由政府主要负责人担任组长，各相关部门负责人担任成员。此领导小组的职责是从宏观上调控城市物流系统的规划与运营战略，做出城市物流系统应急管理的决策。在此领导机构下设城市物流管理办公室，该管理办公室负责城市物流系统的日常管理工作，是城市物流活动的组织协调部门，具有规划、投融资、运营和预警四大管理职能。

2. 企业层次

企业层次是指参与城市物流活动的各类企业，它们是城市物流系统的市场主体，城市物流基础设施的融资者、投资者和建设者，城市物流政策措施落实的承担者和受益者、城市物流系统预警信息的采集者和需求者、城市物流系统安全性的风险承担者。具体包括货主物流企业、第三方物流企业、物流基础设施企业、物流信息企业和物流装备制造企业。

3. 中介层次

中介层次是指物流专家组织和物流行业组织，在城市物流系统的管理体系中，起着咨询、技术支持、制定行业标准、培训、宣传与交流的作用。在此层次上，首先，成立城市物流管理专家咨询委员会，负责城市物流系统各专项研究、规划编制、重大项目可行性论证、评审、咨询和科学技术研究工作，人员组成应该具有社会代表性，如行业专家、社会人士等，并应确立非官方人员的比例，以保证机构运行的透明度和管理工作的科学性；其次，建立城市物流行业协会，由参与城市物流活动的各类企业、科研院所、高校等学术研究机构组成，负责制定行业标准、组织培训、进行宣传与交流。

复习思考题

1. 城市物流系统的定义和特点是什么？
2. 城市物流经济学研究的基本内容有哪些？
3. 城市物流需求影响因素有哪些？
4. 城市物流供给影响因素有哪些？
5. 解释何为“共同配送”？其意义何在？
6. 试列举几种城市物流配送服务定价方法。
7. 城市物流系统建设的融资模式有哪些？
8. 政府对城市物流发展所制定的相关政策与制度的作用和意义有哪些？

第 6 章

城市交通运输成本

6.1　成本的概念与分类

6.1.1　成本的概念

成本是经济学中十分重要的概念之一，只有真正理解成本以及与成本相关的各个方面，才能对经济学有所了解。成本是在进行经济核算、测量经济效益时经常用到的一个名词。同时，从微观经济学的角度，在市场经济条件下，成本是某种产品或服务价格制定的重要依据。“降本增效”已经成为企业在日趋激烈的市场竞争环境下生存发展的重要经营管理举措之一。随着经济活动复杂性的增加以及人类对成本认识目的的不同，成本有着不同的定义。

一般来讲，成本是指为了达到特定目的所失去或放弃的资源。在经济活动中，一个基本的前提是资源的稀缺性，依据理性人的假设，人们所拥有的有限资源都是有代价的，这种代价就是经济学上所说的成本。因此，社会必须通过努力降低成本，使资源得到合理配置和有效利用，必须以效益为基本原则，以实现利润最大化为目标。

目前国外对成本的定义主要是应用美国会计学会与标准委员会的定义：企业或个人为达到特定目的而发生或未发生的价值牺牲，它是可以用货币单位加以衡量的。按照以上的定义，成本可以分为“未耗成本和已耗成本”，未耗成本可以由未来的收入负担，例如，存货、预付费用、厂房、投资、递延费用等。已耗成本不能由未来的收入负担，故应列为当期收入的减项，或借记保留盈余。

我国学术界认为成本是已消耗的物化劳动的价值或劳动价值的货币表现形式。这一定义的理论依据是马克思在《资本论》中的论述：按照资本主义方式生产的每个商品 W 的价值，用公式来表示是 $W=C+V+M$。如果从这个产品价值中减去剩余价值 M，那么，在商品中剩下的，只是一个在生产要素上耗费的资本价值 $C+V$ 的等价物或补偿价值。商业价值的这个部分，即补偿所消耗的生产资料价格和所使用的劳动力价格部分，只是补偿商品使资本家自身耗费的东西，所以对资本家来说，这就是商品的成本价格。这一定义实质上是从产品（劳务）成本的角度理解成本。

6.1.2 成本的分类

成本可以从不同的角度进行分析与研究，因此，成本的分类因角度不同，其分类方法也不同。一般可以把成本分为会计成本与机会成本，固定成本与变动成本，短期成本与长期成本，显性成本与隐性成本，增量成本与沉没成本，联合成本与共同成本，以及私人成本与社会成本等。

1. 会计成本与机会成本

会计成本也称财务成本，它是以实际发生的成本为基础，一般认为凡属于财务方面的各项支出即为成本，它是会计记录在企业账上客观的和有形的支出，包括生产、销售过程中发生的原料、动力、工资、租金、广告、利息等支出。机会成本则不同，它是经济学意义上的成本，是指为了得到一些东西所要放弃另一些东西的最大价值。顾名思义，就是放弃了一种机会而选择另一种机会，对所放弃机会可能失去的价值。经济学认为社会资源是有限的，当一项资源被用于一种用途时，即失去了该项资源用作另一种用途的机会，因而其机会成本就是它用于其他用途可以取得的报酬。在资源稀缺性的世界中，选择一种东西意味着放弃其他东西。一项选择的机会成本，也就是所放弃的物品或劳务的价值。例如，某农民只能在养猪、养鸡和养牛中择其一从事，若三者的收益比较关系为养牛收益＞养猪收益＞养鸡收益，则养猪和养鸡的机会成本皆为养牛收益，而养牛的机会成本仅为养猪的收益。

2. 固定成本与变动成本

固定成本是指成本总额在一定时期和一定业务量范围内，不受业务量增减变动影响而能保持不变的成本；变动成本是指那些成本的总发生额在相关范围内随着业务量的变动而呈线性或非线性变动的部分。

3. 短期成本与长期成本

短期成本是指厂商在短期内生产一定产量需要的成本总额；长期成本是指厂商在长期内生产一定产量需要的成本总额。

4. 显性成本与隐性成本

显性成本是指企业为取得生产所需的各种生产要素而发生的实际支出；隐性成本是指企业在生产活动中使用的自有要素的价值。

5. 增量成本与沉没成本

增量成本是指由产量增加而导致的总成本的变化量，等于产量增加之后的总成本减去产量增加之前的总成本；沉没成本是指已经付出且不可收回的成本。

6. 联合成本与共同成本

联合成本是指由于存在联合产品（或服务）而出现的成本，联合是一种技术性特色，在所有时间内都存在，即在投资决策做出之前或之后都存在，且在生产过程中这些产品（或服务）以某种无法回避和改变的比例被生产出来；共同成本也是因为向一系列使用者提供服务所引起的成本，它与联合成本的不同之处是使用资源提供某一种服务并非不可避免地导致产生另一种服务。

7. 私人成本与社会成本

私人成本是指生产一种商品或者采取某种活动给生产者自身带来的成本；社会成本是指生产一种商品或者采取某种活动给社会带来的成本。

6.1.3　成本函数与曲线

成本函数是指在技术水平和要素价格不变的条件下，投入与产出之间的相互关系。成本函数可从短期成本函数与长期成本函数两个方面进行研究。成本函数和成本方程不同，成本函数是指成本和产量之间的关系，成本方程是指成本等于投入要素价格的总和，如果投入的是劳动 L 和资本 K，其价格为 P_L 和 P_K，则成本方程是 $C=L \cdot P_L+K \cdot P_K$，成本方程是一个恒等式，而成本函数则是一个以变量为产量的函数式。

1. 短期成本函数与曲线

在短期内，由于有些生产要素投入随着产量的增减变动而变动，而有些生产要素投入不随产量的增减变动而变动。短期而言，企业会有一部分成本不随产量的变动而变动，而在生产成本中，既含有变动成本，又含有固定成本，将这类成本函数称为短期成本函数；但从长期来看，没有哪一部分成本是不变动的，生产成本中只有变动成本，没有固定成本。因此，把这类成本就称为长期成本。

1）总成本

（1）总固定成本

总固定成本（TFC）是指一些可长期使用，并且一旦存在，在计算期间内，很难改变的生产要素的那部分成本。它具有两个基本特点：① 在短期内无法避免，即必须投入的成本或生产要素；② 不随产量的增减而变化，即使暂停使用，产量为零，这部分投入也依然发生。

总固定成本主要是经常性费用的支出。它又可以分为两大类：一类是与产量无关的当期支出成本，如厂房设备的租金、资产的保险费用、债券或抵押品的利息等，也包括企业主要管理人员和行政人员的工资；另一类是不一定当期支出，但最终必须支付的成本，因而需要加以分摊，如正常利润的提取，与时间有关而不与使用有关的厂房设备的折旧。由于总固定成本不与产量相关，因此，总固定成本函数是常数，可以用式 TFC=b 表示。在短期成本变动曲线图中，总固定成本用平行于横轴的一条水平线表示，如图 6-1 所示。

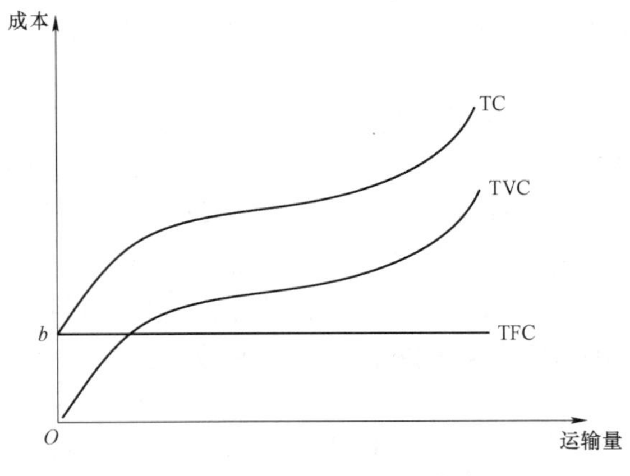

图 6-1　短期成本变动曲线

有时，人们容易将固定成本和沉没成本这两个概念混淆。沉没成本是一旦发生，就再也不可能收回的成本，而固定成本不一定完全都沉没。例如，企业如果真要退出生产，主要管理人员的工资也就不需要再支付，生产过程中使用的设备、设施，包括拥有产权的土地等有价资源，即使完全无法用于其他行业，也还可以做进一步处理，收回部分残值，用于新的投资方向，成本也没有全部沉没，如铁路部门在城市规划建设改造、搬迁过程中废弃的厂房、场站等设施，因城市地价上涨，这些生产资料的价值通过有偿转让、租赁等方式盘活，往往会给企业带来一笔可观的增值收益。但实际上，在大多数情况下，企业很难判断固定成本是否沉没。

（2）总变动成本

总变动成本（TVC）是指随着产量变动而变动的各种成本之和，也就是除固定成本外的各种成本之和。企业的产量增加，总变动成本也不断增加，如原材料、零部件、燃料、电力、运输费、随生产而变动的租税，以及同产量有关的工人的工资等。

通常情况下，在变动成本投入之初，随着变动成本投入的增加，与固定成本投入之间的比例会更加合理，投入得到充分的利用，企业效率不断提高，这时，总变动成本虽然随着产量的提高而增加，但增加的速度会不断减慢。但当变动成本投入达到一定的程度之后，由于边际实物报酬递减法则发挥作用，效率会不断下降。这时，随着产量不断提高，总变动成本变动会加速。总变动成本的变动趋势如图 6－1 所示的 TVC 曲线，对于不同的企业，曲线的形状会有所不同，但是企业的总变动成本曲线呈图中趋势。总变动成本与产量之间的函数，可以用式 6－1 表示。

$$\mathrm{TVC}=f(Q) \tag{6-1}$$

（3）总成本

总成本（TC）是企业生产投入的各种要素之和，即总固定成本与总变动成本之和，即

$$\mathrm{TC}=\mathrm{TFC}+\mathrm{TVC}=b+f(Q) \tag{6-2}$$

在图 6－1 中，总成本 TC 的曲线相当于 TVC 曲线向上平移，平移的距离等于总固定成本。

2）平均成本和边际成本

平均成本和边际成本不一样，平均成本考虑了全部的产品，而边际成本忽略了除最后一个产品之前的所有产品。例如，每辆汽车的平均成本包括生产第一辆车的很大的固定成本（在每辆车上进行分配），而边际成本不考虑固定成本。按照英国特许管理会计师公会定义，边际成本法是一种会计制度，在此制度下，成本单位仅包括变动成本，某一时期的固定成本全部在由边际贡献的毛收益中核销登记。这样处理固定成本和变动成本的理由是，每生产一件产品，变动成本都会起变化，而固定成本则不管产量多少都要支付。因此，贡献的毛收益首先用于弥补固定成本，补偿有余就是利润，补偿不足就是亏损。因此，运用边际成本法取得信息，对我国企业管理者，特别是提供公共产品，且以国有大型垄断企业为主导的企业管理者，以及政府价格监管部门进行相关分析和决策具有重要的指导作用。

从总固定成本函数、总变动成本函数以及总成本函数中可以很容易地推导出平均固定成本、平均变动成本、平均成本和边际成本四个成本函数的表达形式。

（1）平均固定成本

平均固定成本（AFC）是指单位产量的固定成本，可以用总固定成本除以产量计算，可

用式 6–3 表示。

$$AFC = TFC/Q = b/Q \tag{6-3}$$

从图 6–2 中可以看到，平均固定成本随着产量的增加而不断下降，这是因为不变的总固定成本分摊到越来越多的产品上，导致平均固定成本不断地被分摊。因此，平均固定成本在全部产量范围内呈递减趋势。随着产量的增加，射线的斜率也就越来越小，但也总大于零，这说明平均固定成本曲线是一条以横轴为渐近线的曲线。

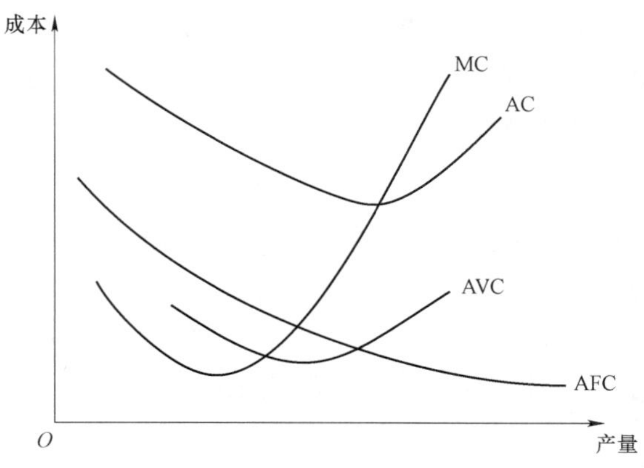

图 6–2 短期平均成本与边际成本曲线

（2）平均变动成本

平均变动成本（AVC）是指每单位产量的变动成本，可以用总变动成本除以产量计算，即

$$AVC=TVC/Q=f(Q)/Q \tag{6-4}$$

从图 6–2 中可以看到，起初平均变动成本随着产量的增加、投入要素的效率逐渐得到发挥而不断减少。但产量增加到一定程度以后，由于边际成本报酬递减的作用，平均变动成本会随着产量的增加而增加，平均变动成本曲线呈 U 形。

（3）平均成本

平均成本（AC）是指每单位产量分担的成本，以成本总量除以产量计算，因此也称平均总成本 ATC。

$$AC=TC/Q=(f(Q)+b)/Q \tag{6-5}$$

短期平均成本的变动规律是由平均固定成本和平均成本函数决定的。当产量增加时，平均固定成本迅速下降，加之平均变动成本也在下降，因此平均成本必定迅速下降。随着平均固定成本越来越少，它在短期成本中的作用越来越不重要，当产量增加到一定程度以后，短期平均成本又随着产量的增加而增加。短期平均成本函数曲线也是先降后升，也呈 U 形。

（4）边际成本

边际成本（MC）是每增加一个单位产量所增加的总成本，即

$$MC=\frac{\Delta TC}{\Delta Q}=\frac{dTC}{dQ}=\frac{d}{dQ}(b+f(Q))=\frac{d}{dQ}f(Q) \tag{6-6}$$

短期边际成本表示当产量增加时，总成本增加的数量。由于短期固定成本不随产量变化，边际成本不受固定成本的影响，因此，总成本的增量也就是变动成本的增量。

2. 长期成本函数与曲线

在长期生产过程中，由于企业可以改变各种要素的投入量，所有投入都是可以变动的，因此，生产成本没有固定成本和变动成本之分，总变动成本等于总成本，平均变动成本等于平均成本。长期成本函数包括长期总成本、长期平均成本和长期边际成本三种函数形式。

1）长期总成本

长期总成本（LTC）是指在生产规模可以变动的情况下，生产一定数量产品或服务所必须消耗的最低总成本。以产量为自变量，长期总成本为因变量，长期总成本为长期生产一定量的产品或劳务所需要的成本总和。

$$\mathrm{LTC}=f(Q) \tag{6-7}$$

从图 6-3 中可以看到，长期总成本曲线的走向受规模经济与规模不经济的影响。在开始阶段，规模经济起主导作用，随着产量增加，投入总成本增加，但增加的速度没有产量增加的速度快，长期总成本曲线递减上升。但当产量增加到一定程度以后，规模不经济起主导作用，需要投入的总成本加速上升，长期总成本曲线递增上升。

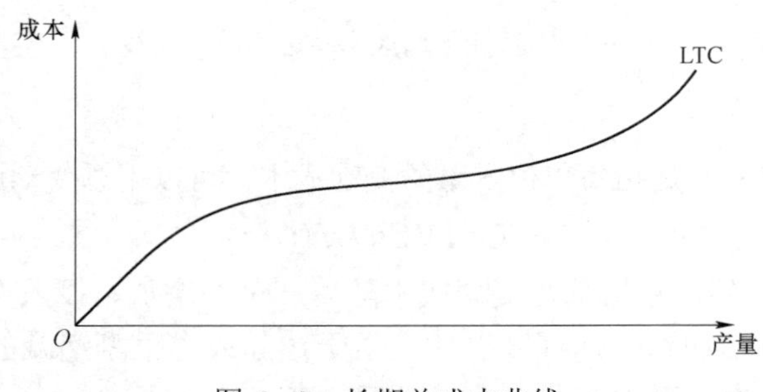

图 6-3　长期总成本曲线

2）长期平均成本

与短期平均成本一样，长期平均成本是生产单位产量的消耗，用长期总成本除以产量，就得到长期平均成本（LAC），也就是

$$\mathrm{LAC}=\frac{\mathrm{LTC}}{Q}=\frac{f(Q)}{Q} \tag{6-8}$$

从图 6-4 中可以看到，在开始阶段，规模经济起主导作用，随着产量不断增加，长期平均成本 LAC 不断降低，但当产量增加到一定程度以后，规模不经济起主导作用，进而生产率下降，长期平均成本 LAC 就会随着产量的增加而不断上升，长期平均成本曲线同样呈 U 形。

从长期平均成本曲线的走向，可以更加形象地反映企业规模报酬递增、不变和递减的现象。当研究生产函数规模报酬变动时，从生产力弹性系数出发，可以从生产力弹性系数大于 1、等于 1、小于 1 来衡量规模报酬变动的情况。为了降低成本，企业可以通过变动要素之间的投入比例，达到最小成本下的投入资源最佳配置。因此，只要长期平均成本曲线处于下降趋势，就是规模报酬递增阶段；长期平均成本曲线处于上升趋势，就是规模报酬递减阶段；长期平均成本曲线处于水平时，对应于规模报酬不变阶段。

3）长期边际成本

长期边际成本（LMC）是指每增加一个单位产量所增加的长期总成本，也就是长期总成曲线切线的斜率，总成本函数对产量的一阶导数。

$$\mathrm{LMC}=\frac{\Delta \mathrm{LTC}}{\Delta Q}=\frac{\mathrm{d}\,f(Q)}{\mathrm{d}Q} \tag{6-9}$$

长期边际成本曲线也是呈U形，同样，长期边际成本小于长期平均成本，长期平均成本一定处于下降趋势；长期边际成本大于长期平均成本，长期平均成本一定处于上升趋势，如图6-4所示。这是由于长期边际成本遵循规模收益递减规律，表现为长期边际成本递增规律，LMC曲线呈先下降后上升的U形线，LMC在上升阶段，与LAC相交于LAC的最低点。

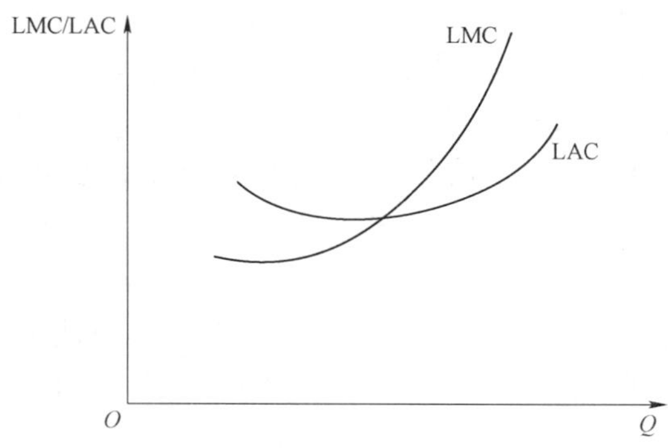

图6-4 长期平均成本和长期边际成本曲线

6.2 城市交通运输成本的概念与构成

6.2.1 城市交通运输成本的概念

1. 运输成本概念

交通运输既是国民经济社会发展的重要基础产业，也是国民经济的重要先行部门之一，对国民经济社会发展具有引导和从属功能。由于交通运输业的特殊性质，交通运输部门与其他部门相比具有不同的特点。从生产的角度看，交通运输与其他工业或农业生产部门不同，它并不生产任何新的物质产品，它的产品只是旅客或货物的位移，而且，交通运输产品不能脱离生产过程而单独存在，也不能储存和积累起来，只能储备多余的生产能力（例如公共汽车、轨道交通列车车组、铁路机车与车辆、出租车辆等）。

运输成本是指生产一定数量的交通运输产品所投入的生产要素的价值，可以划分为运输总成本、固定成本、变动成本、单位运输成本等。交通运输的生产要素主要包括交通运输基础设施、交通运输设备（工具）、燃料、资金、劳动力、土地地租等，并通过这些要素的价值形态衡量交通运输生产要素的投入状态。从狭义上来讲，可以将运输成本界定为线路的运费；

从广义上来讲，有很多学者将运输成本等同于交易成本，即认为运输成本包含一切为完成交易而发生的成本。它是由运输的货币成本、时间成本和其他成本构成的。其中，运输所花费的时间成本，往往是指对于时效性要求较高的高价值或鲜活易腐货物运输，是客运或信息传递总成本支出的一个重要部分。

由于交通运输业是经济产业的重要组成部分，因此，所有前文中提到的经济学中对成本的分类在运输经济分析中也是非常必要的，然而对交通运输业或运输活动的特殊性来说，特别是交通运输需求的派生性，城市交通运输产品的公共物品属性，以及交通运输生产消费活动过程产生的外部性等，对其成本的理解，以及分类还具有特殊的复杂性，需要从消费者、生产者，以及社会经济的不同视角去认知和分析城市交通运输成本。根据经济学中对成本的分类方法，交通运输的成本主要有以下几种分类。

1）会计成本与机会成本

交通运输的会计成本是指交通运输财务方面发生的各项支出，主要包括交通运输基础设施投资、运输投入、燃油费、工资等可以记录的成本。随着土地价格、劳动力薪酬、物价等经济要素的上涨，城市公共交通建设和运营过程所发生的会计成本必然相应地增加。以我国城市轨道交通建设成本为例，地下线模式正线单位造价一般在 6 亿～8 亿元/km；地上高架线综合造价平均为 2.5 亿元/km。又如，城市轨道交通运营成本包括：运营中各项能耗产生的电费、设备系统及基础设施的更新及维护费用、人员工资及相关支出、运营综合管理费用等。

由于许多国家的公共交通运输方式具有显著的公共产品属性及外部性特征，其供需关系并非符合完全的市场经济规律，比如，我国城市轨道交通、地面公共汽车，甚至包括普通铁路客运等采用的不是市场定价机制，而是政府管制价格，因此，在交通运输经济分析中，特别是在做出交通出行方式的选择决策时，往往使用机会成本的概念。出行者除了付出票价，再加上放弃其他出行方式的机会成本，这样才能准确反映供需关系。

机会成本是经济学原理中一个重要的概念。它是指当把一定的经济资源用于生产一些产品时放弃生产另一些产品而带来的最大的收益。不论是土地资源还是其他自然资源，也不论是劳动力还是资金，一旦被用于某种交通运输设施建设或运输服务，就都不能同时用于其他产品的生产或提供其他方面的服务，因此，选择一些资源（如土地、油气等）在运输方面的使用机会也就意味着放弃了其他用途可能获得利益的机会。在制定国家或区域（包括城市）交通运输规划建设中，在新交通投资项目的可行性研究中，在交通运输线路设计方案、新产品（服务）开发中，载运工具等技术装备的比较选择工作中，从经济效益视角分析都存在机会成本问题。比如，乘客或物流企业在进行城市交通出行方式选择时，力求由此带来的机会成本小一些，这是基于经济利益考虑城市交通行为方式决策的最重要的准则之一。

机会成本的概念对私人交通工具选择的经济分析同样适用。如果选择轿车作为自己日常出行的主要交通工具，需要付出交通工具的购置费、燃油费、税费、维修保养费、保险费、路桥通行费以及停车费（甚至包括拥堵收费或拥堵时间损失费用）等，对于轿车拥有者来说，机会成本包括政府对选择公共交通出行的交通补贴以及公共交通准时、经济的好处等。

2）固定成本与可变成本

交通运输的固定成本是指在一定的生产规模内不随所提供的交通运输服务的数量变动而变动的费用，如交通运输基础设施（运输线路、港、站等）的折旧费、运输设备和工具（车、船、飞机等）的折旧费、交通运输企业的管理费、保险费、借贷资本的利息等。交通运输的可变成本是指随着交通运输服务的数量变动而引起变动的消耗，如燃料、物料、动力等费用的支出，以及直接生产工人的工资等。交通运输是一种资本密集型产业，在许多情况下，交通运输企业的固定成本在总成本中所占的比重要远远高于其可变成本。

3）联合成本与共同成本

在交通运输生产过程中，当提供一些交通运输产品的同时，以某一比例生产出另一些交通运输产品时，就存在着联合成本与共同成本，当两者保持固定的比例时就是联合成本，比例不固定时就是共同成本。从概念上来说，联合成本是指在一个生产过程中同时出现两种或两种以上的产品时所发生的生产成本；而共同成本的出现则往往意味着多种产品的生产正在使用同一种不可分离的资源。

联合成本是与可分成本相对立的成本，是指在未分离前的联合产品生产过程中发生的，应由所有联合产品共同负担的成本。联合产品是指用同一种原料，经过同一个生产过程，生产出两种或两种以上的不同性质和不同用途的产品，这些产品不仅在经济上有重要的意义，而且属于企业生产的主要产品。联合成本是由多个产品或部门共同负担的成本，因此属于相关成本，决策时应予以考虑。联合成本在交通运输业的实例如铁路、公路、水路运输过程中的空车、空船回程所发生的成本等。

共同成本是与专属成本相对立的成本，是指应当由多个方案共同负担的固定成本或混合成本，如多用户共同使用公共道路所涉及的成本等。由于它的发生与特定方案的选择无关，因此，在决策中可以不予考虑，也属于比较典型的无关成本。如在企业生产过程中，几种产品共同的设备折旧费、辅助车间成本等，都属于共同成本范畴。在进行方案选择时，专属成本是与决策有关的成本，必须予以考虑；而联合成本则是与决策无关的成本，可以不予考虑。

当联合成本与共同成本存在时，综合运输过程中各种运输产品的成本往往要比单一运输产品的成本低得多，比如，煤炭等大宗货物“公铁联运”与“水陆联运”、跨区域旅客运输的“空铁联运”、城市通勤交通出行的“地铁+公交”和“P+R”模式等。这就是交通运输业中的“多产品经济”，运输业与运输部门要尽可能组织合理运输，以便利用联合成本或共同成本创造更大的经济效益。

4）私人成本与社会成本

私人成本也称直接成本或内部成本，是指企业或个人购买各种生产要素及其他投入而支付的货币。私人成本主要包括两方面内容：① 外显成本，也称直接成本，是指企业购买各种生产要素及其他投入而支出的货币，如购买运输设备的费用、管理人员的工资、燃料费用等；② 隐含成本，也称内在成本，是指企业所使用的与自然资源相联系的成本，主要包括运输企业拥有的资本、土地资源等。由于交通运输业的外部性特征，在生产和消费过程中会产生一定的“外部成本”。不同于狭义角度的企业或个体的财务成本，城市交通运输的社会成本就是基于外部成本视角来衡量的所谓广义成本。

社会成本是指包括私人成本在内的全社会和公众承担的成本，由私人成本和外部成本构成。即：社会成本=私人成本+外部成本。

运输成本具有的特殊性，除了交通运输企业承担的私人成本，还有由社会承担的外部成本，即交通运输企业的生产过程及其发展给社会造成的环境污染和破坏、稀缺或不可再生资源的消耗等，以及由消费者承担的交通拥挤成本等。

5）边际成本与平均成本

交通运输边际成本表示每增加单位产出所需要增加的消耗，其计算公式和经济学中成本的计算公式相同。例如，交通运输企业运输 1 000 位旅客的总成本为 3 000 元，如果运输 1 001 位旅客的总成本为 3 001 元，那么，运输第 1 001 位旅客的边际成本为 1 元。

平均成本是指产出单位产量所需要的费用，也就是：平均成本=总成本/产量。总成本由固定成本和可变成本组成，平均成本同样由平均固定成本和平均可变成本组成。

6）短期成本与长期成本

短期成本是指厂商在短期内生产一定数量产品需要的成本总额，它是短期内每一产量水平的固定成本和可变成本之和。短期成本与长期成本不是相对于时间而言的，而是相对于运输生产规模而言的，短期运输生产成本是指在特定运输生产规模下的成本，所谓短期，是指在这期间厂商不能调整其生产规模，即在厂商投入的全部生产要素中，只有一部分生产要素是可以变动的，其他部分则固定不变。例如，在短期内厂商可以调整原料、燃料及生产工人数量这类生产要素，而不能调整厂房、设备等生产要素。

长期成本是指生产规模发生变动时的成本，是在规模可以变动，各种生产要素数量都可以变动的情况下，生产一定数量产品必须花费的可能的最低成本。所谓长期，是指所有投入品都是可变的时间期限。在长期中厂商可以全部改变它所使用的资源，如生产规模可变，机器、厂房、设备这些要素和劳动、原材料等共同组成变动要素，其支出也和劳动、原材料支出共同组成变动成本。

2. 城市交通运输成本概念

城市交通运输的目的是完成城市中人或物的有效位移，为实现人或物的位移，必须借助城市道路、轨道交通、车站、机场、港口、航道以及相应的交通工具，并通过政府、社会、企业等所提供的相关运输服务来完成。所以，经济学意义上的城市交通运输成本是指人们为了完成人或物的位移所应当支付的经济支出。然而，城市交通运输消费并非简单的出行者个人消费或货物运输消费，尤其是机动化出行，由于其占用了道路空间、城市土地，以及运输过程中排放尾气、噪声污染、引起交通事故等，带来很多需要全社会承担的成本和影响。运输成本相应地被扩展到出行者或者货物运输直接承担支付的货币支出以及并未完全包含在相关票价或税费中的非货币支出上。由此，城市交通运输成本可以分为广义城市交通运输成本和狭义城市交通运输成本。

广义城市交通运输成本是指出行者或货物运输所应当支付的全部成本，包括货币支出和非货币支出的成本。其中货币成本包括车辆成本与运输成本两部分；非货币成本包括出行者自身或者货物运输付出的时间成本、舒适性成本等。对于出行者来说，时间成本主要包括乘车时间成本、候车时间成本和换乘时间成本等；舒适性成本是指出行者在整个出行过程中消耗的体力及其所感受到的舒适程度的货币价值。对于货物运输来说，时间成本主要包括线路运行时间成本、中转换装时间成本等。

狭义城市交通运输成本是指其中的货币成本部分，指的是居民出行或者货物运输过程中支付的货币成本。狭义城市交通运输成本一般比较容易统计和计算，主要包括：车票费、燃油费（含税）、过路过桥费、停车费、装卸搬运费、企业税费、设备维修费、车辆与人员保险费以及司乘等生产人员工资或劳务费等。

6.2.2 城市交通运输成本的构成

1. 交通运输成本的构成

由于交通运输主要包含固定设施和移动设备，因此交通运输业所使用的资本被划归为固定设施成本和移动设备成本两部分，这对城市交通运输成本的类别划分具有重要的意义。交通运输业的固定设施一般是指交通运输基础设施，比如，线路、站场、枢纽等，这些基础设施一旦建成就不能移动，而且这些基础设施一般不能直接单独提供交通运输服务；交通运输业的移动设备（或称载运工具）是指具备可移动性的交通运输工具，如轿车、公共汽（电）车、列车、飞机、船舶等，这些运输工具一般借助固定设施直接提供交通运输服务，它们显然也可以根据需要在不同地区或不同运输市场之间转移。交通运输业资本的这种特性，使得城市交通运输成本的分类与其他行业分类有所不同，即除了按照前述生产要素的类别、与产量变化的关系以及时间长短划分，城市交通运输成本还要特别地划分为固定设施成本、移动设备拥有成本和运营成本三个部分，这样更有利于认识城市交通运输成本。

由于不同交通运输方式的特征不同，各种城市交通运输成本中固定设施成本、移动设备拥有成本和运营成本各自所占的比重或涉及的程度是有差别的，其相应部分伴随着产量的不变性或可变性也是不一样的。而且，这种不变性或可变性还要根据使用者的具体身份（交通运输企业或个人）来确定。因此，交通运输业的三种成本划分与产量变化的关系交织在一起，再加上交通运输经营者和使用者的多样性，使得分析城市交通运输成本具有较大的难度和挑战。

1）固定设施成本

固定设施是指那些不能移动的交通运输基础设施，是完成交通运输任务的基础，如铁路的轨道、公路运输系统的道路、城市道路、铁路和地铁的轨道、场站枢纽、港口（码头）、河道与机场等。固定设施对每种交通运输方式都是必不可少的，例如，汽车运输需要不同等级的公路、城市道路、场站、停车场等固定设施。有些固定设施本身就可提供相应的交通运输服务，如管道运输，但在大多数情况下，固定运输设施的所有者与交通运输服务的直接提供者是分离的，如道路运输系统的道路与汽车运输企业、航空公司与机场、航运公司与港口码头等。

固定设施的投资被认为是一种沉没成本，因为这些设施一旦建成就不能再移动，而且在一定程度上不能被用于其他用途。例如，城市道路被废弃时，原有的路基几乎无法改作其他用途。从这一点上来看，已经形成固定设施的投资可以视为没有机会成本，原因是该资源已经没有再被用于其他用途的机会。由于固定设施在地理区域上的位置固定，这就决定了它只能被一部分人或货物利用，而其他人或货物无法利用或者利用成本过高。也正是由于这个原因，在运输系统中常常会有一部分固定设施出现拥挤现象，比如城市核心区道路，同时，也会有另一部分固定设施被闲置的现象，比如，市郊道路等。

固定设施除了起初的投资建设，还需要在使用寿命期间内进行养护及维修，因此，固定设施成本还包括养护、维修及其他使用成本。与投资相比，这些固定设施的剩余费用比较少，其中有些费用与使用这些固定设施提供的交通运输量关系不大，属于固定成本。另一些费用则可能与交通运输量的多少有密切联系，因此，被认为属于变动成本。

2）移动设备拥有成本

除管道外，所有的交通运输方式都需要使用移动运输设备来完成旅客与货物的空间位移。城市交通运输工具的拥有成本大体分为三部分，即与公共汽（电）车、轿车、轨道交通车辆、公司班车或出租车等的添置投资有关的费用、部分折旧费用和载运工具维护费用。交通运输工具的这三种拥有成本在不同交通运输方式中所占的比重和计算方法是有差别的，甚至交通运输工具维护费用是属于交通运输工具的拥有成本还是运营成本，尚缺乏统一标准。

拥有移动性交通运输工具并为此而支付成本，是交通运输业的重要经济特点之一，这种成本与这些设备的使用强度没有直接关系。在交通运输企业的运输工具拥有成本中，与添置设备所需投资有关的成本由资本市场决定，而由交通运输工具供求关系所决定的机会成本则可以通过这些设备的租赁或转让市场价格得到体现；交通运输工具的折旧费提取和维修费用发生如果与这些设备的使用工作量无关，也可以看作它们的拥有成本。

各种交通运输工具都有自己的使用寿命，其价值在使用期内会逐渐转化为城市交通运输成本，因此使用寿命决定着交通运输工具的折旧过程。有些交通运输工具的使用寿命是以年限计算的，在这种情况下，交通运输工具的折旧转移成本与其使用中所提供的交通运输量没有直接关系，是每年或每月固定的成本。还有些交通运输工具的使用寿命是以行驶里程计算的，在这种情况下，交通运输工具的折旧转移成本就与其使用中提供的交通运输量直接有关，属于变动成本。

由于这些交通运输工具可以根据需要在不同的运输市场之间、甚至不同用途之间转移，因此在转移运输工具上的投资不属于沉没成本。各种交通运输方式都具有自己的市场价格，其中既有新车的市场价格，也存在很多交通运输工具的二手市场价格。

3）运营成本

在交通运输企业的运营成本中有两类是直接与交通运输量相关的变动成本，一类是直接运营人员的工资，另一类是交通运输工具消耗的燃料。由于这类成本与交通运输量正相关，因此，交通运输量越大，直接运营成本越大。除了这些直接与交通运输量相关的变动成本，交通运输企业一般还需要配备若干辅助人员和管理人员，这些人员的工资以及所需要的工作开支属于间接运营成本。间接运营成本的一部分是与交通运输量有关的变动成本，而第一部分与交通运输量变动关系不大。而对轿车来说，轿车的运行成本中并没有包括驾车人的人工成本，但这并不意味着自己驾车的时间没有价值。当车流增加到一定密度以上，道路交通拥挤时，驾车的边际成本就增加得十分明显，而且这些增加的成本绝大部分要由在该路段上的所有车辆共同承担。

2. 各种城市交通运输方式运输成本的构成

由于城市交通包含不同的交通运输方式，每种交通运输方式的成本构成也不尽相同。

1）公共交通运输成本的构成

（1）公共汽（电）车运输成本构成

公共汽（电）车的固定成本主要是指公共汽（电）车购置费用、场站建设费（首末站、停车场和保养场等）或租金等费用。

公共汽（电）车的运营成本是指公共交通企业在生产经营过程中发生的各项成本，主要包括人工成本、燃料成本、保修材料费用、轮胎费用、折旧费用、事故损失费用、运营业务费用、运营间接费用等，这些成本可以列入运营成本、期间成本和营业外支出。其中，公共汽（电）车企业运营成本可以细化成以下几个方面。

① 工资总额。实行工效挂钩的公交企业，企业应根据财政局核定的双挂钩效益指标（运营收入、载客里程）的比例计提工资，工资增长幅度应当低于本公司的经济效益增长幅度，员工实际平均工资增长幅度应当低于本企业劳动生产率增长幅度。

② 福利费用。根据员工工资总额，按一定比例计提员工福利费。

③ 社会保险费用。按上年度工资额的一定比例缴纳的费用。

④ 住房公积金。按上年度工资额的一定比例缴纳的费用。

⑤ 折旧费用。包括运营车、公务车、工程车、管理用具、生产设备等的折旧费用。

⑥ 燃料费用。根据运营车辆所消耗的汽油、柴油、液化气的实际成本进行计算。

⑦ 保修费用。指企业内部维修单位的生产工人、管理人员的工资及其提取的员工福利费、保修用材料费、外部加工费用、车间经费和电池费用等。

（2）城市轨道交通运输成本构成

① 固定设施成本。与其他运输方式相比，城市轨道交通运输的投资巨大。城市轨道交通运输固定设施部分主要包括地铁轨道、车辆段、停车场、车站中的相关设施（空调通风、给排水和消防、自动扶梯、控制设备）等。城市轨道交通运输固定设施建成后，无法在空间上转移和用于其他用途，或者说其投资固定设施的机会成本几乎为零。

从城市轨道交通运输投资构成来看，主要包括前期工程成本、土建工程建设成本、设备工程费用、其他费用等。城市轨道建设投资中，大多数投资都用于不可移动的固定设施，轨道交通运输固定设施成本占轨道交通运输总成本的比例达 50%以上。可以移动的车辆部分费用占总成本比例相对来说较小。

② 运输工具成本。城市轨道交通运输通过运输工具在轨道基础设施上移动来实现交通运输活动，完成人或货物的位移。因此，相比轨道等固定设施而言，运输工具是可以移动的，也是实现交通运输对象空间位移的“活跃”因素。城市轨道交通运输工具的拥有成本大体可以分为三个部分，即与车辆购置有关的费用、部分折旧费以及运输工具维护费用。

③ 运营成本。运营成本是城市轨道交通运营企业在生产经营过程中实际发生的与运营生产直接有关的各项支出费用。城市轨道交通运营成本主要包括营运成本、建设资金贷款利息，其中，营运成本是轨道交通运输营运生产过程中实际发生的与营运生产直接有关的各项支出；建设资金贷款利息是为筹集建设资金而付出的代价。实际上，城市轨道交通的运营成本远远不止营运成本、建设资金贷款利息等内容，其成本可以进一步划分为与人员工资相关的费用、运营能耗、生产维修费、营运费、管理费用、主营业务税金及附加、市场营销费等 7 部分费用。

（3）出租车运输成本构成

出租车运输成本是指为乘客服务所支付的费用总和，是出租车营运中消耗的生产资料的价值和劳动者为自己创造的价值的货币表现。

根据我国出租车行业的特点（一般城市出租车所有权在出租车企业，员工向出租车企业租赁出租车使用权或采取内部单车承包经营方式），出租车成本构成可以从出租车拥有企业和租赁出租车进行运输服务的人员这两个方面进行划分。出租车拥有企业的成本构成一般包括办公场地的建设或租赁费用、车辆购置费用、营运生产过程中的费用、管理费用和财务费用等。办公场地的建设或租赁费用一般指出租车停放、管理花费的费用；出租车的车辆购置费用一般包括裸车价、购车附加费、计价器支出、防护网、顶灯等的购置费用；营运生产中的费用包括企业在营运生产过程中实际发生的车辆折旧费、修理费、燃料费、保险费等；管理费用包括管理人员工资、职工福利费、办公费、办公用固定资产折旧费、修理费、物价消耗、低值易耗品摊销、工会经费、职工教育经费、退休统筹、失业保险金、大病统筹、住房基金、审计咨询费、其他税金、无形资产摊销、业务招待费、广告费、坏账准备金等；财务费用主要包括企业在营运生产期间发生的利息支出（减利息收入）等。

从租赁出租车进行运输服务的员工角度来看，出租车运输成本主要由燃油费、维修费和承包费等费用构成。在出租车运输成本支出中，由于出租车消耗大量油气等资源，燃油费是其成本构成的主要要素，燃油消耗成本在出租车成本构成要素中属于直接变动成本，它不仅与行车距离相关，还取决于燃料价格与单车行驶里程，单车行驶里程受道路阻塞状况及司机工作时间的制约；维修费是指租赁出租车进行运输服务的员工在营运过程中对车辆进行维修费用的总和；承包费相当于车辆租赁费和管理费用的总和，车辆租赁费来源于我国绝大多数城市实施的出租车特许经营方式，出租车公司统一购车、统一申办运营证及相关手续，租赁出租车进行运输服务的人员向出租车拥有企业缴纳租赁费。

2）轿车运输成本构成

目前，在研究轿车出行成本构成的问题时，往往考虑轿车使用成本、道路基础设施使用成本、出行时间成本和拥堵收费成本。有学者在研究轿车的出发时刻选择问题时，将轿车出行的成本定义为包含固定成本、出行时间成本和惩罚费用成本在内的总成本。

（1）固定成本

轿车的固定成本一般包括两个方面的内容：① 不随出行次数和强度的变化而变化的成本，如提前支付的车险费等；② 随出行强度和出行里程的变化而变化的成本，如燃油费、轮胎磨损费、车辆保养维修费、路桥使用费等。前者可通过调查统计数据计算，而后者的计算相对复杂。

① 燃油消耗成本。燃油消耗成本会受到汽车发动机的功率、油耗率、城市道路的等级、交通流量及交叉口类型等因素的影响。其中，城市道路等级和交通流量对油耗产生影响是由于道路交通特性发生变化时，汽车发动机的功率和转速会发生变化。汽车油耗成本在轿车运行成本中占有较大比例。

② 路桥使用成本。路桥使用成本主要是针对城市收费道路和高架桥而言的。由于政府财政资金不足，一些城市的特大桥以及通往机场的道路采用贷款或商业化融资的模式修建，因此，我国的很多城市都相应出台了路桥通行费的收取和管理规定，对强行通过收费站的机动车予以一定惩罚措施，如武汉、杭州、青岛等城市的跨江、跨海大桥。

③ 拥堵收费成本。拥堵收费是目前国外一些城市针对因轿车出行需求量大而导致交通拥堵、出行条件恶化所采取的一种有效交通需求管理（TDM）经济手段。这些国家针对交通流量较大、道路通行能力有限而导致的交通拥堵情况，通过分地区或路段、分时段实行拥堵收费策略，这种策略的最终目标是使交通的需求量能够在城市交通路网上得以合理分配，并且鼓励居民合乘出行或者乘坐公交出行，从而有效地缓解交通拥挤并解决交通拥堵问题。

（2）出行时间成本

出行时间成本其实也可看作一种机会成本，它是出行总成本的重要组成部分，是指出行者由出发地到目的地在交通路网上所消耗的时间的货币表现形式。通常与出行距离、出行的刚性或弹性、处理事务的紧急程度、出行者自身的职业和性别、出行目的以及不同地区的社会经济水平等因素存在一定的联系。

一般来说，时间成本的大小与出行的目的有关系，即商务出行与私人活动的时间成本是不一样的。私人活动的时间成本一般与个人的收入水平有很大关系，可以用出行中花费的时间与人均每小时的收入乘积表示。

$$C = K_1 \cdot T \tag{6-10}$$

式中：C——出行时间成本；

K_1——人均每小时的收入；

T——出行中花费的时间。

而公务出行成本计算相对来说比较复杂，主要用出行人员平均每小时的劳动生产率与出行花费的实际时间乘积来表示，其计算数据收集比较困难。

（3）惩罚费用成本

惩罚费用成本是指使用轿车出行的出行者由于早于或者晚于期望时间到达目的地而产生的那部分成本。出行者每天因上下班往返于居住地和工作地之间，就上班而言，所有的出行者都想在上班时刻准时到达工作地，但就现实情况来说，因其受到道路通行能力、交通路况等因素的限制，这种理想状况通常是不可能完全实现，总存在一些人会早于或晚于上班时间到达，因此而产生的费用即惩罚费用成本，一般只计算由于交通出行延误给出行者工作、生活方面造成额外的经济损失。

6.3 城市交通运输成本的分析与计算

6.3.1 城市交通运输成本的特点与影响因素

1. 城市交通运输成本的特点

城市交通运输是一个特殊的生产部门，它不仅不生产有形的物质产品，还在生产和组织管理上有着不同于其他部门的特点，因而运输成本与生产物质产品的工农业生产部门的生产成本相比，具有以下特点。

① 交通运输业不生产有形的物质产品，其产品是旅客或货物的位移，因而在其成本构成中不像一般的工农业产品那样消耗原材料，交通运输业只消耗相当于原材料那部分流动资本

的燃料、能源等。

② 交通运输业的产出是提供交通运输服务，不是有形的产品，而且生产过程和消费过程是同时进行的，交通运输产品不像其他一般的工农业产品那样可以储存，因而存储费用一般在运输成本中是不存在的。

③ 在一般的生产性行业中，销售费用在其总成本中占有相当大的比重，有的产品销售费用甚至大于其生产费用，而交通运输产品销售费用较少，因为交通运输企业的生产过程就是其提供交通运输服务的过程，交通运输企业的生产成本就是其提供交通运输服务的成本。

④ 交通运输业是资本密集型产业，固定成本投入巨大，回收期长。这是因为交通运输业的发展需要大量的固定资本投入，以增建交通运输线路、港、站、枢纽等交通运输基础设施，并耗费大量资金购置交通运输设备，因而在交通运输企业的总成本中，固定成本占的比重巨大，而其他生产部门投入的固定成本可能只占其总成本很小的比重。

⑤ 一般的工农业产品生产过程中，生产成本的高低与生产出来的产品数量直接相关。交通运输产品生产则不同，尽管它的生产成果是以它完成的运量和周转量来衡量的，其经济效益又体现在以“吨（人）•公里”为计量单位的劳动消耗上，但其生产耗费的多少，主要取决于车、船运行距离的长短，而不是完成周转量的多少。因此，车、船里有空驶存在，完成的周转量与实际的交通运输消耗往往不完全是一回事。

上面对运输成本特点的分析，是相对于一般的工农业生产部门而言的，体现运输成本与其他生产性部门生产成本的不同。而在分析各种交通运输方式时，由于各种交通运输方式的特征不同，如果具体到每种交通运输方式，则各自又有其成本特性。

2. 城市交通运输成本的影响因素

在不同交通运输方式的交通运输活动中，影响各种交通运输方式单位运输成本的因素有多种，其中最主要的三种因素是规模、运输距离、装载率。

1）城市交通运输成本与城市交通运输规模的关系

规模经济是人们较为熟悉的概念，规模经济的理论基础是规模报酬法则，其一般含义是在经济活动中因投入要素的规模不同导致报酬的差异，而且具有规律性。一般而言，在投入要素规模较小时，报酬增加的幅度大于要素投入增加的幅度，表现为规模报酬递增；要素投入增加到一定规模后，继续增加要素投入会产生相反的结果，即表现为规模报酬递减。

规模经济是交通运输业的基本经济现象，特别是具有垄断性的公共交通运输产业。交通运输业的规模经济实质就是随着交通运输规模的增大，单位运输成本降低。在交通运输业中，每种交通运输方式都有规模经济的问题，即适度的规模可以使运输成本达到最低。运输成本由固定成本和变动成本组成，固定成本与交通运输活动无关。因此，虽然运输总成本随着运输距离增加而增加，但其固定成本分摊到单位交通运输距离的成本随距离的增加而减少，从而使单位运输成本降低，即运输成本率递减规律。

城市各种交通运输方式的载客率或载货率也属于规模经济问题，随着车辆载客能力和载重吨位的增加，单位运输成本必然降低，其原因就是大型车辆的人工费、燃油费等费用相对于小型车辆更为节省，有较高的设备产出率。

交通运输的规模经济除了上述载运工具的规模，还有基础设施的规模，如城市道路系统、轨道交通线网、交通场站枢纽系统等。此外，在既定交通运输线路上，交通运输线路交通流密度或交通运输强度的大小也可以归结为规模经济问题，如我国的运煤专线大秦铁路，客运专线京津城际、京沪、京广高速铁路等。

2）交通运输成本与运距的关系

由于各种交通运输方式的技术经济特征不同，每种交通运输方式都有其合理的交通运输范围，一般来说，航空运输与海洋运输最适合长距离运输，铁路和内河最适合中长途运输，公路运输适合短途运输。在经济合理的交通运输范围内，各种交通运输方式的每人公里、每吨公里的运输成本则随着距离的增加而呈现出递远递减的规律。这是因为按运输成本与距离的关系，交通运输作业中的发到作业与中转作业不与交通运输距离发生关系，但是在总成本中的发到作业、中转作业的费用和运行作业的费用一样，都要平均分摊到每吨公里、每人公里的货物或旅客上，因而随着距离的延长，分摊到每人公里、每吨公里上的与交通运输距离无关的成本也就越来越少，单位运输成本也就越来越低，如轨道交通、民航、水运等。

另外，即使在同一种交通运输方式中，由于交通运输设备的大小和性能不同，它们也有自己经济合理的交通运输范围，在一定的距离范围内，延长交通运输距离可以降低运输成本，但超过合理的交通运输距离，延长运输距离要增加运输成本。如道路运输车辆、铁路的客货列车等，当交通运输距离超过一定的范围时就存在单价递增问题，过长或过短运输距离，出行经济合理性欠佳，如北京等大城市随着轿车大规模进入家庭，也出现了出行距离在 3 km 以下轿车出行比例增加的出行结构不合理现象。因此，不仅是每种交通运输方式，而且每个具体的交通运输生产过程，都有其交通运输工具的规模与交通运输方式合理搭配的问题。

3）运输成本与装载率的关系

各种交通运输方式下的交通运输设备，其运行成本的高低，都与装载率有密切的关系，其中，船舶、汽车、飞机的装载率对运输成本的影响是最为明显的。一般情况下，在额定的装载量范围内随着装载率的增加，单位运输成本会下降，这是因为无论是铁路、轨道交通、船舶、汽车还是飞机，从半载到满载的总成本并不会增加很多，因为设备磨损并无差别，况且运输成本中人工费和维修费几乎是不变的，虽然燃料费会有所增加，但由于交通运输设备自重的影响，燃料费并不是同等比例增加的，所以平均运输成本是装载系数的函数，它随着装载系数的提高而降低。

正因为如此，交通运输企业若想提高经济效益，应尽可能使交通运输设备满载运行，如在水路运输中要对船舶进行科学配载，以便充分利用舱容和载重力，避免因亏舱而造成的成本上升。在铁路运输中，交通运输设备的满载运行除了充分利用车辆的容积和载重能力，还要使机车的牵引力与牵引列车载重量匹配，以降低运输成本，增加企业效益。

6.3.2　城市交通运输成本分析

实现交通运输对象的空间位移是交通运输的主要任务，可以说交通运输距离是影响运输成本的重要因素之一。另外，载运工具运用的效率、劳动生产率的高低以及燃料、材料的节约或者浪费最终都会影响运输成本。加强对运输成本的分析，可以及时了解交通运输生产过程中各项费用的节约和超支情况，找出运输成本发生变化的影响因素及各种因素的影响程度，加强经济核算，进一步提高交通运输企业的现代化管理水平。

1. 城市交通运输总成本、平均运输成本、边际运输成本

在城市交通运输成本分析中，经常用到交通运输总成本、平均运输成本和边际运输成本。

城市交通运输总成本是指交通运输企业为提供某种交通运输服务所消耗的成本总额，由固定成本与变动成本两部分构成。

平均运输成本是指单位运输工作量所消耗的费用。

平均运输成本 =城市交通运输总成本/交通运输工作量
=（固定成本+变动成本）/交通运输工作量　　（6－11）

边际运输成本是指增加单位交通运输工作量所增加的交通运输总成本。

边际运输成本=城市交通运输总成本的增量/交通运输工作量的增量　　（6－12）

2. 城市交通运输成本函数

城市交通运输成本函数是用于反映交通运输服务的生产量与其投入量之间关系的函数。城市交通运输成本函数主要依赖于交通运输企业的生产函数和其投入要素的市场供给函数。生产函数表明城市交通运输的投入量与产出量之间的关系，这种关系同投入要素的价格结合起来，就决定了城市交通运输服务的成本函数。比如，公路汽车运输成本函数，除了购置车辆的固定成本分摊，主要是燃油费、人工费、车辆保险费、维修费、税费等费用支出项目。就交通运输企业来讲，如果企业投入要素的价格在整个运营期内保持不变，成本与运量之间就存在正比关系。根据经济学的生产函数理论，当交通运输生产的规模收益率不变时，成本函数是一个线性函数，它表示交通运输服务的投入量每增加一倍，交通运输服务量也增加一倍。由于投入要素价格不变，投入量增加一倍，就使交通运输总成本增加一倍。

3. 短期平均运输成本曲线

短期平均运输成本曲线是指短期内交通运输企业规模不变时的成本曲线。对交通运输企业来讲，每个运量水平上的运输总成本是全部固定成本与全部可变成本之和，如图 6－5（a）所示，单位交通运输工作量成本曲线是总运输成本除以交通运输工作量的结果，如图 6－5（b）所示。

从图 6－5 可以得出短期平均运输成本的几个重要特征。

首先，运输总成本曲线的形状完全取决于可变成本。也就是说，在每一运量水平上，运输总成本曲线的斜率和可变成本曲线的斜率完全相同；固定成本只是把运输总成本曲线转移到较高水平上。这意味着边际运输成本同固定成本完全无关。由于边际运输成本是因运量增减而发生的运输成本变动，而固定成本与运量增减无关，因此，固定成本的变化不影响边际运输成本。

其次，总可变运输成本曲线 VC 的形状以及总运输成本曲线 TC 的形状在很大程度上取决于运输生产中使用的可变投入要素的运输生产率。图 6－5（a）中的总可变运输成本曲线在达到运量水平 Q_1 之前按递减速率上升，之后按递增速率上升，假设可变投入要素的价格固定不变，这就意味着可变投入要素的边际生产率首先递增，然后递减。换句话说，可变投入要素

在 O 与 Q_1 的运量范围内出现递增的收益率，然后又出现递减的收益率。

再次，由于各种交通运输企业的固定投入要素都是按一定的运输生产水平设计的，在运量水平低于这个设计能力时，各种固定投入要素可被充分利用，从而运量的增长率可能高于可变投入要素用量的增长率。在运量水平高于这个设计能力时，固定投入要素的利用超过了限度，收益递减规律开始起作用，运量的增长率就低于可变投入要素用量的增长率，例如，道路运输系统，当实际运量水平超过设计通行能力时，不仅会造成拥堵，通行效率下降，超负荷的运行（特别是以大型货车为主的情况下）还会加速道路桥梁的损坏，从而增加养护维修成本。再比如，我国每年的春运高峰期，由于客流量在短时间内成数倍增加，导致铁路客运系统超负荷运行，同时为保证客运正常进行，大幅减少货运列车开行数量，从而导致边际运输成本增加，收益下降。

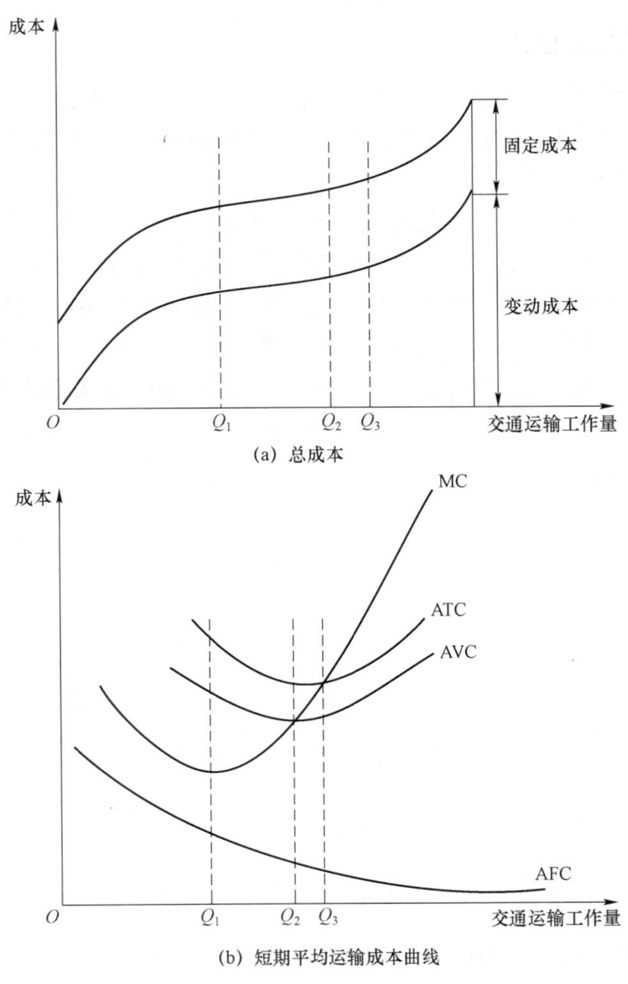

图 6－5　短期平均运输成本的特征

最后，平均运输成本曲线 ATC 也显示出短期运输成本与可变投入要素的生产率之间的上述关系。边际运输成本 MC 首先在运输生产率递增的范围内下降，然后上升，这就使平均可变运输成本曲线 AVC 和平均总运输成本曲线 ATC 都呈现 U 形。同时也可以看到，边际运输成本曲线 MC 首先迅速下降，其降低率高于平均可变运输成本曲线 AVC 相交于它们的最低点上，即图 6－5（b）中的 Q_2、Q_3。出现这种情况的主要原因是当边际运输成本低于平均运输成本时，即边际运输成本曲线位于平均运输成本曲线下方时，平均运输成本曲线必然受边际运输成本曲线的影响而下降；当边际运输成本高于平均运输成本，即边际运输成本曲线位于平均运输成本曲线上方时，平均运输成本必然受边际运输成本的影响而上升；当平均运输成本最低时，边际运输成本正好等于平均运输成本，两条曲线相交于平均运输成本曲线的最低点。也就是说，边际运输成本上升，平均运输成本也上升；边际运输成本下降，平均运输成本也下降；只有在两者相等的时候，平均运输成本才既不上升也不下降，因此，边际运输成本曲线穿过平均运输成本曲线的最低点是必然的。

4. 长期平均运输成本曲线

从长远的观点来看，交通运输企业没有任何固定的约束，从而运输成本不存在固定成本和可变成本之分，也没有长期固定成本曲线。这是因为在生产规模发生变动的情况下，所有的投入要素都会发生变动。

为方便叙述，图 6－6 绘出了某交通运输企业四个不同阶段、不同生产规模下的短期平均运输成本曲线 SAC_1、SAC_2、SAC_3、SAC_4。在第一阶段 O 至 Q_1 的运量范围内，该企业的短期平均运输成本曲线 SAC_1 较低；在第二阶段 Q_1 至 Q_2 的运量范围内，该企业的短期平均运输成本曲线 SAC_2 较低；在第三阶段 Q_2 至 Q_3 的运量范围内，该企业的短期平均运输成本曲线 SAC_3 到达最低；在第四阶段超过运量 Q_3 时，该企业的短期平均运输成本曲线 SAC_4 最低。该企业应根据这一阶段运量情况决定企业的生产规模。

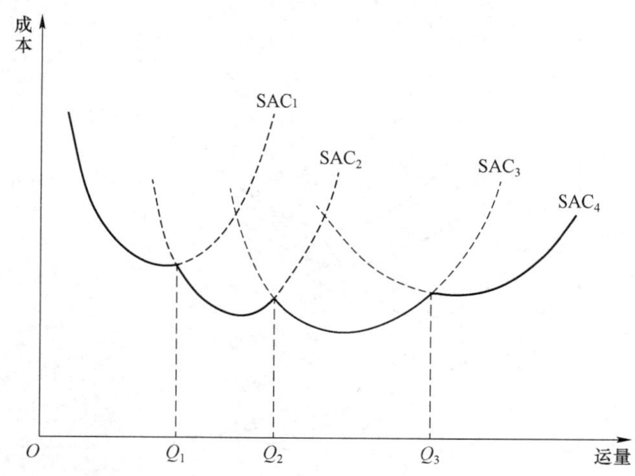

图 6－6　某交通运输企业四个不同阶段、不同生产规模下的短期平均运输成本曲线

图 6－6 中每条曲线的实线部分表示该交通运输企业四个不同阶段、不同生产规模下的短期平均交通运输成本曲线。如果该企业在不同发展阶段，连续不断地进行生产规模调整，并且两次调整之间的运输生产规模相差幅度不大，就可以绘出一条长期平均运输成本曲线 LAC

同每条短期平均交通运输成本曲线 SAC 相切，如图 6－7 所示，长期平均运输成本曲线 LAC 切于短期平均运输成本 SAC 曲线的较低部位。

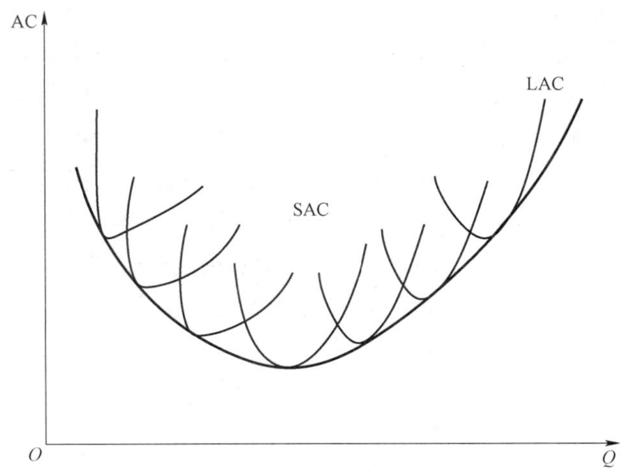

图 6－7　长期平均运输成本曲线与短期平均交通运输成本曲线

长期平均运输成本分析可以为交通运输企业制订长期生产计划提供依据。在长期内，交通运输企业根据下一阶段运量计划调节投入要素，建立一种适度的生产规模，以保证成本最低，利润最大；一旦城市交通线网、运输场站枢纽等投入要素增加，运输生产规模形成，则交通运输企业就只能按照已形成的生产规模组织运输，特别是城市轨道交通系统等，必须按照此生产规模所决定的基本运输能力去运行，并负担由此产生的运行成本，因此，交通运输企业是在长期中计划，在短期内运营，所以，长期平均运输成本曲线也称成本计划曲线。

6.3.3　城市交通运输成本计算

城市交通系统是由城市道路基础设施、公共汽（电）车场站设施、出租汽车场站设施、轨道交通基础设施（包括轨道线路上部建筑、通信线路和设备等），以及用于交通运输的运载工具等组成的整体。由于城市交通系统是一个复杂的大系统，因此，准确计算城市交通运输成本有一定的困难。

1. 城市交通运输社会成本计算

1）城市交通基础设施的建设成本计算

简单来说，城市交通基础设施的建设成本，即城市交通基础设施的年折旧值，可根据历年各交通基础设施的投资额，采用年限平均法计算得到。对于处在大发展阶段的城市来说，道路、轨道交通、场站枢纽等基础设施建设的投资力度都在加大，在这种交通基础设施大建设时期，当年的交通基础设施成本需要进行成本的均摊计算。

2）城市交通基础设施维护、运营成本

单就交通基础设施维护、运营成本而言，其计算相对简单，通过对一定时期的相关维护、运营费用直接累计即可得到交通基础设施的维护、运营成本。交通基础设施的维护，包括日常维护保养、专项工程养护、大修工程管理、意外情况下的抢险与恢复、绿化与环境保护、机电设施的维护管理等内容。可以看出，交通基础设施的维护成本中，既有每年进行设施养护和运转的固定费用，也有与交通量有关的考虑基础设施使用强度的专门的维护费用，这类变动成本情况千差万别，更难以科学量化。

3）交通工具的拥有成本计算

不同交通运输方式的交通工具拥有成本，在计算上有所差异，其与车辆税费相关的项目较多。就轿车而言，主要有车辆购置税、车船使用税、养路费、验车上牌照费等，还包括车辆保险费用等。公共汽（电）车、出租汽车还需要注意地方性的税费政策。车辆相关税费主要以政府相关政策为依据，通过一定的原则、方法计算获取。如车辆购置税与车辆购置费用具有一定的比例关系，则可在平均车辆购置费用的基础上，估计车辆购置税；而养路费则按照核定的载客人数进行计算收取。对于全社会车辆保险费用，根据保险费用相关政策与规定、市机动车保险市场的情况，计算典型投保方案的投保费用，与各种车辆相应投保方案的投保数量相乘累计得到。

4）客运交通工具的营运成本计算

客运交通工具的营运成本主要包括燃油费用和维修保养费用。其中，燃油费用是行驶里程与单位燃油费用的乘积，其中平均行驶里程由不同历史年份的交通调查得出，平均油耗通过平均车型和工况得到；而维修保养费用计算比较复杂，数据收集比较困难。

2. 城市交通运输单位社会成本计算

1）城市交通运输单位社会成本计算

城市交通运输单位社会成本是一定时期内全社会客运交通总成本除以一定时期内城市社会客运交通总周转量所得的值，单位为元/人·公里或元/吨·公里。其中，一定时期内城市社会客运交通总周转量可通过交通调查得到数据。一般情况下，城市交通运输单位社会成本以年为计算周期。

2）城市公共汽（电）车的单位社会成本计算

城市公共汽（电）车的单位社会成本是一定时期内公共汽（电）车的社会总成本除以一定时期内公共汽（电）车总周转量所得的值。公共汽（电）车的社会总成本由公共汽（电）车分担的交通基础设施投资、一定时期内的公共汽（电）车年折旧和一定时期内公共汽（电）车的运营成本构成。其中，公共汽（电）车分担的交通基础设施投资，由一定时期内道路交通基础设施的建、管、养社会总投资乘以公共汽（电）车对应的交通资源占有率得到。

3）轨道交通运输的单位社会成本计算

轨道交通运输的单位社会成本是一定时期内轨道交通社会总成本除以当年轨道交通客运的总周转量所得的值。轨道交通运输的社会总成本由轨道交通基础设施的建、管、养费用，轨道车辆购置费用以及其他运营费用累加得到。

4）出租汽车的单位社会成本

出租汽车单位社会成本是一定时期内出租汽车社会总成本除以当年出租汽车客运的总周转量所得的值。出租汽车社会总成本是以下几个成本的累加：出租汽车分担的交通基础设施投资、出租汽车年折旧、出租汽车的营运成本减去与出租汽车相关的道路客运交通税费。其中，出租汽车分担的交通基础设施投资建设成本，由当年道路交通基础设施的建、管、养社会总投资乘以出租汽车相应的交通资源占有率得到。

5）轿车的单位社会成本计算

轿车的单位社会成本是一定时期内轿车的社会总成本除以一定时期内轿车客运的总周转

量所得的值。一般情况下，轿车的社会总成本由轿车分担的交通基础设施投资、一定时期内轿车年折旧、营运成本、出行时间成本等之和，减去一定时期内道路客运交通税费得到。其中，轿车分担的交通基础设施投资，由当年道路交通基础设施的建、管、养的社会总投资乘以轿车交通资源占有率得到。与出租汽车成本原理基本相同，在我国，一般非营运轿车交通基础设施的建设成本目前主要是通过政府收取的车辆购置税、车船使用税，以及燃油价格包含的相关税费，或者高速公路等收费公路的通行费等方式来体现，只是不包括营业税。此外，在国内一些大城市采取尾号限行交通管制政策条件下，燃油型轿车的社会成本还应包括因限行期间的车辆闲置，导致车辆利用率降低带来的相关成本。

3. 出行者支付单位成本计算

出行者支付单位成本的计算可根据数据情况，采用不同的计算方法。一是从出行者支付总成本的角度，由总成本除以周转量得到；二是从出行者支付角度，针对一个典型出行者，分析其单次出行所支付的费用。

1）公共交通出行者支付的单位成本

公共交通出行者是指以普通公共汽（电）车或轨道交通为主要出行方式的出行者。公共交通出行者直接支付成本与公共交通出行者实际支付成本两者相等，包括票款、整个出行的时间（包括乘坐公交工具、候车和公交站点的聚集疏散时间）成本。

2）出租汽车出行者支付的单位成本

出租汽车出行者直接支付成本与出租汽车出行者实际支付成本两者相等，可由在一定出行距离下支付的费用和出行时间成本累加得到。

3）轿车出行者直接支付的成本

轿车出行者直接支付成本是人们最容易感知的成本，也是人们在选择出行时所主要考虑的因素之一，包括当年轿车出行时所交费用、当年轿车燃油成本和当年轿车出行时间成本。轿车出行者实际支付成本，在轿车出行者直接支付成本的计算基础上，加上当年轿车的购置成本、当年轿车所交税款和当年轿车维修成本得到。

6.4 城市交通运输成本分析中的广义费用

6.4.1 广义费用的概念

广义费用是指某种产品生产和消费过程中直接或间接所涉及的一切耗费。广义费用的概念最初来源于经济领域，是由对“费用”或“成本”的不同认知视角产生的，其最早的含义是指企业因生产经营活动或其他活动而发生的全部经济利益的总支出。比如，某一经济体的内部、外部成本；某种生产要素的财务核算成本及机会成本；生产或消费活动过程中直接产生或间接产生的费用等。

在交通运输领域，广义费用是交通运输方式效用或效益综合分析评价体系的一个重要因素，也是交通出行过程所发生或付出直接财务成本与间接机会成本的整体概念。例如，在出行规划中分析计算广义费用时，一般的做法是将旅客或货主所支付的运费（包括中转费用等）、交通运输过程中花费的时间（中转时间）等因素通过一定的换算关系最终用货币值的形式表现出来。广义费用最初大多被用于公路交通网络规划，是公路交通网络规划中对于道路服务水平的一切属性的综合评价。服务水平属性一般包括运输距离、出行时间、流量—速度关系、安全舒适度以及其他费用（如燃油费、通行费）等因素。由于交通运输过程中最主要的属性是交通运输费用和交通运输时间，所以广义费用值往往以两者加权和的方式构成。当使用广义费用时，因尽可能综合考虑关于服务水平的诸多属性，所以在实际应用上可以大大减少由单一费用指标带来的误差。在不同交通运输方式或领域中，由于人们出行关注的侧重点不同，因此，广义费用的构成与计算方法也存在一定的差异。

交通出行费用可以分为狭义出行费用和广义出行费用。狭义出行费用是指出行者从甲地到乙地实际付出的货币上；然而事实上，出行者在计划出行时不仅要考虑货币成本，还要考虑等待时间、到达目的地的快速性与顺畅性、出行时间、安全可靠性、舒适性、污染等方面。对于出行者的种种需求，时间也具有特殊的意义。因此，广义出行费用不仅包括出行者在货币上的支出，同时还包括时间等因素导致出行者在出行过程中产生的间接费用。采用广义出行费用形式来表示出行者选择交通出行方式时的综合考虑，能够较好地反映各种因素对出行者选择交通出行方式的影响。

广义费用类似于一种“影子成本”，在现实中受不同社会群体的价值观、生活方式以及个性化需求等多种因素影响，虽然难以准确测算或达成统一的认知与计算标准，比如，不同收入群体、不同出行目的旅行时间价值换算的机会成本、航班延误引发的消费者剩余减少以及其他经济损失、旅途舒适性降低带来的疲劳感、换乘的不便性、安全感的丧失等，但它又像一只无形的手，直接或间接地、不同程度地影响着现代社会人们日常的消费观念与消费行为决策。例如，我国深圳特区改革开放初期提出的经典口号“时间就是金钱，效率就是生命”，反映了经济发展到一定阶段，人们把时间作为一种有代价的资源，并把它的消耗作为一种经济成本来考量。现代社会中，随着人们的时间价值，以及对交通运输服务质量重视度水平的不断提高，在现实生活中交通出行的广义费用是出行者在某一区域交通网络进行出行规划方案（包括交通出行方式选择、路径优化）决策的主要依据，同时也是新建交通线路投资或改造工程项目经济效益评价的主要依据。

6.4.2 交通出行广义费用的构成

广义费用是旅客、货物运输过程中一切消耗的总和，一般由直接经济衡量费用与非直接经济衡量费用两部分构成。前者是指在运输过程中的车票费、燃油费、道路使用费、停车费等直接可以用货币形式支付的费用，后者主要是时间费用、拥挤费用、时效性费用、舒适性费用等需要通过测量间接计入的费用。由于旅客运输和货物运输的对象不同，因此，旅客运输和货物运输的广义费用构成的要素也不相同。例如，按照消费者行为理论，消费者剩余最大化，是消费者选择出行交通运输方式的主要依据。城际客运主要关注票价、旅行时间、舒适性、安全可靠性等内容；城际货运则主要关注运价、运输时间、安全可靠性等内容；市内交通则主要关注票价、出行时间、出行距离等内容。

1. 城市交通客运广义费用的构成

城市交通客运广义费用由车票费、燃油费和停车费、出行时间、出行距离费用、拥挤程度费用、安全可靠性、舒适性、准时性和便捷性等费用构成。

1）车票费

目前我国城市常规公交和轨道交通的票价分为两种，即通票制度和里程票制度，一般来说，轨道交通的票价要高于常规公交的票价。相比公共交通的车票费用，轿车的出行费用主要包括停车费、过路费和燃油费，而像维修、保险、税务、折旧以及购车等费用，在具体的出行中并不会被人们所重视。

2）燃油费和停车费

私人交通是城市交通出行的重要组成部分，而私人交通的广义费用主要包括停车费与燃油费，这两项费用的调整可显著影响人们出行方式的选择。例如，北京等一些城市提高核心区市停车收费标准，并提倡优先发展城市公共交通的战略，推行公交补贴政策，这在一定程度上影响了居民出行的广义费用。

3）出行时间

出行时间包括出行者车上和车外两部分时间的总和，其中车上时间即为乘客的乘车时间，车外时间包括乘客从起点到达出发车站的时间、在车站的候车时间、换乘步行时间以及乘客下车后到达目的地的时间。出行时间的目标函数的评价值主要是旅行时间节省率。

4）出行距离费用

与城际交通相比，城市交通的出行距离比较短。由于各种城市交通出行方式的技术特性不同，出行距离对出行方式的选择以及交通服务水平都有很大程度的影响。在通常情况下，轿车、轨道交通、公共汽车适合中、长距离出行，自行车、步行则适合短距离出行。

5）拥挤程度费用

拥挤程度是指出行者在共享交通资源时因交通资源供不应求引起的负效应，从经济学意义上，属于出行消费者的主观性效用范畴。对于道路交通，拥挤程度主要体现在流量—速度关系方面，引流量增大而导致的服务效率下降，通常以出行时间的增加值反映；对于轨道交通，拥挤程度主要体现在因运量增加而带来的人均占有空间的下降，通常以乘客主观感受到的旅行舒适度的恶化指标反映，目前尚难以定量分析。

6）安全可靠性

安全可靠性是指乘客选择某种交通运输方式可能承担的事故风险或风险发生的概率，比如，夜间驾车长途旅行，异常气候（雨、雪、雾、风沙）条件下公路或航空运输等。选择某种交通出行方式所带来安全可靠性损益也属于出行者的主观性效用范畴，其属性是一个相对指标，比较难以定量化，主要用于出行方式的比选。一般的分析研究往往根据调查统计得到的各种交通运输方式的伤亡比例设置取值，并将事故平均经济损失转换成费用。

7）舒适性

舒适性同样属于为出行者的一种主观感受性效用范畴，也可以说是一种消费者价值观的体现。一般来说，不同的社会群体对于交通出行条件，如乘车条件或道路的路况条件等，均有一个特定的预期，如果出行条件高于他对舒适度的预期，则表现为出行者的收益增加或成本（损失）降低；反之，低于他对舒适度的预期，则体现为出行者的收益下降或成本（损失）增加。在自由选择的前提下，人们往往会根据舒适性因素考虑出行方式或出行行为的选择，此时，它也会成为影响交通出行消费者行为决策的依据之一。舒适性费用是指一般难以定量计算，但是为了在效用函数中体现各种交通运输方式的舒适性特性，以及出行者对出行舒适性的要求进一步提高，必须将舒适性量化，并在广义费用中加以考虑。

8）准时性

准时性体现的是出行时间的稳定性，在一些交通拥堵严重的大城市，居民在出行时，尤其重视各种交通出行方式的准时性。对于道路交通，由于不同交通出行方式对道路交通资源更大程度的共享，产生了不可避免的拥堵，进而引发出行时间变化较大，即准时性难以保障；而对于轨道交通，因路权独享、按计划运行，故准时性很好。

9）便捷性

便捷性主要反映旅客使用某种交通运输方式的便捷程度，主要体现在衔接时间和换乘等待时间两个方面。该指标在一定程度上也会受出行者主观感受所影响，比如，不同价值观的旅客群体对候车等待时间的容忍度，以及换乘距离远近的接受程度。如果说快速性属性中考虑了旅客使用不同交通运输工具的出行衔接时间，那么便捷性指标主要考虑换乘等待时间等因素的影响。

2. 城市交通货运的广义费用的构成

在货物运输过程中，由于货物种类的不同，对费用、时间等因素的需求程度不同，其广义费用构成的因素也不相同。但从货物运输的一般性出发，货运广义费用主要包括货物运价、运输时间、货物运输的安全性等三个方面。

1）货物运价

货物运价是货物运输广义费用的重要组成部分，主要包括各种交通运输方式里程费用和中转装卸、仓储保管费的总和。货物运价的目标函数的评价值主要是运费节省率。

2）运输时间

运输时间是指从起点到终点货物运送时间累计，主要包括各种交通运输方式的在途时间、集结时间和中转换乘时间。对于时效性要求较高的高附加值货物、生鲜货物或者易腐烂的货物等，运输时间要求较高。

3）货物运输的安全性

货物运输的安全性是指交通运输过程中无货损和货差的概率的大小，保证货物完整。可将货损率和货差率作为考核对象，进而设定取值，并将货物损失转换成可计量的费用。

6.4.3 城市交通广义费用的计算

由于旅客运输和货物运输的性质不同，两种运输对象对运输服务的需求不同，因此，旅客运输和货物运输广义费用构成的因素不同，但是计算广义费用的方法基本相同。

1. 城市交通旅客运输广义费用计算

1）城市交通旅客运输广义费用构成要素计算

（1）旅客时间价值计算

对于不同收入水平的旅客，其时间价值各不相同，收入水平越高，则时间价值越大。同时，时间价值也会随着出行者的年龄、性别、出行目的等的不同而不同。在实际研究中，这些数据是很难获取的，在计算时应考虑精度与可行性之间的协调。时间价值的计算方法可以分为两大类：一类是直接计算法，目前常用的有生产法、工资法（收入法）、费用法、生产费用法和收入费用法等；另一类是间接计算法，主要是通过出行者出行行为的统计或调查数据推算时间价值。

① 生产法。用生产法计算时间价值，在以往的研究中常用国民生产总值（GNP）或国内生产总值（GDP）度量生产价值。但是，GNP 与 GDP 还包括属于非物质生产部门的服务增加值和固定资产折旧等，固定资产折旧是固定资产的转移价值，这些都不是劳动者在其工作时间内新创造的价值，不能将其包括在工作时间价值之中。而国内生产净值（NNP），是国内生产总值减当年固定生产折旧后的数值，所以，选用 NNP 来计算旅行时间的价值更加合理。

$$\text{NNP}=\text{GDP}-\text{固定资产折旧} \tag{6-13}$$

其中，人均 NNP，可用下式计算：

$$\text{人均 NNP}=\text{NNP}/\text{总人数}$$

单位工作时间价值（VOT）：

$$\begin{aligned}\text{VOT}&=\text{NNP}/（\text{社会劳动者人数}\times T）\times（\text{社会劳动者人数}/\text{总人数}）\\&=\text{NNP}/（\text{总人数}\times 2\,000）\\&=\text{人均 NNP}/2\,000\end{aligned} \tag{6-14}$$

式中：

T——职工年平均工作小时数，一般取 2 000 h。

② 工资法。由于不同旅客收入水平存在差异，当旅客具体信息已知时，选取旅客的年收入值计算单位工作时间价值，每年工作时间按 2 000 h 计，可以得到单位工作时间价值 VOT（元/h），即

$$\text{VOT}=\frac{\text{用户的年收入}}{2\,000} \tag{6-15}$$

通过上述方法得到单位工作时间价值 VOT 后，旅行时间费用用单位工作时间价值乘以该路段 a 的旅行时间表示，即

$$C_{\text{t}}=\text{VOT}\times t_{\text{a}} \tag{6-16}$$

式中：

C_{t}——旅行时间费用（元）；

t_{a}——路段 a 的旅行时间（h）。

用国内（地区）生产净值来计算单位工作时间价值比较粗略，忽略了个体的差异。而当用户信息是具体时，其收入水平及其他旅客出行信息是确定的，计算单位工作时间价值相对准确，从而可以较准确地计算旅行时间费用。

（2）交通费用计算

交通费用也称距离费用，反映了旅客出行距离的长短，是旅客出行非常看重的因素。如果旅客自己驾车出行，那么交通费用用燃油费用衡量；如果旅客乘交通工具出行，那么交通费用用其支付的票价费用表示。消耗燃油的多少，直接反映旅行距离的长短，而票价费用一方面可以反映旅行距离的长短，另一方面也反映了交通工具的舒适程度等乘车条件的情况。

2）城市交通旅客运输广义费用函数

旅客选择交通出行方式时考虑的因素较多，包含出行票价费用、花费时间成本、安全可靠性、舒适性、准时性、便捷性等，其中舒适性在不同交通运输方式的运价中会有所体现，而便捷性等指标则可以在旅客运输的总费用及总时间中予以体现。城市旅客运输的广义费用

模型如下。

$$C_i = \alpha_i D + \omega_t T_i + \omega_s D \gamma_i \tag{6-17}$$

式中：

C_i——第 i 种交通运输方式的旅客运输广义费用，元；

α_i——第 i 种交通运输方式的运价费率，元/（人/km）；

D——交通运输距离，km；

ω_t——旅客运输时间价值，元/h；

T_i——第 i 种交通运输方式旅客出行总时间，包括到达车站时间、候车时间、旅行时间及离开车站到达目的地的时间，h；

ω_s——事故死亡造成的经济损失，元/人；

γ_i——第 i 种交通运输方式的事故率，次/（人/km）。

参数计算如下。

（1）旅客运输的经济费用

根据各种旅客运输方式的票价费率，计算得到各种旅客运输方式的经济费用。经济费用计算时，要考虑利用其他交通运输工具的中转费用。

（2）旅客运输的时间成本

旅客运输的时间成本通常按单位时间价值乘以旅客出行时间来计算。其中，旅客运输时间包括中转、进出车站、候车和旅行等全部行程时间。单位时间价值根据全社会居民的平均收入计算得到。

（3）安全性费用

安全性费用根据各种旅客运输方式事故率数据计算得到。一般来说，铁路运输的安全性较好，公路运输的安全性较差。

2. 城市交通货物运输的广义费用计算

影响货物运输的主要因素包括运价、运输时效性费用（包括延迟送达给货主造成的经济损失等）、运输安全费用等。不同类型的货物，其费用类型也不相同。

货物运输的广义费用函数如下：

$$C = C_p + C_t + C_s \tag{6-18}$$

式中：

C——货物运输广义费用；

C_p——货物运输经济费用；

C_t——货物运输时效性费用；

C_s——货物运输安全费用。

参数计算如下：

货物运输经济费用 C_p。货物运输经济费用包括各种运输方式的运输费率，以及中转、换装等费用。

货物运输时效性费用 C_t。货物运输的时效性费用与货物类型、货物运输系统的综合运输能力、货物运输的需求特征以及货物运输能力与货物运输需求匹配性等多种因素密切相关。

在实际生产中，货物运输对象需要考虑需求和生产能力的制约。

货物运输安全性费用 C_s。货物运输安全性费用通常是固定的，与货物运输的货损率和丢失率有关。货物运输安全费用可根据不同的货损率计算得到。

复习思考题

1. 举例说明什么是交通运输活动中的机会成本和沉没成本。
2. 针对城市交通不同交通运输方式分别划分它们的固定设施成本、移动设备拥有成本和运营成本。
3. 试分析城市交通成本的特点。
4. 试着对比不同交通运输方式营运成本的组成。
5. 城市交通运输成本的影响因素主要有哪些?
6. 如何计算城市交通运输成本?
7. 试用经济学理论解释交通运输广义费用的概念与计算依据。

第7章

城市交通运价

7.1 微观经济学价格理论概述

价格理论与消费者行为理论、生产者行为理论、分配理论组成了微观经济学的四个基础理论。价格理论是在长期价格实践中逐渐孕育出的一套趋于成熟的理论，目前已经形成和发展为系统的价格理论体系。古典经济学发展之初，人们对价格的认识还是很肤浅、零碎的，随着市场经济运行经验的积累和研究的深入，人们对价格的认识逐渐深化并系统化，价格理论也逐步得到发展。其发展过程可以分为古代价格理论的萌芽和形成、欧洲古典经济学的价格理论、马克思主义价格理论等三个阶段。现在，价格理论仍在不断发展。古代价格理论的萌芽和形成经历了几千年的漫长历程。

从微观经济学视角，经过多年的发展，当前居于主流地位的价格理论，分为完全竞争价格理论，垄断价格理论和垄断竞争价格理论，这三种价格理论各有不同。其中，完全竞争价格理论是价格理论的重点，也是区分不同价格学派的主要理论。

从经济学研究领域学派视角，价格理论学派分为劳动价值论学派、边际效用价值论学派、供求均衡论学派和斯拉法价格论学派。其中，劳动价值论学派的学者有马格努斯、配第、穆勒，马克思也可以划入这一学派。该学派认为，商品价格（价值）取决于生产商品的代价（如生产成本、劳动、社会必要劳动等）；边际效用价值论学派的主要学者有门格尔、杰文斯、瓦尔拉斯、维塞尔等。该学派认为，商品价格取决于商品的效用（边际效用）；供求均衡论学派的主要代表人物是马歇尔等学者。该学派认为，商品价格是由商品的供给和需求双方的均衡点决定的；斯拉法价格论学派的代表人物斯拉法认为，商品价格是由生产投入与产出关系和劳资分配关系决定的。总体来看，马歇尔的供求均衡价格理论已经成为当前主流的价格决定理论。例如，目前国际上主要经济学教科书都认为，在完全竞争的市场下，短期内，商品价格是由供求均衡点决定的，长期内（长期竞争均衡时），商品价格等于长期平均成本的最低值。这一观点，实际上可以认为是马歇尔《经济学原理》中的“在短时期内，效用对价值起着主要的影响作用，而在长时期内，生产成本对价格起着主要的影响作用”的现代版本。

具体应用到交通运输业，运价是指运输企业对特定货物或旅客所提供的运输劳务的价格，是商品销售价格的重要组成部分。在市场经济条件下，运输资源的合理配置和生产要素的有效组合，是在国家宏观调控下，通过运价机制的作用来实现的。与一般商品价格相比，运价有其自身的特点，其中突出的特点是在国民经济价格体系中的基础性和成本性，或者说，体现出较强的政策性，所以运价，特别是更加体现公益性特点的城市公共交通体系的运价，基本上属于政府定价或价格管制的范畴。

从构成上看，运价取决于多种因素，而其中不同类型的运输市场模式对其形成产生极其重要的影响。运价的结构形式主要有距离运价和线路运价两种。从理论上看，采用线路运价形式更符合其形成规律。为了维持交通运输这一基础产业的健康、可持续发展，同时，也为了保证运价体系不至于影响国民经济的正常运行，因此，国家必须对运价实施科学、有效的监督管理。

运价能有效地调节各种交通运输方式的运输需求，甚至能够起到对商品或服务市场供需的调节作用，往往会产生牵一发而动全身的“蝴蝶效应”，如煤炭、石油的运价对于电力、加工业等产业生产成本的影响，以及对果蔬、粮食等农副产品价格的影响等。运价的调节作用主要体现为，在总体运输能力基本不变的情况下，运价的变动导致运输需求的改变。运输需求在性质上属于人类经济活动的“派生需求”，这种派生需求也是一种维持社会经济系统正常运行的基本需求，其运输需求总量规模的大小一般取决于社会经济活动的总体水平，具有规模相对稳定的“刚性需求”特征，因此，运价的高低对运输需求总量的影响极其有限，如城市交通中的通勤、通学出行及城市居民日常生活必需品物资的运输需求等；再如，我国春运期间的探亲返乡旅客出行需求等。由于各种运输方式间存在着一定的可替代性或竞争性，有时运价的变动对某一种交通运输方式的需求调节作用却是十分明显的，如铁路客、货运价格的上浮或下调，可能通过价格对市场的调节作用，引发同方向的客、货运需求在铁路与公路、铁路与民航运输方式之间的运量转移或分流；同样，城市交通中公交或地铁票价的调整，或者出租车价格、轿车停车费、油价等上浮，也会在一定程度上引起城市交通出行需求结构的变化。

7.2 均衡价格、支持价格与限制价格

7.2.1 均衡价格

在自由竞争的市场条件下，一种商品的需求和供给是决定该商品价格的两种力量。当该商品的需求大于供给时，该商品的价格会上升，反之会下降。当该商品的需求数量与供给数量处于相对稳定、一致和均衡时，该商品的价格也会处于相对稳定和静止。所以，经济学上将一种商品处于需求数量和供给数量一致时的价格称为均衡价格；与均衡价格相应的商品供给数量或需求数量称为均衡数量；对应的市场状态称为市场出清状态。

均衡价格是使供给量等于需求量的价格，其他的价格水平都不可能使市场供给量等于需求量。价格对于市场供需之间的平衡起着自动调节作用。当供给短缺时，通过价格的上涨减少需求量或增加供给量；当供给过剩时，通过价格的下跌增加需求量或减少供给量。因此，在价格的作用下，供给短缺与过剩都能被消除。

在自由竞争市场中，均衡价格是在一个竞争过程中形成的。在买者之间、卖者之间以及买卖双方之间存在市场竞争的情况下，一种商品的供求开始时往往是不平衡的。图 7－1 表明，当价格为 P_0 时，供给数量 Q_{S0} 大于需求数量 Q_{D0}，这时该商品存在着降价的压力，有的要价较高的卖者有可能退出市场，有的买者就可能进入市场。相反，当价格为 P_1 时，需求数量 Q_{D1} 大于供给数量 Q_{S1}，这时商品存在着涨价的压力，有的出价较低的买者就可能退出市场，有的卖者就可能进入市场。如此反复进行下去，最后必然会使该商品的供需达到一致或平衡，这时的商品价格即均衡价格，商品数量即均衡数量。

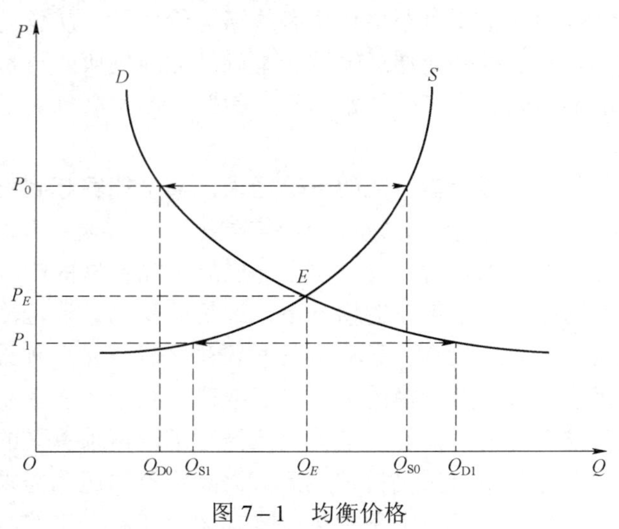

图 7－1　均衡价格

由于交通运输业在国民经济体系中的基础性和服务保障性等特点，决定了它必须满足或保障广大人民的基本出行需求以及基本生活物资的供应链需求，交通运输业的价格与供给数量分别存在一个最高或最低限制条件，这也是由于交通运输业存在一定的垄断性（如铁路、公交、民航等）所决定的。交通运输业均衡价格与均衡数量的形成机理比一般产品或服务更为复杂，应在充分满足上述这些极限值的前提下，按照市场经济规律进行动态调整。

7.2.2　支持价格

在市场经济中，均衡是一种趋势，市场上有一种力量促使均衡价格的形成，而实际上，纯粹的市场经济仅仅是一种理论上的假设。在现实经济生活中，由于某些经济和政治因素的介入，包括垄断、政府经济政策、公共物品、外部性、信息不对称等因素，市场运行机制受到不同程度的干扰，包括受供需关系自身调节价格机制的影响。例如，过度市场竞争会导致无序竞争、恶性竞争等不健康的状态，寡头规模经济的垄断也会导致垄断价格。此时政府作为宏观调控的主体，为了保证市场物价的基本稳定、竞争的公平和有序以及生产者和消费者的利益，有时会对市场实行最低限价和最高限价的政策，这些政策往往会对市场的供需均衡带来一定的影响。

最低限价又称支持价格或地板价格，是指政府通过非经济手段把价格确定在高于市场均衡价格的水平。由于它对生产方具有保护作用，又称保护价。如果某行业的供给波动性较大或者行业的需求缺乏弹性，那么供给的变动很可能造成价格的严重波动，从而影响生产者的收入。如果政府认为由市场供求力量自发决定的某种产品的价格太低，不利于该行业的发展，政府就可以对该产品实行最低限价政策，阻止低价造成生产者收入下降。除了直接采用支持价格政策来进行控制，政府还可以采用间接的支持价格政策，即政府规定最低限价。

7.2.3 限制价格

限制价格又称最高限价或天花板价格，是指政府为了防止垄断行为导致某种产品的价格上涨而对其规定的低于市场均衡价格的最高价格。政府主要采用最高限价的形式对少数因供求严重不平衡或特殊原因导致的价格暴涨予以控制，以限制暴利。由于交通运输的基础性和公益性特点，受政府价格政策的管制，在城市交通运输供需市场中往往会存在限制价格，或者直接由政府定价，如国铁、城市轨道交通、城市公共交通等票价的制定。

政府对某种产品实现限制价格的后果是会引起产品供不应求，造成短缺，如图 7－2 所示。某产品的供给曲线为 S，需求曲线为 D。在自由竞争市场条件下，产品的均衡价格为 P_B，均衡产量为 Q_B。政府规定的最高限价为 P_1，低于均衡价格 P_B，与 P_1 相对应的需求量为 Q_2，与 P_1 相对应的供给量为 Q_1，由于 Q_2 大于 Q_1，所以产品供给不足，出现短缺，且短缺量为需求量 Q_2 与供给量 Q_1 的差值。在没有政府干预的情况下，供不应求，价格会提高，短缺逐渐消失，但由于政府规定最高限价为 P_1，因此会出现持续性的短缺状态，从而导致一系列的后果。

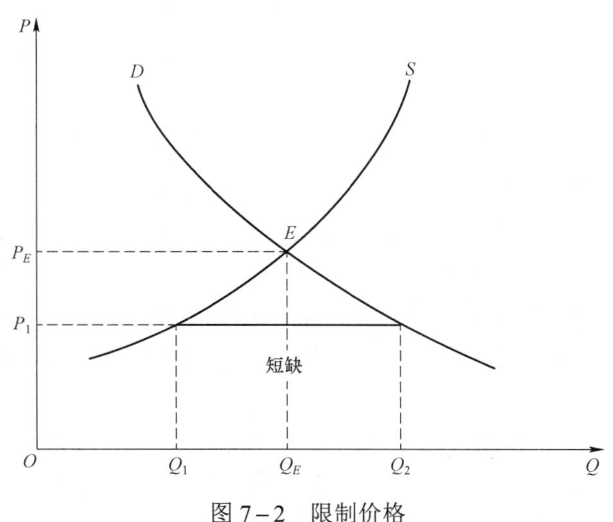

图 7－2 限制价格

由于有些商品或服务不允许索要较高的价格，就必须通过其他途径来解决短缺问题。一般情况下，短缺会导致人们为了购买某种产品而不得不去排长队。有时政府会通过发放一定数量的配给券，只有持有配给券的人，才可以购买到商品。但所有这些都会导致非法黑市的出现，以往计划经济体制的后果已经给出证明。最高限价的另一个影响就是导致产品质量下降，因为是卖方市场，生产者没有提高产品质量或降低生产成本的动力。

交通运输业的限制价格，主要是针对垄断性行业或公共物品，如铁路、城市公共交通（包括公交、地铁等）等行业，特别是涉及具有刚性需求特征的公共交通出行或者重点保障性物资运输需求，政府定价或政策性限价也是一种常态化的管制措施。

7.3 运价特征

7.3.1 运输产品与运价的特点

运价是运输者为提供运输服务所收取的费用，按照成本定价原则，它的定价依据是以运输成本为基础的。运价具有不同于其他商品价格的特点，这些特点是由运输业的特征决定的。运输是生产过程的继续，其与工农业生产的不同之处在于它不生产新的物质产品，只完成旅客、货物空间位置的变化。这种位置变化既不改变运输对象的形态，也不改变运输对象的化学成分，更不增加其数量，运输生产过程同时也是消费过程，并且两个过程同时发生。

一般来说，运价变动的趋势大体上是和运输成本变动的趋势相一致的，运输成本的升高最终将导致运价的提高。因此，研究运输企业成本的发展趋势，有利于预测未来的运价变动规律，有利于制定运价的长远规划。但是，在许多情况下，运价的动态变化与运输成本的动态变化往往是不一致的。这主要是由两方面造成的：一方面是因为成本在不断地变化，而运价则必须保持相对的稳定；另一方面运价的形成除取决于运输成本这个主要因素外，还取决于运输市场供求关系的变化以及其他经济和政治因素。

1. 运输产品的特点

运输产品是指劳动者使用运输工具和设备实现旅客和货物的空间位移。用运输数量（t或人）和运输距离两个因素的复合单位 t · km 或人 · km 来计量。表示运输产品量的实物指标有旅客周转量、货物周转量和换算周转量。与工农业产品相比，它不具实物形态，其生产与消费同时完成；运输不改变劳动对象的形态或性质，也不增大其数量，只改变它的空间位置，是一种无形的劳务；运输产品不能储存，只能“储存”运输能力，即留有运输后备能力。认识运输产品的这些特点，对组织运输生产、实现运输平衡具有重要意义。由于运输产品不具有实物形态，是通过交通运输工具实现货物或旅客在空间位置上移动的，而这种位置变化既不改变所运输对象的形态，也不加入别的物质成分，更不增加其数量，而且运输产品的生产过程与运输产品的消费过程是同时发生的，所以运输产品在价值形式上具有以下特点。

1）派生性

市场需求有本源性需求和派生性需求之分。本源性需求是消费者对最终产品的需求，也称直接需求，通常指对消费资料的需求。派生性需求则是由于对某一类最终产品的需求而引起的对某一相关要素的需求，一般是指对生产资料的需求。交通运输需求非本源性需求，因此，运输产品的派生性源于其需求的派生性，即对一种产品生产要素的需求派生自对另一种产品生产要素的需求。其中该生产要素对这一最终产品会作贡献，如汽车厂商或汽车维修店对轮胎的需求派生自人们对汽车运输的需求；人们的商务活动、旅游、社交需求派生出了客运服务需求。派生需求在经济学中是指由于生产某种产品的需求而引起的对其中某种生产要素的需求。

2）不可分离性

实物产品从生产、流通到最终消费要经过一系列的中间环节，生产与消费相互分离，并存在一定的时间间隔。相比之下，运输的生产具有一定的特殊性，那就是运输的生产与消费过程在时间上完全融合在一起，无法分离。运输生产开始之时，也就是运输消费开始之时，而运输生产过程结束，运输的消费过程也随之结束。运输的生产者和消费者同样不可分离，它们必须相互作用和联系才能使生产和消费顺利完成。

3）不可贮藏性

运输产品的无形性以及生产与消费同时进行的特点，决定了运输产品具有不可贮藏性。运输产品生产者无法将产品预先生产好并贮藏起来，以备将来出售；消费者也无法将运输产品购回慢慢使用。然而，运输供给者总是要将各种设备（能力）提前准备好，以备市场需要时使用。对于运输供给者来说，生产出来的运输产品必须尽量使需求方及时、完全消费，否则就会造成浪费（如车、船、飞机的空位等）。运输产品如果不能及时出售和消费，它的损失不像有形产品那样出现库存积压等，它仅仅是表现为机会的损失和折旧的发生。然而，这种损失一出现就无法弥补，因为生产出来的运输产品如果不同时消费，这种产品随即就会消失，而库存中的有形产品在一段时间之后仍可能会被全部售出。对于运输供给者来说，如何解决运输产品供求不平衡是十分重要的问题。

4）缺乏所有权

运输产品在生产和消费过程中不涉及任何东西的所有权转移。由于运输产品不具有实物形态，又不可贮藏，所以，运输过程结束后，供需双方存在的一切权益都消失了，消费者并没有实质性地拥有运输产品或服务。

5）不可感知性

运输产品本身是无形无质的，无法用触摸或肉眼感知其存在。消费者在消费这种产品之前，无法用预先的“观察”和其他手段了解它的性能和质量。消费者在消费这种产品之后，同样没有留下任何具有实物形态的东西（除了车、船票、纪念品等），对于消费这种商品所能得到的利益（独特的、与其他商品不同的），消费者往往要经过一段时间后才能有所察觉。

6）交通运输方式需求之间具有相互替代性

在综合交通发展的背景下，运输产品或服务的消费者拥有更多选择。任何交通运输方式的需求从服务属性上都有同一性，即无论每一个别需求怎样千差万别，也无论满足每一具体需求采取何种交通运输方式及技术组织措施，运价水平差异多少，运输需求在本质上是基本相同的，即运输对象（旅客、货物）的位移，这一特点使得对某种交通运输方式的需求与对其他交通运输方式的需求在一定条件下可以相互转化或具有替代性。如公交与地铁，轿车与出租车，公路与铁路、高铁与民航等。

2. 运价的特点

由于运输产品在价值形式上存在以上特点，从而决定了运价具有以下特点。

1）运价只有销售价格一种形式，是一种服务价格

在运输生产过程中，交通运输企业为货主或旅客提供了运输服务，运价就是运输服务价格。工业产品有出厂价格、批发价格和零售价格之分，农产品有收购价格和销售价格之分，而运价却没有价格形式的区别，只有销售价格一种形式。运价的这一特点，是由运输产品的生产过程同时又是其消费过程这一特点所决定的。同时，由于运输产品的不可存储性，当运输市场需求发生变化时，只能靠调整运输能力来达到供求平衡。而在现实中运输能力的调整一般具有滞后性，故而运价因供求关系而产生波动的程度往往较一般有形商品要大一些，如

民航机票价格在不同时间预订的折扣变动等。

2）运价与运输距离或路线有密切的联系

旅客或货物按不同运输距离规定不同的价格，称为“距离运价”或“里程运价”。这是因为运输产品（运输对象）的空间位置移动是以周转量来衡量的。运价以“元/（吨·公里）”表示，称为吨公里运价率。因此，运价不仅要反映所运货物或旅客数量的多少，还要体现运输距离的远近。这种按运输距离制定的价格，客运表示为人·公里运价，货运则表示为吨·公里运价，距离运价是我国沿海、内河、铁路、公路运输中普遍采用的一种运价形式。

同种货物的每吨公里或人公里运价因运输距离及各种交通运输方式的不同而有所差别，甚至差别较大。按距离运价形成的基础，在于不同运输距离的旅客或货物运输成本不同，总的趋势是运输成本随运输距离的延长而逐渐降低，即运输成本的递远递减现象。但是，差别运价率的制定，其递远递减程度、递远递减的终止里程，除了考虑不同运输成本因素，还要考虑国家的运价政策以及促进生产力合理布局、合理运输，充分发挥运输工具的作用，节约运输能力等因素。铁路、民航、水运等交通运输方式由于线路、港航等基础设施建设形成的不变成本在总成本中所占比例较大，其边际成本并不会随单位运输距离的增大而相应增加，而是随着运输距离的变化呈现递远递减的规律。

需要说明的是，交通运输方式不同情况下也会有所不同，如城市交通中的出租车，由于道路设施等不变成本的分摊包含在燃油税等税费当中，因而其成本核算呈现出与运输距离相关关系，另外，考虑回程空驶成本等要素，其单价的定价原则往往是按照运输距离超过一定的区间（如远离主城区）呈现递远递增的特点。例如，北京市出租车计价办法，单程载客行驶超过 15 km 部分，考虑空驶费，采取基本单价加收 50%的费用计算；其他公路运输，由于路桥通行费等基础设施成本分摊方式均与运输距离相关，其定价机理也采取与之相类似的运输距离正相关计量法。

总体来看，基于运输距离对运输成本的影响程度，从边际成本分析的角度，在其他成本构成要素不变的情况下，单位成本中固定成本的分摊呈现递远递减的规律，因此，按照成本定价的机制，客货运价率随着运输距离的延长而不断降低，当超过一定距离时，由于与运输距离直接相关的可变成本成为主导因素，此时运价不会再显著降低。运价率的变化，会因交通运输方式的不同而有所差异，一般来讲，铁路、水运的运价率变化很明显，汽车运输运价率变化较小。此外，按运输距离差别的运价还是形成商品地区差价的一个因素。商品的运输距离不同，运价也不同，即商品负担的运费有多有少，致使商品的销售价格随着其与产地的距离增加而上涨，如我国“北煤南运、西煤东调”过程中的煤炭产地价格与销地价格的差异，以及山东等果蔬产区的生产价格与消费地北京等大城市果蔬价格，由于运输距离而存在显著差异。此外，果蔬产品在目的城市的仓储物流及配送成本的增加会进一步影响最终商品零售价格上涨。

3）运价具有比较复杂和繁多的比价关系

交通运输是社会生产和流通的条件，运输的物资既有原料，又有成品；既有生产资料，又有消费资料；既有农产品，又有工业品。完成同一运输任务，不同的交通运输方式其成本不同，所以运价随不同交通运输方式而变化。同样数量的货物，在同一条线路上运输相同的距离，货物的种类不同，运输成本不同，所以，运价会随着货物的种类而变化。这也是符合一般商品或服务由于需求结构、供求关系不同而形成的成本与价格多样性、复杂性特征。

交通运输业面向千家万户，联系各地区、各行业，各种运输对象对运输服务、运输质量有不同的要求，需要提供的运输条件多种多样，最终达到的效果也各不相同，具体表现为所运货物的种类，旅客舱位等级，运载数量大小，运输距离、方向、时间、速度等都会有所差别。这就决定了交通运输业必须实行适应多种运输需要的多种运价制度，即不同的比价。例如，A、B 两地之间的旅客运输，可供选择的交通运输方式有铁路和海运，而铁路硬席卧铺的舒适程度与海运三等舱位相仿，但由于运输速度上，铁路快于海运，因此，在一般情况下铁路票价会高于海运；若相反，其结果会造成铁路运输紧张而海运空闲，而这时若海运因运输成本高而无法降价来争取客源，最终只能退出该航线的运输，我国目前沿海众多客运航线被迫停航就是例证；此外，城市交通中地面公交与地铁等轨道交通运输方式之间、公交与出租车之间也同样存在合理比价关系问题，有些需要运用政策手段调节运力资源配置，有些则需要通过市场规律进行自我调节。

4）货物运价是商品销售价格的组成部分

社会的生产过程不仅表现为劳动对象形态的改变，还包括劳动对象空间的转移，这样才能使物质产品从生产领域最终进入消费领域，在很大程度上，商品的生产地在空间上是与消费者相隔离的，因而就需要借助一定的交通运输工具才能满足消费者对商品的实际需要，而价格作为在此过程中的媒介来实现商品的交换。一般而言，商品包括生产过程、运输过程和销售过程。与此对应的，商品的总成本包括生产成本、运输成本、销售成本，而商品的运输成本即货物运价。货物运价是商品总成本的组成部分。货物运价在商品总成本中的比率主要根据商品本身的单位质量价值的高低来决定。比如，南非生产的钻石运到中国销售，其运输成本在其总价值中就只占很小的比例。而巴西的矿石运到中国市场销售，其运输成本在矿石总价值中所占的比例就比较大。在外贸进出口货物中，班轮货物的运价与商品价格的比率为1%～30%，大宗廉价货物的运价与商品价格的比率可达 30%～50%。由此可见，货物运价会直接影响商品的销售价格。从国民经济效益最大化总体原则出发，由于运价或费用是一种社会中间成本，运价或费用在商品或服务成本中所占的比重应该越小越好，否则将造成社会资源浪费，成本—价格体系扭曲，乃至经济结构破坏以及经济运行不良后果，如在我国煤炭运输过程中，由于铁路运力不足，大量的煤炭被迫采用汽车通过公路长途运输，随着燃油价格不断上涨，加之过路过桥费等，导致运价最终远远超过煤炭出产价格，并在煤炭销售价格中占了很大比例；再比如，由于运价或物流成本过高，北京等大城市果蔬农副产品的价格往往是农副产品产地价格的数倍，最终导致果蔬等农副产品的价格高涨，推高了城市生活供应体系整体成本，并直接影响到城市广大居民的生活成本，使其不断增加。

5）运价规则由国家政府主管部门制定

交通运输业作为基础性行业，其运价对生产和流通，特别是对煤炭、石油等能源和粮食等农业产品最终价格的形成，有着直接广泛的影响，往往会牵一发动而全身，产生“蝴蝶效应”。由于铁路、城市交通具有自然的垄断性，因此，这类具有显著公共物品属性的大众化运输产品或服务价格规则一般是由国家政府主管部门制定的，并由其统一管理。

6）运价与时间有密切关系

运输是生产在流通领域的继续，其服务产品在不同空间上位移要发生价格调整问题，而产品在空间移动时间上的变化，同样也要发生价值的变化，这一要求不仅在“鲜活”商品上很突出，就是在一般商品上尽量缩短从生产领域进入消费领域的时间、节约流通费用也是非常有意义的，时间价值在高速铁路、高速公路和航空运输中体现得比较明显。

城市交通出行的时间分布规律性较强，从供求关系，以及资源的合理配置角度出发，运价的制定应体现出不同供给时间的差异性，如我国城市出租车运价在夜间某个时间点后一般适当调高，以适应成本加大以及供给稀缺性的特点。再如，长假或旅游出行旺季，民航机票价格折扣一般明显减少，实际上也是体现运价在不同供给时间所做出的一个市场调节。

7.3.2 运价的结构

1. 运价的分类

运价可按不同运输对象、不同运输方式以及多种运输方式的联合等划分为若干种类。

1）按不同服务对象划分

交通运输业的服务对象主要有两类，即货物和旅客，因此，运价可分为货物运价和旅客运价两大类。

（1）货物运价

货物运价可按其适用范围、管理方式、运输货物种类及其批量大小等进行不同的划分。

① 按货物运价的适用范围划分。具体可分为国内货物运价和国际货物运价两类。各种不同交通运输方式对此又有不同的规定。

② 按对货物运价的管理方式划分。具体可分为政府定价、国家指令性价格、政府指导价和市场调节价等几种。目前我国对国有铁路货物运输、水路和公路运输中的救灾物资运输、航空运输中的货物运输等均实行政府定价，即指令性价格；交通运输部直属航运企业的计划内货物运输实行政府指导价；其他均实行市场调节价；城市公共交通价格管理方式一般介于政府定价与政府指导价之间。

③ 按运输货物种类及其批量大小划分。以运输货物不同种类划分，具体可分为普通货物运价、危险货物运价、冷藏货物运价、集装箱货物运价等。其中，在普通货物运价中，一般又按其不同的运输条件和货物本身价值高低等因素划分若干等级。

按照货物托运数量可以划分为整车运价、零担运价。以货物批量大小划分，一般将其区分为整批货物运价、零担货物运价和集装箱运价，并规定零担货物运价高于整批货物运价。通常有两种计费形式：一种是按吨计费，另一种是按车计费。大多数国家采用按吨计费，也有一些国家采用按车计费。零担运价适用于每批不够整车条件运输而按零担托运的货物，这也是铁路运输和公路运输普遍采用的运价形式。

（2）旅客运价

旅客运价可按其适用范围、管理方式以及旅客在途中占用的舱（座）位的不同进行划分。按运价适用的范围可将其分为普通运价、特定运价和优待运价等。普通运价是运价的基本形式，如铁路有适用于全国正式营业线路的全国各地统一运价，其他运输方式也有普通运价这种形式。特定运价是普通运价的补充形式，适用于一定地区、一定线路和航线等。优待运价属于优待减价性质，如客票中有减价的小孩票、学生票，也有季节性的优惠票。按管理方式划分与货物运价基本相同，不再赘述。下面仅对按旅客在途中占用的舱（座）位的不同划分方法作简要说明。

2）按不同交通运输方式划分

按不同交通运输方式划分，运价可划分为水路、铁路、公路、航空、管道货物运价以及货物联运运价等。

（1）水路货物运价

具体又可划分为国际海上货物运价和国内水路货物运价两大类。

① 国际海上货物运价。班轮运价：指以班轮方式承运货物时规定的价格，包括货物从装运港至目的港的海上运价及货物的装卸费率两部分。

航次租船运价：指船舶所有人和承租人在航次租船合同中约定的运价。

油船运价：指油船所有人和承租人在航次租船合同中约定的运价。

② 国内水路货物运价。我国国内水路货物运价按不同航区分别制定。航区具体划分为沿海航区、长江、黑龙江、珠江水系以及各省（市）内河航区等。各航区以不同货种、不同运输距离各自制定相应范围的货物运价。

（2）铁路货物运价

我国铁路除少数线路外均实行全路统一货物运价，并按不同货种及其运送条件、不同运输距离分别制定，以铁路运价规程制定发布，其中附有详尽的货物运价里程表。总的来说，货物数量规模、服务质量、运输任务的属性（如政策性、市场性）等因素决定了铁路运价的差异性。

（3）公路货物运价

我国公路货物运价由各省（市）行政区分别制定，具体按不同货种、不同运输条件和不同运输距离分别制定。公路运输是我国交通运输业中最早实行市场化改革的行业，定价机制主要是按照市场经济模式运行，交通运输企业是定价的主体，价格主要取决于市场供需关系，随行就市，因此，市场竞争比其他交通运输方式更为激烈。

（4）航空货物运价

我国航空货物运价先区分国际航线和国内航线，然后按不同航线，并考虑货物种类和批量大小等因素分别制定。

（5）管道货物运价

我国管道货物运价按不同管道运输线输送和不同货种类型分别制定。目前输送的货种为石油类（原油和成品油）、压缩气体（天然气和可燃气体）、水浆（矿砂和煤粉）等。

（6）货物联运运价

货物联运运价按起讫点的不同，可分为国内货物联运和国际货物联运两大类。前者指起讫点均在同一国境内的运输；后者为跨越国境的运输。据此，货物联运运价可相应划分为国内货物联运运价和国际货物联运运价两大类，分别适用相应的运价规章或协议。随着我国综合运输的大力发展，货物联运运价的合理制定、科学监管与规范也将是未来运价管理一项重要的任务。

2. 城市客运运价的结构

运价结构是指运价的组成及其相互的比例，主要可以分为按运输距离制定的里程式运价结构和按客运类别制定的差别运价结构，也可以说各种交通运输方式的运价主要是以这两种结构形式为基础形成的。除此之外，还有邮票式运价结构、基点式运价结构和区域共同运价结构等。由于城市客运市场服务群体及需求属性方面存在的特殊性，客运定价受城市政府调控，尤其是公共交通。城市客运运价结构主要包括道路公交运价结构、城市轨道运价结构及出租车运价结构。

1）道路公交运价结构

（1）单一票制

单一票制是指在此线路运行的区间内部任意两地间实行统一的票价，没有距离之分。它有售票速度快、购票方便、票价单一、所需要的人工及设备少等优点，在公交系统中得到广泛采用。既有利于公交企业推行无人售票，减员增效，节约成本，同时也方便了市民的乘车。其缺点是过高的单一票价，对短途乘客缺乏吸引力；过低的单一票价，对长途乘客的收费又低于其相应的运输成本，带来的收益损失已足以超过所节省的设备费用及管理费用。目前我国绝大多数城市公交采用“单一票制票价”为主的票价政策。

（2）分段票制

分段票制是指在同一公交线路运行的区间内部主要按运输距离的长短、车站数的多少等因素核定票价的一种公交票制方式。

① 阶梯形票制票价。这种票制主要适用于跨越市郊多公交班线客票定价。由于此类服务是介于城区公共交通与班线客运之间的一种客运方式，其管理主体、运营线路难免与城区和班线客运相重叠，因此，公共交通阶梯形票制票价类型常被广泛采用。我国公共交通阶梯形票制票价是指公共交通票价按不同运行区段（一般按多通过站点数）收费。目前的阶梯形票制票价表标注了站号、站位和票价。一种方法是，将起、终点的站号相减，得出的数字为实际千米数，之后按照新票制自行计算价格，但这种方法要求乘客熟知票价规定。另一种方法是，将阶梯形票制票价表横竖对照看，找到起点站对应阶梯旁的空白三角处，然后向下找对应的到达站，两条线交叉的数字就是应付款。票价间隔的划分标准是根据里程数、站点总数、线路上座率、路况等多方面因素确定的，这种票制票价有一个起步价与上限，然后根据影响因素设定票价间隔标准，确定每阶段票价。成都市市郊公共交通班线很多线路执行阶梯形票制票价，深圳特区内外均有线路实行阶梯形票制票价。

如，2014 年北京市公共交通票价方案调整后，采用阶梯形票制定价。

地面公交：10 km（含）内 2 元，10 km 以上部分，每增加 1 元可乘坐 5 km。市政一卡通刷卡，市域内普通卡 5 折，学生卡 2.5 折；市域外按现行政策不变。

轨道交通：6 km（含）内 3 元；6～12 km（含）4 元；12～22 km（含）5 元；22～32 km（含）6 元；32 km 以上部分，每增加 1 元可乘坐 20 km。

② 二部收费制票价。二部收费制票价是指按照某一特定的公共交通站点为界而划定票价的一种票制方式，运行在此特定公共交通站点之前为一种统一票制票价，越行该站点则为另一种票制票价（票价一般为前一种票价的两倍），这是 2008 年成都市在城郊公共交通内推行的一种票制，其票价分 1 元和 2 元两种，当乘坐普通公共交通的区间越过某一特定的站点时，票价为 2 元，否则为 1 元。高档公共交通票价为 2 元和 4 元。

③ 多级票价。票价结构费率实行递远递减，长距离乘客受益明显。比如，现行 25 km 长的线路，全程最高票价为 7 元，实行多级票价结构后最高票价只要 4 元，支出下降 40%，如果叠加换乘优惠，支出还可减少。上海公交分段票价主要是此种类型。

（3）福利票制

在公交票价标准基础上的优惠政策，各个城市也有一定的异同点，总结起来各城市的票价优惠（通过刷卡实行优惠）主要有定期票、学生票、老年票等。

① 定期票。定期票是指买一个时间段的车票使用权，时间段可以是一个月、一年，甚至可以具体到从某月某日起，到某月某日止，在这个时间段内，乘客乘坐可以不限次数。定期票分为年票、月票、周票和日票。

② 学生票。学生票消费没有限制，每次刷卡有优惠，在一个月内刷卡次数超过一定数量可以续费，续费后仅限于当月使用，当月过后费用自动清零。

③ 老年票。老年票使用人群为常住户口在城区的老年人，领卡时就能免费使用一定期限的乘车次数，并规定每月免费限乘次数。

2）城市轨道运价结构

（1）计程票制

计程票制属于多级票制，是按照乘客乘坐距离长短计费的票制。计程票制又可分为里程计程票制和区段计程票制，里程计程票制是以一千米作为基本计价单位，累计加价的计程票制。里程计程票制的优点是收费标准精确合理，在规模较大的交通网络中能够精确反映价值与价格的关系，有效地兼顾长、短途乘客的需求，实现客运量与运输能力之间的平衡。但是要保证收费标准精确合理，必然要制定多个收费等级，同时计费难以取整，因此，此种票制的系统复杂程度很高，必须依托高效的自动化设备。在实际应用中，轨道交通运营企业的票务管理工作和实际操作烦琐，乘客使用十分不便。区段计程票制是以规定里程作为基本计价单位，累计加价的计程票制。区段计程票制有效地弥补了单一票制和里程计程票制的缺陷。这种票制基本上能够反映价值与价格的关系，兼顾长、短途乘客需求。同时，设置的收费等级相对较少，计费易于取整。在运用中，既减轻了运营企业票务管理和实际操作的复杂程度，又能够方便乘客使用。鉴于区段计程票制的多种优势，在各国城市轨道交通网络规模不断扩大的基础上，这种票制逐渐被各运营企业广泛应用。中国大部分城市轨道交通均采用此种票制，日本的东京地铁也是沿用此票制。

（2）混合票制

混合票制是指在轨道交通不同区域上分别使用单一票制和计程票制的票制形态。城市轨道交通的运营线路有可能存在很多条，不同线路的具体情况不同，差别较大的区域或线路使用不同票制就会更为合理。比如，线路较短、站点较少的线路，比较适合使用单一票制，而运营线路很长、站点较多的线路，就比较适合使用计程票制。混合票制的优点是可以使票制多样化，让每条线路拥有最合理的票制方式。混合票制的缺点是使同一座城市的轨道交通票制复杂，对售检票技术水平的要求很高。

3）出租车运价结构

（1）基本运价

基本运价主要包括起步价、里程价、候时费以及超过起步价的燃油附加费等，各城市的价格各有不同，北京市从2013年6月起调整出租车价格，新标准为3 km以内13元，基本单价2.3元/km。燃油附加费标准调整为每运次1元。值得关注的是，近年来城市出现的网约车是一种与传统出租车具有同类属性的个性化公共交通出行服务产品，它的出现完善了市场供给结构。网约车以其更为灵活的低成本、平台化市场经营模式，与传统出租车形成了一定的竞争互补关系。网约车作为城市道路运输的新业态、新模式，对优化配置道路运输资源、方便公众出行发挥了重要作用，已成为城市公共交通的有机组成部分。2019年10月，交通运输部、国家发展改革委发布《关于深化道路运输价格改革的意见》（以下简称《意见》），其中提出，网约车平台公司应主动公开定价机制和动态加价机制，通过公司网站、移动互联网应用程序（App）等方式公布运价结构、计价加价规则，保持加价标准合理且相对稳定，保障结算账单清晰、规范、透明，并接受社会监督。《意见》明确，“对网约车实行市场调节价，城市人民政府认为确有必要的可实行政府指导价”。可见网约车不仅是一种个性化公共交通出行服务产品，同时也已具有“准公共交通”特征和“准公共服务”性质，特殊情况下可视同公共交通和公共服务，按规定实行政府指导价。

基于上述多重服务属性特征，作为一种城市交通供给侧结构性改革的新经济现象，网约车的价格制定机制应当属于以市场化定价机制为主导，辅之以公共决策，网约车司机、平台企业、乘客、职能部门和新闻媒体等相关主体的充分参与，通过积极协商、良性互动和有序博弈，形成原则性共识和具体的价格内容，实现多方共赢目标，更好地满足城市客运个性化出行需求。

（2）其他收费项目

① 代征收费用。每一营运车次除按里程和候时收取车资外，须加征收的费用主要包括交通建设附加费、公路建设还贷资金、市区内过桥费等。代征收费用均已纳入起步价内，一次性向乘客收取，不再表外收费。

② 回空费。凡载客营运每车次超出一定里程（含低速计时里程）的，都将由计价器自动按照超出的实际里程加收一定租价比例的回空费。北京市出租车单程超出 15 km 的部分加收 50%空驶费。

③ 夜间行驶费。为鼓励出租车夜间运营，实行夜间行驶费，北京市 23:00（含）至次日 5:00（不含）加收 20%的夜间行驶费（不含起步里程）。

④ 高速公路通行费、过桥费以及拥堵收费等附加费用。此类费用如果是在乘客选择的出行路径之内或者属于唯一路径，则需由乘客在表外支付。比如，北京市机场高速费，须由乘客另行支付；又如，乘坐北京市出租车每次加收 1 元燃油附加费。

7.3.3 运价的影响因素

运价的影响因素比较复杂，主要有运输成本、运输供求关系、国家经济政策等。交通运输业定价的原则基本上是采用成本定价法，包括平均成本定价、边际成本定价等。

1. 运输成本

运输成本是指交通运输企业在进行运输生产过程中发生的各种耗费的总和。在正常情况下，交通运输企业为能抵偿运输成本而不至于亏本并能扩大再生产，要求运价不低于运输成本。因此，运输成本便成为影响运价的重要因素和最低界限。

2. 运输供求关系

运输市场的供求平衡不仅会因运输市场价格对供给和需求的调节促成，而且还会由于运输供给和需求对市场价格的调节而产生。

运输供给和需求对运输市场价格的调节，通常是由于供求数量不同程度的增长或减少引起的。为分析方便，假定其中一个量不变的前提下讨论对运输市场价格的影响。

1）运输需求不变，供给发生变化而对运输市场价格的影响

在图 7－3 中，S 为运输供给曲线，D 为运输需求曲线。当 D 不变时，若运输供给下降，

则曲线 S 向左上移至 S_1，市场平衡点 A 移至 A_1，市场供给量从 Q_0 降至 Q_1，运输市场价格由 P_0 上升至 P_1；若运输供给增长，则曲线 S 向右下移至 S_2，市场平衡点由 A 移至 A_2，市场供给量从 Q_0 上升到 Q_2，运输市场价格由 P_0 下降至 P_2。

2）运输供给不变，需求发生变化而对运输市场价格的影响

在图 7-4 中，由于运输需求的增长，曲线 D 向右上移至 D_1，市场平衡点由 A 移至 A_1，市场需求量从 Q_0 上升至 Q_1，运输市场价格随之由 P_0 上升至 P_1；若运输需求降低，曲线 D 向左下移至 D_2，市场平衡点由 A 下移至 A_2，市场需求量从 Q_0 下降至 Q_2，运输市场价格随之由 P_0 下降至 P_2。从以上分析可以看出，运输需求或供给的变化都会引起运输市场价格的改变。

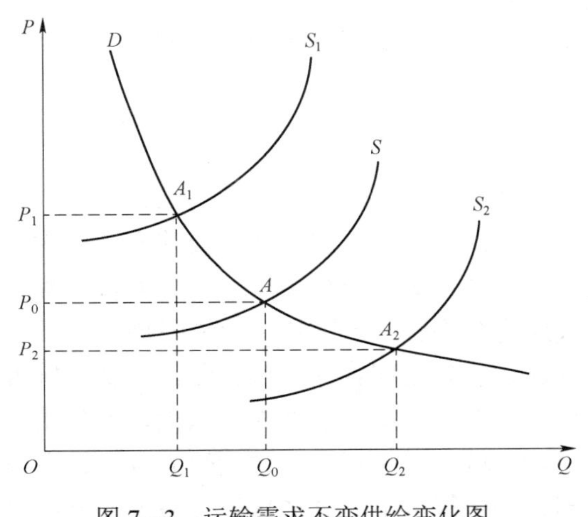

图 7-3　运输需求不变供给变化图

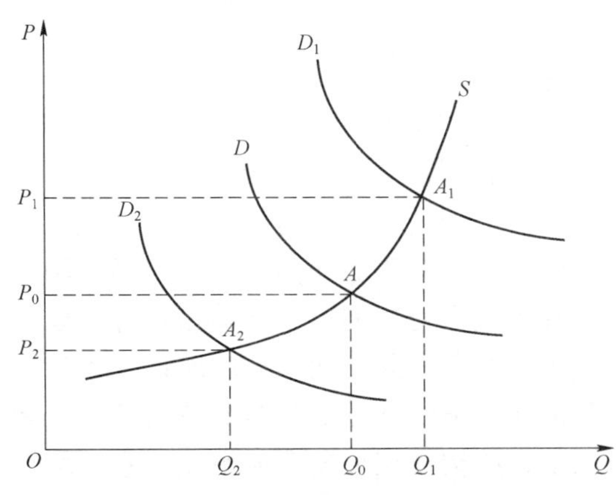

图 7-4　运输供给不变需求变化图

3. 国家经济政策

国家对交通运输业实行的投资政策、信贷政策、税收政策以及财政补贴政策等均会直接或间接地影响运价水平。长期以来，国家为扶植交通运输业，在以上诸方面均实行优惠政策，如对国有铁路、城市轨道交通等行业实行投资政策，对高速公路等收费公路行业采取信贷政策，以及对城市公交采取财政补贴政策等；此外，目前国家对交通运输业所征营业税是第三产业中最低的，其税率仅为3%。从运价的理论构成看，包括运输成本、利润和营业税三部分。如果营业税率较低，在运输成本和利润不变的情况下，运价可随之降低。因此，目前国家对交通运输业实行的优惠税率政策有利于稳定运价并促进交通运输业的发展。

7.4　城市交通运价制定策略

7.4.1　运价制定的一般原则

1. 以运输价值为基础

交通运输业的基础性、派生性特征决定了其运价制定策略、机制不可能完全等同于其他行业。从社会化大生产的视角看，交通运输业提供的往往是“中间产品”，其运价一般情况下是最终产品的“中间成本”，因此，供给方在制定运价时应该尽可能符合或者接近运输产品的

社会必要劳动消耗量，反应价值规律的要求，使交通运输生产过程中所消耗的活劳动和物化劳动都得到补偿，否则交通运输再生产过程就无法周而复始地顺利进行。

2. 以交通运输企业的边际成本作为定价的依据

在欧美西方国家，对于铁路、城市轨道交通、城市公共交通等具有规模经济特征的大众化交通运输方式，在定价时普遍以边际成本作为基础，一般认为当边际收入等于边际成本时，企业的利润最大。从我国的实际情况出发，从价值规律作用的程度和供求关系的影响来看，以边际成本定价，更能反映运输价值，反映对运输劳务的供求，有利于运输收入在交通运输部门与国民经济各部门之间、在交通运输部门内部各种交通运输方式之间和各交通运输企业之间的合理分配，有利于交通运输企业在公平的基础上开展竞争，以更多优质的运输劳务来满足国民经济对交通运输业的需求。

3. 政府调控指导

运价必须以运输价值为基础，但并不意味着运价必须始终和永远与运输价值完全一致，现实经济生活也不能使运价与运输价值做到永远完全一致，尤其体现在城市公共交通运输方面。作为准公共服务产品，公共交通运输不但满足了广大市民的出行需求，而且从很大程度上缓解了城市交通拥堵、环境污染等矛盾，城市政府将公共交通放在城市交通发展的首要位置，优先发展公共交通，其政府调控指导主要体现在运价制定和公共交通补贴。在制定城市公共交通价格时，一般是基于政府调控指导，充分考虑城市客运市场供求，以优化调整城市居民出行结构，充分发挥城市交通系统运输能力，保障城市系统正常稳定运转为目的，充分利用运价这个经济杠杆，利用价值规律在一定范围、一定程度上的调节作用，来为城市经济社会发展服务。

4. 为城市居民出行提供基本保障

城市交通是城市居民出行的载体，尤其是公共交通作为一种准公共服务，为居民出行提供了基础的保障。由于交通拥堵现象在一些大中城市不断加剧，公共交通作为一种大运量、低价位、快捷方便的出行方式，使城市公共交通优先策略成为最重要的解决途径。出行成本对交通出行行为选择的影响至关重要，公共交通票价结构的变化会影响乘客的出行方式。因此，票价政策能在调节出行需求方面起到一定的作用，它成为对交通需求进行调控管理的一种手段。合理票价可引导公众以公共交通方式出行来提高其出行分担率，以经济合理的票价政策作为经济调控手段，通过形成的价格杠杆可以起到调控和平衡交通需求的作用，有利于充分利用现有道路设施资源，最大限度地提高道路设施的通行能力，保障城市居民生产生活的正常运转。

5. 充分考虑运输市场的供求关系

在社会主义市场经济条件下，运价作为一个交换范畴必然受市场供求因素的制约。因为供求关系客观上反映了社会交通生产和交通需求之间的矛盾运动，客观上要求二者保持一定的比例关系，包括运力与运量、交通结构和交通质量等方面，它是社会再生产正常进行的一个必要条件。运价只有反映了运输市场的供求关系，才能充分发挥其调节作用，适应市场经济发展的需要。同时还必须看到，运输市场供求关系虽然不是决定运输价值的直接因素，但它是影响运价形成的经济条件，决定运输市场价格偏离运输价值的方向和程度，决定短期运价水平与变动趋势，所以，运输市场价格的形成与变动要受供求关系的支配和影响。

6. 充分考虑不同交通运输方式之间的比价关系

不同交通运输方式有不同的运输总成本。在制定运价时，除了要充分考虑各种交通运输方式的运输成本，还应当考虑各种交通运输方式之间的比价问题。比价不合理，就有可能加重某一种交通运输方式的负担，使另一种交通运输方式的潜力不能充分发挥，不能促进合理交通运输和各种交通运输方式的合理分工，也容易造成运力资源的浪费。如公共汽车与城市轨道之间，轨道票价低于公共汽车票价就不合理，那样就会使轨道交通紧张，而公共汽车交通潜力得不到发挥。所以，必须充分考虑城市内各种交通运输方式的比例问题。

7. 维持企业经营原则

维持企业经营的原则是保证经营企业能够补偿成本和投资者能够获得合理的回报。城市公共交通的公共性质决定其不能以追求高额利润为经营目的，但是必须以经营成本为底线。如果城市公共交通服务的成本不能在价格中得到必要的补偿，必然会造成企业为节约成本而降低服务质量甚至减少投资。而城市公共交通主要是为市民工作和生活基本出行需求提供服务的，它的需求弹性很小，如果城市公共交通服务差、公共交通覆盖率低、班次少，势必会影响市民的工作和生活，进而影响整个城市的运行与秩序，带来严重的社会问题，不利于城市经济社会发展。我国一些大城市建设发展过程中不重视交通基础设施建设以及贯彻落实公共交通优先发展政策，而是大量发展轿车，结果导致城市交通严重拥堵，乃至瘫痪就是一个深刻的教训。

8. 乘客承受能力原则

城市公共交通需要充分满足社会各个阶层和每个公民的交通出行需求，尤其是要考虑工薪阶层和低收入阶层的利益，公共交通价格政策一定要充分考虑大众的承受能力。例如，在票价政策上，考虑低薪人群、边远区域和交通不便地区人群的承受能力，鼓励公众采取公共交通出行。

7.4.2 城市交通运价制定的方法

目前，国内外主要采用根据运价的构成制定运价的方法，该方法需要确定两个问题：一是正确核算运输成本，二是合理确定盈利水平。而如何确定运输成本是其中最关键的问题，由此也形成了不同的定价方法。

1. 平均运输成本定价法

平均运输成本定价理论是指在运量一定的情况下，运价总收入必须足以支付运输业务的一切开支，所以平均运输成本是运价的最低极限。运输总收入在支付运输平均成本后，一般还应提供足以吸引投资的必要利润。平均运输成本定价也称平均运输成本加成定价，它是以某种交通运输方式正常营运时的平均单位成本为基础，再加上一定比例的利润和税金而形成的运价。

实际上，平均运输成本并不是静态不变的，它随着运输量的变化而变化。因此，从动态的角度看，平均运输成本定价法是根据单位产品（劳务）平均成本的变化，确定在不同运输量条件下产品（劳务）价格的方法。在产品构成中，单位产品（劳务）变动成本 C_V 在一定时间内、一定生产技术组织条件下不随运量变化，单位产品（劳务）平均固定成本 C_F 随运量的增加呈下降趋势，平均运输成本曲线图如图 7－5 所示。

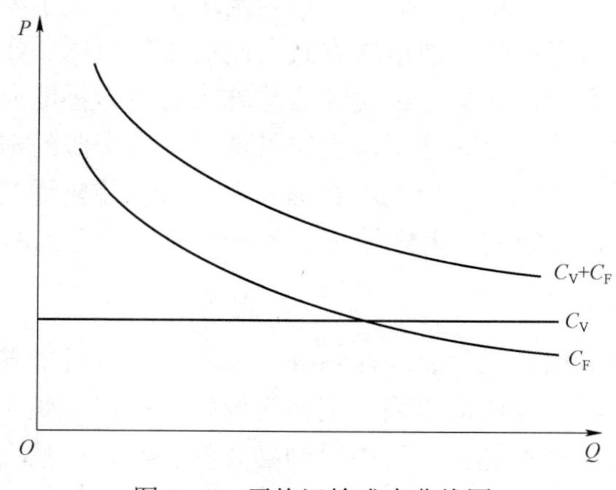

图 7－5 平均运输成本曲线图

根据平均运输成本曲线，即可求出一定运量条件下的产品（劳务）平均成本。在此基础上加上预计利润，即可确定价格，可用公式表示如下：

$$P_A = C_F + C_V + r = F/Q + C_V + r \quad (7-1)$$

式中：

P_A——单位运价；

C_F——单位运量固定成本；

C_V——单位运量可变成本；

F——总固定成本；

Q——运量；

r——单位运量利润和税金。

可以看出，单位运价 P_A 与运量 Q 相关，即在不同的运量水平下运价也是不同的。由于总固定成本是不变的，而单位固定成本等于总固定成本除以总运量，因此，单位固定成本是随着运量的增加而递减的。随着运量规模的扩大，单位运价也应该是降低的。平均运输成本定价法是我国目前交通运输等基础产业普遍采用的定价理论。这个理论的优点是考虑了交通运输业的劳动消耗，特别是考虑了物化劳动和活劳动的价值且简单易行。它一般适合于竞争不太激烈、运输市场不太活跃、货源比较稳定的运输线路或交通运输方式。但它有以下缺点。

① 没有考虑到运输市场的供求关系与运价的相互影响，无法使运价不断趋近供求均衡点。

② 过多地考虑了固定成本的因素。固定成本在经济决策中属于沉没成本，一般后续决策基本不考虑沉没成本的影响，否则会失去对企业有利可图的价格策略，也不利于基础产业资产经营改革发展以及经营模式、机制的创新，如铁路系统的网运分离式经营管理改革等。

③ 没有考虑成本的差异和同等经营管理水平下收益的高低。交通运输业的实际成本除受配件材料、燃料价格、职工工资水平以及企业经营管理的好坏影响外，还与路面质量、地理环境、线路附近工农业发展状况、资源情况等有关。因此，成本在各个地区、各条线路有很

大差异。这些差异并不是企业经营管理造成的，以平均成本定价，会使各条运输线路、各个地区运输盈利高低不等，在多种交通运输方式存在的情况下，使运力向低成本高收益线路集中，而使高成本低收益、甚至亏损的线路运输趋向萎缩。

2. 边际运输成本定价法

边际运输成本定价法是为追求经济效率而采取的一种定价方法，又称边际运输贡献定价法，是运输企业寻求和确定边际运输成本略低于边际收益时的最后一个增量，以找出最有利可图的运量和运价的定价方法，用公式表示如下：

$$P_M = MC + r = \Delta TC/\Delta Q + r \tag{7-2}$$

式中：

P_M——单位运价；

MC——边际运输成本；

r——单位运量利润和税金；

ΔTC——总成本的增加部分；

ΔQ——运量增加的部分。

在生产规模不变（固定成本不变）时，边际运输成本实际上就是所增加的可变成本。边际运输成本随运量的变化而变化。平均运输成本与边际运输成本关系图如图7－6所示。

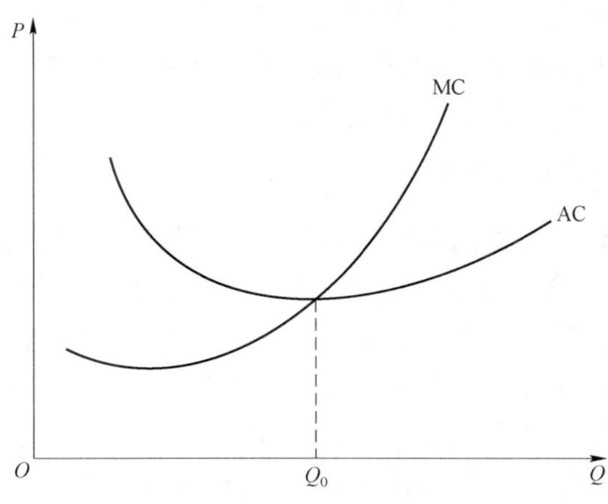

图7－6　平均运输成本与边际运输成本关系图

在货源不足、竞争激烈的线路和局部运输市场上，平均运输成本一般都大于边际运输成本。如图7－6所示，当运量小于Q_0时，平均运输成本AC大于边际运输成本MC。这时如果按平均运输成本定价，一方面抑制了运输需求，制约了经济发展，另一方面又使运输设备闲置，造成了资源的浪费。采用边际运输成本定价，其灵活性在于能及时通过调整预期边际收益来调整运输劳务价格，提高运输设备的利用率以便维持经营，保住市场占有率同时又可为社会节省运费。对于货源充足、运力不足的运输线路，由于固定生产要素制约着生产规模，当运量超过最有效的运量水平时，边际运输成本就会迅速增加，并大大超过平均运输成本，如图7－6所示运量大于Q_0的情形。这时按边际运输成本定价，企业可以获得较高的利润，同时也可以限制运量的增长，缓解运力紧张的状况，迫使资源向其他运输线路或运输方式转移，使运输需求的分布趋于合理，并促使各种交通运输方式在其可替代的各条运输线路上逐渐形成合理的比价关系。

边际运输成本定价法也存在缺陷。由于边际运输成本只考虑成本的边际变动状况，而不考虑总成本的状况，当边际运输成本长期小于平均运输成本时，就会造成运输企业的亏损，阻碍运输企业扩大再生产过程的顺利进行。

3. 完全运输成本定价法

按照平均运输成本或边际运输成本定价，都至少存在两个问题：一是它们只反映运输企业财务账户上的成本状况，而许多基础设施（如公路、运河、港口等）的建设费用支出大部分是由国家财政负担的，这部分费用并没有在运价中反映出来；二是平均运输成本或运输边际成本是根据现存设施和设备等成本统计资料制定的，是一种历史成本，不能反映将来的成本支出状况。因此，有经济学家提出了完全运输成本定价法。所谓完全运输成本定价法是指依据运输企业的完全成本（也称社会成本，是从全社会的角度来考虑的成本，它不仅包括生产者为某一生产经营过程所必须投入的成本，还包括整个社会要为此付出的额外的代价，这种代价称为外部成本）进行定价的一种方法。

按这种方法制定运价时，既要考虑私人成本，又要考虑外部成本；既要考虑固定成本，又要考虑可变成本；既要考虑直接成本，又要考虑间接成本；既要考虑目前支付的成本，又要考虑将来可能支付的成本，力求做到运价能够准确地反映社会经济系统为完成一定量的运输活动而必须付出的全部代价。如果能使交通运输业按完全运输成本确定运价，那么运价将能准确反映经济意义上的运输成本，但在实践中这一点很难做到。一些国家为使全部运输成本得到补偿，往往通过权力机关征收各种税费加以实现。

4. 按“效用”或负担能力定价法

根据经济学的效用理论，运输活动的效用是将一定量的货物从 A 地运到 B 地，因而在运输定价时要考虑这种效用。这就是说，运输企业为了制定运价，要以“运输价值”来衡量运输活动的效用。这里的“运输价值”是指商品在 A、B 两地的价差。例如，某一种商品在 A 地的生产成本较低，市场价仅 8 元，在 B 地生产成本较高，市场价仅 10 元，那么，运输每个这样的商品的效用或“运输价值”为 2 元。当运价高于 2 元时，任何厂商或供应商都不会将该商品由 A 地运到 B 地销售。此时，运价的议定策略就必须考虑厂商或供应商的获利水平，并由此产生了“从价理论”问题。该理论实际上也是一种“套利定价”方法。套利定价理论是资本资产定价模型的拓展，由套利定价理论给出的定价模型与资本资产定价模型一样，都是均衡状态下的模型，不同的是套利定价理论的基础是因素模型。套利定价理论认为，套利行为是现代有效率市场（市场均衡价格）形成的一个决定性因素。

从价格理论的实质上看，该定价模式是在货物运输供求双方进行价格竞争的条件下，按需求弹性高低来确定货物运价的一种转化模式。在一般情况下，本身价值较高的货物，其运输需求对运价的弹性较小，也即弹性系数小于 1，此时提高货物运价，企业可以增加收入；反之，本身价值较低的货物，其需求对价格的弹性较大，也即弹性系数大于 1，此时降低货物运价可以增加收入。即使有时因为对低价值货物的运价定得过低而造成损失，也可从高价值货物的运输收入中得到补偿（有运力而不被使用，可能使交通运输企业蒙受更大的损失）。正因为这样，从价理论至今在国际海上货物运输中仍有较高的应用价值。

就定价原理而论，从价理论属于“资源配置论”范畴，它以有利于运输企业经营为目标进行定价，无论是以运输的“效用”或以客户的“负担能力”为依据定价，其实质都是按需求价格弹性大小分别收费。该理论在国际海上货物运输中具有悠久的历史，从运输市场竞争规律以及从市场营销的角度分析均有其可取之处，但不可否认，该理论在实际应用中也会带来一定的困难。具体表现在以下两个方面。

① 对高价值货物的运价与低价值货物的运价之间如何确定一种客观合理的比例关系，目前尚无规律可循。在国际货物运输中，有些航线上高、低价值货物运价之比为 5 倍左右，而有些航线两者之比可达 10 倍以上，这在很大程度上是由历史原因造成的。这种情况对新辟航线的定价就起不到借鉴和参考作用。

② 持有高价值货物的货主对“从价理论”定价常有抵触情绪，运输企业在具体实施中会遇到阻力。但应该看到，在同一航线上，若高、低价值货物实行同一运价，所谓的“运价歧视”并未被最终消除，而只不过将其转嫁到低价值货物上。因为持有低价值货物的货主会明显感到货物运价太高而不堪承受。如果货物运价超过其销售地与生产地价格之差，他们会毫不迟疑地放弃该货物的运输。其直接后果是，运输企业无法招揽到低价值货源，从而陷入困境。

7.5 城市交通运价管理

交通运输业是连接商品生产和消费的桥梁和纽带。若作为运输产品交换媒介的运价因市场秩序混乱、管理不规范而被扭曲并发出一种失真的信号，则会导致严重的后果。若货物运价信号失真，则会直接影响商品的正常交换，并导致交通运输企业经营决策的失误；若旅客票价信号失真，则会严重扰乱人们正常的工作、生活秩序。

所谓运价管理，是指根据运价本身运动的客观规律和外部环境，采用一定的管理原则和管理手段对运价的运动过程所进行的组织、指挥、监督、调节等各种职能活动的总和。具体包括：规定运价的管理模式、管理原则、管理形式和管理的基本手段等。运价管理分为企业、政府两个层面。城市交通运价管理主要是指基于市场营销的运输企业对所经营运输产品的定价策略管理，属于微观经济管理范畴；而政府层面的运价管理主要基于价格管制政策的制度管理范畴，涉及微观经济或宏观经济管理范畴。

7.5.1 城市交通运价的管理原则

国家在对运输业实行“有控制的市场价格”管理模式时，其管理原则是：统一领导、分级管理；直接管理与间接控制相结合；保护竞争、禁止垄断。

1. 统一领导、分级管理的原则

运价管理的“统一领导”，是指涉及全国性运价管理工作的价格方针、价格调控计划、定价原则、调价方案与步骤、价格管理法规等内容，应由国务院价格主管部门统一制定、统一部署、全面安排，并借助一定的组织程序和组织机构，采用相应的管理手段，对运价管理过程进行组织、监督、调节和协调。

运价管理的“分级管理”，是指各级政府、运输主管部门按照各自的价格管理权限，对运

价和收费标准所做的管理。当前，城市交通运价水平的管理权限由各省市价格主管部门会同交通主管部门管理，特别是针对城市公交、地铁、出租车等行业的运价管理。

2. 直接管理与间接控制相结合的原则

对运价的直接管理，是指国家直接制定、调整和管理运价的一种行政管理手段。而间接控制，是指国家通过经济政策的制定与实施，并运用经济手段来影响市场定价环境，诱导企业定价行为的一种价格控制方法。由于城市交通的公共服务属性，城市交通运价一般采用直接管理与间接控制相结合的管理原则，采用有控制的市场价格模式以及补贴机制。目前，随着城市公交市场的开放，多种经济成分、多渠道的城市运输格局已经形成，逐渐形成了以政府定价或政府指导价为主导，市场化运营的差异化补贴政策为引导，直接管理与间接控制相结合的城市客运价格管控机制。

3. 保护竞争、禁止垄断的原则

价格竞争是商品经济发展的必然产物。价格竞争是指在客货运输质量大体相同的条件下，通过不同交通运输方式之间、同一交通运输方式各企业之间的运价竞争，达到运输资源的合理配置和提高企业经济效率的目的。保护竞争，实质就是实行公平、公开、公正的市场交易。而地方保护主义、“地下”交易和“黑市”交易等就是不正当竞争行为。因此，为了保护交通运输业的正当竞争，国家要建立并完善保护竞争、反对垄断的法规，制止任何企业和企业集团利用某些优势搞价格垄断，牟取暴利。1994 年，我国已正式颁布并实施《反不正当竞争法》，在商品市场交易中已显示出良好效果。1998 年 5 月 1 日，我国正式颁布并实施《价格法》，《反垄断法》也于 2008 年 8 月 1 日起施行，从法律层面预防和制止垄断行为，保护市场公平竞争，提高经济运行效率，促进社会主义市场经济健康发展。

7.5.2 城市交通运价的管理形式

城市交通运价的管理形式是指在一定的社会形态下，国家对运价的形成及运行机制等的调节方式。运价管理形式的类型取决于社会经济性质和整个社会的经济模式。也就是说，社会经济及其运行模式不同，形成了不同的价格管理形式，而运价管理形式则从属于社会的价格模式。我国已明确实行社会主义市场经济体制，社会经济的运行模式是“国家调控市场，市场形成价格，价格引导企业”。即国家主要运用间接手段，调节和控制市场。在此条件下形成市场价格，引导企业对商品进行生产、流通、消费和分配。而这种被称为“有控制的市场价格”模式，应是我国价格管理的目标模式，同时也是我国运价管理的目标模式。

城市主要的交通运价管理形式如下。

1. 政府定价

政府定价是指由县级以上各级政府物价管理部门和运输主管部门按照国家规定的权限制定并负责调整运价。目前我国对国家铁路的客货运价和航空的客货运价实行政府定价。由于国家铁路和航空运输由国家直接参与经营，具有较强的垄断性，因此，其价格由国家直接制定并实施管理是很有必要的，否则会扰乱正常的运输秩序。但应该看到，按“有控制的市场价格”模式，政府定价不等同于过去计划经济体制下的“固定价格”（在制定时主要根据运输价值而很少考虑其他价格形成因素）。而在定价时，除了应该反映运输价值，还应注意在市场经济条件下的客观经济规律，诸如运输市场的供求关系及其同其他交通运输方式之间的比价关系等。同时，相关部门还应根据运价指数的走向，定期与不定期地对运价进行调整。

2. 政府指导价

政府指导价是指一种具有双重定价主体的定价形式，它介于政府定价和市场调节价之间，主要是由政府规定基准价及浮动幅度，引导经营者合理制定具体价格。目前我国对于水路、公路中的旅客运输以及属于国家指令性计划内的货物运输均实行政府指导价。由于我国水路、公路运输市场已基本确立，市场竞争机制也已基本形成，从理论上看，可不失时机地全部实行市场调节价。但目前对于旅客票价以及关系到国计民生的重要物资、抢险救灾物资等列入国家指令性计划运输的价格仍不宜仓促放开，否则会造成社会不安定或对人民生活带来较严重的影响。即使如此，国家还是应兼顾运输企业的经济利益，由运输企业根据市场供求情况在规定的浮动幅度范围内自主定价。

3. 市场调节价

市场调节价是指经营者根据运输市场供求变化，自发、自主制定的价格，是经过市场竞争形成的价格。除政府定价和政府指导价外，交通运输企业均采用市场调节价。按照我国运价管理模式，最终应实现以市场调节价为主，政府定价和政府指导价为辅的价格管理形式。这样才有利于价值规律在市场体系中真正发挥调节运输供求，合理配置运输资源，提高运输企业生产效率等作用。只要政府部门所采用的调控手段运用得当，市场调节价必然会推进交通运输业乃至整个国民经济的健康发展。

4. 政府价格监管

政府价格监管是指为抑制市场失灵以维护公众的利益，由政府对这些行为中微观经济主体进行直接监管，从而达到保护社会公众利益的目的。城市公共交通价格监管的实质是政府通过一定的监管政策与措施，建立一种类似于竞争机制的刺激机制，以刺激公交企业的服务能力与水平。政府价格监管功能不仅仅是通过制定最高监管价格来保护消费者利益，实现分配效率，而且要刺激公交企业优化生产要素组合，充分利用规模经济，不断进行技术革新和管理创新，努力实现最大生产效率，实现城市客运市场的良性发展。

5. 政府政策调控

政府政策调控是指国家通过经济政策的制定与实施，并运用经济手段来影响城市客运市场定价环境，诱导交通运输企业定价行为的一种管理方法。它的基本点是国家不直接规定和调整运价，而主要采用经济政策和经济手段来诱导交通运输企业做出正确的价格决策，最常见的是对公共交通的补贴政策。随着非国有资本进入公共交通行业，城市公共交通政策也随之发生改变，如公共交通采用的 PPP 融资模式和实施特许经营制度，有效地运用了市场化经营性资金和公益性政府资金，减少了政府投资当期财政压力的同时，降低了特许经营公司的项目风险，为政府投资主体和市场投资主体的合作提供了有效机制，加强了政府对运价的调控能力。如价格听证会制度，它是政府定价程序中的一项重要制度。

复习思考题

1. 运价的定义与内涵是什么？
2. 运价的特点和结构是什么？试举例说明。
3. 运价定价的影响因素有哪些？试结合某种城市交通出行方式举例说明。
4. 运价的一般制定原则有哪些？并结合北京市公共交通、地铁票价调整方案加以分析。
5. 运价的常用定价方法有哪些？
6. 谈谈网约车的经营特点及其与传统出租车的性价比。

第 8 章

城市交通运输市场

市场是社会生产力发展到一定阶段的产物，是实现社会分工和商品生产的必要条件。市场有狭义和广义之分，狭义的市场指商品交换的场所，主要由市场供需关系及其价格构成。在现代市场经济中，市场概念常用来表示实现社会资源配置的机制。因此，广义的市场概念包含三层含义：一是指商品交换的场所；二是指商品交换的活动；三是指实现资源配置的手段。运输市场作为市场体系的组成部分，具有市场的一般特性，同时也有其自身独特的功能和结构，以及其内在的运行机制。

8.1 运输市场概述

8.1.1 运输市场的概念

运输市场也有广义和狭义的概念之分。狭义的运输市场是指运输劳务交换的场所，该场所为旅客、货主、运输业者或他们的代理人提供交易的空间；广义的运输市场包括参与各方在交易中所产生的运输经济活动和经济关系的总和。对此可以理解为，运输市场不仅是运输劳务交换的场所，而且还包括运输活动参与者之间、运输部门与其他部门之间的经济关系。此外，运输市场作为整个市场体系中的一部分，同样包含资源配置手段这一深层含义。

运输市场的参与者可以概括如下。

1. 需求方

需求方包括各种经济主体的客、货运输需求者，如居民、企业、政府、军队等。

2. 供给方

供给方包括各种交通运输方式的交通运输业者以及从事交通运输业的行业组织机构。例如，我国交通运输业者可以分为中央交通运输企业（如国铁集团、大型航空公司等）、一般国有交通运输企业（如公路运输公司、地方海运公司等）、集体交通运输企业、外资交通运输企业和个体交通运输户等。

3. 中介方

中介方包括在运输需求和供给双方之间，以中间人的身份提供各种与交通运输业务相关的服务的货运代理公司、民航机票代理公司、经纪人、交通出行信息咨询服务公司等。

进入21世纪以来，随着智能手机及移动互联技术的快速普及应用，城市交通出行中介服务以“网络平台化”形式进入市场，这种虚拟化新业态的营商模式得到了迅速发展，比较典型的如“滴滴出行”等。滴滴出行通过业务整合，涵盖了出租车、专车、滴滴快车、顺风车、代驾及大巴（定制公交）、货运等多项服务业务在内的一站式出行平台，“滴滴出行”改变了人们的传统打车方式，培养出大数据移动互联网时代的新型用户出行方式。

4. 政府方

政府方包括政府有关机构和各级交通运输管理部门。它们是代表国家即一般公众利益对运输市场进行监督、管理和调控的部门。这些部门主要有财政、金融、税务、海关、城建、环保、工商、物价、商检、标准计量、经贸委、仲裁等机构，以及交通运输部、各省（直辖市、自治区）交通厅（委）及市、县交通局等各级交通运输主管部门。

在运输市场活动中，需求方、供给方、中介方直接从事客运生产、货运生产和交换活动，属于市场主体。政府方以管理、监督、调控者身份出现，不参与市场主体的决策过程，主要通过经济手段、法律手段和必要的行政手段制定运输市场运行的一般准则，规范运输市场上不同主体的行为，使运输市场有序运行。

8.1.2 运输市场的特征

运输市场是以商品交换为主要内容的经济联系形式，它是交通运输生产者与消费者之间相互连接的桥梁和纽带，因此，它具有一般商品市场所具有的特征和属性。除此以外，由于交通运输业自身的特点，运输市场还具有一些与其他市场不同的特征。

1. 运输市场具有较强的空间性和时间性

交通运输业自身的特点决定了它所涉及的空间十分广泛。交通运输线网四通八达、纵横交错，网络遍及全国，乃至全球。交通运输把城市与城市、城市与乡村、企业与市场、市场与用户等紧紧联系在一起，交通运输产品的交换遍及了经济发展的所有地区和范围。运输市场中的需求（交通运输需求）表现出了极强的时空特性，而城市作为产业、人口、资源等要素高度聚集的空间，其运输市场的时空特性更为显著。

1）运输市场的空间特征

有人类生存的地方就有出行，也就有交通运输需求，交通运输需求的大小依赖于当地的社会、经济、文化、科技等方面的发展水平。在不同的国家或同一国家的不同地区，交通运输需求具有很强的区域不平衡性（空间上的不平衡性），甚至在同一条交通运输线路（航线）的不同方向上，交通运输需求也具有明显的差异性。比如，我国经济发达、人口密集的东部地区，其交通运输需求就要比经济落后、人口密度低的西部地区更大，也更密集；城乡之间的交通运输需求，特别是客运出行需求的空间分布差异也同样较大；北京等大城市上下班高峰期进出城区的主要路段，其交通流量有着巨大反差；春运期间北京主要铁路客运站进出京旅客流量也具有明显的差异。交通运输需求空间分布的特性决定了运输市场的空间分布特征，尤其是流向及空间分布密度的差异性特征。

2）运输市场的时效性特征

无论是旅客运输还是货物运输，往往都与季节变化有着特定的关系。由于旅客运输、货物运输需求的季节性变动是客观存在的规律，使得运输市场的时间特征十分明显。例如，某些产品（如瓜果、蔬菜等）在生产和销售上具有很强的季节性，导致其在交通运输需求上也具有很强的时间性。旅客运输需求在时间上的波动更为明显，如春节、国庆节等长假，以及学校寒暑假等旅游、返乡探亲等需求，往往在短时间内产生大量的出行需求；而城市居民上下班通勤、学生上下学时间，以及节假日期间往往也是旅客运输的高峰期。交通运输需求在时间上的波动性是由人们的生产和生活方式所决定的。

2. 运输市场的非实物性

交通运输业不像工农业那样改变劳动对象的性质和形态，它只是改变服务对象的空间位置，因此，交通运输业的产品是交通运输服务对象的空间位移。“位移”作为交通运输产品具有三维属性，即时间性、空间性和量度性。一定的位移都是在一定的时间内完成，这是它的时间性；一定的位移又都是在一定的空间范围内和一定的方向上完成，如从A地至B地，这是它的空间性；交通运输采用复合量度单位，货物为t・km，旅客为人・km等来量度位移，这是它的量度性。用复合单位计量交通运输产品能够比较全面地量化反映位移的大小，因为对于承运者来说，位移不仅要考虑时间性和空间性，同时还要考虑“被运输者”的大小、重量等因素。运输市场上出售的商品（位移）实际上也是一种交通运输劳务，它具有不可感知、不可分离、不可贮藏和缺乏所有权等特性。

3. 运输市场的联合性

交通运输企业是为不同交通运输服务对象提供多种不同交通运输产品的企业，在大多数情况下，它的设备是由多个个体（不同的运输消费者）联合使用的（例如，同一列车中不同的旅客）。在铁路运输中，存在大量相同方向（其起点可以不同）的客货流，他们共同利用铁路运输设备，形成各种联合产品，产生大量联合成本（或共同成本）。从理论上讲，当生产某一种产品的同时，导致以某一比例生产另一种产品，而且这种连带产品与引起它的主产品保持着固定比例，就产生了联合成本。

4. 运输市场的自然垄断性

运输市场容易形成垄断，这主要是由于自然条件和一定生产力发展阶段某一交通运输方式具有技术上的明显优势等原因造成的。即使达到了多种运输方式共存、运输市场发育比较完善的时期，垄断的痕迹也依然存在。例如，许多发达国家都曾有过大规模建设运河、水运占据统治地位的时期；同样地，铁路在运输市场中的统治地位也达百年之久。第二次世界大战以后，随着公路运输、航空运输和管道运输的发展，尽管各种运输方式之间的竞争上升为运输市场运行的主要特征，但各种运输方式仍旧在自己的优势领域保持一定的独占性，特别是铁路、管道在线路方面具有独占性，都使其自然地产生了垄断经营的特点。

由于交通运输业的投资规模大，如投资铁路、城市轨道交通的企业，所以投资门槛过高（特别是基础设施），这使得一般经营者很难进入这一行业，而有实力进入这个行业的企业则容易形成规模经济，从而形成市场的自然垄断。虽然一些国家采取了一些措施和手段（如特许经营等）以减少外界进入的障碍，鼓励适度竞争，但总的来说，一般企业或投资者进入铁路等运输市场仍具有一定的难度。从另一个角度看，政府为使运输畅通以保证社会经济发展和人民生命安全，对于进入这一市场的经营者也进行了较为严格的审查和管制（如城市公交、出租车运输业等）。

8.1.3 运输市场的功能

在西方经济学文献中，西方经济学者从不同的方面和角度对市场的功能作了相当丰富和全面的分析。运输市场的功能是市场机制在一定条件下发挥出来的客观职能和作用，是运输市场自发运行的结果。运输市场的功能主要表现在以下几个方面。

1. 信息传递功能

信息传递是市场的一个基本功能，以保证供需双方信息对称，实现公平交易。由于市场传递的信息基本上是供应商发出的价格信号，因而有的西方学者也把它称为价格的功能。美国经济学家劳埃德·雷诺兹在谈到价格的功能时认为，价格的一个重要功能就是“充当信息机”。它同时向消费者和生产者发送信号，为他们提供有关产品或服务稀缺状况的信息。信息传递之所以是价格体系的真正功能，是因为“价格体系就是利用信息而产生作用的”。这实际上就是说，对于供需信息的传递是市场的基本功能，是市场其他功能的基础。例如，市场对生产资源的有效配置就是通过价格信号的变动来实现的，市场需求是企业生产决策的重要依据。

信息传递包括供应商、用户群体以及政府市场监管机构等在内参与运输市场活动的主体，拥有和掌握着不同的信息，通过自身的表现，向运输市场传递着信息，如运价信息、运输技术装备信息、供求信息等，同时导致运输市场信息在不同的主体间流动，客观上起到调节和支配运输市场主体经济活动的作用。运输市场各经济主体要善于捕捉信息和利用信息，及时调整其经营规模和生产动向、改进装备、提高技术水平，以提高服务质量和竞争能力，站稳市场，并不断开辟新的运输市场。各经济主体应及时掌握信息，科学预测交通运输业未来发展趋势，从而做出正确的决策，这对于港口、机场、城市轨道交通网、城市道路网、大型综合交通枢纽等投资大、建设周期长的运输基础设施建设尤为重要。

2. 优化资源配置功能

优化资源配置是指对运输资源在各种可能的生产用途之间做出选择，使运输资源获得最佳使用效率。资源的优化配置是市场机制中供求机制、价格机制、竞争机制共同作用的结果。在运输市场上，供给和需求之间的相互作用，通过价值规律来实现。交通运输供给量是有限的，其供给的最大量是运输市场上可以支配的交通运输资源总量，当交通运输供给能力不足时，运价将随着运力的短缺上涨，引起交通运输资源的流动，即交通运输资源在不同的方式之间，或者在同一种交通运输方式的不同运输企业之间，或者在不同线路之间重新分配。与此同时，随着运价上涨、成本提高，这将导致需求减少，于是运输市场的供给和需求达到新的平衡；反之，当交通运输供给量大于运输市场需求时运价将下降，价格下降使一些交通运输企业收入下降，进而交通运输企业减少供给量，交通运输资源流出，流向能够有效满足人们需要的运输生产者手中。同时，运价的下跌刺激交通运输消费者的需求，运输市场出现新的平衡。

运输市场供求机制、价格机制、竞争机制共同作用，引导交通运输劳务、交通运输资本、交通运输信息、交通运输业高级人才以及相关资源在一个地区、一个国家，甚至在世界范围合理流动并得到优化配置，提高了交通运输资源的使用效率、减少了损失、避免了浪费、增加了局部和整体效益。国际的陆路运输、远洋运输、航空运输等运输市场已具有国际性，运输市场从一个国家扩大到其他国家领域，可以说，运输市场在一定程度上实现了交通运输资源在世界范围内的优化配置。

3. 市场结构调整功能

现代城市交通运输市场的主要特征是需求的多样化、供给模式的多元化，以及市场结构的复杂性。这就对城市交通运输市场结构优化、调整的自组织、自适应功能提出了更高的要求。根据市场经济规律，结合我国国情特点，城市交通运输市场结构调整主要是依靠市场调节机制和政策的引导，同时结合供给侧结构性深化改革，不断健全和完善市场结构调整功能。

市场结构调整主要是指调整产品结构、企业结构、产业结构、地区结构、技术结构等经济结构，调整的目的是使之实现合理化或趋于某种均衡。西方学者认为，市场对结构调整具有不可替代的功能。在特定的社会生产规模中，各行业之间以及行业内部的结构在客观上存在着最佳的比例关系。经济体制、经济环境、经济政策发生变化，这种比例关系也会相应发生变化。运输市场的结构调整功能主要表现在以下三个方面。

1）市场调节交通运输供给结构与需求结构的平衡

这种结构平衡功能是通过以下三种方式实现的。

① 通过扩张或缩减交通运输供给，调整供给结构，使之与需求结构相一致。交通运输需求增加，运价就会上涨，从而引导、刺激交通运输部门扩大生产，增大供给、增加经济效益，解决交通运输能力供不应求的问题。交通运输需求下降，运价就会下降，从而一部分交通运输企业因无利可图而转向其他行业，另一部分交通运输企业会缩减交通运输供给，解决供过于求的问题。

② 在交通运输资源受稀缺性或资金等客观影响，存在长期或短期供需失衡矛盾等约束的条件下，通过市场机制或政策手段抑制消费或管理需求来实现交通运输供给结构与需求结构的平衡。

当交通运输需求增加导致运价上涨时，运价上涨就会从两个方面起到抑制消费的作用。一方面市场会刺激消费者（货物托运人和旅客）减少对交通运输的需求，从而使需求适应供给；另一方面，运价的上涨和利润率的提高会刺激交通运输部门采用各种有效的手段，如技术革新、厉行节约等减少单位运输量的资源消耗量，从而通过节约对资源的消费来打破资源约束，增加供给，实现新的平衡。

③ 通过开发和利用代用品实现运输供给结构与需求结构的平衡。西方经济学者认为，当某种商品因需求增加而出现价格上涨时，消费者会减少对该商品的需求，同时却会增加对代用品的需求，刺激代用品价格的上涨，从而引导生产者扩张代用品的生产和开发新的代用品（其他交通运输方式或服务），形成新的供给结构与需求结构的平衡。同样，当生产者扩张该商品的生产受到资源约束时，该商品价格的上涨会刺激生产者开发和使用代用品，打破资源约束、扩张生产、实现平衡。

2）市场对交通运输企业的调整

市场作为交通运输企业活动的直接调节者，对交通运输企业结构具有直接的决定作用。这主要体现在以下两个方面。

（1）市场对交通运输企业效率结构具有优化作用

企业为了求得自身的生存和发展，必然会在市场上展开激烈的竞争。“通过竞争，优秀的企业得以存在，不好的企业便被淘汰，这正是企业的发展过程”。由于在具备其他条件的情况下，企业是否能获得利润，或者能获得多少利润，是企业效率水平的直接反映，因而市场发展那些效率高的企业、淘汰那些效率低的企业，就会使企业的效率结构提高到一个新的高度。

（2）市场对形成大、中、小型企业合理配置的交通运输企业规模结构具有调节作用

市场对大、中、小型企业的形成具有以下调节作用：一是市场竞争促进了大企业的形成；二是市场的规模制约着企业的规模；三是市场需求的变化频率直接影响着企业的规模；四是市场风险机制会促进企业向大规模发展。

3）市场对促进交通运输体系内部结构合理化的作用

在交通运输体系内部，运输市场调整各种交通运输方式在市场中应该占有的合理化比例。但是，交通运输业属于社会的基础设施，交通运输业投资具有资金需求量大、投资回收期长的特点，因而，交通运输供给不能依靠一般企业之间的那种竞争的市场机制。交通运输业内部如果出现过度竞争就容易导致两败俱伤，造成资源浪费。因此，为了科学地发展交通运输业，政府可以自觉地运用市场机制的功能，即对于供应紧张的部分，可以大幅度地（即使在供求不完全一致的情况下）提高某种交通运输方式的运价，在抑制对某种交通运输方式需求的同时，引导扩大对其他交通运输方式的需求，并将由此得到的收入作为投资资金用于开发资源、增加设备，以此促进交通运输体系内部结构合理化。

4. 促进技术进步的功能

现代社会新的产品或服务都是通过市场供需机制产生和涌现的。市场对交通运输业技术进步的促进作用，主要是通过市场的竞争机制和技术自身的商品化或市场化来实现的。市场的竞争机制是市场机制的重要组成部分，西方学者甚至把市场制度也称作竞争制度。

在价格竞争情况下，各个生产者和经营者为了降低价格以增强自己的竞争力，就必须降低成本，因而价格竞争从根本上来说是降低成本的竞争。企业竞相降低成本会推动技术进步。这种促进作用具体体现在：① 促进企业不断地对现有设备进行改造，采用新工艺、新技术、新设备；② 促使企业选择使生产成本降到最低的技术，以实现资源的最优组合。

在市场竞争中，非价格竞争是更为重要的竞争。传统理论把市场竞争理解为价格竞争，而实际上，“有价值的不是这种竞争，而是关于新产品、新技术、新供给来源、新组织类型的竞争。也就是占有成本上或质量上的决定性有利地位的竞争，这种竞争所打击的不是现存企业的利润和产量，而是打击这些企业的基础，危及它们的生命”。

不论是价格竞争还是非价格竞争，国内市场竞争还是国际市场竞争，都可以有力地促进技术进步。交通运输企业及与其相关的工业，如汽车制造业、造船业等行业的技术进步，同样是以市场为导向的结果。

8.2　城市交通运输市场的内涵

8.2.1　城市交通运输市场的分类

1. 运输市场的分类

运输市场可以从不同的角度进行划分，概括起来，可以分为以下两个方面。

1）按交通运输工具、载体划分

运输市场按交通运输工具、载体的不同可划分为铁路运输市场、公路运输市场、水路运输市场、航空运输市场和管道运输市场。

随着我国城市综合交通体系的建立和发展，促进了供给侧结构调整与变革，通过多种交通运输方式联合形成的综合运输服务进一步优化完善了城市运输市场的结构，如货运物流的"公铁联运""铁水联运""空铁联运"等多式联运；以及城市客运的"公铁联运"、民航机场换乘城市轨道交通、地铁与地面公交的换乘联运、轿车出行与地铁换乘"P+R"模式等。

2）按交通运输对象划分

运输市场按交通运输对象不同，可划分为旅客运输市场和货物运输市场。

对旅客运输市场又可以按照以下要素进行划分。

① 按照旅客行程细分，可划分为短途、中途和长途客运子市场。

② 按照旅客对舒适程度的要求，可划分为舒适度高、舒适度较高、舒适度一般和低舒适度等子市场。

③ 按照旅客收入水平细分，按照高、中、低收入阶层的出行需求层次结构特点，可划分为高端商务型、改善型、普适保障型三类运输市场。也可以细分为高收入、中高收入、中收入、中低收入和低收入等不同群体所构成的普适保障型大众化运输市场（包括普通绿皮火车、城乡公共客运、地面常规公交、自行车等）、高快改善型运输市场（包括民航、高铁、高速公路客货运、城市轨道交通、快速公交 BRT 等）、个性化运输市场（包括轿车、定制公交、网约车等）。

④ 按照旅客对交通运输时间的要求，可划分为快速、中速和慢速客运市场。其中，基于"公平与效率兼顾"的社会原则，在加快快速大容量城市公共交通系统建设发展的同时，城市慢行交通的供需问题也逐步引起了城市交通管理部门的重视。城市慢行交通体系分为三类：自行车车道、水上交通、人行步道。慢行交通的经济属性目前主要表现为公共物品特征，其供给模式主要以政府为主导（如慢行道路系统及其管制机制等），企业生产经营为辅（包括共享单车等）。

2. 城市交通运输市场分类

城市交通运输主要是满足人们在城市内部和短距离城际、城乡间的位移需求。城市交通运输市场的细分可从多种角度进行，以下是比较重要和明显的几个方面。

1）按旅客出行距离划分

按旅客出行距离划分，有城市内部、短距离城际、城乡间几种客运市场。相对来说，城际、城乡间距离较远，城市内部客运距离较近，但随着城市规模及范围的不断扩大，特别是居住及城市功能区分布格局的改变，人们在城市内的出行距离也日益增加。例如，据近年来相关调查结果显示，我国主要城市居民日常出行距离大多集中于3～8 km，其中3～5 km和5～8 km合计占比超过半数，达到41.7%，仅有6.2%的居民出行距离在1 km以内；此外，居民的职住分离导致居民的通勤时间明显增长，并导致其通勤行为以及通勤的出行方式都发生很大改变。

2）按旅客出行目的划分

按旅客出行目的划分，有公务、私务等客运市场。城市内部主要是旅游、购物、休闲、上学、工作等客运市场；城际主要是公务和旅游客运市场；城乡间是公务、上下班和上下学市场。

3）按旅客出行时间要求划分

按旅客出行时间要求划分，有直达快运市场和普通客运（含中转换乘等）市场。

4）按运输服务的对象划分

按运输服务的对象划分，可以分为客运市场和货运市场。其中，客运市场按照交通运输方式可划分为出租车市场、公共交通市场、轨道交通市场等。

8.2.2 城市交通运输市场的结构

根据市场上竞争与垄断的程度，经济学中通常把市场分为四种类型：完全竞争市场、完全垄断市场、垄断竞争市场和寡头垄断市场。后三种有时统称不完全竞争市场，因为竞争在这三种市场中都受到垄断因素的限制。经济学中的市场结构理论为分析城市交通运输市场的经济现象提供了有效的工具。

1. 完全竞争市场

1）市场特点

完全竞争市场是指竞争中完全不受任何阻碍和限制的市场，它是一种不受任何人为干扰和操纵的市场。在这一市场中，既没有政府的干预，也没有厂商勾结的集体行为对市场机制作用的阻碍，市场的价格完全在自由竞争的状况下自发形成，生产要素也在市场机制作用下自发流动，如道路货运与物流市场等。作为一个完全竞争市场，必须具备以下特点。

（1）厂商众多

完全竞争市场上有众多的生产者和消费者，他们中任何人买或卖的数量，在市场交易中只占非常小的比例，以至于无法通过自己的买或卖的行为影响市场价格。他们只能接受市场自发形成的价格，而无法决定市场价格。他们都是市场价格的遵从者，而不是市场价格的制定者。

（2）产品同质

在这一市场中所有厂商提供的产品都是同质的，不存在任何差别，即产品规格型号、内在品质、外观形态、包装、服务等方面都无差别。这种无差别不是指不同种类产品之间无差别，而是指同一种产品之间无差别。对于消费者来讲，买哪家的产品都一样；对厂商来讲，都不能通过自己商品的差异性来吸引消费者。

（3）生产要素自由流动

每个厂商都可以根据自己的意愿自由进入或退出市场，即新厂商可以不受任何阻碍进入这一行业，老厂商也不受约束可以自由选择退出这一行业，如城市的运输物流企业。

（4）市场信息畅通

在这一市场中，生产者和消费者都可以获得充分的市场信息，它们完全掌握现在和未来的市场情况和可能的变化。现代商品社会中，借助互联网等现代信息技术媒介，市场的买者和卖者都具有完备的信息，都有条件做出理性的消费选择和合理的生产决策，双方都能按市场价格来交易，而不存在欺诈行为。生产要素的流动都是理性的，而不是盲目的。

在现实生活中，真正能满足上述四个条件的市场是很难找到的，只有农产品等少数市场比较接近完全竞争市场。尽管如此，完全竞争市场在分析市场和厂商均衡理论中具有重要意义，完全竞争市场作为一种抽象的市场形态，在运作过程中还包含了所有市场运行的基本特点，它是分析其他各类市场的基础。

2）厂商收益曲线

在完全竞争市场中，市场价格由总的供求关系决定，其供给曲线是各个厂商在不同价格水平下愿意提供的产量叠加而形成的一条曲线；其需求曲线同样各个消费者在不同价格水平下愿意购买的数量叠加而形成的一条曲线。总的市场需求曲线和供给曲线在 E_0 点上相交，此时整个市场的均衡价格为 P_0。这一市场价格一旦形成，每个买者和卖者只能被动地接受这一价格。一家厂商在商品价格决定中的作用基本为零，因为产品的供给方有数不清的厂商，每家厂商的供给量都很小，不足以引起市场价格的变动。所以，需求曲线是一条平行于 OQ 轴的直线。如图 8－1 所示。

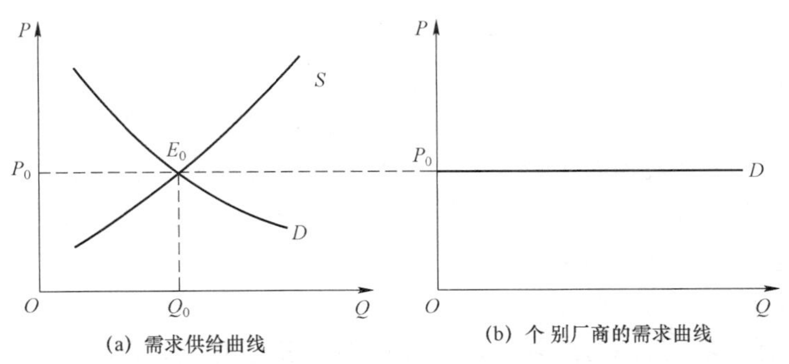

图 8－1 完全竞争市场中的厂商需求曲线

单个厂商面临的需求曲线表明，在既定的价格下，个别厂商面临的需求是无限的，无论其生产多少都能按照既定价格来售出产品，出售任何一个单位产品所带来的收益总是等于市场的既定价格，因此，个别厂商的平均收益曲线与其所面临的需求曲线重合。同理，在完全竞争市场中个别厂商产量的变化不能引起市场价格的变化，厂商每增加一个单位产品所得到的收益也始终等于边际收益。因此，在完全竞争市场下，平均收益始终等于边际收益。

3）厂商均衡的实现

厂商均衡是指一个厂商在其所处的市场环境中决定合适的产品产量和价格，从而获得最大的利润。因此，厂商均衡点就是其获得最大利润的产量点和价格点。在完全竞争市场中，厂商均衡是一个在既有价格下产量的决定问题。

厂商均衡可以分为短期均衡和长期均衡。厂商短期均衡是指在短期内，作为一个厂商无法变动所有生产要素的投入量来调整生产规模或退出该行业，而只能通过变动可变要素的投入量来调整产量，以获取最大利润或把亏损降低到最小限度；厂商长期均衡是指在长期内，厂商通过变动所有生产要素的投入量来调整生产规模或退出该行业，以获取最大利润。

（1）实现最大利润时的厂商短期均衡

只有当边际收益等于边际成本时，厂商的利益才会最大化。假定厂商的边际成本曲线 MC 在 E_1 点与平均收益曲线 AR 曲线相交。在完全竞争市场条件下，AR＝MR，为实现利润最大化，厂商会将产量确定在由 E_1 点所决定的 Q_1 时，符合 MR＝MC 的条件，如图 8－2 所示。

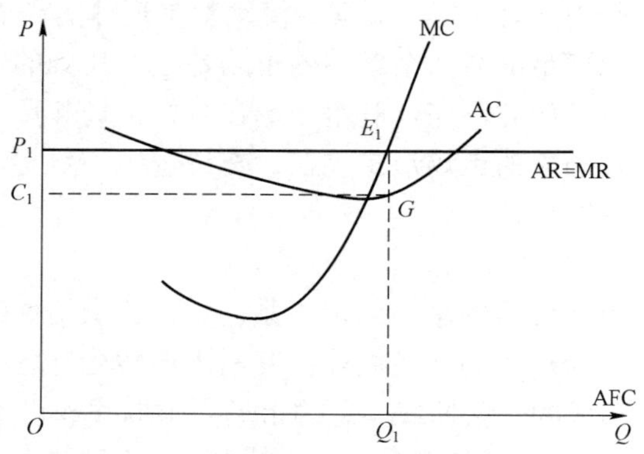

图 8－2 盈利状态时的厂商短期均衡

另外，在产量为 Q_1 时的平均收益 P_1 又大于平均成本 C_1，总成本为 $C_1 \cdot Q_1$；平均收益为 P_1，总收益为 $P_1 \cdot Q_1$。因此，厂商的超额利润（经济利润）为：

$$R = P_1 \cdot Q_1 - C_1 \cdot Q_1 = Q_1(P_1 - C_1) \tag{8-1}$$

即相当于矩形 $P_1E_1GC_1$ 的面积。若产量大于或小于 Q_1，均不能满足 MR＝MC 这个实现利润最大化的条件。因为当产量小于 Q_1 时，厂商的边际收益（MR）大于边际成本（MC）这表明产量最后增加一个单位所带来的总收益的增加仍超过总成本的增加；反之，当产量大于 Q_1 时，厂商的边际收益小于边际成本。因此，完全竞争市场条件下，实现超额利润时，厂商均衡的必要条件是 MR＝MC，充分条件是 AR＞AC。

（2）亏损最小时的厂商短期均衡

假设某厂商边际成本曲线与边际收益曲线虽然在 E_1 点相交，但是无论厂商怎样调整产量，其平均成本 C_1 始终都高于市场价格 P_1，即高于厂商的平均收益，显然这时厂商将出现亏损。厂商是否停止生产的关键还在于其平均收益是否大于平均可变成本。如果厂商的平均收益 P_1 虽然小于平均成本 C_1，但仍大于平均可变成本 C_2，那么厂商仍将继续生产，并将产量调整到边际收益曲线与边际成本曲线相交点时的产量 Q_1，这时其亏损将达到最小，如图 8－3 所示。

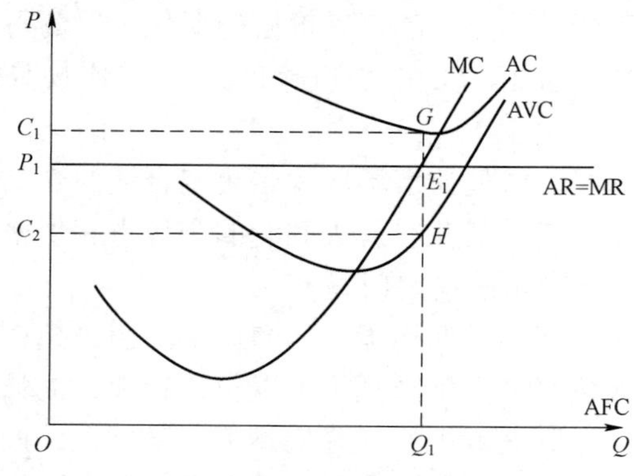

图 8－3 亏损状态时的厂商短期均衡

因为在短期内，厂商无法轻易退出市场，如果厂商停止生产，固定成本仍需继续支出，厂商的亏损相当于矩形 C_1GHC_2 的面积。如果厂商将产量调整到 Q_1，由于这时厂商的平均收益（AR）高于平均可变成本（AVC），厂商继续生产得到的总收益高于可变要素投入的总成本，那么这样就能补偿一部分固定成本的支出，使亏损达到最小，此时亏损相当于矩形 $C_1GE_1P_1$ 的面积。由此可见，亏损达到最小时厂商均衡的必要条件仍为 MR＝MC，充分条件为 AVC＜AR＜AC。如果厂商的平均收益低于平均可变成本，那么厂商将停止生产，此时厂商最大的亏损为固定成本的支出。

（3）厂商长期均衡

从动态的角度来分析，完全竞争市场中厂商的长期均衡是在厂商的竞争中实现的。在长期内，厂商可以改变一切投入要素的规模，这是厂商长期决策的基础。就需求方面而言，在完全竞争市场中，厂商仍是市场价格的接受者，厂商面对的需求曲线仍是一条水平直线。

当市场供给小于需求时，市场价格较高，绝大多数厂商都能获得超额利润，如目前我国的机场大巴、城市核心区的经营性机动车停车位等。由于绝大多数厂商获取超额利润，会吸引更多的资源投入，导致市场总供给增加，均衡价格下跌，使超额利润逐渐消失。与短期不同的是，长期内没有固定成本，所有成本都是可变的，因此，长期内厂商不可能亏损。最终，大多数厂商的平均成本曲线、平均收益曲线、边际成本曲线、边际收益曲线相交于一点，这时，大多数的厂商不会退出，也没有新的厂商进入，从而实现长期均衡。所以，实现长期均衡的条件是 MR＝MC＝AR＝AC。

从静态的角度来分析，厂商在反复竞争的过程中，通过调整全部的生产要素，使自己企业的生产规模达到规模经济的效应，从而使成本达到最低点。当大多数企业的生产都达到规模经济效应时，厂商也达到了长期均衡。如高铁客运公司与高速公路客运公司，传统出租车公司与网约车服务商等在市场竞争中谋发展现象。

2. 完全垄断市场

1）市场特点

完全垄断市场是与完全竞争市场相反的市场类型，它是指只有一个生产者面对众多消费者的市场。完全垄断市场具有以下特征。

（1）市场只有一个生产商

完全垄断市场由单个厂商提供整个市场的全部产品，单个厂商的供给等于整个市场产品的供给。同时，其他厂商无法进入市场。

（2）市场无替代产品

垄断厂商提供的产品不能被其他产品所替代，其需求交叉弹性等于零，因此，不会受到任何竞争者的威胁。

（3）垄断厂商是产品市场价格的制定者

由于厂商是产品的唯一供给者，而且面对众多的消费者，它可以通过供给量的调节等手段来决定市场价格，而众多消费者只能接受由垄断经营方制定或操控的市场价格，如铁路运输市场、城市轨道交通客运市场、常规公交客运市场等。

2）形成原因

完全垄断市场是市场经济中的一种特殊情况。厂商或供应商之所以能完全垄断某一行业，是因为市场上存在某种进入壁垒，以致其他厂商无法进入。完全垄断市场形成的原因主要有以下几个方面。

（1）规模经济

个别厂商为了在竞争中取得优势，必然会走上生产规模扩张的道路。因为扩大生产规模有利于先进生产技术的采用，有利于各种资源的合理利用，有利于成本的降低，还有利于品牌的树立。个别厂商在规模扩张的过程中，必将导致市场内各厂商之间的竞争，竞争的结果将导致中小厂商破产或被兼并，最终只有一个厂商获胜，进而垄断市场，如铁路运输、城市轨道交通、城市常规公交等。

（2）特许专营

政府为了公共福利、财政收入或安全等方面的考虑，给予某一厂商在政府监管下独自经营某种产品的权利，如军工、烟草、药品、酒类等行业。随着知识产权保护的加强，拥有知识产权的厂商也将在一定时期内阻止其他厂商进入，从而形成垄断。如我国城市传统的出租车行业由于准入门槛较高，供需矛盾突出，其垄断竞争特征导致一度出现打车难的现象；此外，机场客运大巴由于受民航部门的特许经营等准入门槛限制，也带来了票价高、垄断性突出等现象。

（3）自然垄断

有些产业由于自然因素，需要大量的固定设备以及集中的经营管理，而不适宜小规模分散经营，而且其成本在很大程度上随产量的增加而递减；或者，某些产品市场容量很小，只要一家厂商在最佳规模时生产即可满足全部需求，如果同一个地区让两家或者三家厂商同时来经营这些行业，那么势必会造成资源的浪费，如我国的铁路运输市场、城市轨道交通客运市场等。

运输市场具有自然垄断的性质。交通运输供给的特殊性之一是基础设施（固定设施）和运载工具（移动设施）共同作用，构成完整有效的运输供给体系。而那些同时拥有基础设施和移动设施的交通运输供给者极有可能成为这种交通运输方式市场的垄断者。

（4）原料和要素的垄断

某一厂商控制了某一生产要素的供给，那么就必然会在客观条件上阻止其他厂商的进入，从而形成垄断，如民航机场、铁路车站等。

与完全竞争市场一样，完全垄断市场在当今的市场中几乎是不可能存在的。即使是政府给予特许经营的企业，其经营在相当程度上也受到政府的管制。目前类似于完全垄断的行业主要集中在公用事业行业和拥有某些特殊资源的行业中。

3）厂商收益曲线

与完全竞争市场不同，在完全垄断市场条件下，由于只有一个厂商，厂商面临的需求曲线就是市场的需求曲线。

在买卖双方的博弈中，厂商具有价格的制定权，消费者虽然只能被动接受价格，但是可以在接受不同价格时，对其购买量做出积极的反应。当产品价格较高时，消费者购买的数量将减少；当产品价格较低时，消费者购买的数量将增加。因此，若垄断厂商按照 P_1 的价格出售，则其销售量只能为 Q_1；若按 P_2 的价格出售，则其销售量只能为 Q_2……将这些组合点连接起来，就是一条垄断厂商提供不同价格时所能实现消费量的曲线，也就是平均收益曲线 AR，如图 8-4 所示。同时可以看到，平均收益曲线与市场需求曲线重合。

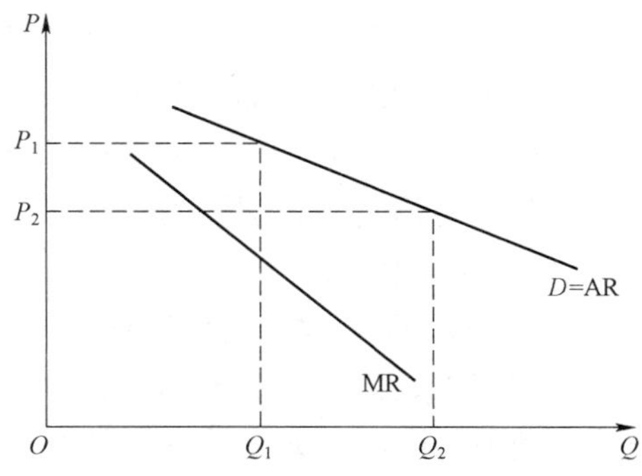

图 8－4　完全垄断市场下的收益曲线

由于垄断市场上产品需求曲线的斜率为负，当产量增加时，产品的价格将下降，边际收益减少。与完全竞争市场不同的是，平均收益 AR 不等于边际收益 MR，而是大于边际收益 MR。因此，边际收益 MR 曲线位于平均收益曲线 AR 曲线的下方。

4）厂商均衡的实现

（1）垄断厂商的短期均衡

在完全垄断市场上，厂商可以通过对产量和价格的控制来实现利润最大化。但其垄断经营行为要受到市场需求的制约。如果价格定得太高，消费者会减少购买需求。另外，在短期内，厂商对产量的调整也受到固定要素无法调整的限制。在完全垄断市场，厂商依然根据边际收益等于边际成本的原则来决定产量，即和完全竞争市场中厂商的短期均衡一样，垄断厂商实现利润最大或亏损最小的必要条件仍为 MR=MC。不同的是，完全竞争市场中 MR=AR=P，而完全垄断市场中 MR＜AR=P。这表明完全垄断市场中，MR 曲线与 MC 曲线的交点位于 MC 曲线与 AR 曲线交点的左侧，因此，采用高价少销通常是垄断厂商谋取最大限度利润的重要手段，如图 8－5 所示。

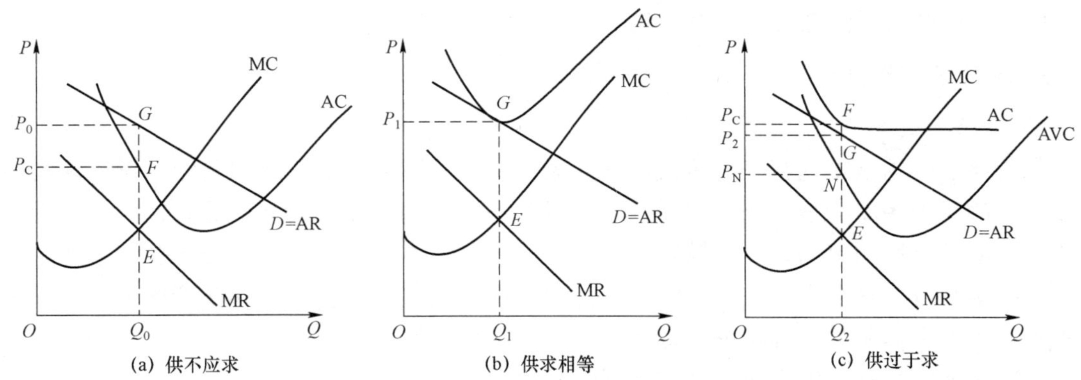

图 8－5　完全垄断条件下厂商的短期均衡

如图 8－5（a）所示，垄断厂商根据边际收益 MR 与边际成本 MC 相交点 E 确定产量 Q_0，由 Q_0E 线延伸分别与平均成本 AC 曲线、平均收益 AR 曲线相交于 F 点和 G 点。根据 G 点就可得到在产销量等于 Q_0 时，市场价格可确定为 P_0，厂商总收益（TR）为 $P_0 \cdot Q_0$，即矩形 P_0GQ_0O 所构成的面积。厂商的超额利润为矩形 P_0GFP_C 所构成的面积。由于 MR=MC，这时厂商的利润就达到最大。在完全垄断市场中，一般厂商都可以获得超额利润。

当然，垄断厂商也可能得不到超额利润，如果垄断厂商根据边际收益（MR）等于边际成本来选择产量 Q_1，平均收益正好等于平均成本，那么垄断厂商在产量为 Q_1 且价格为 P_1 时，只能得到正常利润，而无超额利润，如图 8－5（b）所示。这可能是因为消费者消费偏好发生转移，导致市场对该产品需求数量减少或厂商成本增加。

当然垄断厂商也可能亏损。如果在 MR＝MC 时，厂商的平均收益 AR 小于平均成本 AC，这时厂商处于亏损状态，如图 8－5（c）所示。与完全竞争市场条件一样，厂商是否停止生产取决于平均可变成本的情况。如果平均收益 AR 大于平均可变成本 AVC，这时垄断厂商在短期内将选择产量 Q_2，将损失减少到最低限度。如果厂商不生产，其损失为矩形 P_CFNP_N 所购成的面积。如果平均收益 AR 小于平均可变成本 AVC，那么该垄断厂商就会停止生产。

（2）垄断厂商的长期均衡

由于完全垄断条件下不存在其他厂商进入该行业的问题，所以在长期中，厂商主要通过调整全部生产要素的投入来调整其生产规模，从而确保长期获得最大限度的利润。这就意味着在长期中随着生产规模的扩大，总利润还能继续增加，只有到产量增加到边际收益等于长期边际成本时，厂商的利润才能达到最大。与完全竞争相比，在长期均衡的条件下厂商通常都能获得超额利润。

供给曲线表示在每一价格水平下生产者愿意并且能够提供的产品数量，它体现了价格和产量之间一一对应的关系。在完全竞争市场条件下，每个厂商都是价格接受者，他们按照给定的市场价格决定自己的均衡产量，以实现利润最大化或亏损最小。由于所确定的均衡产量是唯一的，每个确定产量也只对应一个确定的价格，因此，存在一条确定的供给曲线，但垄断市场却不一样。垄断厂商作为价格的制定者虽然未必刻意操纵和控制价格，但他可以通过同时调整价格和产量来满足自己的均衡条件。在这种情况下，垄断产品的市场价格和产量就不再是一一对应的关系，而是可能有各种不同的组合。根据不同的需求曲线，垄断厂商可能在相同的价格下提供不同的产量，也可能在不同的价格下提供相同的产量。因此，在完全垄断市场下，厂商的供给曲线是不存在的。

3. 垄断竞争市场

1）市场特点

垄断竞争市场是指既存在竞争又存在垄断，但竞争因素多于垄断因素的市场。现实中大多数市场都属于垄断竞争市场。垄断竞争市场是垄断市场和竞争市场兼而有之的一种混合市场结构，如民航运输市场，以及铁路与民航组成的长途客运市场等，而城市公交企业之间虽然在一些线路班次存在竞争关系，但价格是政府统一制定的，往往不存在价格竞争，只是在服务质量及吸引客流量上有竞争。总之，这类市场具有以下特征。

（1）各个厂商都在生产和销售有差别的同种产品

厂商之间的产品既存在一定的差别，又存在一定的可替代性。这里所说的差别不是指不同产品的差别，而是指同类产品之间存在着某些差别。产品有差别则有垄断发生，差别的程度越大，垄断的程度也越大。但是由于各个厂商生产的是同类产品，因此，它们的产品之间又具有相当程度的可替代性。产品之间的可替代性使得厂商之间存在竞争，产品的替代性越强，竞争就越激烈。垄断因素和竞争因素在同一市场中并存，形成了垄断竞争市场的基本特征，如我国民航运输市场内，虽然由不同的航空公司形成的多家企业经营，存在相对的、有限的市场竞争关系，但由于统一定价以及相互之间存在一定的利益联盟关系，总体上体现的还是垄断性质；再如，我国目前铁路与民航构成的长途客运市场，尽管各自提供的服务产品存在一定差异性，但由于各自客户群体相对稳定，竞争是相对的，垄断是绝对的，因此，也属于这种垄断竞争关系。

（2）厂商数量较多

垄断竞争市场中存在较多的厂商，但也不像完全竞争市场那样多。各个厂商之间都独立经营，互相之间不存在勾结或操纵市场，如出租车客运市场，尽管经营企业数量相对较多，但由于存在政府市场准入、统一定价等限制条件，所以，既不是完全竞争市场，也不是完全垄断市场。

（3）厂商的进入和退出较容易市场

在垄断竞争市场条件下，由于厂商的规模还不是太大，因此，进入或退出市场也比较容易。当然，由于产品差别性、垄断性的存在，其他厂商的进入存在一定的障碍，但不至于达到无法进入的程度。

2）厂商收益曲线

与完全垄断市场相同，垄断竞争厂商的需求曲线和平均收益 AR 曲线也是重合在一起的。但与其他市场类型不同，垄断竞争市场中厂商有两条需求曲线：一条为主观需求曲线，另一条为客观需求曲线，如图 8－6 所示。

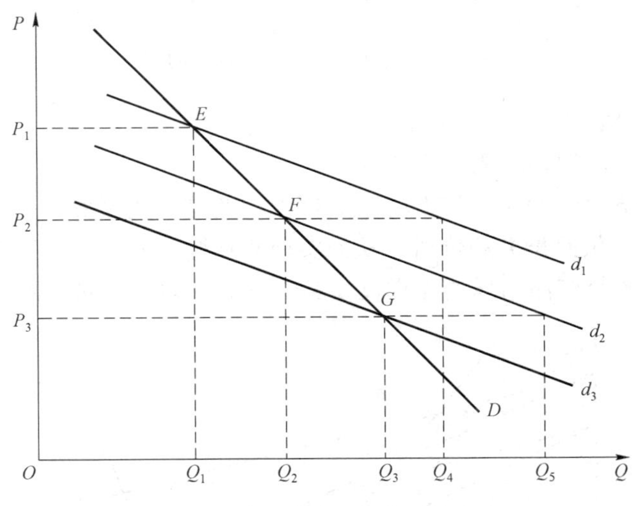

图 8－6 垄断竞争厂商的需求曲线

图 8－6 中 d_1、d_2、d_3 为主观需求曲线，D 为客观需求曲线。主观需求曲线又称预期需求曲线，表示当某厂商变动价格，而其他厂商的价格不变时该厂商的产品价格和销售量之间的关系曲线。如果某厂商将产品价格从 P_1 降到 P_2，他主观上认为其他厂商的产品价格不变，那么该厂商就能把一部分消费者吸引过来，他的销售量会沿着需求曲线 d_1 从 Q_1 增加到 Q_4。但实际上这种想法过于理想化，因为其他厂商对其降低价格的措施绝不会毫无反应，他们也会采取降价措施，该厂商原先降价的效应就会被抵消，他只能享受整个产品市场由于价格水平下降、需求增加所分摊的部分，即 Q_1Q_2 的部分。这时的产销量为 Q_2，主观需求曲线移到 d_2。如果该厂商再次降低产品的价格至 P_3，其他厂商的价格不变，那么他的产销量就可达 Q_5，但

是当其他厂商再次采取降价措施时，他再次降价的效应又被抵消，只能享受整个产品市场由于价格水平下降、需求增加所分摊的部分，即 Q_2Q_3。将 E 点、F 点、G 点连成一条直线，就形成了一条新的需求曲线 D。这条需求曲线是市场竞争的外在势力强制该厂商接受的，所以称为客观需求曲线。

客观需求曲线又被称为实际需求曲线。它表示在垄断竞争集团中，某个厂商改变产品价格后，其他厂商也随之改变产品价格，在这种情况下该厂商产品价格和销售量之间的关系。

在垄断竞争市场中厂商的边际收益 MR 曲线位于客观需求曲线的下方，并且向右下方倾斜，如图 8－7 所示。

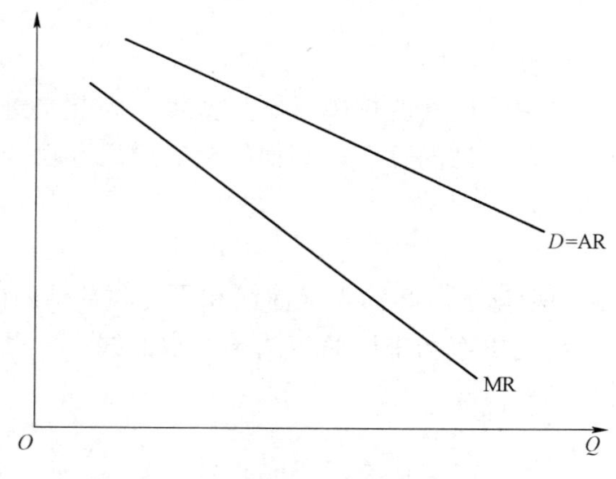

图 8－7　垄断竞争厂商的收益曲线

3）厂商均衡的实现

（1）垄断竞争厂商的短期均衡

在短期内，垄断竞争厂商是在现有生产规模下，通过改变可变生产要素投入量来调整产品（或服务）的产量（供给量）和价格，从而实现其均衡。同时，在短期中，垄断竞争市场中厂商的总数不变，整个产品市场的需求仅仅随价格的变动而变动，如图 8－8 所示。

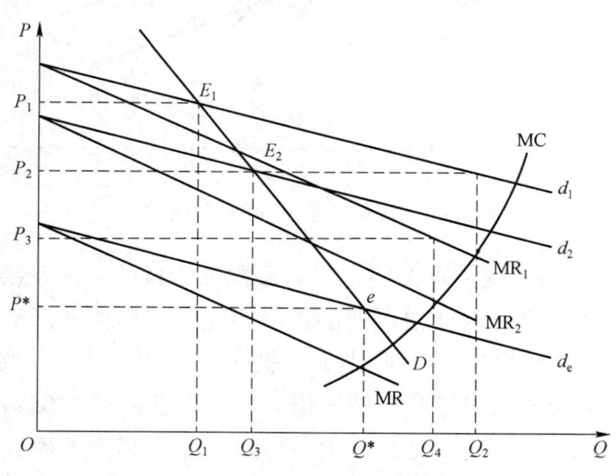

图 8－8　垄断竞争条件下厂商的短期均衡

厂商最初的主观需求曲线为 d_1，价格为 P_1，边际收益为 MR_1，产量为 Q_1。这时该厂商的

$MR_1 \neq MC$，故不是厂商最佳的定价。为实现利润最大化，该厂商应将产量增加到 Q_2，价格下降到 P_2。但是这一降价将引起其他厂商也竞相降价，如果所有厂商都将价格降至 P_2，那么该厂商实际增加的销售量仅为 Q_3 与 Q_1 的差值，实际产量仅为 Q_3，主观需求曲线也由 d_1 降为 d_2。与 d_2 相对应的边际收益曲线为 MR_2，要使 MR_2 与 MC 相交，产量必须调整到 Q_4，价格必须降为 P_3。如果其他厂商再次做出反应也都将价格降为 P_3，那么，该厂商的实际销售量再次下降为使 MR＝MC，该厂商再次调整产量……直到厂商的主观需求曲线 d_e 与客观需求曲线 D 在 e 点相交，同时与 e 相对应 D 的产销量 Q^* 正好等于 MR＝MC 时的产销量，这时该厂商就达到了均衡，均衡价格为 P^*。

垄断竞争厂商实现短期均衡时，并不意味着它一定得到了超额利润，它只是表明当厂商的 MR＝MC 且 d 与 D 相交时决定的产量，是厂商实现利润最大或亏损最小的必要条件，而是亏是盈最终取决于厂商的售价与平均成本、平均可变成本之间的关系。当厂商的售价大于平均成本时，厂商均衡时能实现利润最大；当厂商的售价小于平均成本但高于平均可变成本时，厂商均衡时的亏损达到最小；当厂商的售价小于平均可变成本时，厂商就会停止生产。

（2）垄断竞争厂商的长期均衡

在长期内，垄断竞争厂商可以调节所有的生产要素来使生产规模达到最佳。另外，在长期中，垄断竞争市场中厂商的总数是可变的，当该行业存在超额利润时，其他行业的厂商就会进入；当该行业出现亏损时，行业内现有的厂商就会退出。厂商的进入和退出使行业内个别厂商所面临的需求曲线随之变动。当部分厂商退出时，行业内个别厂商的需求曲线向右上方移动；当外行业厂商进入时，行业内个别厂商的需求曲线就向左下方移动。需求曲线的移动又会影响厂商的边际效益。因此，在长期的时间内，厂商既不会获得超额利润，也不会发生亏损。厂商的进入和退出达到平衡，从而实现了长期均衡。

在垄断竞争市场中产品差异性的程度决定了产品竞争的程度，产品的差异性越大，厂商就越能控制产品的价格，这就促使垄断竞争厂商更看重产品差异性的开发。因此，在垄断竞争市场下，厂商之间除了进行价格竞争，还进行着诸如产品质量、服务、广告等方面的竞争，这些竞争统称非价格竞争。非价格竞争的手段主要有以下几种。

① 不断变换产品的外形、颜色，始终以新款式来满足消费者的需求。

② 不断完善产品的功能，以适应不同消费层次消费者的需求。

③ 不断改进销售条件，给予消费者一种安全感。

④ 通过广告、推销活动使消费者对产品的功能有充分的了解，以吸引更多的消费者。

4. 寡头垄断市场

1）市场特点

寡头垄断市场是指一个行业产品供给的绝大部分被少数几家大厂商所控制的一种市场。它是一种既有垄断因素又有竞争因素，但垄断因素占主导地位的市场类型。它具有以下市场特点。

（1）市场内厂商的数量极少

几家厂商供给市场的绝大部分产品，这些厂商称为寡头，每家厂商的产量在市场总产量中占有较大的份额，其产量和价格的变动对整个产品市场具有较大的影响力，城市公共交通市场也基本符合这种情况，尽管有地面公交系统、城市轨道交通系统等少数几家供应商，但各自均占用较大的市场份额，也属于寡头垄断经营现象。

（2）寡头厂商之间相互依存

每家寡头厂商进行决策时，必须时刻考虑竞争者的反应。因为在寡头垄断市场中，寡头厂商生产的产品具有较大的替代性，而且每家寡头厂商在整个产品市场占有的份额又较大。当一家寡头厂商试图通过降价来扩大市场份额时，必然会直接影响其竞争者的利益，从而引起竞争者的反应行为，最终使降价扩大市场份额的目标难以实现。在寡头垄断市场中，寡头垄断厂商为了避免在竞争中两败俱伤，往往采用勾结的方式来控制市场。两者之间的竞争主要集中于非价格竞争，即通过改进产品的质量、完善产品的功能、提供良好的服务等来提高竞争力。

（3）新老厂商进出不易

由于寡头垄断市场中，寡头垄断厂商在规模、资金、信誉、市场、原料供给、专利方面都具有较大的优势，在市场需求扩大有限的条件下，新厂商的进入是相当困难的。同时，原有寡头垄断厂商由于其生产规模巨大，要想退出市场也不易。

（4）寡头与产品差别无关

产品差别是否存在并不影响寡头的形成。在现实中，既有生产无差别产品的寡头（又称纯粹寡头，如钢铁、水泥、铁路客运、地铁、公交等寡头），也有生产有差别产品的寡头（又称差别寡头，如汽车、电视机、铁路货运等寡头）。产品差别虽然不影响寡头的形成，但会影响寡头的经营行为。

2）厂商均衡模型

寡头垄断市场根据寡头厂商的数目，可分为双头垄断和多头垄断。双头垄断是指市场中的产品供给主要由两家厂商所垄断，如国内的中石油、中石化两大燃油集团。多头垄断是指市场中产品的供给主要被两家以上的少数寡头厂商所控制，如国内电信行业的中国移动、中国电信、中国联通三巨头供应商，以及民航业的国航、东航、南航、海航等航空公司。寡头厂商数目的多少将影响厂商之间的依存性。由于寡头垄断市场的情况比较复杂，有些行业表现为双头垄断，有些行业则表现为多头垄断；有些行业可能是纯粹寡头，有些行业可能是差别寡头；有些行业寡头之间相互勾结、操纵市场，有些行业寡头之间无勾结；有些行业的寡头可能采取价格竞争来扩大市场份额，有些行业的寡头可能采取非价格竞争来扩大市场份额。总之，寡头垄断市场的收益曲线和均衡产量的确定难以用一种较为典型的或统一的理论模型表示出来。现有的理论模型均是在不同的假设前提条件下建立的。其中比较著名的有：古诺模型（由法国经济学家古诺提出）、斯威齐模型（由美国经济学家斯威齐提出）、伯特兰德模型（由法国经济学家伯特兰德提出）、卡特尔模型、价格领先模型、博弈论模型等。

8.2.3 城市交通运输市场的运行

1. 运输市场运行的基本目标

运输市场运行的基本目标是将交通运输企业的个别劳动还原为社会劳动，在交通运输生产和社会需求之间、交通运输生产内部各部门之间建立起平衡关系的同时，实现国民经济资源的最佳配置。

在市场经济条件下，交通运输企业乃至整个交通运输产业都将以劳动的市场实现，即价值量作为生产的出发点和追求的目标。运输市场运行是以间接的社会经济联系为基础的，即交通运输业的劳动要以商品价值关系为中介，通过交换在市场中得到社会承认，从而把自己的劳动变成社会劳动的一部分，实现交通运输业良性运行和发展。这就要求各类交通运输企业要以经济效益和市场需求为中心来组织生产，交通运输资源的配置要通过市场机制来实现，同时国家宏观调控同样要以价值规律为依托，以科学合理的政策法规体系等间接调控为手段，不应干预交通运输企业具体的生产和经营决策。

2. 市场运行原理

市场是经济活动的中心，许多经济问题都与市场运行有关。经济学家对于市场如何从初始状态达到均衡状态这一问题进行深入研究，产生了各种各样的理论和模型，其中最具代表性的模型称为蛛网模型或蛛网理论。它是在 1930 年分别由美国经济学家舒尔茨、意大利经济学家里西和荷兰经济学家丁伯根分别提出的，而后在1934年由英国经济学家卡尔多定名为“蛛网理论”。

蛛网理论是将商品均衡价格理论与价格弹性理论结合起来并导入时间因素，运用于分析商品的价格和产量的动态变化过程的理论。在分析时有以下假定：首先，分析的市场是完全自由竞争的市场，生产要素随价格的波动自发流动；其次，本期商品的供给量取决于上期商品的价格，本期商品的需求量取决于本期商品的价格；最后，用蛛网理论分析研究商品的价格和产量变动过程，其生产周期较长，在价格和产量的变化过程中，需求和供给保持不变，即需求曲线和供给曲线不发生移动。

根据商品供给弹性与需求弹性的关系，蛛网模型有以下三种情形。

1）收敛型蛛网

假定需求曲线的弹性大于供给曲线的弹性，这意味着生产者对价格的反映相对于消费者要小些，收敛型蛛网如图 8－9 所示。

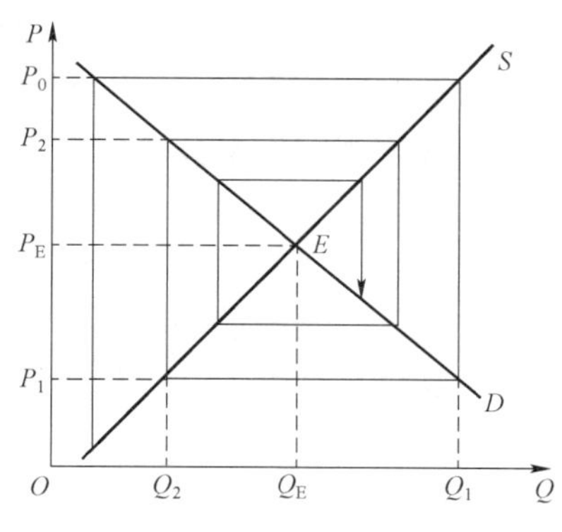

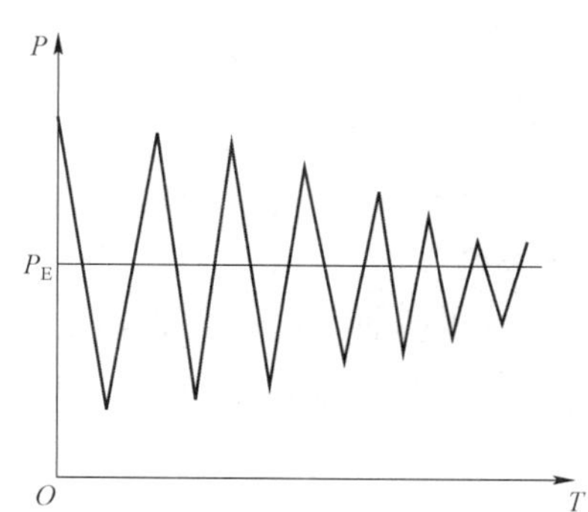

图 8－9　收敛型蛛网

假定在开始时，商品的初始价格为 P_0，由于 P_0 远高于均衡价格 P_E，促使厂商或供应商增加该商品的生产、供应，导致下一周期该商品的供给量为 Q_1。为消费 Q_1 的商品，消费者只愿支付 P_1 的价格（$P_1<P_E$）。由于价格下降，厂商或供应商在下一周期将减少该商品的生产或供给储备，导致产量为 Q_2。面对 Q_2 的产量，消费者愿意支付的价格为 P_2（$P_E<P_2<P_0$）。如此周而复始，价格与产量的波动幅度越来越小，最终趋于均衡点 E。

收敛型蛛网形成的条件是商品的供给价格弹性要小于需求价格弹性。在现实经济生活中，绝大部分工业品的供给弹性小于需求弹性，因此，自由竞争的结果会达到均衡状态。交通运输业的情况与之相类似，并由于我国交通运输定价机制的管制性较强，特别是城市公共客运业，一般情况下，价格的弹性更小。

2）扩散型蛛网

假定需求曲线的弹性小于供给曲线的弹性，这意味着生产者对价格的反映相对于消费者的反映要大。在这个前提下，价格和产量的变化越来越高于均衡位置，扩散型蛛网如图 8－10 所示。

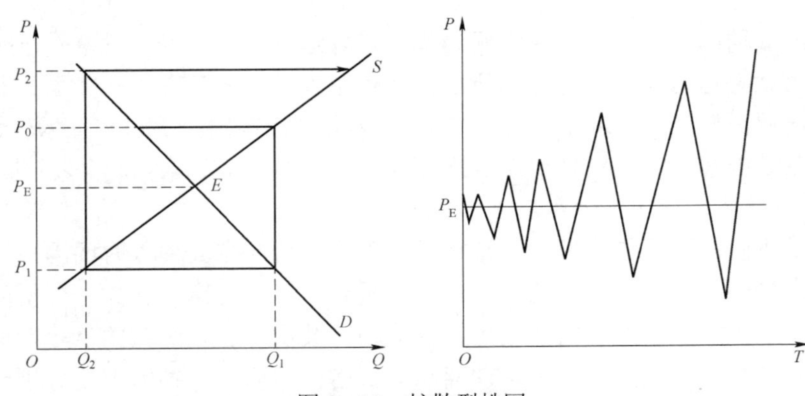

图 8－10 扩散型蛛网

假定在开始时，商品的初始价格为 P_0，由于 P_0 远高于均衡价格 P_E，促使厂商增加该商品的生产，导致下一周期该商品的供给量为 Q_1。为消费 Q_1 的商品，消费者只愿支付 P_1 的价格（$P_1<P_E$）。由于价格下降，厂商在下一周期减少该商品的生产，导致产量为 Q_2。面对 Q_2 的产量，消费者愿意支付的价格为 P_2，与收敛型蛛网不同的是，此时 $P_2>P_0$。如此周而复始，价格与产量的波动幅度越来越大，始终无法趋于均衡点 E。

扩散型蛛网形成的条件是商品供给价格弹性要大于需求价格弹性。在现实经济生活中，如有些农产品以及城市通勤出行等涉及庞大用户群体的民生性产品或公共服务需求弹性较小，如果政府不进行适当的价格和产量调节，就容易出现剧烈的价格波动，因此，国内外城市公共交通服务的价格往往要受到政府的严格管控。

3）封闭型蛛网

假定需求曲线的弹性等于供给曲线的弹性，即生产者和消费者对价格的反映是一致的。在这种情况下，价格和产量始终按同一幅度波动，封闭型蛛网如图 8－11 所示。

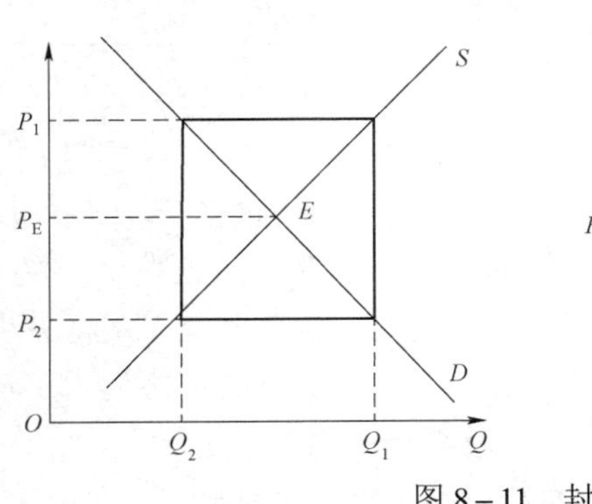

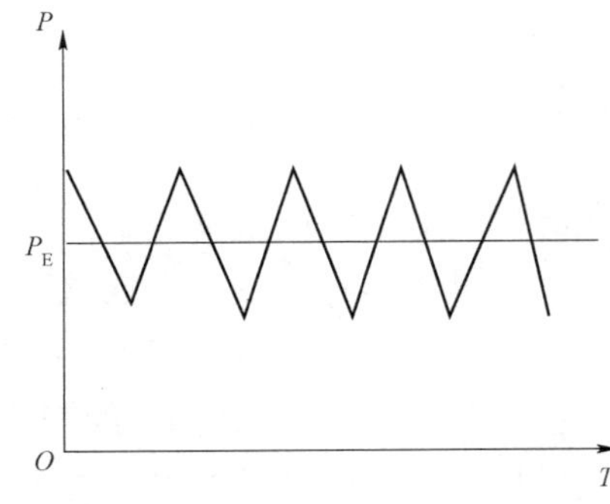

图 8－11 封闭型蛛网

3. 运输市场的运行机制

1）竞争机制

市场竞争力是衡量交通运输业发展潜力与活力的重要标尺。在运输市场中，竞争机制是最具活力、最为重要的运行机制。它是价格、供求、风险等机制集中作用的体现，是市场经济的基础和动力来源。竞争机制集利益、诱惑和生存压力于一身，从正反两方面调动企业的积极性，使交通运输业的每个细胞——交通运输企业都具有不断提高劳动生产率的主观能动性。内部竞争机制的充分展开是市场经济环境下交通运输业生存发展的依据，是运输市场经济实现良性运行的基础。

（1）运输市场竞争的目的

运输市场竞争的目的，是实现交通运输资源的高效率优化配置，科学合理地解决资源稀缺性问题。通过公平的市场竞争，微观上，促使交通运输企业不断改进生产技术与管理，提高劳动生产率，及时适应市场变化，更好地服务于社会；宏观上，促使交通运输业优胜劣汰，推进产业向集约化、多元化发展，保证整个交通运输行业的长远发展能力。

（2）运输市场竞争的性质

运输市场竞争的性质，是在社会主义市场经济条件下为实现交通运输资源优化配置而采用的一种市场手段。为了保证市场的健康运行，实现公平与效率统筹兼顾的调控目标，这就要求交通运输市场竞争要受到国家严密监控，不容许超越社会主义本质规定以及交通运输设施的公益性原则，不允许损害国家、社会大众利益的行为和现象发生。竞争必须保障交通运输业长远发展利益，维护国家长远利益。不利于交通运输资源优化配置这一前提的竞争将受到限制。

（3）运输市场竞争的手段

同其他市场一样，运输市场竞争的手段同样也是价格竞争。通过价格机制实行价值规律对交通运输经济运行的调节，优胜劣汰，保持交通运输业发展的活力。价格竞争虽然是普遍的、基本的手段，但由于交通运输业发展的两元性和行业生产的服务性，使得价格竞争在不同条件下表现不同。应该承认的是，在保证价值规律在交通运输运行中充分发挥作用的前提下，服务质量竞争较之价格竞争是更为重要的竞争手段。

2）供求机制

供求机制应是运输市场实现供求平衡的基本手段，是实现交通运输空间、时间和结构平衡的根本手段。

交通运输业的服务性特点决定了供求机制在运输市场运行中的作用有其自身特点。由于交通运输生产中使用价值实现和价值实现过程的统一，交通运输生产的使用价值具有不可储存性，以及交通运输业往往扩大再生产周期较长，建设投资规模较大，使交通运输业在保持运力供给与社会需要之间的平衡方面处于十分被动和不利的地位。随着我国城市化进程不断加快，城市人口及城区规模快速扩张，客观上造成了公共交通基础设施、技术装备供给常常滞后于城市交通需求的增长速度，加之需求时空分布的不均衡性（如上下班通勤出行的潮汐现象、春运期间的返乡、返城客流等），供需矛盾始终存在。一方面国民经济发展，尤其是外贸发展要求交通运输业保持再生产的先期投入，国家要求交通运输业按经济波动高峰保持一定运力储备；另一方面外部经济环境呈现较大的波动性，使运输市场供求不平衡呈现经常性。总之，运输市场供给方面的刚性和被动性，需求易变性和外在性是运输市场供求机制的特点。由此，对城市交通运输供给侧的供给模式、运行管理机制的改革、调整提出了新的要求。

3）价格机制

价格机制是运输市场的重要机制，也是供需平衡的校正器，同时也是市场主体进行市场行为的指南。价格反映运输市场供给量与需求量的变动状况，同时作为反馈信息，指示着供给与需求之间的反向运动。价格在不同的交通运输方式、交通运输企业之间表现为不同的运价比价和运价水平，而比价或运价水平高低，会给运输市场主体带来不同的经济利益。它将会引导着资源从获利较少的交通运输生产用途，转向获利较多的交通运输生产用途上去，从不太重要的交通运输生产用途转到重要交通运输生产用途上去。

运输市场运行中运价的形成将由市场来决定，开放、浮动的运输市场价格及价格体系理论上应由市场唯一决定。运价随货运市场供求在自由竞争条件下的上下波动是价格机制作用的自然结果。价格机制的实现基本上是通过价格与价值背离完成的。当然，这种背离是暂时性的，从长远看，价格与价值二者终将相符合。价格机制是价值规律运行的内在机制，它的作用往往要通过价格的多次反复波动才能实现。按照系统论的思想，也可以说市场经济系统是一个动态寻优或动态平衡的自组织、自适应的过程。城市交通运输的公益性特征的客观存在，出行服务体系结构中公共物品、准公共物品、商品属性并存，决定了其运价机制的多元化与复杂性，因此，在对此进行经济分析时必须从不同的视角看待。

4）风险机制

由于交通运输业投资和生产规模巨大，并呈现刚性化趋势，以及来自外部宏观经济环境变化造成的货运市场的波动，使交通运输业具有天然的周期性和风险性。风险因素包括人为因素（不良驾驶行为导致的交通事故、恐怖袭击、疫情传播与扩散等）、自然气候环境因素（包括洪涝灾害、雨雪、大风、雾霾、地震等）、工程及设备质量因素（桥梁隧道垮塌、道路塌陷、载运工具故障等）、市场风险（包括由经济危机、社会动荡导致的需求疲软、下滑等）。风险机制在运输市场运行过程中同样要发挥它对企业改善管理、更新技术、提高效率的督促和鞭策作用。

5）信贷利率机制

运输市场经济运行中，信贷利率机制是实现宏观调控的重要手段，是交通运输发展资金在交通运输业各部门间的分配机制，也是交通运输业提高投资效益的手段。同时，还是交通运输业生产发展状况和资金供需情况的信号。

8.3 城市交通运输市场

8.3.1 城市出租车运输市场

1. 城市出租车运输市场经营模式

从目前国内外城市出租车行业经营体制来看，主要有三大经营模式：公车公营、承包租赁经营和个体经营。将以上三种模式再细分，可以分为：单车承包、公有私营；产权分期转让、租赁经营；合资购车、股份经营；买断产权、自主经营；带车挂靠、联合经营五种模式。

1）公车公营

车辆产权和经营权都属于公司，公司聘请驾驶员，与之签订正式的劳动合同，报酬为工资形式，公车公营这一经营方式目前在中国很少见，典型的代表是新加坡。

2）承包租赁经营

车辆产权和经营权都属于公司，公司将出租车车辆承包给个人，驾驶员与公司签订承包合同。在这种经营模式下，又形成两种不同的形式，一种是一次性承包（所谓的挂靠模式），与车辆、运营管理有关的费用均由承包人个人支付，租赁承包人仅向公司上缴管理费：另一种是租赁承包，即与车辆、运营管理有关的费用均由公司支付，租赁承包人向公司上缴承包费。承包租赁经营是目前我国城市出租车经营的主流模式，典型的代表有北京、上海、常州等。

3）个体经营

这种经营方式与以上两种经营方式相比有着本质的区别，车辆产权与经营权属于驾驶员个人，驾驶员自主经营、自负盈亏。在个体经营模式下，出租车个体经营者以承担最大的市场风险来赢得最大的收益，极大地调动了经营者的积极性，明显提高了个体经营者的竞争和服务意识。其中个体经营模式的典型代表主要是温州。

2. 我国城市出租车运输市场存在的主要问题

出租车在城市交通系统中承担着重要角色，是公共交通体系的一种必要的补充手段，也是城市运输市场的重要组成部分。尽管各城市都加快了公共交通发展的步伐，但由于存在相对稳定的顾客群体，出租车在城市客运市场中仍占有一定的不可替代的份额。

出租车行业 30 多年来的发展过程中，我国政府对出租车的政策不断进行改革，例如，从最初的营运证行政审批到如今许多城市的营运证有偿使用制度（如香港、苏州、常州等许多城市，但也有一些城市使用行政审批与拍卖两种方式）。我国的出租车营运证有偿使用制度及分离模式（经营权归企业所有，车辆产权或大部分产权归驾驶员所有）引发如下负面效果。

1）增加了出租车的经营成本，抑制了市场消费需求

目前，许多城市的出租车营运证有偿使用费用非常高，有的相当于购置车辆设备的投入，有的甚至使固定经营成本翻几番，据有关资料，北京市出租车营运证有偿使用费为 20 万元/10 年，杭州为 26 万元/15 年，宁波为 25 万元/15 年，如此高的成本，必然会抑制消费者的需求。同时，购买出租车营运证的支出形成了对企业和司机的巨大经济负担和心理负担，尽快消化这笔费用成为企业和司机面临的首要任务，由此引发挑活儿拒载、不按计价器收费、漫天要价等违章运行及短期行为等一系列连锁反应，又增加了政府部门对企业和司机的监督管理成本。

2）导致市场的封闭性和垄断性，使得行业缺少竞争和动力

有偿使用政策相当于关税效应，不仅提高了市场进入门槛和企业经营成本，而且使得市场具有封闭性、垄断性，新的经营者和生产要素无法进入，落后者没有被淘汰出局，这必然导致行业内缺少竞争，缺少发展动力。

3）市场供求和资源配置非市场化，政府承担无限责任

由于市场具有封闭性和垄断性。政府必须干预出租车的定价，从而使得市场供给曲线成

为一条水平直线，市场需求信号无法传递，市场供给严重缺乏弹性，无法随着市场需求扩大或调整，市场供求关系的调节和资源配置由市场转入政府有关管理部门手中，出租车经营者的收益取决于当地政府部门的政策，经营者一旦有意见就推向管理部门甚至当地政府，导致政府承担了无限责任和被动地位。

4）行业内外利益差，诱发违法经营行为

过高的准入门槛及其需要缴纳的高额税、租赁费等，容易导致行业内外形成高额利益差，诱发“黑车”等逃避管制和税收的违法经营行为。

有偿使用政策相当于关税效应，由于有偿使用费人为地提高了经营成本，形成了高额利益差，从而诱发“走私行为”——黑车，政府“打黑”成本很高。按照专家对于黑车存在的根源分析，一是由于市场封闭，阻碍了资本从正式渠道进入市场；二是为了逃避入门费及税费，降低经营成本；三是存在一定市场需求，特别是正规出租车服务系统客观存在的“时空盲区”以及缺乏竞争性的垄断价格。

5）产权和经营权两权分离，极易引发矛盾

出租车的经营权归企业所有，车辆产权（或大部分产权）归驾驶员所有，这种产权、经营权分离的状态，造成公司和司机之间纠纷不断，抵消了市场的调节作用，阻碍了出租车行业的健康发展。例如，部分出租车司机为了规避灾害天气容易产生的产权或经营权益损失，拒绝在灾害天气运营或“高价”运营，以致损害广大乘客利益。

3. 出租车供给侧结构性改革及市场结构优化

1）网约车产生背景

改革开放前30年，我国出租车管理机制改革的滞后导致市场供需矛盾不断加剧，引发了人们对该行业发展模式不断地进行思考和改革探索。进入21世纪以来，随着“互联网+产业”的不断培育，以及交通信息化的快速发展，促进了“网约车”“滴滴快车”和“顺风车”等这类新生事物的诞生。所谓“网约车”，即通过网络平台预约出租汽车经营服务的简称，属于“互联网+”产业在城市交通运输服务领域衍生的一种新业态。它具体是指以互联网技术为依托构建服务平台，接入符合条件的车辆和驾驶员，通过整合供需信息，提供非巡游的预约出租汽车服务的经营活动。从2012年开始，我国出现网络预约出租汽车服务项目，如今已经是很多人的打车出行方式。

2）网约车发展历程

易观数据《中国网约车市场分析报告2019》中对网约车的发展有一个比较系统的分期：探索期（2010—2015）、市场启动期（2015—2016）、高速发展期（2017—2024）、应用成熟期）（2025—）。

2012年，嘀嘀（滴滴前身）、快的打车平台分别在北京、杭州上线；同年12月，嘀嘀开通了预约功能，可即时预约明天乃至后天的出租车。2014年7月，快的推出新业务“一号专车”，同年8月，滴滴专车上线，两者都瞄准了商务用车领域。2014年10月底，沈阳市交通局表示，滴滴专车属于非法运营，一旦查处，将按“黑车”处理；2014年11月，南京市交通管理部门也表示：私家车、挂靠车等非汽车租赁企业所属车辆，不得提供有偿汽车租赁经营。2015年5月，滴滴快车平台上线，运营车辆较专车价格更为低廉，实行零起步价。同年7月，滴滴开始内测“合乘拼车”系统，让出租车、快车、专车上的每个座位都成为一个独立的可售资源。

自2015年6月开始，交通运输部开始召集传统出租车和网约车领域各相关单位以及驾驶员、乘客开专题研讨会，就出租汽车改革和发展以及网约车规范管理等多方面问题，进行反复论证。2015年10月8日，上海市交通委正式宣布向滴滴快的专车平台颁发网络约车租车平台经营资格许可。这是国内第一张专车平台的资质许可，滴滴快的也成为第一家获得网络约车租车平台资质的公司。2015年10月，《关于深化改革进一步推进出租汽车行业健康发展的指导意见》和《网络预约出租汽车经营服务管理暂行办法》两个文件的征求意见稿正式出台，在为期一个月的意见征集时间里，共收到5 008件、6 832条意见建议。主要集中在巡游车经营权管理改革、网约车平台是否应纳入管理及管理方式等十个方面。

8.3.2 城市公共运输市场

1. 城市常规公共运输市场经营模式

根据欧洲公共交通行业组织形式的分类（图8－12），公共交通行业组织形式从总体上分为两种类型，一是政府主导形式，二是市场主导形式。图中所涉及的是几种理想化的组织形式，现实中存在的组织形式通常是不同的理想组织形式的组合。因此，这种分类方式适用于各国公共交通行业，只是各国公共交通组织形式的组合方式不同。

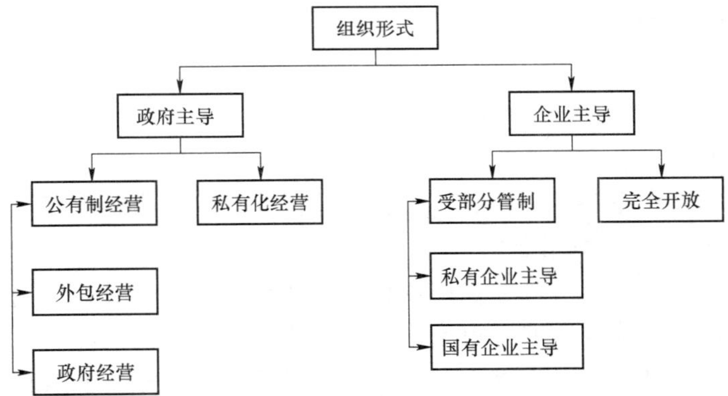

图8－12 欧洲公共交通行业组织形式

1）政府主导形式

政府主导形式下城市公共交通行业的共性是所有的公共交通服务都是在政府有意识的政策行为下提供的。政府主导形式中基本包含两种状况：政府核准私有企业经营；公有制经营可以采取两种形式：政府所有和政府经营、政府所有和委托经营。

政府可以通过BT（建设—转让）或BOT（建设—运营—转让）等项目管理方式选择一些私有企业建立和运营公共交通服务。这些企业通常拥有自己的设备和车辆。选择的程序可以有所不同，比如，直接选择、预选择后协商谈判以及竞争投标。这种方式的问题是首先如何科学合理地解决市场准入机制，以保证公平与效率兼顾。

公有制经营可以采取两种形式：一种是由政府同时拥有所有权和经营权，或者政府通过某种形式的投资主体（如××城市投资公司等）对经营实体控股的方式，让国家政府可以控制的国有企业来经营。如北京的地铁4号线和城市轨道交通大兴线就分别是采取北京市投资集团、北京城市铁路股份有限公司等地方政府投资主体控股，并由京港合资公司经营的项目运作模式；另一种是由政府授权私有企业提供公共交通运营服务，这种情况下资产的所有权归政府，但政府授权私有企业使用并经营。这种情况下，运营者亦需承担一些运营风险和商业风险，同时，运营者或多或少拥有一些服务设计的权利。目前我国大部分城市公共交通采取的基本上是政府投资、政府主导、企业化经营的方式，主要目的是保障供给、管制垄断，但这种方式属于不完全市场化机制或管制下的市场行为。

2）市场主导形式

市场主导形式是基于自治市场进入原则，在进入市场时受到或多或少的管制监测，政府在这种形式下的作用包含以下几种。

（1）监督者

控制和限制在市场中企业的行为，比如，对掠夺行为、运营安全等。

（2）补贴者

政府可以对特殊的使用人群提供票价上的优惠，或者对公交企业进行补贴（如燃油税优惠），通过这种形式的财富的重新分配，从而达到市场的重新平衡。

（3）供应者

政府作为运营者参与到市场中，可以通过立约包出。在极端状态下，政府可以作为公交服务的主要供应者，这种情况在德国和荷兰非常普遍。市场主导的组织形式包含从完全开放的形式到受到一定规制的形式。

（4）完全开放式

在市场不失效的情况下是最理想的一种形式。

（5）特许经营形式

这种形式依然是市场主导，但在进入市场之前需要经过政府行政许可批准，进入后仍将受到政府对价格、服务等方面的监管。

我国以市场机制为主导的公共运输市场目前主要包括城乡公交、定制公交。其中，城乡公交一般是通过市场竞争或政府通过市场化招标采购模式提供的一种城乡客运服务产品，基本上属于一种准公共物品，但又不同于城市常规公交能够得到充足的财政补贴，所以定价机制也比较模糊。随着城乡经济一体化发展的推进，为了促进城乡交通的协调发展，2016 年 10 月，交通运输部、国家发展改革委、公安部、财政部、国土资源部、住房城乡建设部、农业农村部、商务部、供销合作总社、国家邮政局与国务院扶贫办等部门联合发布了《关于稳步推进城乡交通运输一体化提升公共服务水平的指导意见》（交运发〔2016〕184 号，以下简称《意见》）。《意见》指出，城乡交通运输一体化的基本原则是政府引导、市场运作。要发挥政府引导作用，充分调动各方积极性，鼓励社会参与，激发市场活力。其目的在于统筹城乡、区域之间交通运输协调发展，加快推进城乡交通运输基础设施的衔接和城乡交通运输服务的一体化建设。推动城乡交通运输与供销、旅游、电商等资源共享，实现优势互补和融合发展。根据《意见》，城乡交通运输一体化的发展目标是到 2020 年，城乡交通运输服务体系基本建立，城乡交通运输基础设施网络结构优化并有效衔接，公共服务水平显著提升，城乡交通运输一体化格局基本形成。总体来说，城乡公共交通的体制目前仍处于改革发展过程中，运行机制也有待于进一步完善。

3）政府主导与市场并存

上述的各种组织形式可以说是“纯理论性的”组织形式，在实际中，很难找到相对应的实例。通常存在的组织形式都是组合式，市场主导与政府主导可以并存。比如，部分资产可由政府所有，如相关基础设施、轨道车辆；部分资产由运营者本身所有，如公共汽车等。投资的风险可由政府和运营企业合力承担。英国（除伦敦外）的公共交通运营由市场主导，同时，当地政府可以介入提供一些其他的“社会公益性”较强的服务，通常是人口密度较低地区的夜间车服务或假日公共交通服务，因为在市场主导模式下，基于商业的因素，这些服务都将被忽略。又如，英国由政府主导通过竞争投标的方式提供轨道交通服务，同时允许现有的或新建的轨道交通企业可以进入彼此的轨道交通服务市场，但不得超过授权人总收入的20%。

2. 定制公交等城市公交新业态模式

定制公交，也称商务班车，定制公交最早出现在美国、新加坡及欧洲的一些国家。主要是指从城市居民社区到上班单位或城市主要交通枢纽场站（包括高铁、地铁站点等），满足通勤往返的一站或非定点直达式班车。市民们可以通过专门的网站平台提出自己的需求，实现包括出行时间、停靠站点、座位预约等个性化服务定制；公交集团或其他社会供应商可根据需求和客流情况设计出公交线路。定制公交班车旨在减少私家车通勤出行，倡导绿色交通，节能减排，同时弥补常规公交班线时空分布上的不足，既具有社会公共服务的性质，同时也具有个性化服务属性。定制公交也属于城市公共交通供给侧结构性改革的一种积极探索与尝试，近年来受到了越来越多城市上班族的欢迎，最初在深圳、北京、青岛、天津、成都、武汉等多个大城市得到推广应用，到2016年年底，全国多个城市已开通定制公交，开通线路多达千余条。

定制公交作为一种“互联网+新业态”模式是伴随着我国传统城市公交供给侧结构性改革应运而生的，是一种新生事物。它不仅取代了以往企事业单位低利用率的专用班车，同时也弥补了常规公交不能够满足和适应社会群体个性化出行需求，解决了常规公交全时空覆盖服务成本高、效率及效益低下的问题。为建立健全城市定制公交经营企业服务质量，加强城市定制公交客运管理，规范城市定制公交经营服务行为，促进城市公共交通客运行业健康发展，确保城市定制公交安全高效运营，引领城市地面公共交通的健康、持续、快速发展，2017年6月，我国交通运输部组织编制出台了《城市定制公交服务规范》。2018年5月27日，标准编制组在长沙市召开标准征求意见稿定稿会。会后，标准编制组根据与会专家的意见，对标准征求意见稿初稿进行修改完善，并于2018年6月形成了标准征求意见稿，并提交全国城市客运标准化技术委员会。《城市定制公交服务规范》（JT/T 1355—2020）作为一项中华人民共和国交通运输行业标准正式颁布实施。《城市定制公交服务规范》规定了城市定制公交服务的总体要求、运营线路、运营车辆、服务信息系统、服务要求和服务监督与评价等内容。该标准适用于城市定制公交服务。该规范标准为我国城市定制公交产业健康发展提供了制度保障。

8.3.3 城市轨道交通运输市场

1. 城市轨道交通经营特点

1）城市轨道交通项目的运营具有时空局限性，盈利空间有限

城市轨道交通受技术条件和客流出行时间分布规律的局限，每天的营运时间是有限的，不可能像其他行业那样，可以加班加点生产出更多的产品以增加收入。而且地铁只能在已经

建好的有限的轨道上运行，“产品”不可能输往外地，也不可能在洞外运行，票款收入被限制在固定的线路上，运输的能力有限。因此，地铁项目的“产品”——运输服务的盈利空间相对有限。

2）城市轨道交通项目权益具有放大性，资产的保值增值能力强

城市轨道交通票款收入的增长主要受沿线居住条件、土地开发强度、路网变化、商业经济成熟程度等外部因素影响。随着社会的发展，人口流动的增大，路网规划的增加、网络结构的完善，以及服务水平的提高，轨道交通将不断吸引更多的客流，票务收入从长期看具有一定的增长趋势。而且地铁的洞体使用年限长达百年，随着时间的推移，地铁资产的升值潜力巨大。从长期看，地铁资产的权益不断放大，具有很强的保值增值能力。

3）城市轨道交通项目发展具有网络性，沿线商业开发效益好

城市轨道交通网络汇集了稳定、巨大的客流量，使地铁沿线的商业开发具有放大性、网络性，可对其进行规模化、集约化经营，实现其经营方式的品牌化、连锁化、经济效益的最大化。附着于轨道交通的商业机会很多，在保证安全运营的前提下，可通过对广告、沿线物业、智能卡服务的开发等途径增加地铁项目的衍生收益。利用地铁站点采取连锁店、品牌店等现代营销方式，地下商业网络将随着轨道交通网络的成熟完善而发展壮大，并进而实现地下商业网络向地上商业空间的覆盖与延伸，如北京 4 号线地铁动物园枢纽的地下商业开发就是一个典型的案例。

4）城市轨道交通具有巨大、稳定、增长的现金流收入，具有极强的现金流获取能力

城市轨道交通项目虽然投资大、回收期长、前期收支暂时不平衡，但项目具有长期稳定、持续增长的巨大现金流收入，使项目采取项目融资等市场化融资方式成为可能。

2. 城市轨道交通的经营模式

城市轨道交通具有明显的自然垄断特征，轨道交通和电力、自来水、煤气等公用事业一样，具有公共产品特征。公共产品的职能主要由政府来承担，这在国际上是基本类似的。在城市轨道交通运营方面，世界各大城市采用了不同的模式。

目前，我国大城市轨道交通基本上是政府负责投资建设，并成立轨道交通公司负责运营管理，如北京、上海、广州等城市的轨道交通建设及运营管理。尽管现阶段我国城市的轨道交通投资建设朝着多元化方向发展，并以特许经营权的方式成立了轨道交通公司负责项目运营管理，但是政府仍然控制着资本结构，并掌握地铁的实际管理权和控制权，如北京地铁 4 号线，就是由地方政府的轨道交通行业投资主体与香港地铁公司合资组建的京港地铁公司拥有该线路的特许经营权，其中地方政府投资主体负责线路、场站等基础设施建设投资部分，出资比例高且处于控股地位，通过与境外合资，不仅利用外资弥补了建设资金不足的问题，还有效地引入了香港地铁的运营管理模式及旅客服务标准，实现了合作双赢的目的。

欧美采用的“一体化”模式，即由政府公共服务机构或国有公营企业垄断经营，且投资、建设、运营一体化。欧美模式的优点在于，所有的矛盾都可以在体制内协调，不会出现资金不到位、设备不适用等问题。亚洲采用的是投资、建设和运营分离模式，以新加坡为代表，政府负责筹资和建设地铁，然后授权地铁运营公司经营。这种模式的优点在于，政府将轨道交通作为准公共产品，把体制性亏损与经营性亏损区分开来，以提高经营企业经营效率、减轻公共财政的支出。

1）英国伦敦地铁运营模式

伦敦最早建设的地铁均由私人运营，并对地铁进行综合开发。在运营过程中，私人公司拥有对沿线商业、房产等的开发权，投资收益用来支付运营费用或者弥补亏损。现在，伦敦所有的公共交通路线均由政府来规划，由私人部门经营。在大多数情况下，所有的公共交通服务都按竞争性招标、签订为期 3 年的合同来运营。城市轨道交通私有化改革也借鉴公交服务业的经验，实行招投标制度，引入有实力、讲信誉、注重服务质量的私人公司。

2）日本轨道交通运营模式

日本轨道交通运营模式多元化，对于不同的投资主体其内部运营主体之间也充满竞争。如东京都内的地铁分属两家公司，一家是帝都高速交通财团，运营营团地铁，共 9 条线路；另一家是东京都交通局，运营都营地铁，共 4 条线路。虽然同为地铁，但由于分属不同公司，在相互协作的同时，在管理经营上也不乏竞争，从而提高了整个地铁行业的服务质量。

不同的投资主体之间由于对资本的逐利性要求的不同，对运营企业的效率要求有所不同。私营企业在自发提高运营效率和运营质量的同时，积极探索多元经营，以获取更大的收益。日本铁路企业最基本的经营策略就是土地经营与铁道经营同时进行，以铁路运营带动房地产开发及租赁业、百货流通服务业、公共汽车业、出租汽车业、旅游观光业及宾馆业等全面发展。

3）新加坡地铁运营模式

为了使轨道交通方便、快捷、高效地运营，新加坡在开始发展地铁时，就提出了建设“一站式”的交通枢纽网络，争取做到让乘客不出站就能中转到各个目的地。为此，有关部门作了非常周密的规划设计，在这个网络中地铁是主干的运载工具，轻轨是地铁干线的延伸支线，公共汽车承担乘客疏散功能。此外，出租车、专用车等则保证专门群体的需要。为使城市交通系统衔接顺畅、运转高效又能够满足人们的需求和愿望，促进经济社会的发展和减少环境污染，新加坡地铁公司在各个车站备有详细的路线图、时刻表、转车方法等资讯手册，乘客可免费索取。车站的环境设计也相当精心，每个地铁站都与公共汽车线路连接，方便乘客转车。而且在地铁站附近大都设有大型的购物商场、电影院、餐饮场所、住宅区和夜市等，为旅客提供方便。

通过比较可以发现，国际典型大城市的轨道交通系统一般均有 2 家以上的运营主体。如日本采用民营化的日本国铁与日本私铁，东京的城市轨道交通系统由 2 家地铁公司、1 家 JR 公司、8 家私铁公司和 2 家独轨公司共同经营；特许经营的伦敦国铁和巴黎国家铁路模式，均在城市轨道交通系统内同时存在多家运营主体；政府指导下的香港轨道交通，也同时存在港铁与九广铁路公司。相对而言，我国除北京地铁 4 号线采用特许经营权的模式，以及上海有 2 家轨道交通公司共同运营轨道交通系统外，其他城市均只有 1 家轨道交通运营公司，缺乏竞争机制；对于上海已有的 2 家公司而言，其性质均属于国有投资主体委托国有企业进行运营，仍然缺少竞争。

复习思考题

1. 运输市场的概念是什么？它与一般市场相比有哪些特征？它的作用和功能有哪些？
2. 城市运输市场的分类有哪些？城市运输市场运行机制有哪些？

3. 我国出租车、常规公共交通和轨道交通市场的经营模式是什么？

4. 如何理解城市公共交通的特许经营与管制制度的关系？

5. 试举例分析城市出租车客运市场如何实现合理竞争与有效监管问题。

6. 结合对“滴滴出行”“定制公交”等城市交通新业态经济属性的分析，谈谈城市交通供给侧结构性改革的必要性。

第9章

城市交通外部性理论及应用

外部性理论是经济学术语，外部性也称外部效应或溢出效应，可以分为正外部性（或称外部经济、正外部经济效应）和负外部性（或称外部不经济、负外部经济效应）。产品或服务在生产和消费过程中都会对其外部产生一些有害或有益的副作用，这些副作用会由那些不直接参与该产品生产和消费过程的企业或个人承担，这些副作用就称外部性。产品或服务在生产和消费过程中可能具有正外部性和负外部性。

随着现代社会交通经济一体化程度不断增强，经济社会对交通运输业的依赖性加大，交通运输业在为经济社会提供交通运输服务的过程中往往存在显著的外部性。交通运输业为人类社会提供了相当大的经济效益和社会效益，它为追求生产专业化以及经济在规模、密度与广度上的发展提供了可能。对经济社会系统中每个经济体（包括企业和个人）而言，交通运输提供了流动的可能性，使人们能够在更大的区域里获得更多更好的居住、就业和发展机会，包括为企业获得更大的市场空间，而且为人们享受各种娱乐设施和参与社会活动提供了日益便利的条件。技术创新导致新型交通工具不断产生发展，如高铁、高速公路、城市轨道交通等，为经济社会带来源源不断的边际效用，促进城市规模随着土地开发步伐的加快不断得以扩张，人口和产业不断集聚，以及空间布局得以不断优化，运输活动带来的利益可能超过了人们直接对其支付的费用；然而在此过程中交通运输也会过度消耗资源，对生态环境产生持续加大的冲击和影响。现代交通运输业的发展大大增加了交通事故、噪声、污染及气候变化等不良影响，而且如果交通拥挤的程度超过一定限度，交通运输服务自身也不能以一种完全有效的方式提供给出行者。同时，交通运输业的快速发展加速了土地、能源等稀缺资源的耗费，直接影响到经济社会的可持续发展。

9.1 公共产品理论与外部性理论

9.1.1 外部性理论

1. 外部性的概念

外部性是经济学中一个经久不衰的话题，它不仅是新古典经济学的重要范畴，也是新制度经济学的重点研究对象。外部性概念的定义问题至今仍然是经济学的一个难题，也是经济学中最难捉摸的概念之一。外部性现象有三个构成条件：① 外部性主体（制造外部性或外部效应的经济主体）；② 外部性受体（被强加外部性的经济主体）；③ 外部性行为，它表明外部性主体的何种行为可能产生外部性现象。

从外部性概念诞生以来，经济学界对其认识也经历了一个与时俱进的深化发展过程。不同的经济学家对外部性给出了不同的定义。归结起来不外乎两类定义：一类是从外部性的产生主体角度来定义，另一类是从外部性的接受主体来定义。前者如萨缪尔森和诺德豪斯的定义："外部性是指那些生产或消费对其他团体强征了不可补偿的成本或给予了无须补偿的收益的情形。"后者如兰德尔的定义："外部性是用来表示当一个行动的某些效益或成本不在决策者的考虑范围内的时候所产生的一些低效率现象；也就是某些效益被给予，或某些成本被强加给没有参加这一决策的人。"尽管上述外部性定义不尽相同，但是从本质上看所包含的内容是一致的，即外部性是一个经济主体活动对另一个或多个经济主体产生的一种外部影响，而这种外部影响又不能通过市场价格进行买卖交易。或者说，市场经济本身不具有这种均衡机制。其表达式如下：

$$F_j = F_j(X_{1j}, X_{2j}, \cdots, X_{nj}, X_{mj}),\ j \neq k \tag{9-1}$$

这里，j 和 k 是指不同的个人（或厂商），F_j 表示 j 的福利函数，$X_j(i=1,2,\cdots,n,m)$ 是指经济活动。该函数关系表明，只要某个经济主体 F_j 的福利受到他自己所控制的经济活动 X_i 的影响，同时也受到另一个人 k 所控制的某一经济活动 X_m 的影响，就存在外部效应。

2. 外部性分类

按照不同的标准和角度，可以将外部性分为多种类型，有正外部性与负外部性、生产外部性与消费外部性、技术外部性与货币外部性、简单外部性与复杂外部性、可预期外部性与不可预期外部性、帕累托相关外部性与帕累托不相关外部性、物质外部性与制度外部性等。由于城市交通外部性主要涉及正外部性与负外部性，生产外部性与消费外部性，因此，本章主要介绍这两种分类。

1）按照外部性的影响效果划分

按经济主体实际活动影响所产生的经济后果，可以将外部性划分为正外部性和负外部性。所谓正外部性是指某一经济主体的活动对其他经济主体产生了正面的经济影响，即对这些主体的利益与福利带来了增进，而又未能通过市场交换或价格体系而得到报酬。比如，保护性修复历史建筑或文物古迹（如古罗马城、北京天安门等）具有正外部性，因为那些在建筑附近散步或者骑车的人会享受到这些建筑的美丽和沧桑而不必为修复建筑物付费。再比如，城市的道路不断得到改扩建，以及增加绿化、美化工程，出行环境得到显著改善，而城市交通出行者则无需对此改善支付直接的使用成本。

所谓负外部性是指某一经济主体的行为对其他经济主体产生了负面的经济影响，即对这些经济主体造成了某种损害，而又未能通过市场交换或价格体系给予补偿。如汽车行驶过程排放的废气产生了其他人不得不呼吸的有害烟雾或气体，具有负外部性，但驾驶员或车主无需对此支付费用或补偿损失；同样，由于某人驾驶不当造成交通事故，事故处理对城市道路某些路段造成严重拥堵，给其他的机动车出行造成延误损失，司机或车主也无需给受损者支付经济损失费用补偿；再如，国内北京等一些历史文化名城以往在城市市政交通基础设施或其他建筑物建设过程中，拆除了许多老城墙、胡同或其他文物古迹，使得古都的历史文化风貌及其所承载的物质文化遗产受到了严重破坏，造成了无可挽回的损失。这些都是城市规划（包括交通）建设过程中忽视外部性的深刻教训。

2）按照外部性的产生领域划分

按外部性产生的不同领域，可以将外部性划分为消费外部性和生产外部性。当一个消费者的行为直接影响另一个经济主体的生产或消费，而且这种影响未能通过市场交易或价格体系来调节时，则是一种消费外部性；生产外部性一般发生在一个厂商的经济行为直接影响到另一个经济主体的生产或消费，而且这种影响同样没有通过市场交易或价格体系来调节。比如，以养蜂厂与其毗邻的苹果园为例，由于蜜蜂的养殖提高了苹果的授粉率，因而增加了苹果的产量，反过来，苹果产量的增加又提高了养蜂厂的产蜜量；再比如，城市交通运输基础设施建设对于沿线商业或房地产业开发、生产经营的影响关系，由于修建了先进的交通运输设施，方便了居民出行及物流业发展，不仅带动了产业经济增长，同时也改善了沿线居民的福利或增加了就业机会、收入等；反过来，沿线的产业经济发展又刺激了交通运输需求增长，增加了交通运输企业的收入与效益等。然而，无论是养蜂厂或城市交通运输企业，还是苹果园或沿线的企业，居民都没有从对方那里得到任何形式的报酬，这便是生产的外部性。

实际上外部性可以产生在两个消费者之间、两个生产者之间或生产者与消费者之间等不同的场合，究竟是消费外部性还是生产外部性，主要看产生外部性的领域所在，及其矛盾焦点，如果是消费领域，就是消费外部性；如果是生产领域，就是生产外部性。如吸烟是在消费香烟的过程中产生的外部性，就是消费外部性，以此类推。从交通运输行业领域来看，城市交通基础设施建设本身具有显著的外部性，有正有负；而这些设施运营服务过程中同样会产生外部性，也是有正有负。如何正确看待并解决这些外部性，取决于我们的发展目标与价值观协调一致。

3. 负外部性产生的原因及内部化

1）负外部性产生的原因

（1）由公共产品变异所导致的负外部性

交通运输基础设施是在对共有产权特征的环境资源（主要土地资源）的使用与改造基础之上建成的，它本身会产生一定的负外部性（视觉障碍、社区分割、土地资源消耗等）。

对于交通运输基础设施的传统认识包含其共有性的一面，即交通运输基础设施作为一种公共物品，具有以下属性：① 向整个社会提供，由全体社会成员共同受益或联合消费，而不能由个人消费者独占；② 消费的非竞争性，在给定的生产水平下任何人对交通基础设施的消费不妨碍其他人同时享用；③ 消费的非排他性，在技术上无法排除或难以排除其他人从该产品中获得的好处。因为这些属性的存在，交通运输基础设施长期以来以政府提供及垄断经营的形式存在，被看作纯粹的公共产品。

从现实来讲，并非所有的城市交通基础设施都属于兼具非竞争性和非排他性的纯粹公共产品，如铁路运输系统、城市轨道交通、城市公共汽车、机动车停车场、民航系统等，它属于准公共产品的一种——拥挤性公共产品，即随着消费者人数的增加，当达到一定规模而超过公共产品的容量限制后，消费者在消费过程中出现了竞争性。此时如果仍被非排他地使用，则交通运输基础设施对于使用者而言具有极强的正外部性，这种正外部性刺激了更多潜在的交通运输需求（特别是机动化时代轿车的出行量），这不仅会导致交通拥挤的出现，也会加剧其他负外部性（噪声、常规排放、温室气体排放等）。

（2）流动源产生的负外部性

流动源产生的负外部性主要是指海、陆、空等交通运输设备在使用过程中产生的污染物排放、噪声污染以及交通拥堵等负外部性。

流动污染源比静态污染源种类多。以美国为例，虽然有大约 27 000 个主要的静态污染源，但与此同时却有一亿多辆汽车行驶在美国的道路上。由于这些机动化的交通运输设备在使用过程中处于流动状态，所以其产生的负外部性影响范围更为广泛，较之静态的固定源（工厂排污、家庭排污等）引起的负外部性也更难以评估或掌握。

2）负外部性的内部化手段

经济学家庇古认为，在没有外部性时，边际私人成本就是生产或消费一件物品所引起的全部成本，当边际私人成本与边际社会成本相背离的情况下，依靠自由竞争不可能达到社会福利最大化，于是就要求由政府采取适当的经济政策，来消除这种背离，这是后来外部性理论发展的一大重点“外部性的内部化”。负外部性内部化的手段包括以下内容。

（1）经济手段

税收和补贴是采用经济手段解决外部性的主要形式，税收和补贴都是通过调整相对价格来运作的。对于负外部性内部化而言，税收可以针对特定的产生负外部性的行为（产量、排放量等）征收。补贴则主要是针对降低或治理负外部性的行为给予补贴。

当存在负外部性时，负外部性主体的实际产生量（消费量）要高于社会最佳产出量（消费量）。为了改变这种情况，庇古提出的政策主张对产生负外部性的主体（厂商或消费者）征税，这一税收值等于负外部性主体所造成的损害值。以此来增加其成本，从而降低产量（消费量）。通过征税引导负外部性主体将负外部性产生的成本纳入私人成本函数，使负外部性主体的决策反应所有相关成本，而不仅仅是私人成本。只有这样，利润最大化的产量（消费）水平才能与社会效率要求的产量（消费）水平一致。目前我国对燃油发动机车辆使用造成的外部性主要是通过征收燃油税来实现利益均衡，并将征收的燃油税用于城市道路等基础设施的改造，以及弥补对城市公交事业的财政补贴。

（2）政府的直接干预

针对负外部性，政府认为可以通过禁令和颁布标准来实现最优外部性。政府对企业实行限制性产量或销售量 Q^*，这等同于政府来为企业制订符合最优外部性的生产计划（图 9－1）。如果企业违反限制产量的禁令或者标准，那么政府将严格惩罚或加以取缔。比如在对污染企业的治理问题上，停产整顿便是政府经常采取的政策，其初衷也就是迫使企业的污染量达到最优。例如，我国北京等大城市对燃油发动机轿车、黄标轿车等采取的限购、限行等管制措施也属于这种属性。

对于正外部性，例如污水、垃圾处理、清洁能源车辆等，除了给予企业补贴的行为以鼓励其将产量扩大到 Q^*，政府往往还会对能够产生正外部性的企业实施国有化，以便该企业的经营目标从某个经济部门局部利润最大化转变为全社会收益最大化，最终也实现最优的正外部性。无论是对公共产品供应商施加的政策法规类禁令，还是从体制上对其进行国有化运作，其政策制定的前提都是政府能够找到最优外部性，并且能够将政策执行成本最小化。如法国、日本等国家在不同时期，根据国情需要，对铁路先后分别采取了国有化和民营化模式改革措施，在保证供需均衡的前提下，努力实现公共产品资源配置效率最优化。

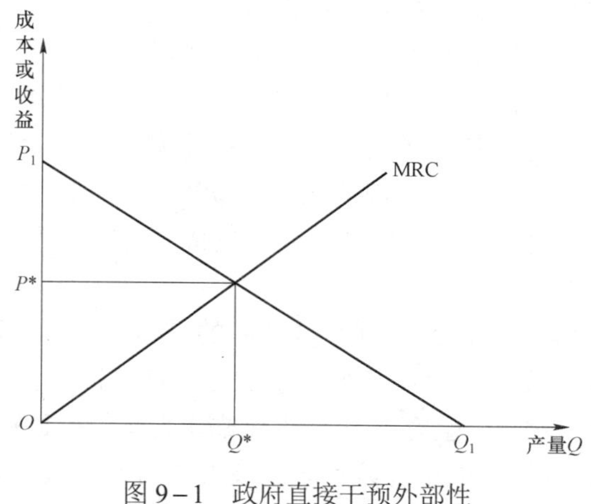

图 9－1 政府直接干预外部性

9.1.2 公共产品理论

1. 公共产品的定义

城市交通的外部性与公共产品理论是分不开的，只有了解公共产品理论，才可以更好地分析经济学中的外部性问题。

经济学将社会产品分为公共产品和私人产品。公共产品是指公共使用或消费的物品。现代福利经济学中公共产品理论的奠基人保罗·萨缪尔森最早给出了公共产品的经典定义：每个人对这种产品的消费，都不会导致其他人对该产品消费的减少。公共产品在消费或使用上不具有竞争性，受益上也不具有排他性。公共产品一般由政府或社会团体提供，例如，国防、秩序、环保、科技、教育、文化等。

私人产品是指在效用上具有可分割性，在消费上具有竞争性，在受益上具有非排他性的产品，是谁付费谁享用的产品。在日常生活中人们接触的产品和服务大都是私人产品，它们由众多生产厂商在市场经济的竞争体制中生产出来并提供给社会上的消费者，例如，个人日常生活用品、轿车等。

2. 公共产品的分类

根据产品的特性，公共产品又可以分为纯公共产品和准公共产品。

1）纯公共产品

纯公共产品是指在现实生活中，能够同时满足消费的非竞争性和受益的非排他性的城市公共产品，另外，纯公共产品还具有非分割性，它的消费是在保持其完整性的前提下由众多的消费者共同享用的。纯公共产品一般由政府提供。比如，每增加一个电视观众并不会导致发射成本增加（非竞争性），环境保护中要剥夺某个公民享受新鲜空气的权力也是不可能的（非排他性）。

2）准公共产品

（1）准公共产品的概念

准公共产品又称混合产品，是指需要付费使用的公共产品。它在很多方面具有公共产品的特征，但还有一部分私人产品的特征；但准公共产品又不同于私人产品，主要表现在其具有有限的非竞争性和非排他性、拥挤性、外部性等特征。

准公共产品的概念由美国经济学家布坎南提出，他提出“俱乐部模型”，并用其分析公共产品的拥挤问题，在此基础上提出准公共产品的概念。他1965年在《俱乐部的经济理论》一文中明确指出，现实世界中存在最多的是介于公共产品和私人产品之间的一种产品。准公共产品既可以由政府直接提供，也可以在政府给予补助的条件下，由私人通过市场提供，即政府和民间企业合伙的方式，例如，城市轨道交通、拥挤的公路、政府兴建的公园和停车场等。

（2）准公共产品的特征

① 拥挤性。拥挤性为准公共产品与纯公共产品的最显著区别。随着城市包括交通出行等公共服务需求的快速增长，政府供给在某个阶段的有限性，准公共产品在一定程度上对消费者的满足数量有一定限制，因此，会存在一个边际成本为正的“拥挤点”，并由此产生该公共产品的“竞争性”，当消费者的数量超过该点时，该类产品消费效益会下降甚至不能再进行消费。例如，在道路或公共汽车厢不拥挤时，每增加一个行人或乘客，其他人都不会受到影响，大家都可以使用道路或公共汽车这种准公共产品，修路者也不需要额外增加投资。但是，当这条道路上或车厢里的行人或乘客越来越多，甚至超过了“拥挤点”后，会出现拥挤现象，其他行人或乘客可能就无法用这条道路或该辆公共汽车。

② 外部性。外部性是纯公共产品和准公共产品的共同特征，而且在准公共产品中更为普遍。外部性由外部效应来体现，外部性是对外部影响效应关系的描述。准公共产品的外部性较强，不仅能够直接影响公众福利水平，还会对社会不少关键环节产生很大的影响。准公共产品的外部性包括消费外部性以及生产外部性，主要表现为某一主体的经济行为对他人产生的促进效应即积极影响。基于城市公共汽车、地铁等公共交通运输服务的公益性特点，使得这些产品或服务难以实现“市场化定价”规则，比如，成本定价法，往往是采取边际成本定价，外部成本内部化使得提供服务的企业经营几乎无利可图，基本上是依靠政府的财政补贴维持运行。这种外部性属于正外部性。

（3）准公共产品的分类

根据消费的特点的不同，将准公共产品分为两类。

① 具有消费的非竞争性及收益的排他性特征的产品，这类产品会随着消费者数量的增加，产生拥挤现象，消费者数量超过“拥挤点”后，单个消费者获得的效益会相应减少，若想让消费者正常消费，必须排除超过“拥挤点”后的产品消费。此类产品最终表现出部分排他性。例如，城市道路在交通量过度饱和时，会导致这一时刻这条道路上出行者的出行时间成本等增加，个人效益降低，要保障出行者的正常出行时间，必须采取措施排除“超额”的交通量。

② 具有消费的竞争性以及收益的非排他性的产品，这类产品具有不可分割性，因此，产权不能给任何人，在产品的边际效用与其价格 P 相等并且 $P=0$ 时，便不能有效地排除不付费者来进行消费。此类产品的消费具有拥挤性特点，使用过度会使产品或服务的质量降低；而产品消费的竞争性，又可以让产品质量和消费者效益得到保障。此类产品最终表现为部分竞争性。例如，收取通行费的高速公路能给付费用户提供高质量的通行服务，并能够解决项目建设和运营维护成本；但如果高速公路不收取通行费，将造成高速公路的过度使用，不仅加大了政府的财政支出，也会因“搭便车”效应产生过度使用现象，容易引发交通拥堵，降低

高速公路服务质量，使得道路资源配置效率与用户的效用同时降低；城市公共汽车、地铁列车等也同样存在这种现象，都是通过付费方式去控制和管理对于这类公共产品的过度、无序使用，同时能够合理弥补系统运行维护成本，减少不必要的财政支出，避免出现经济学上的“公地悲剧”现象发生。

3. 城市公共交通的准公共产品属性

根据上面对准公共产品的定义，可以确定城市公共交通作为一种公共资源属于准公共产品。一方面，每个社会成员都可以共同平等地使用公共交通工具，任何人对公共交通的使用不会影响其他人对公共交通的消费，即其具有非排他性，但是，城市公共交通有运营成本，每位使用城市公共交通的人都需要付费，因此，又可以排斥不付费者；另一方面，当城市公共交通出现满载，就会存在边际拥挤成本，影响其他消费者的消费，这时会出现拥挤性以及竞争性的特点，即城市公共交通具有有限的非竞争性或非排他性。同时，城市公共交通具有准公共产品的显著的外部性，在私人交通（轿车等）出行需求过度增长，而道路资源有限，以至于拥堵严重的大城市，公民使用公共交通工具在享有公共交通带来的利益的同时，降低了人们因使用轿车等私人交通工具而给城市交通正常运行造成的社会成本和环境成本。

综上分析，城市公共交通工具是一种具有拥挤性、一定限度的非竞争性和非排他性以及外部性这几种基本特征的公共产品，前两种特征为其自身基本特征，后一种特征是准公共产品对社会和公众所产生的效应，通过社会效益来体现。在我国城市化快速发展，城市交通供需矛盾日益突出的形势下，从经济学视角，对城市公共交通等典型准公共产品的外部性进行研究，能够帮助我们明确对这类产品进行供给的重要性，也可反映供给主体存在的问题，从而探索政府如何合理供给，包括进行供给侧改革，以便达到社会经济效益最大化。

9.2 城市交通运输外部性理论

9.2.1 城市交通运输的外部性

城市交通运输为城市经济社会发展提供了相当大的经济效益和社会效益，并引导城市功能结构布局，促进城市可持续发展；但城市交通运输的发展也会对环境产生污染，对气候变化产生不良影响，而且如果交通拥堵超过了一定程度，城市交通运输服务自身也不能以一种完全有效率的方式提供给出行者，增加其出行成本。

在讨论城市交通运输外部性时，有些术语如“社会效益”和“外部效益”等经常被混淆，有必要首先加以澄清。社会效益通常指由经济学家们用来描述某些经济活动产生的高于生产成本的那部分效益，也被称为福利，这种福利可以由消费者受益，也可以由生产者受益。一些效益存在于市场体系内部，是内部性的，而另一些则存在于市场体系之外，是外部性的。在实际中如果混淆社会效益和外部效益，就可能造成对效益的重复计算，下面用图 9–2 来说明这种关系。

图 9–2 中的纵轴代表一条收费公路的成本与效益，横轴代表公路上通过的运输量，MC 曲线代表经营该收费公路的边际成本，D_1 代表在正常收费水平的运输需求。图中由 D_1 与 MC 交点 b 决定的是均匀运输量 q_1，而此时使用者支付的价格是 P_1。在这种均衡条件下，社会效

益或福利由两部分组成，一部分是由 abP_1 面积所代表的经营收入超过总成本的利润或生产者剩余，由生产者受益；另一部分则是由 P_1bc 面积所代表的消费者剩余，是使用者意愿支付超过他们实际支付的那部分剩余，由使用者受益。这两部分面积之和就是已经被传统微观经济学定义过的社会效益或福利。

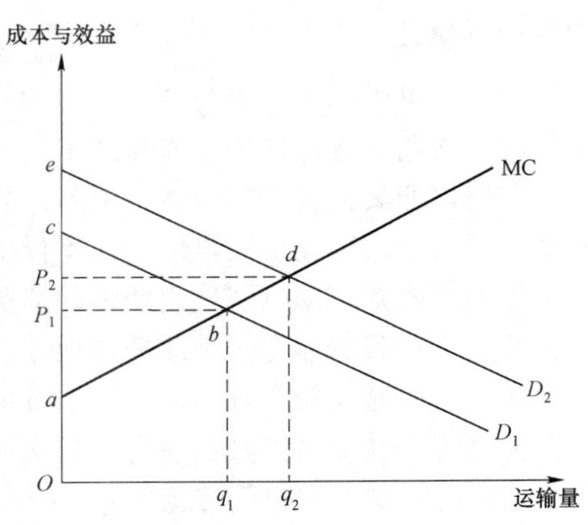

图 9-2 交通运输社会效益与外部效益的关系

图中另一条需求曲线 D_2 代表着使用者或社会在原来的价格或市场体系之外，对交通运输产品效用的评价更高，这些额外效益可能来自交通运输设施对沿线土地价值上升带来的影响，也可能来自交通运输条件改善给当地带来了更大的区位优势，增加了竞争力，或者公路沿线正好是景色宜人的风光，而沿途乘车成为一种观光享受等，但这条曲线所对应的交通运输需求已经不是由原先体现需求量与价格之间关系的函数所决定，出现了外部效益（面积 $bdec$）。显然，如果收费公路的经营者能够根据新的均衡交通运输量 q_2 而把价格确定在 P_2，那么这种外部效益就被内部化，此时 adP_2 面积代表利润或生产者剩余，P_2de 面积代表消费者剩余。此时无论是生产者剩余、消费者剩余还是总的社会效益都比原来增加了。但是如果由于某些原因，上述内部化过程不能实现，公路经营者增加运输量所多支付的成本（q_1q_2db 所代表的面积），就需要以财政补贴或其他方式加以弥补，否则经营者将不愿意扩大供给，那么本来可以增加的社会效益就会受到损失。从这个角度可以看出，没有被内部化的面积 $bdec$ 才应该被称为“外部效益”。

社会成本、私人成本及外部成本之间的关系是：社会成本 = 私人成本 + 外部成本。社会成本中的私人成本部分是存在于市场体系内部，是内部性的：而另一些则存在于市场体系之外，是外部性的。

图 9-3 中的纵轴代表收费公路的成本与效益，横轴代表该公路上通过的运输量，MC_1 曲线代表由使用者自己承担的公路使用边际成本，D 代表运输需求。图中由 D 与 MC_1 的交点 b 决定的是均衡运输量 q_1，而此时使用者支付的价格是 P_1。但在 MC_1 曲线上方还有一条 MC_2 曲线，它代表由社会承担的公路使用边际成本，社会成本 MC_2 既包括由使用者自己承担的内部成本，也包括由使用者引起却要由其他人甚至整个社会来承担的外部成本。由图 9-3 可见，D 与 MC_2 的交点 e 决定的均衡运输量 q_2 要小于只考虑内部成本时的均衡运输量 q_1，而此时使用者应该支付的价格 P_2 则高于只考虑内部成本时的均衡价格 P_1。如果社会机制能够将使用者

只考虑内部成本时的均衡价格 P_1 提高到 P_2。因此，能使只考虑内部成本时的均衡运输量 q_1 减少到 D 与 MC_2 的交点 e 决定的最优均衡运输量 q_2，那么就成功地实现了运输外部成本的内部化。但如果不能使外部成本内部化，社会的总福利就会减少。在图 9－3 中，最优均衡运输量 q_2 所决定的社会效益是三角形 dec 所代表的面积；而在外部成本不能内部化的情况下，运输量扩大到 q_1，此时消费者剩余虽然从 P_2ec 扩大到 P_1bc，增加了相当于 P_2P_1be 的面积，但由此而引起的社会总成本却增加了相当于 q_1q_2ef 的面积，特别是 bef 所代表的面积还属于无法弥补的社会福利净损失。

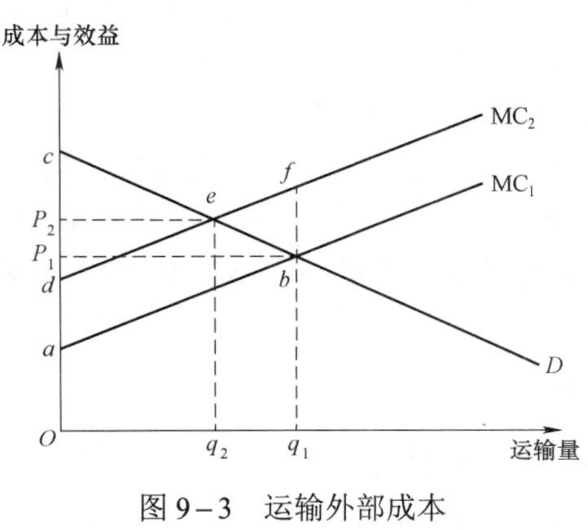

图 9－3　运输外部成本

9.2.2　城市交通运输的正外部性

城市交通运输的正外部性的研究更多地集中在交通运输基础设施的公共产品特性之上，国内外大城市对公交、地铁等公益性公共交通产品的交通运输消费行为的低收费现象是正外部性集中的体现。有的学者认为，人们的趋利动机会内部化外部经济，所以交通运输基础设施的正外部性也是值得怀疑的。实际上，交通运输存在着正外部性，而且是数量巨大的正外部性。

城市交通运输系统是城市经济和社会发展的重要基础。城市交通运输系统建设是城市中规模较大的基础设施建设项目，外部性很大。城市交通运输系统从路网规划、建设、运营到发展成熟需要相当长的一段时间，在这个过程中，将产生各种外部性，主要体现在：线路网规划后，沿线土地开始出现增值现象；建设期间，施工对周围的环境以及商业活动产生干扰或出行不便等不利影响，形成负面效应；运营期间，带来各种效益及较小的环境负效应；交通网络发展成熟后，缩短了居民出行时间，影响城市功能区的合理布局以及城市的立体结构形态，不仅直接或间接地促进了城市产业经济发展，同时也极大地改善了城市公共服务体系，给居民带来了社会福利保障水平的显著提升。城市交通运输的正外部性主要包括以下几点。

1. 提高劳动生产率

城市交通系统是城市经济社会大系统的重要组成部分，是城市实现可持续发展的重要基础条件之一。现代化的综合交通运输保障体系，良好的城市交通运输服务质量和乘车环境，能够最大限度地满足社会大众出行需求，有效缩短出行时间，减少乘客疲劳，以及提升物流配送效率，确保人员、原材料、设备、产品等生产要素的流动性需求，从而提高全社会劳动生产率。相关研究表明乘客在不舒服的条件下每乘车 10 min 就会使劳动生产率降低 3%～4%。

此外，据调查，近年来随着职住分离现象加剧，以及交通拥堵原因，北上广深等大城市平均一次通勤耗时在 40 min 左右，其中 2016 年北京市居民工作日单次出行距离为 12.2 km，时间长达 54 min，相较于 2005 年增长 31%；《2021 年第 2 季度中国城市交通报告》显示全国 100 个主要城市中，超 80%的城市的通勤高峰拥堵指数呈现环比增长。在我国现阶段经济发展人口红利逐年下降背景下，这对于我国城市经济系统劳动生产率的提升必将产生巨大的负面影响。

2. 促进城市经济的发展

城市交通运输尤其是大容量、快速的轨道交通系统、道路公交系统等会吸引更多居民与厂商，在城市交通运输沿线区域通过人口、产业的集聚，促进了沿线房地产业、工商业等相关行业的加速发展，增加了就业机会，给沿线广大居民、企业、公共部门带来直接或间接的效益，进而增加了城市的社会经济福利。为进一步促进城市的发展，需要不断地改善城市的交通运输情况，它不仅能够加快城市内部生产要素、生产产品的流动，使城市摆脱市场不足、资源有限等局限，同时它也能够扩大城市的集聚效应和规模经济，从而促进城市经济功能的不断发展和完善。

3. 改善城市居民生活质量

通过科学规范的政策引导与市场机制组合拳，打造完善的城市交通运输系统，提高交通运输能力，缓解交通运输供需关系紧张与矛盾，使乘车难的局面得到改善，居民出行更加方便。出行时间的缩短增加了居民自由支配时间，使城市居民交往、文化、旅游都变得频繁，社会秩序趋于稳定，业余文化学习时间增加，全面改善了城市居民生活质量，提高了居民生活水平。

4. 优化城市空间结构

城市交通运输基础设施的建设，尤其是城市轨道交通的基础设施建设发展，不但缓解了城市交通紧张局面还能抑制轿车等私人交通的发展。城市交通换乘枢纽是城市地区发展的核心，对城市结构合理发展、旧市区改造以及城市人口向郊区疏散、卫星城镇的发展和城市地域结构的变化起到促进作用。

5. 促进城市可持续发展

城市交通运输引导住宅与商业在交通沿线区域集聚，保持市中心的优势，同时形成以城市交通运输为指向的高密度发展区，优化城市空间结构，提高城市化水平，促使城市的可持续发展。

作为城市交通系统中重要的组成部分，城市轨道交通对城市经济社会发展起到了重要的推动作用。从城市中不同的受益主体出发，城市居民、地方政府、商业机构、社会环境等不同的受益主体所享受的轨道交通的外部性作用各不相同。归纳起来，城市轨道交通的正外部性主要表现在以下几个方面。

1）减少公共汽车车辆购买数量，降低道路修建成本

与道路交通不同，轨道交通路权专用，具有明显的快速、准时、大容量以及环境舒适的特点，对于城市居民而言，轨道交通能够大大地缩短乘客的出行时间，提高出行的效率。

轨道交通不存在行车拥堵现象，即使在交通高峰期出行，乘客乘坐轨道交通也能快速、准时地到达目的地。因此，轨道交通在城市交通中发挥了非常重要的分流作用。大多数人由选择原本的道路公共交通或出租车出行，改为选择轨道交通出行。这样，道路公共交通需求降低，从而减少了道路公共交通车辆的配置数量。另外，由于选择道路交通出行的乘客减少，在一定程度上降低了城市道路的使用频率，降低了城市道路的维修成本。

2）减少城市交通拥堵，改善城市环境

随着城市经济水平的提升和市民消费观念的改变，轿车的购买量逐年递增，私人交通在城市道路交通中所占的比例大大增加，城市交通拥堵的状况也成为市民关注的重要问题。城市轨道交通由于具有运量大、速度快、安全准时等特点，成为城市交通骨干而吸引大量客流改乘轨道交通，进而缓解道路交通紧张状况，减少城市中道路交通流量，减少在途时间，最终减少道路交通阻塞，降低道路交通的延误，提高了行车速度，减少了拥堵成本和交通事故成本。

从能源情况看，城市轨道交通是主要的“绿色交通”，轨道交通系统使用的是无污染、廉价的电能。较之公共汽（电）车，它不仅具有无污染、噪声小等优点，而且节能、运量大、方便快捷、运输效率高。从环境保护、可持续发展、节约能源等国家方针而言，其未来发展前景是其他城市交通运输方式难以比拟的。同时，由于轨道交通不占据道路交通的土地，在节约城市土地上有显著的效果。

3）提高沿线房地产增值效应

土地增值通常被认为是轨道交通最主要的外部效应，轨道交通设施降低了经济主体在生产和生活中的转移成本和运营成本，为经济主体带来了大量的超额纯收益。这部分超额纯收益使得土地资产增值，进而促进土地价格上升。土地增值一般包括两个层次，即一个是指在土地的内在条件未发生变化的基础上实现的增值，另一个是指土地接受了人财物的投入而引起的增值。轨道交通引起的土地增值属于第一个层次，其最直接的表现为地租上涨。

城市轨道交通的建成通车，可以提高沿线居民和企业的可达性，将在其沿线及站点产生交通、客流等“走廊经济效应”，造成城市轨道交通沿线的土地和房产的需求增加，在一定程度上有助于提升土地和房产的价格，为房地产企业及住户带来经济效益的增加。

4）优化城市空间布局，引导城市发展

城市空间结构的成长离不开交通系统的规划和延伸，每次交通运输方式的变革都扩大了人们的活动空间，在没有增加出行时间的前提下增加了出行距离。大运量、快速的轨道交通代表了城市交通运输方式的巨大变革，是城市化演进的物质基础。

从目前城市轨道交通的规划建设来看，轨道交通项目一般与城市发展规划相符合，即政府部门对轨道交通的规划建设与城市区域发展策略相配合，通过建立以轨道交通为导向的土地利用开发新模式，引导城市产业布局和空间结构优化，最终促进城市区域经济的发展，优化城市空间布局。优化城市空间布局的主要原因在于：① 轨道交通能够为城市重点区域带来大量人流，促进城市中心区域的商业和公共活动，增强重点区域的职能发展；② 随着城市化发展，城市开发强度增大，集中了大量的人流，道路交通不能满足城市的交通运输需求，而轨道交通可以较少地利用城市空间资源，满足大流量的交通运输需求；③ 由于轨道交通的快速、准时等特点，使城市周边区域的居民能够更方便地到达城市中心，加强城市时空的整体性。

9.2.3 城市交通运输的负外部性

外部性理论的贡献在于，它引导人们在研究经济问题时不仅要注意经济活动本身的运行效率问题，而且要注意由生产者经营活动造成的但不能由市场机制体现的对社会的影响。因此，必须对城市交通运输所产生的负外部性加以研究并寻找其治理的策略，从而使城市交通运输在为经济发展服务的能力和环境保护之间保持适当的均衡。负外部性与城市交通运输建设、发展相依存，只是在不同的阶段体现出不同的负外部性特征。

1. 城市交通的负外部性

1）大气污染

在城市交通运输产生的污染中，受能源结构影响，公路运输造成的大气污染最为严重。公路运输造成的大气污染是指机动车辆消耗油气排放出氮氧化合物等。随着汽车数量的快速增加，汽车尾气污染逐步成为城市空气污染的主要来源。西方国家的城市机动化发展过程曾为此付出过沉重的代价。我国城市机动化主要开始于 20 世纪 90 年代，但增长速度世界第一，据统计，2019 年上半年全国汽车保有量达 2.5 亿辆，私人轿车达 1.98 亿辆。其中绝大部分汽车来自城市。机动车尾气排放对大中城市环境造成的污染已成为国内外关注的焦点问题。这些问题已引起了我国各级政府的高度重视，并逐步采取各种治理政策措施。

机动车排放导致的污染是多方面的，不仅使城市空气质量恶化，CO_2 的大量排放还会导致气候变暖，氮氧化物既能转化为硝酸并与 SO_2 混合导致“酸雨”，氮氧化物与碳氢化合物的大气反应还会产生更大的臭氧污染和微细的二次颗粒物。除了加剧空气质量恶化，汽车尾气中含有复杂的污染物质，会对人体产生直接危害。其中已知的多种对人体有害的污染物（如二氧化碳、氮氧化物、碳氢化合物等）对人体呼吸、免疫、血液和遗传等系统都会造成急性损害或长期的不良影响；汽车尾气中还含有吸附着大量有害污染物的烟尘颗粒，这些细小的颗粒会长期飘浮在空气中，被人体吸入后滞留在肺泡中，会加重其他污染物的毒性作用。

我国是世界上汽车尾气排放最严重的国家之一。20 世纪 90 年代初以前，我国大气污染属于煤烟型，主要污染源来自工业排放。20 世纪 90 年代后期，机动车增长引起的尾气型污染在很多城市逐渐取代煤烟型污染，成为大气污染的罪魁祸首。近年来，我国城市道路交通量快速增长，虽然在总量上仍比世界许多大中城市少得多，但是，由于我国国产车辆环保质量不高，加之老、旧车辆较多，我国单车排放的有害物质较高。目前，我国单车排放的有害物质平均相当于发达国家 10～15 辆汽车的排放量，因此，公路汽车造成的空气污染比国外大中城市要严重得多。据世界卫生组织（WHO）公布的一份资料，在全世界污染最严重的 50 个城市中我国占了 30 个，污染最严重的 10 个城市中我国占了 8 个。可见，我国以节能减排、倡导“绿色交通”为核心的可持续发展目标任重道远。

2）噪声污染

随着我国城市经济的不断增长，人民生活水平的提高，城市交通发展迅速，机动车辆大幅度增加，城市交通噪声污染问题也越来越突出。道路交通噪声声源流动，声级高，干扰时间长，影响范围广，严重扰乱了城乡居民正常的生活和休息。噪声是一种使人或动物感到痛苦的嘈杂之声。噪声污染也是公路运输环境污染的一个重要方面。城市道路噪声污染主要是道路机动车的噪声污染，包括行使噪声、鸣笛噪声、进排气噪声以及加速噪声等。

噪声污染会产生众多负面影响。在晚间休息时，如果暴露在噪声之中，睡眠的持续时间和质量都会降低，从而能给人体健康造成多方面的危害。在噪声污染严重的地区，到医院诊断、患心理障碍、服用镇静剂及安眠药的人数便会明显的比其他地区多。交通噪声会导致心血管疾病以及血液循环紊乱等疾病，同时会影响儿童学习，可能导致生产和工作效率降低。在首都地铁、铁路、快速路沿线以及多种交通方式混合地区，交通运行引发的噪声问题长期影响一些居民的正常生活。

2019 年，全国共有 311 个地级及以上城市报送了功能区声环境质量监测数据，昼间共有 10 362 监测点次达标，达标率为 92.4%；夜间共有 8 342 监测点次达标，达标率为 74.4%。总体来看，2019 年度全国城市功能区声环境质量昼间点次达标率高于夜间。全国城市昼间道路交通噪声平均值为 66.8 dB（A），噪声污染问题亟待关注与解决。

3）交通事故

城市交通事故的发生，主要是道路交通事故，不仅会导致交通运输工具的损坏，而且也可能使交通设备，如道路路面、防护建筑物以及信号设备等受到不同程度的破坏，并引起交通的拥挤堵塞，给城市路段甚至局部路网交通流畅造成很大的影响，特别是上下班高峰期这种不利影响极易被无限放大。由危险品、易燃易爆物品的特种车辆交通事故造成的爆炸、燃烧等大的事故更容易对沿线环境造成污染和破坏。频繁发生的交通事故会对社会居民的心灵造成震撼和恐慌，也成为社会不安定的因素之一。

随着广大发展中国家汽车普及率的快速增长，除非采取有效的干预行动，未来 20 年中全球每年的道路交通伤害死亡人数将急剧上升，在全球主要死因排序中，道路交通伤害将上升为第 6 位。2019 年我国发生车祸约 20 万起，每万车死亡人数 1.80 人。由于交通安全保障水平和管控力度的不断提高，与 2001 年相比，已有明显降低。

4）交通拥挤

我国城市随着社会经济的发展、城市化和机动化进程的加快，机动车保有量及道路交通量急剧增加。尤其是在大城市，交通拥挤以及由此导致的交通事故增加、环境污染加剧，已成为城市经济进一步发展的“瓶颈”问题。交通拥挤的加剧，不仅会造成巨额的经济损失，甚至会导致城市功能的瘫痪。堵车浪费交通资源，使城市交通运输成本增加，同时也使城市社会经济系统运行效率降低，成本增加。

2. 轨道交通的负外部性

城市轨道交通运输作为准公共产品，具有极强的正外部效应，但不可避免地也会存在负外部效应。

1）经济负效应

城市轨道交通基础设施建设期间，除了因征地拆迁而受到直接财产损失的居民或企业，对沿线地段的各种商业活动也都会直接或间接造成不同程度的经济损失，如施工期间，城市轨道交通沿线道路被占用，干扰居民出行，导致相关路段出现交通拥堵，施工环境差，人流减少，沿线商业机会减少，造成一定量的经济损失。从宏观经济层面来看，尽管城市轨道交通基础设施建设有促进土地开发，诱导城市人口居住合理分布的正外部效应，但它的建设和运营对地方政府的财政资金的冲击和带来的财政补贴负担无疑也是十分沉重的，过快、无序的建设发展对城市经济的可持续发展也是不利的，因此，必须对城市轨道交通运输基础设施建设项目的可行性进行全面理性的评估，科学决策。

2）社会负效应

在城市轨道交通运输基础设施建设期间，施工场地以及施工材料的运输会占用一定量的原有道路，城市交通拥挤区域和拥挤点的数量会大幅度增加，在一些重要路段可能还会加剧原交通拥挤区域的交通拥挤程度，增加居民出行时间，带来负外部性效应。

3）环境负效应

（1）对生态环境的影响

① 在建设期间，施工时不可避免地会出现通过征地、拆迁等方式开辟施工场地，同时施工期间的运送土石方、设备等活动也会对生态造成严重的负面影响，不仅占用城市道路，还会导致固体废弃物增多，比如，弃土、废渣以及一些生活垃圾；同时地铁盾构的施工对河流的水文、通航或者是水生动物等都可能会存在潜在负面影响。

② 在运营期间，城市轨道交通运输使城区间人流与物流的交换速度加快，也促进了新区开发速度加快，导致人口集聚，城区自然生态环境被人工生态环境所取代，局部区域景观也会因高架桥等的存在而改观，虽然对城市轨道交通运输沿线的商业、旅游业、服务业等各种产业的发展起到促进作用，但也加重了轨道沿线的环境负荷。

（2）噪声与振动对环境产生的影响

① 在建设期间，施工过程中所用的施工机械包括挖掘机、打桩机、装载机等，还有就是施工时经常会有车辆进出场地，运输施工所需的材料与设备，这些都会产生较大的噪声，特别是在一些敏感区域比如敬老院、学校、医院等，需要设置好隔离设施。

② 在运营期间，城市轨道交通线路在运行过程中会给沿线区域带来一定程度的噪声和振动影响，地铁的车场、综合基地的列车、设备等也对周围环境带来不利影响。

除此之外，由于城市轨道交通的建设会促进人口集聚，生活噪声也会增大，对周围的居民以及企业产生很大的负外部性影响。高架线路给两侧建筑物的采光、日照和通风带来不利影响。

（3）建设期间空气污染

空气污染主要存在于建设期间，施工中会产生严重的局部扬尘污染，同时，施工中施工机械和运输车辆排放的尾气是比较严重的空气污染源，污染城市空气。

（4）固体废弃物影响

在施工期间，施工现场不可避免地会产生一些建筑垃圾以及施工现场工作人员的生活垃圾，因数量少，经处理后对环境不会有太大影响。城市轨道交通运营后，各车站、车场、综合基地将产生一定量的旅客垃圾、职工生活垃圾、车辆维修废物等，由市政部门收集处理，相比其他负外部性影响，该项经处理后，影响较小。

（5）运营期电磁环境影响

城市轨道交通专用高压供电系统，由于压力高、电流大，会持续向周围空间辐射电磁能量，可能会对某些信号造成干扰，如城市轨道交通列车运行会产生无线电可能，对附近居民的电视信号造成干扰，主变电站所产生的电场、磁场以及无线电干扰可能会对人体健康和周围电磁环境产生影响，但影响范围及程度较小。

3. 城市交通拥挤的经济分析

从长期来看，交通基础设施能力具有弹性，但在任何给定的时期内，其容量都是有限制的。而交通运输需求并非长期固定不变，大城市里，上下班的人定点定时往返形成有规律的交通高峰，给交通运输造成了某些严重的拥挤问题。当某种交通运输工具的使用者由于基础设施容量有限而开始妨碍其他使用者时，就产生了拥挤的外部性。此外，交通拥挤不仅给公路使用者造成时间和燃料浪费，而且由拥挤带来的停车和启动进一步恶化了空气并产生了其他形式的污染。

以道路交通拥挤为例，使用车速—流量关系这一交通工程学的概念可以为我们的分析提供帮助。假如选定一条直的单行道，考虑在一段时间内以不同速度沿该车道行驶的车流量，那么车速与流量的关系将如图 9－4 所示。

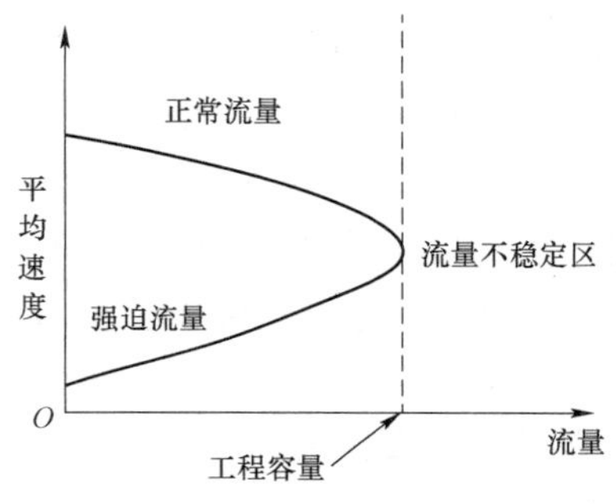

图 9－4　车速与流量的关系

流量取决于进入公路的车辆数和车速。当进入车辆很少时，车辆的交通阻力几乎为零，可以高速行驶，车速可能只受车辆性能和法定速度限制的约束；随着试图驶入该公路的车辆增多，它们之间产生相互影响，彼此都放慢了速度；当更多的车辆驶入公路，车速下降，但在某一点之前，流量将继续增加，因为增加的车辆数的作用超过了平均车速的降低，这是正常的车流情况；在增加的车辆不能再抵消降低车速的那一点，公路达到了最大流量。这就是公路的“工程容量”，它与公路的“经济容量”不同，后者是指扩大容量的成本超过所能带来的效益之时的流量。由于缺乏确切的信息，会使驾车者继续试图驶入流量超过最大容量的公路并引起车速的进一步下降，结果使车速—流量曲线折回，这种车流水平称为强迫流量。如果没有任何干扰和管制，在交通高峰时间，流量将停留在不稳定区周围。根据很多国际大城市的抽样研究表明，这一不稳定区的车速约为 18 km/h。

1）交通拥挤产生过程

从个人决策的角度，交通拥挤难以避免，而且，交通拥挤一旦形成，便很难自发地改善。为了简单起见，这里以一个就业集中在市中心，居民区在其周围的城市为例，同时假定居民的收入都可以购买轿车，交通的发展一般会出现四个阶段。

① 所有的人都只有一种交通运输方式可以利用，即乘坐公共交通运输工具去上班，每人花费 30 min。

② 其中某人（A）购买了一辆轿车，驾车上班只花了 10 min，这一行动对其他人并无影响（即不存在外部性），其他人仍乘坐公交花 30 min 上班。

③ 其他通勤者看到了 A 享受的好处，开始购买并利用轿车。因为轿车对道路时空资源的

占用远高于公共汽车，结果造成了交通拥挤，使开轿车去上班所花费的时间上升为 20 min；并且，由于轿车引发的拥堵，导致公共汽车的速度降低，因此，乘公共汽车上下班者要忍受 40 min 的旅程。

④ 由于乘坐公共汽车的居民出行状况显著恶化，这样导致更多的居民购买轿车，最终开轿车上班花费的时间达到 40 min，实际上超过了原来乘坐公共交通花费的 30 min，并且还进一步增加了城市空气和噪声污染的程度。同时公共交通难以为继，被迫取消。最后，每个人就只好在要么驾车去上班，要么骑自行车去上班这两者之间做出选择。这时每个人都宁愿恢复到原来的情况，而不情愿这种新的不符合意愿的平衡，但是靠个人的行动显然难以做到这一点。

2）拥挤的经济成本

城市交通日益拥堵，造成交通资源配置效率低下，意味着人们出行的交通经济成本大大增加。这些成本不仅仅指可以通过市场价格直接体现出来的财务成本，如燃油费、通行费等，还包括那些通过非市场价格表现出来的间接成本，如环境污染成本、交通拥挤给出行者增加的机会成本、交通扩能改造建设发展成本等。总体说来，可以分为两大类：个人成本和社会成本。根据零点研究咨询调查公司在与北汽福田汽车有限公司联合发布的《中国居民生活机动性指数研究报告》，北京的车主平均每个月要支付 375 元为“交通拥堵”埋单。据统计，由于北京的人均产值 GDP 以及可支配收入 DPI 均位列全国前茅，且交通拥堵也最为严重，由此造成的拥堵经济成本（JEC）居全国大城市首位。

下面具体来剖析交通拥堵成本形成的机理。车速–流量关系的实际形式以及任何一条公路的工程容量取决于许多因素。公路的一些最为重要的特征，如宽度、车道数目等，可以看作长期影响因素；短期因素包括交通管理形式和现行的控制系统，如信号灯等；最后，车辆的类型和交通组成也会影响容量。在短期供给较为固定的情况下，下面来分析一下交通拥挤的经济成本，如图 9–5 所示。

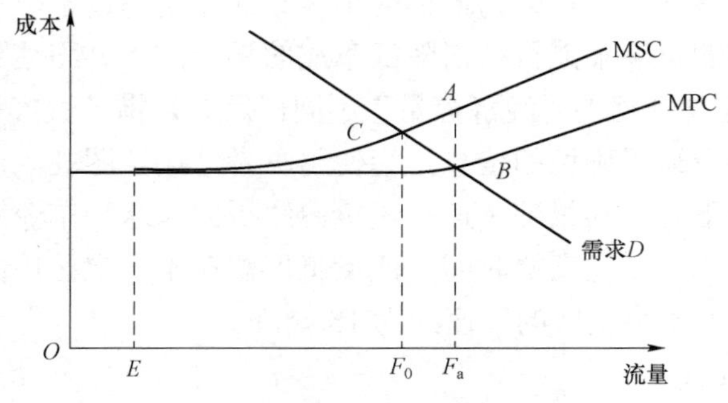

图 9–5 交通拥挤的经济成本

图中，MPC 代表在每一交通流量水平下拥挤的边际私人成本（包括驾车人承担的货币成本和他所感受到的自身的时间成本），MSC 曲线代表在每一交通流量水平下拥挤的边际社会成本（MSC 与 MPC 的区别在于前者还包括驾车人对其他公路使用者的外部影响）。当道路车流量超过某一点，如图中 E，每个驾车人的边际社会成本不但包括其边际私人成本，而且还包括由于交通拥挤所导致的道路使用者之间的相互影响。当交通量大于 E 时，MPC 曲线与 MSC 曲线的差就是该流量下拥挤的经济成本（外部成本）。从社会的角度看，最优流量是在

MSC 和需求相等处（F_0）。然而，由于公路使用者或者不知道或者不愿意知道他施加给其他公路使用者的外部成本和拥挤成本，他们仅根据 MPC 选择是否出行，实际流量往往在 F_a 处，从而造成了过度的拥挤（F_a-F_0）。

3）征收拥挤费的经济学原理

从经济学的角度优化拥挤水平的想法是，利用价格机制来使旅行者充分意识到他们之间相互施加的影响。汽车驾驶者进入一条拥挤道路时应为他们造成的过度拥挤支付费用。效率原则在逻辑上也同样要求交通运输使用者为其出行的边际成本付费，即每位道路的使用者都应支付由其引起的边际成本。这意味着除了支付燃油费、维护费、车辆折旧和自己驾车的时间成本，新加入的驾车者还应该承担他所引起的其他驾车人的时间损失，这些损失并不是驾车人自己的实际花费，而是由于车速降低给社会带来的损失。因而，根据国外如新加坡、英国伦敦采用拥堵收费带来的效果，城市有关的公路管理部门有责任征收拥挤费。征收拥挤费示意图如图 9－6 所示。

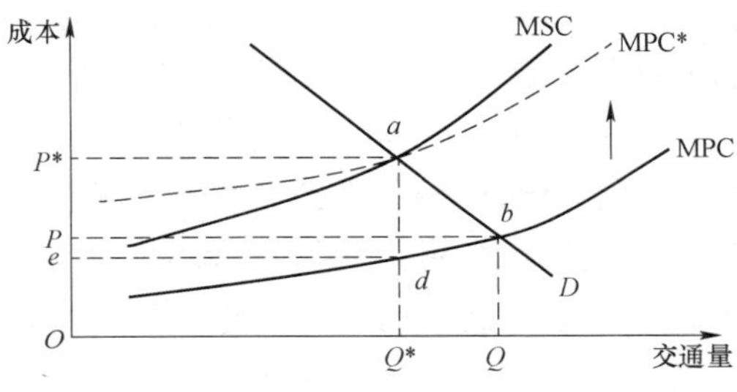

图 9－6 征收拥挤费的示意图

图 9－6 是在拥挤道路上征收拥挤费的示意图。在不考虑拥挤收费的情况下，对每位驾车人而言交通量就是图中需求曲线 D 与边际私人成本曲线 MPC 交点 b 所决定的 Q，该交通量对应的出行费用是 P。Q 大于社会最优的交通量 Q^*，这说明由于驾车人没有按照边际社会成本支付费用，导致拥挤。如果每辆车的最优道路价格是 P^*-e，即对驾车人征收相当于 P^*-e 的拥挤费，便可以把车辆数减少到 Q^*的水平并使对道路空间资源的需求等于边际社会成本曲线 MSC。对于驾车人而言，如果出行时会被征收拥挤费，他们感受到的边际私人成本曲线便由 MPC 移动到了 MPC*，此时，那些对自己时间价值估计也最低的人，对交通拥挤的损失估计也最低，也最不愿意支付拥挤费；而在不征收拥挤费的情况下，这些人实际上又是最不愿堵在拥挤道路上的那些人。一旦开始征收拥挤费，对时间价值估计较低的人就会因选择不交费而放弃在道路上占据空间，留下的那些认为快速驾驶十分重要的人则能更有效率地使用道路。从图 9－6 上看，由于征收拥挤费，需求曲线与边际私人成本曲线的交点便由 b 移动至与边际社会成本曲线的交点 a，社会效率目标得以实现。在交通量水平 Q^*上，车辆的行驶速度可以大为加快，拥挤费产生了福利收益（P^*ade-P^*abP），同时，公路定价阻止了一些汽车使用者使用公路，损失了消费者剩余 abd。该计划的直接受益者是公路管理部门而不是公路使用者，因此，政府征收的费用需要通过某些分配机制返还给公众。

9.2.4 交通运输外部成本的内部化

内部化并不意味着由交通运输而引起的外部性及其产生的经济成本，包括环境成本和拥挤成本会完全消除，内部化只不过是通过交通运输行业的微观经济政策及相应的政府管制手段，对于市场供需关系进行必要的调节，使之以最小代价达到新的均衡，有利于降低外部成本。一般认为，交通运输外部性的内部化是指将交通运输的外部影响纳入市场过程，其目的是使资源能够得到更有效的利用，并减少市场失灵。通过将一部分城市交通出行行为（如轿车出行等）的外部成本内部化，在总供给不足的情况下，适当提高私人成本，人们就会从价格上获得更多有关成本和收益的正确信息，就会便于在各种替代方案中做出正确的判断，特别是交通运输基础设施的使用者会更多地考虑自己的行为所产生的全部成本，起到调节过度出行需求的作用，实现供需新的均衡，改善资源配置效率，结果是那些外部成本的不利影响会减少，经济与环境资源总的利用也将更有效率。比如，我国采取的提高燃油税率和主城区停车费率等经济手段，以及燃油发动机汽车的限购、尾号限行等行政手段，增加了这类出行的成本，减少了总需求量，不仅能够保证供需均衡，同时也减少了道路建设投资、环境治理等社会成本。

交通运输的正外部性从长远来看是很有限的，其原因是人类具有一种趋利的主动性和积极性，人们会将原来存在的外部效益逐步自发地实现内部化。由于人们趋利的积极性，因此，经营者往往会想方设法去把消费者剩余变成自己的经营收入，因而交通运输的正外部性很容易被人们主动内部化。例如，由于交通运输条件改善引起与枢纽、车站相邻地段的土地价值上涨，一些政府部门为支持交通运输业发展，允许交通运输商同时进行房地产、商贸开发，于是一部分由交通运输带来的外部效益被转化成了交通运输商的收入。

此外，交通运输条件改善对地区开发的促进作用在一开始可能非常明显，这主要是由于地区的可达性提高，引致经济活动增加，然后这种可达性的进一步提高，引致经济活动进一步增加。可以认为，在经济发达程度低的城市或城市某些地区，由于原来的交通运输条件比较差，因此，交通运输条件改善所带来的正外部性，例如，对闲置土地的利用和对落后地区开发的作用等，相对比较明显。但在经济发达程度较高的城市，由于原来交通运输条件比较完善，过去的交通运输外部效益大多已经完成了自发或自动的内部化，剩余的交通运输外部效益就相对少了。而交通运输的外部成本，即交通运输的负外部性，却很难发生这种自发的内部化过程。在大多数情况下交通运输工具的使用者并没有承担那些非市场成本的义务和激励，因此，那些影响往往被认为是“外部成本”而留给别人去承受。

9.2.5 城市交通运输外部性的量化方法

1. 市场价值法

外部效应造成的环境质量变化影响了相应商品市场的产出水平，商品销售额或产出水平的变动可以衡量环境价值的变动，估算交通运输外部性的货币价值。市场机制作用充分，在交通运输外部性对某种商品市场价格的影响可以忽略的条件下，令外部成本为EC，外部收益为EB，数量为Q，价格为P。则外部性可以用下式表示：EC（或EB）$=\Delta Q \cdot P$。相反，如果交通运输外部性对某种商品的价格有较大影响，而产出水平保持稳定，那么外部性可用下式表示：EC（或EB）$=\Delta Q \cdot P$。当然，市场机制不完善的情况下，就需要对市场价格进行调整，甚至用影子价格来取代市场价格。

2. 防护成本法

防护成本法是指通过对一定数量的人们为保护其自身不受某种外部性的影响所花费成本的统计分析，推断出交通运输外部性的一种计量方法。在某种意义上说，防护成本是一种隔离成本，这种隔离成本不应以降低消费者的效用为前提条件。

防护成本的负担原则有三种：① 由外部成本制造者来购买和安装设备，自行消除外部性，即“谁污染，谁治理”原则；② 建立专门的外部成本处理企业来集中处理外部性，即“谁污染，谁付费”原则；③ 由外部成本承担者自行购买预防外部性的设备，由外部性的制造者给予相应补偿。

防护成本应当遵循成本收益的效率原则，防护方法应当是治理外部成本效果相同的条件下成本最低的那一种。如果防护成本高于外部成本水平，现有的外部性水平可以接受；如果贴现的外部成本高于防护成本，预防措施是经济可行的。然而，由于防护水平受到客观条件和主观价值判断两方面的影响，因此，预防水平的确定无法完全客观化。

3. 恢复费用法

由于交通运输外部成本造成环境质量恶化，并且无法得到有效治理，因此，需要采用其他方式恢复受到损害的环境，以使原有的环境质量得以保持。如铁路旁边的居民重新搬迁到清静居民区的费用。由于物价等其他因素的变动，恢复费用要远远大于原来的产品或要素价格。并且重置成本法对消费者效用的影响仍然不是十分清楚。

影子项目法是恢复费用法的一种特殊形式。交通运输外部性造成的环境质量破坏有时在技术上无法恢复或费用太高，人们要在建设交通运输项目的同时设计一个作为原有环境质量替代品的补充项目，以使环境质量的生产或消费效用保持稳定。

4. 规避成本法

估计环境破坏成本的一种广为应用的方法是使用某种环境污染的规避成本来估算外部性。交通运输对环境的许多不利后果可以通过隔离加以减轻。例如，双层玻璃窗能减少噪声干扰；安装空调可以减少空气污染的不利影响；为交通运输基础设施和车辆采用更安全的工程设计标准能降低事故风险。这种方法的主要问题在于难以从与其他利益有关的笼统支出中分离出为环境原因做出的特定支出。例如，安装双层玻璃同时可以减少取暖费用；隔离噪声也只能是部分地隔离，当人在花园或窗户打开时就不能提供保护了。安装空调同时可以调节室内温度。

5. 显示性偏好法

在某些情况下，环境资源的消费者通过自身的行为，显示他们对环境资源的估价。典型的例子就是人们愿意多付钱而住到远离喧嚣的机场、公路的地方，他们会牺牲一些金钱利益作为交换来限制资源环境的使用或者获得一些环境利益。因此，交通、振动、噪声和其他污染超过一定水平，就会使暴露在其影响下的有关住房等不动产价值遭受贬损，该方法根据住房的市场价格与环境质量方面的联系，推断交通污染所引起的环境成本。

6. 旅行成本法

新的基础设施会破坏以往无偿提供给人们的一些休闲娱乐场所，如公园、湖泊、池塘等，被污染的河流湖泊会损害在那里钓鱼和游泳的人。失去娱乐机会的价值可以通过计算它的机会成本（人们愿意为类似的娱乐支付的价格）来衡量。由于环境遭到破坏后人们只能旅行去城市的其他地方甚至到外地去寻找这类休闲场所，以便享受曾经很方便就能获得的自然养生乐趣，比如，节假日更多的大城市居民选择去生态环境好的远郊区或周边地区休闲度假，越来越多的离退休人员选择海南、云南、威海等生态和谐地区置业养老等。于是，可以用这种旅行的成本，包括时间和金钱成本，来间接地衡量交通运输基础设施带来的外部性。

9.3 城市交通运输负外部性的阶段性特征

进入工业革命后，发达国家的城市逐步由政治、商业型向工业型过渡，同时随着运河和铁路交通网的建立，各国的城市体系逐步形成。起步早、发展趋势稳定是发达国家城市化的一大特征，所以早在 20 世纪 50 年代，从平均水平上看，发达国家就已经基本实现了城市化（城市化率超过了 50%）；进入 20 世纪 80 年代后，从平均水平上看，发达国家进入了城市化的高级阶段（城市化率超过 70%），有些国家的城市化率甚至超过了 80%。伴随着城市化的发展，城市交通也经历了基本形成期、成长期、成熟期，并进入城市交通的高级阶段。城市交通的基本生成期在 19 世纪中叶之前，城市交通的成长期是从 19 世纪后半叶至第二次世界大战前后，城市交通的成熟期是从第二次世界大战后到 20 世纪 70 年代末。从 20 世纪 80 年代开始，发达国家的城市交通进入了高级阶段。城市交通运输的负外部性在城市交通的不同发展阶段的表现是不同的，本节主要内容是分析国家不同的城市交通发展阶段，城市交通运输的负外部性的主要特征，并在此基础上总结出城市交通运输负外部性的阶段性特征。

9.3.1 城市交通基本形成期的交通负外部性

在城市交通的原始平衡期与基本生成期，城市内部的交通、城乡之间的交通以及城市之间的交通刚刚萌发。这一时期，人类社会尚处于农业社会，大多数城市还是原来的宗教型城市、防御型城市和政治型城市的延续，城市只是作为政治、宗教和货物交易的集中场所存在，并没有大量的就业需求与供给。虽然已经出现人和物的空间移动流量在城市沉积，但城市土地利用强度、城市规模很有限，受经济条件的限制，传统的以步行为主的交通出行方式，城市交通可达性很低，城市成为资本、人口、生产与生活集中的地区，城市发展一般是围绕城市中心商业区呈饼状扩展的趋势，城市范围则受控于人们的出行距离，不超过从居所到工作地点或商店和娱乐场所的距离。城市中交通需求量小，需求结构单一，交通工具原始化，所以在城市内部基本没有交通的负外部性问题。

9.3.2 城市交通成长期的交通负外部性

城市交通问题是在工业革命之后的城市化过程中才产生的。城市交通的成长期与基本形成期相比，城市内部交通在后者只处于萌芽状态，而在前者则处于爆发状态。当城市内部的人的空间移动达到一定规模时（比如，人的单程出行时间超过 1 h），物的流程、流量超过现代工业生产方式所准许的阈值（比如，卸货到送抵工厂仓库时间为 1 d），那么城市内部交通问题的爆发就势在必行。在城市交通的成长期，城市交通的负外部性主要表现为交通拥堵（特别是城市中心区的拥堵）。城市交通进入成长期后，由于工业大生产所需的人力和物质投入都要流向处于城市不同区位的工厂，所以针对城市的人力和物质投入都要流向城市不同地区的工厂，所以针对城市的人和物的空间运动，流入量大大超过流出量，非均衡的向心与离心运动加剧了城市内部核心空间运动的膨胀。住在城里的居民发现在上下班的出行时间，大流量及流向集中的人员的空间移动在城区变得困难，而大规模的货物运输也挤占了城市有限的交通空间。这时首次出现了交通拥堵形式的城市交通负外部性。比如，在伦敦的发展史上出现了两次比较大的交通危机，第一次是在 19 世纪中叶，由于人口增长和伦敦市区的不断扩张，城市交通一度处于拥堵、停滞状态。为缓解这一危机，伦敦采取了将客运铁路引入市内的办法，这在很大程度上缓解了市区交通紧张状况。第二次是在 19 世纪末，由于经济的发展和伦敦市区的不断外延，再次导致市中心交通拥堵。

9.3.3 城市交通成熟期的交通负外部性

城市交通成熟期的主要特征之一是汽车交通方式得到了广泛应用。第二次世界大战以前，汽车化的迅速发展促进了城市对内对外交通结构的改变，在城市交通成长期，城市对内、对外交通主要依赖于大容量的公共交通工具来完成，包括有轨电车、公共汽车、铁路和轮船等，轿车还属于少数上层人士的专用品。但第二次世界大战以后，这种情形发生了质的变化。汽车很快成为促进发达国家城市交通走向成熟期的推动因素。这一时期城市交通负外部性主要体现在大气污染、生态环境破坏、中心区的交通拥堵与进出城区通勤潮汐式的交通拥堵并存等。

1. 大气污染

碳氧化物、氮氧化物以及碳氢化物是交通机动工具运行时由于燃料消耗带来的主要常规排放。在城市交通的成熟期，私人机动化交通工具发展异常迅猛，这也就相应地造成了常规排放的激增，对城市造成污染。

2. 生态环境破坏

第二次世界大战以后，发达国家和地区的城市化、工业化和交通运输业迅猛发展，交通机动工具因使用石油燃料而产生的 SO_2、NO_2 等有害气体大量排入空气中，经过复杂的大气物理和大气化学过程最终转化为硫酸和硝酸等，与水气或雨雪相遇，形成酸雨。酸雨的危害首先是破坏森林生态系统，改变土壤性质与结构，抑制土壤中有机物的分解，使土壤贫瘠，植被破坏，影响植物的发育；其次是破坏水生态系统，酸雨落在江河中，造成大量水生动植物死亡。由于水源酸化致使金属元素溶出，对饮用者的健康产生有害的影响。此外，酸雨还会腐蚀建筑物。

交通所产生的重金属颗粒物以及交通工具报废后产生的垃圾和有毒物质，都集中存在于整个食物链中，并最终威胁到人类的健康。有毒有害废弃物还使自然环境不断退化，土壤和水域不断被污染。

3. 中心区的交通拥堵与进出城区通勤潮汐式的交通拥堵并存

城市交通成熟期所出现的城郊化的一个基本的技术前提是交通的发展，而城郊化的趋势反过来影响城市交通需求与城市交通供给模式的变化。在城市交通的成熟期，郊区的发展仍是以居住区为主。汽车不仅在客运中逐渐替代了原有公共交通运输方式占据主导地位，在货运中也充当主要角色。汽车的使用大大降低了货运的成本，提高了企业选址的灵活性。因此，企业不必设置在地价昂贵的城市中心区域，为了获得更为廉价的土地资源，很多企业开始向交通条件良好的郊区迁移。在这个迁移过程中，首先离开城市中心的经济活动是制造业，其次第三产业仍主要集中在城市中心地区域（特别是 CBD 地区）。

在现代城郊化时期，西方发达国家城市郊区主要是作为以居住功能为主的“卧城”（国内称为“睡城”）存在，追求高生活品质的中产阶级和富裕阶层居住在此。虽然这一阶段已经出现第二产业向郊区迁移的现象，但是大部分就业地点仍位于城市中心区域，所以，这种“职住分离”现象导致城市交通拥堵集中在高峰时段的局部地区。从 2010 年开始，由于我国大城市核心区房价的过快增长，加之城近郊区轨道交通的建设发展等多种因素，导致我国大城市职住分离现象也在不断加剧，对于城市交通资源配置的空间布局结构产生了巨大影响，如北京的回龙观、天通苑两大“睡城”对北京北部地区交通的影响和冲击。居住在郊区的大量职业群体通过轿车或城市轨道交通出行形成了向心—离心的正向通勤交通。通勤出行的时空分布集中度过强，使得早晚高峰期城市交通供需矛盾不断加剧。这种情况造成城市交通拥堵的新特征——中心区的交通拥堵与进出城区通勤“潮汐式”的交通拥堵并存。

9.3.4 城市交通发展高级阶段的交通负外部性

与城市交通的成熟期阶段相比，城市交通进入高级阶段之后，人与物空间运动向城市的强聚性消失，分散性进一步加剧；城郊之间、城市与城市之间的交通联系全方位展开。在此阶段，城市中心的交通问题得到了一定的缓解，但城郊之间、各郊区之间的交通问题开始出现。这一时期的城市交通负外部性主要体现在以下几个方面。

1. 资源占用与消耗

城市交通系统需要很多资源的投入，如道路等基础设施建设占用的土地资源、水体资源、木材等，交通工具生产使用的各种金属，交通工具运营所消耗的石油类燃料，在这些资源中既有可再生资源，也有不可再生资源。对于我国的能源结构来说，即便城市交通更多使用电力为主导的二次能源，也不能完全解决资源消耗和环境污染问题，这是由于我国许多地区（特别是广大的北方地区）目前依然主要依靠煤炭火力发电。

2. 生态破坏

进入 21 世纪以来，随着城市交通基础设施建设的大规模快速发展，工程建设带来的有毒有害物质对当地水体、土壤带来污染，固体废弃物清运处理等问题也对环境造成日益加重的不利影响。

城市交通中对私人机动化出行的依赖使城市的大气中 CO_2、SO_2 和光化学烟雾污染日趋严重。适应机动化发展的交通基础设施也以水泥、沥青等人工建筑代替了土壤、草地、森林等自然地面，这不仅破坏了城市的自然景观、影响了自然界的水循环，还影响了大气的物理状况，产生城市热岛效应，城市中心往往成为空气污染最严重的地方。

造成全球气候变暖的主要原因是由于人类活动造成空气中 CO_2、CH_4 等温室气体的含量在逐渐增加。而机动交通工具的使用已经成为 CO_2 增加的主要原因。目前随着国际社会对碳排放对全球气候变暖的持续影响关注度不断提高，国际组织对各国碳排放规模、碳达峰指标也在陆续出台相应的政策约束，从而必然会提高我国交通经济发展的成本。

3. 社会公平性缺失

基于目前客观存在的社会各阶层收入差距逐渐拉大的现象，我国城市交通机动化的快速发展也不可避免地会带来社会公平性问题。老龄人口会受到轿车为主的交通模式及用地模式（后城郊化）的影响，那些城市中无钱买轿车或养车的低收入群体、无能力开车的人（残障人士或儿童）也会受到影响，所以交通可达性对于社会公民的公平性而言出现了缺失。富裕人群都居住在良好的环境和高档的住宅中，他们可以选择自己满意的生活物资；但贫困人群的居住环境简陋，或者受房价上涨影响只能选择居住在远离市区的郊区县，必须承受日常出行时间和成本增加的负担。

对于那些低收入家庭，公共交通可以发挥至关重要的作用，但发达国家城市低密度扩张的发展模式大大降低了公共交通运输本应该具有的能力。在美国，全国交通出行中只有 1.6% 是使用公共交通运输工具；在使用公共交通运输工具出行的人群中，年收入低于 2 万美元的贫困人口只占 4.8%的比例；在大都市区，使用公共交通运输工具出行的比例达到 3.4%，年收入低于 2 万美元的贫困人口使用公共交通运输工具出行的比例占到 10.6%。在法国，公共交通运输系统在交通出行中的作用比较大，全国使用公共交通运输工具出行的比例达到 9%，贫困人群使用公共交通运输工具出行的比例达到 11%；如果只考虑通勤交通，全国使用公共交通运输工具通勤的比例达到 15%，贫困人群使用公共交通运输工具通勤的比例达到 20%。

4. 社区分离

为适应私人机动车的发展，需要不停新建或改扩建道路，这有时甚至要通过破坏城市建成区来实现。现代城郊化时代，向心的交通主要依靠轨道交通，所以住宅区域沿交通线路成珠状分布。后城郊化时代以轿车为主要通勤工具，轿车不受固定交通运输线路和站点的约束，这使得住宅区域可以呈面状展开。特别是城郊化发展有一定的波浪形外推规律：低收入家庭在郊区最内层，依次向外是中等收入家庭、高等收入家庭。这种波浪形外推规律导致居住社区的同质性（同一收入阶层的人居住在一起）进一步加强，社区的分离状态日益明显。

5. 时空范围更广泛的交通拥堵

在城市交通的高级阶段，后城郊化极大地改变了城市交通的时空分布模型，非定时的、分散性的交通流增加了城市之间、城郊之间以及郊区与郊区之间的交通拥堵。在城市交通成熟期那种集中在高峰时段的、局部地区（沿着放射状路线向商业、办公区等中心地带）的拥堵形态发生了改变，交通拥堵在更广泛的时空范围出现，原有的规律性的进出城区潮汐式的交通拥堵已被无规律性的交通拥堵所取代。这种缺乏规律性的交通拥堵的出现令交通出行者甚至无法预先调整出行的时间与线路，所以造成的社会、环境与经济损失更大。

9.4　城市交通运输负外部性的治理政策措施

城市交通运输的发展推动了经济社会的发展，扩大了人们出行距离，为人们的工作和生活创造了有利的条件。但随之产生的负外部性问题日益严重，成为影响经济社会和谐、可持续发展的问题之一。因此，本节从几个方面论述城市交通运输负外部性的治理政策措施。

1. 优化路网结构，构建城市综合立体交通网

2021 年中共中央、国务院印发了《国家综合立体交通网规划纲要》（以下简称《规划纲要》），并发出通知，要求各地区各部门结合实际认真贯彻落实。《规划纲要》指出，为加快建设交通强国，构建现代化高质量国家综合立体交通网，支撑现代化经济体系和社会主义现代化强国建设，编制本规划纲要。规划期为 2021 至 2035 年，远景展望到 21 世纪中叶。《规划纲要》提出：服务大局、服务人民；立足国情、改革开放；优化结构、统筹融合；创新智慧、安全绿色三大原则，为我国城市交通运输体系未来科学可持续发展指明了方向，并为我国城市立体综合交通网规划建设的顶层设计明确了思路。

2. 根据规划精神，应制定限值标准并完善其市场准入

交通运输部办公厅 2020 年 6 月印发的《关于做好交通运输促进消费扩容提质有关工作的通知》提到维护运输市场秩序，建设公平开放、竞争有序的运输市场。根据通知精神，应着力在交通出行、运输物流等重点领域，构建以信用为基础的新型监管机制，研究推进信用信息互联、信用评价互认、联合奖惩互动、信用修复互通的跨区域信用监管应用，优化行业整体信用环境。强化交通运输服务监督管理，综合运用互联网、电话等渠道敞开受理群众反映的问题，对问题做到及时回应并妥善解决，提升消费者满意度。制定并发布营运车辆燃料消耗限值标准及相关配套措施和实施方案，将道路运输节能减排管理尽快纳入法制化、规范化、标准化的轨道。重点通过在典型省份开展营运车辆燃料消耗准入与退出试点，并适时在全国推广，为建立全国性营运车辆市场准入和退出机制奠定坚实基础，同时促进汽车生产厂家推进节能减排技术进步与创新，从源头上实现降低车辆油耗和排放水平。

3. 加强节能减排科技创新和投入，积极改善交通能源结构

城市交通运输主管部门应将城市交通运输节能减排技术研究开发作为科技投入的重点领域，加大政府财政性资金投入，同时引导和鼓励企业和科研单位加大减排投入。加强减排新技术、新产品、新工艺和新材料的研发，优先支持拥有自主知识产权的城市交通运输减排共性和关键技术示范，解决技术瓶颈，推动城市交通运输节能减排技术和装备升级换代。优化运输结构、降低能源消耗和碳排放强度、加快推广应用新能源装备设施、节约交通运输资源，实现交通运输绿色转型，比如，北京等大城市近十多年来大力推广混合动力及纯电动公共汽车、出租车等；同时配合限购政策，积极引导轿车逐步向新能源车辆转型。

4. 供给侧改革+需求管理，加快现代公共交通的建设步伐

我国城市交通运输发展必须坚持走“外延与内涵相结合”的道路，强化供给侧改革，重视集约化发展。其核心就是在加快城市交通运输软硬件建设的同时，落实科学发展观，高度注重正确运用政策调控手段，坚持牢固树立以“公交优化”为主导的需求管理理念，扩大公共交通出行需求规模。要大力利用经济激励和管制手段实施有效的交通需求管理，进一步提高城市道路系统的运行效率。在大中城市综合考虑 ETC 用户通行费折扣，采取道路拥挤收费、停车收费制度、高速公路限速、单双号行车日等措施，合理引导公众交通出行。实施“公交优先”战略，加强快速公交系统（BRT）和轨道等大容量公共交通运输设施的规划和建设等，积极引导社会公众形成健康的交通消费理念，鼓励非机动车等绿色出行方式，引导私人交通转向公共交通。

5. 发展慢行交通，实现绿色环保与可持续发展

城市交通运输应鼓励发展以步行、自行车、步行+公交、自行车+公交等为代表的慢行交通，并制定推行慢行交通体系建设的政策和制度，对慢行交通系统进行规划与指导。构建连续完整的慢行网络、构筑复合立体的慢行系统、打造便捷高效的接驳系统，实现城市交通运输多元化可持续发展。

案例：北京地铁 4 号线发模式投融资模式及经济分析

北京地铁 4 号线（一期工程），北起海淀区的安河桥北，南至丰台区的公益西桥，是北京城市轨道交通线网中一条贯通城区西部南北方向的交通主干线，穿越海淀、西城、丰台 3 个行政区，连接中关村、动物园、西单、北京南站等重要交通枢纽或商业区。北京市地铁线路（4 号线）示意图如图 9－7 所示。北京地铁 4 号线（一期工程）正线长度 28.65 km，共设地铁车站 24 座，全程运行时间 48 min，线路穿越丰台、宣武、西城、海淀 4 个行政区，是北京市轨道交通线网中的骨干线路和南北交通的大动脉。北京地铁 4 号线可换乘地铁 10 号线海淀黄庄、13 号线西直门、2 号线西直门、宣武门和 1 号线，南末端与大兴线相连于公益西桥。项目 2005 年开始建设，2009 年 9 月正式投入运营，目前日客流量达到 130 万人次。北京地铁 4 号线日客流量（2011 年）如图 9－8 所示。北京地铁 4 号线日断面客流量（2011 年）如图 9－9 所示。

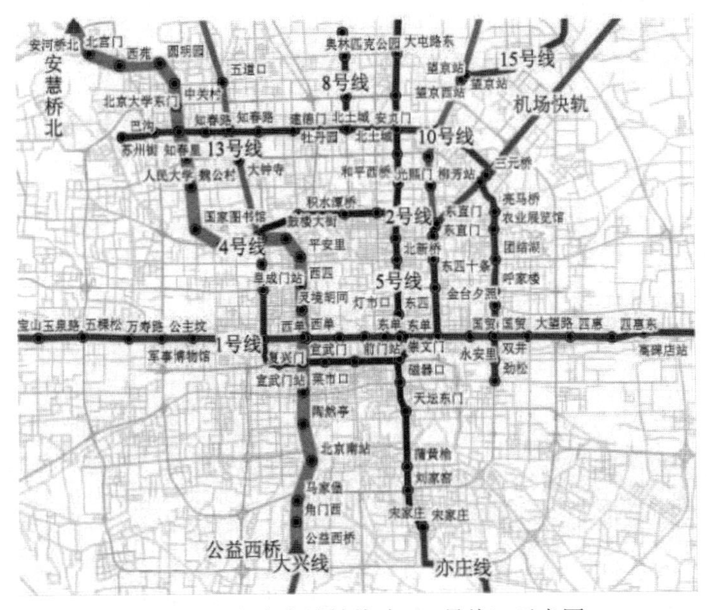

图 9－7　北京市地铁线路（4 号线）示意图

北京地铁 4 号线总投资约 153 亿元，是国内轨道交通领域第一个以特许经营方式进行市场化运作的基础设施项目，也是第一个采取 PPP 融资运作模式进行的项目。PPP 即 Public-Private-Partnership，指公共部门与民间部门合作伙伴关系，是引入私有资本的一种模式，实质上是政府通过给予私营公司长期的特许经营权和收益权来换取基础设施加快建设及有效运营。这种运作模式的核心是在市场机制下，公共部门通过招标选择最佳投资商、建设商和运营商，降低项目在以上环节的成本，保障公共产品的服务。

城市交通基础设施建设项目采用 PPP 融资运作模式，一方面可以节省政府的部分当期投资，减轻政府的财政资金压力；另一方面将国际上先进的地铁运营和管理经验带入北京，引入适度竞争，提高地铁建设、运营和管理效率。

项目投融资主体包括政府与市场企业。其中，由政府寻找特定的投融资主体，资金来源主要有政府财政支出和政府债务融资，政府债务融资包括银行贷款、债券发行、商业债券等。企业以盈利为目的筹集资金并加以利用的金融活动，以项目收益为基础，主要运用企业自有资金、银行贷款、股票债券发行等商业化融资手段进行融资，独自承担风险。地铁运营具有票务、广告收入等市场经营资源，一旦形成大规模的网络系统后能吸引大量客流形成可观的票务收入（一个顾客的边际成本几乎为 0），因此，具有一定的可经营性特征。但相对地铁建设的巨额投资，地铁运营后票务收入带来的现金流远远不足以保证社会平均水平的投资回报，如果以地铁项目全部投资为标的进行投资者招商，很难吸引社会投资者进行投资。因此，必须根据地铁这类公益性较强的城市公共交通基础设施项目，选择采取相应的融资模式和运作策略。

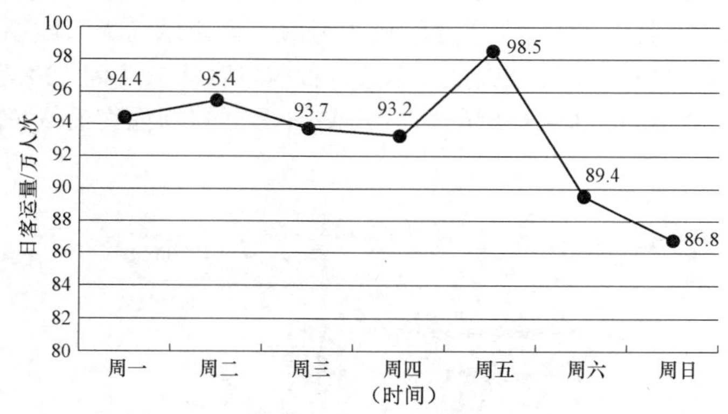

图 9-8　北京地铁 4 号线日客流量（2011 年）

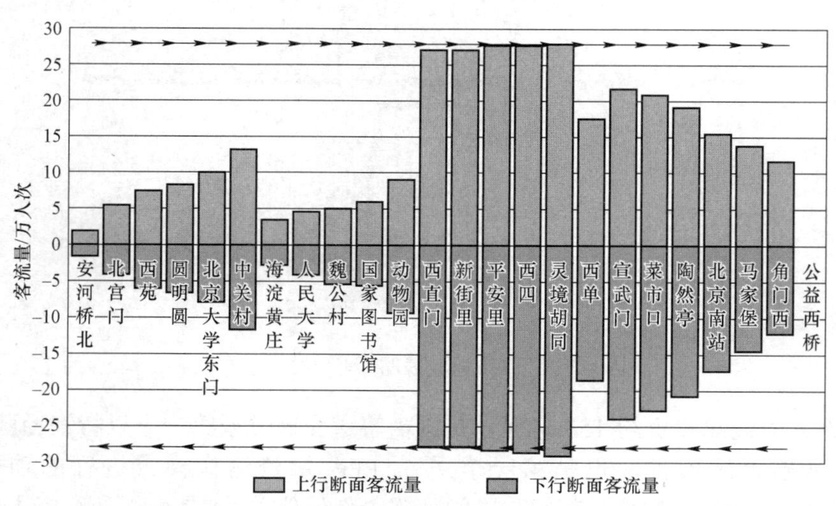

图 9-9　北京地铁 4 号线日断面客流量（2011 年）

北京地铁 4 号线项目主要由北京首创集团与香港地铁公司组建合资企业特许经营。北京市政府出资 70%，合资京港公司占比 30%。中资企业首创集团和基础设施公司代表政府在 PPP 公司中居于控股地位（51%），但不具有公司日常经营管理的决策权，不参与公司的收益分配，也不承担经营亏损，只在重大资产处置，涉及运营安全等重大事项上具有决策权，日常经营管理及经营收益分配决策由港方负责。

2010 年度北京市对北京地铁 4 号线高达 6.4 亿元的票价补偿使 PPP 模式线路的实施效果受到质疑。在北京市政府与京港公司签订的特许经营协议中，最初与京港地铁核定的票价是 3.34 元，后来北京市实行 2 元一票制后，分摊到北京地铁 4 号线的实际票价只有 1.04 元，比当初协议价格的 1/3 还要少，因此，北京市按协议给地铁 4 号线提供票价补偿，2010 年补偿金额为 6.4 亿元。而同期给同类的北京地铁 5 号线的运营补贴不到 2 亿元，看着是比北京地铁 4 号线少，但从全口径看，实际上北京地铁 4 号线要比北京地铁 5 号线节省财政资金。北京地铁 5 号线的补贴金额只是运营亏损补贴，其线路、设备的更新改造投资全部由财政另行全额拨款，加上初期投资中政府比起在北京地铁 4 号线中要多投入的部分，同口径算下来，财政一年要负担 8 亿元左右。而北京地铁 4 号线是政府给了票价补偿以后不再支付其他费用，其他全部成本都是京港地铁自己来负责，这样算下来一年就为政府节省了 1 亿多元，而且北京地铁 4 号线还能实现盈利。另外，按协议，京港地铁投资的项目设备设施在 30 年特许经营到期后，将全部无偿移交给政府，这也是一笔不小的资产。

对照香港地铁盈利的两个法宝是按里程计费的票价和站内商业开发，这两点在北京一度都是行不通的，北京地铁 4 号线最初服从于政府统一的 2 元票价，而且站内禁设任何零售商业设施。单一票价政策有助于公交优化战略推进，增强公交地铁吸引力，改善优化城市交通出行结构，社会效益十分显著，但同时也使得地方政府财政背负沉重经济负担，据报道 2007—2013 年，北京市政府对地铁行业累计补贴 958.6 亿元，年均增长 19%，超过了财政收入的平均涨幅。

为解决这一问题，实现城市公共交通可持续发展，北京市政府在反复论证调价方案，并深入调查，广泛征求专家、居民代表意见建议的基础上于 2014 年 12 月 28 日起全面调整地铁、道路公交票价，道路公交和轨道交通均实行计程值并按递远递减原则加价。地铁起步价分别为 2 元和 3 元，乘客均担分别为 4.3 元或 4.4 元。此次价格调整方案增加了轨道交通票价优惠政策。在每个自然月内，乘客乘车使用一卡通支出累计满 100 元后，超出部分给予 8 折优惠；满 150 元后，超出部分给予 5 折优惠。调价后不仅减轻了政府财政补贴负担，可以腾出更多资金用于其他公共服务投入，同时也不至于对乘客造成较大经济负担，更重要的是有利于吸引社会资本，优化了地铁建设项目多渠道融资方案。

复习思考题

1. 什么是外部性及外部成本？
2. 城市交通运输的外部性表现在哪几个方面？
3. 什么是城市交通外部性的内部化？
4. 城市交通运输外部性的量化方法有哪些？
5. 交通拥堵的成本计算及拥堵收费的理论依据是什么？

第 10 章

城市交通运输基础设施建设项目投资评估与后评价

10.1 项目投资评估与后评价

10.1.1 投资和项目概述

1. 投资的概念和特点

1）投资的概念

投资是指投资主体为未来获得收益而于现在投入生产要素，以形成资产的一种经济活动。投资主体（或称投资者）可以是有权代表国家投资的政府部门、机构，也可以是企业、事业单位或个人。投资是这些自然人或法人进行的有意识的经济活动，他们追求的投资回报，既可以是投资所形成的资产投入运营后直接产生的内部收益率，也可以表现为项目因服务于社会公众而改善国民福利所产生的外部效益。

投资可分为生产资料投资和纯金融性投资。在现实社会中，从个体角度来看，投资通常被理解为购买证券、土地和其他财产的行为，这些活动从全社会看并未发生资本存量的变动，而只是引起财产的转移，是纯金融性投资，又称间接投资。经济学意义上的投资考察的则是物质资本的变化，如建造厂房、住宅、购置机器设备，以及增加存货等经济活动。这些生产资料投资的实质是将资源要素转化为资本的形成过程，又称直接投资。项目评估中的投资就是直接投资，或称项目投资。投资活动的成功与否主要取决于投资决策的正确与否，因此，投资的决策对宏观经济和企业、个人微观经济发展规划、投资计划都有着重大影响。

2）投资的特点

（1）预付性，即支出在前，回报在后

不论是直接投资还是间接投资，投资主体为获得预期收益都需要预先一次性地投入资源，等资本资产形成并发挥效益后，才能从运营中逐步获得收益和回报。

（2）收益可预见性，即因资源的投入而带来产出、收益或增值的特性

投资主体的多元化以及投资目的的多样性决定了投资收益的多重性。投资收益可表现为用货币为计量尺度的财务收益，这一般是企业或私人投资行为的特征；也可以表现为难以用货币尺度进行量化的社会效益，如公共工程、公益性项目投资，这一般是政府投资行为的特征。20 世纪 80 年代我国各地政府和社会大众对“要想富，先修路”投资理念与思路所达成的共识就是基于对道路交通运输基础设施投资建设预期效益的一种通俗的表述，这也是对交通运输基础设施建设投资拉动经济发展效益的最初共识。20 世纪 90 年代我国各省市采用项目法人制组建成立的地区性或区域性高速公路公司（集团），以及进入 21 世纪以来，京沪高铁客专公司等合资铁路公司，都是基于预期的企业直接经济效益和间接社会效益而进行投资决策的。

（3）长期性

与消费者行为的即时性不同，投资在于取得持续的效益和回报。一般来说，投资行为包括短期投资和长期投资，其中短期投资多数是企业行为。本章主要研究城市交通运输基础设施建设投资问题，因此，其投资无论建设工期，还是投资回收期都具有从资金投入到全部收回需要经历较长时间的特性。交通运输基础设施建设投资周期由建设周期和运营周期组成，由于资产形成的技术经济特性决定了其建设周期较长，从投资建设到投入使用之间存在明显的时间差。投入运营后，资本资产不是被一次性消费，而是能够被重复使用，形成较长的运营周期。

（4）风险性

由于事先无法预测或虽能预测但难以避免的因素影响（如建设与运营中发生的重大事故、自然灾害、公共疫情、经济危机、政局不稳、社会动荡、战争等），会使投资者的实际收益与预期收益之间发生背离和损失的风险。投资的风险性来源于投资的预付性和项目经营的长期性，是未来的不确定性导致了投资风险。比如，自 2019 年年底以来全球突发新型冠状病毒性肺炎疫情，对交通运输基础设施投资、建设及运营产生了不同程度的冲击，造成部分工程停工、运量大幅度减少、收益显著下降等现象。

2. 项目的概念和特点

1）项目的概念

对于项目，最典型的定义是：项目是一个组织为实现既定的目标，在一定的时间、人员和资源约束条件下，所开展的一种具有一定独特性的一次性工作。但也有人认为，项目是人类社会特有的为创造特定的产品或服务而开展的一次性努力。实际上这些对于项目的定义从不同角度描述了项目所具有的基本特性。从现有的项目定义中可以看出，其中主要包含以下三层含义。

① 项目是一项有待完成的任务，并且有特定的运作环境要求，这一点明确了项目自身的动态概念，即项目是指一个过程，而不仅是过程的最终结果。

② 项目是在一定的组织机构内，利用有限资源（人力、物力、财力等），在规定的时间内完成的任务。它表明任何项目的实施都会受到一定的条件约束，在众多的约束条件中，质量（工作标准）、进度（工程期限）、费用是项目普遍存在的三个约束条件。

③ 完成这一任务必须要满足一定的性能、质量、数量、技术指标等要求。项目是否能圆

满实现，能否交付用户，必须达到事先规定的目标要求，项目合同契约将对上述这些来自用户或项目出资人的要求有严格的规定。

2）项目的特点

为了达到预期的目标，项目由以下五个要素构成：项目的（界定）范围、项目的组织结构、项目的质量、项目的费用、项目的时间进度。

通过对项目概念和组成要素的认识和理解，可以归纳出项目一般具有以下几个方面的特点。

（1）目标的明确性

任何一个投资项目都具有明确的目的或目标，并且可以将其分解为各个子目标，子目标的逐一完成，才能实现项目的最终目标。

（2）独特性

每个项目都有一些独特的成分，区别于其他项目（体现在行业、地点、时间、规模、技术等），即使是目标相同的两个项目也都各有其特殊性。

（3）制约性

从经济学意义上讲，项目一般被视为投资活动的载体，而投资项目实施往往都会受资金、时间、技术等资源条件约束，所以，为了克服或解决这些问题，项目各阶段利益相关的各部门在责权利、分工协作方面便容易产生冲突和矛盾，如项目与职能部门之间为争夺资源与人员发生冲突，项目与项目之间为争夺资源发生冲突等，在投资项目评估中必须充分考虑这些因素，必须采取相应的管理措施妥善处理好这些冲突，保证项目预期目标及收益的稳定性。

（4）整体性

项目是为实现目标而开展的各种各样工作任务的集合，它不是一项孤立的活动，而是投资、技术运用、设计施工、工程管理、市场营销、定价机制、生产组织、政策法规等一系列活动的有机组合。强调项目的整体性，也就是强调项目的过程性和系统性。

（5）一次性或短期性

项目是有一个明确结束点的一次性任务，即从项目整体而言，任务完成，目标实现，项目即告结束，没有重复。即便一个重新复制的性能、规模相同的项目，由于任务在时间、地点等方面客观存在差异，也会变成另一个同类的项目。

（6）寿命周期阶段特点

任何项目都有其寿命周期，不同项目的寿命周期划分不尽一致，但大多会经历启动、开发、实施、结束这样一个过程。交通运输基础设施项目的特点决定了其寿命周期更具有长期性，因此，投资决策必须考虑长期性因素，如政策、市场、经济与社会发展态势等。学术领域对投资项目寿命周期的概念界定为狭义的寿命周期和广义的寿命周期。狭义的寿命周期一般指从项目投资决策到竣工投产的阶段；而广义的寿命周期（也称全寿命周期）包括从立项决策到投资回收的整个过程。

（7）其他特点

除了具有以上基本特点外，项目还具有市场需求及收益的不确定性、项目过程的渐进性、项目成果的不可挽回性、项目组织的临时性和开放性。

此外，从经济学角度看，投资项目与其他经济活动的共性特点就是需求的导向性，包括政府促进一个国家或地区经济社会发展，增强国力的需求导向（城市公共交通运输等涉及国计民生的基础设施等），或者企业经济发展的需求导向，以及市场对投资项目建成后所提供的产品或服务需求的导向性。

10.1.2 项目投资评估

项目投资评估包括多方面的内容，其中与经济有关的主要是财务评估、经济评估，以及社会及环境影响评估。财务评估是从项目投资人和业主的角度出发考察项目投资的可行性；经济评估是从国民经济的角度出发分析项目对国家的净贡献，两者在评估方法上有相似之处；社会影响评估从更高的社会进步和资源环境保护等角度进行评估，其中往往包含了增加就业、刺激产业经济发展、促进进出口贸易、增加社会福利，以及统筹兼顾社会公平与效率等宏观经济、社会影响分析。

1. 项目评估的概念

广义项目评估是指在项目投资决策阶段，针对项目建设、运营一切可能产生的效益及风险性等主要投资决策因素所进行衡量和分析的技术分析工作，简单来讲，就是对于一个投资项目预期收益或价值进行的一种评判、估计，其核心在于两点：一是判断项目投资有无价值或收益；二是估测项目投资的价值或收益有多大。从系统科学视角，投资项目评估是对项目所涉及技术、经济等问题的一种系统分析、评价，因此，它是一个典型的项目绩效管理系统工程。

从经济学意义上，投资项目评估既包含微观经济分析，同时也包含宏观经济分析，是经济学理论方法在项目决策管理上的具体应用形式。投资项目因其属性各不相同而具有很多特性，但是除了投资者期望获取的投资效益，最应关注的是项目的风险性。项目的风险性是由项目的一次性、独特性和不确定性造成的，其中最为关键的是项目的不确定性，它是由环境和项目信息的不完备性造成的。项目的风险性是一种造成损失的可能性。几乎没有一个项目是完全按照最初的计划完成的，项目变更（如技术方案等）和变动（如投资主体、融资及运作模式等）带来了投资方或用户群体损失的可能性。

狭义项目评估是指在建设项目可行性研究的基础上，依据国家有关政策、法规，从项目（或企业）、国民经济和社会的角度出发，由有关部门对拟建投资项目建设的必要性、建设生产条件、产品市场需求、工程技术、财务效益、国民经济效益、社会影响等进行全面分析论证，并对该项目是否可行提出相应判断的一项技术经济分析评价工作。一般的工商企业的投资项目评估主要聚焦在项目在财务方面的回报率上；而政府主导的投资项目因其投资方向往往是公共事业范畴，所以一般主要考虑项目实施所带来的国家资源的配置效率及其社会效益的大小，如城市公共交通运输基础设施建设等都属于典型的公共事业性投资项目，项目目标主要包括公共交通保障能力和服务水平的提升，及其所带来的社会进步、宏观经济发展。

2. 项目评估的内容和依据

1）项目评估的内容

项目评估主要是受政府主管部门、企业、个人或银行等金融机构委托，对于具体投资项目进行一项专门的调查研究与论证工作。其主要工作内容一般是研究项目的技术可行性和经济合理性，但不同的业主可能会有不同的评估要求，比如，政府可能会侧重国民经济效益和社会影响，商业银行更注重项目的财务效益和还贷能力，投资者或企业等机构则往往更关心项目的长期盈利能力和资金流动性（现金流）。归纳起来，项目评估的工作内容主要包括以下几个方面。

（1）市场分析

投资项目应不应该建设，取决于市场是否需要，只有具有一定规模的市场需要的产品或服务，该项目才值得去建设。市场分析的主要内容是对国内和国外市场进行需求分析与预测，从而确定投资项目是否必要建设及建设的相应规模选择，如京沪高速铁路、京张高铁、北京大兴新机场、北京地铁 4 号线、上海虹桥综合交通枢纽等。

（2）技术条件分析与方案评估

这主要是根据国家的有关技术政策，对建设项目选用的工艺技术和技术装备的先进性、适用性和经济性进行评估。要特别重视查验采用的新工艺、新技术、新设备、新材料是否经过工业试验和鉴定，以确定其安全可靠性，并通过多方案的比较进行优选。主要内容包括：项目规模、布局和地理位置；工艺路线和设备选择；采用的技术是否为当地的适用技术；能否达到预期的生产水平等，并且符合一般公认的相关标准，如我国京沪高速铁路采用成熟的轮轨制还是更为先进的磁悬浮技术？城市轨道交通运输采用地面高架模式还是地下暗挖模式？高速公路采用双向四车道还是六车道或八车道设计方案，等等。

（3）建设条件的评估

这主要是评估项目建设所需的资源是否可靠，工程、水文地质情况是否调查清楚，原材料是否满足需要以及其稳定程度如何，燃料、动力供应是否有保证，交通运输条件是否畅通，协作配套项目及环境保护措施是否做到同步落实，以及建设项目的厂址选择是否适宜、合理。此外，还要考虑地方政策和法规，地方政府和居民的支持等问题。

（4）投资和财务基础数据的估算

这主要是对项目可行性研究报告中的投资估算和财务基础数据进行审查和评估，包括对项目投资估算、资金来源渠道、投资构成、流动资金、产品成本、企业的税收与利润进行分析和估算，对建设项目的贷款条件、贷款利率等进行审查，以保证项目决策所需基础数据的可靠性。

（5）财务经济效益的评估

针对投资项目本身的情况，以国家现行的各项制度规定为依据，对建设项目进行经济效益评估，包括建设项目的盈利能力和对贷款的偿还能力的分析等内容。企业经济效益分析评估的必要性，在于它直接影响到企业的利益，同时也会在一定程度上影响到国家或地方的经济利益，如城市地铁建设项目，不仅要考虑特许经营公司的微观经济利益，同时也要考虑对地方政治经济社会发展的影响力，以及地方政府的财政实力等。企业经济效益不佳，就无法完成上缴国家的税金和利润，也将难以偿还银行贷款，影响其他工程的投资与贷款建设。

（6）国民经济效益评估

这是从整个国民经济角度对投资项目的经济效益进行分析和评估，主要是考察投资项目实施对国民经济的净贡献大小。评估的主要内容是审查和核算投资项目在国民收入，或者经济成本、投资回收期、外汇收支平衡、稀缺性国家战略资源的消耗量及其配置效率等方面所取得的经济效益。

（7）社会效益及环境影响评估

社会效益评估是评估项目对社会发展的贡献，包括其在促进公平分配、提高效率、增加就业等方面的影响和作用。环境影响评价包括项目对生态环境等方面的影响分析评价。

（8）不确定性分析

不确定因素主要指在项目建设过程中不可预见的诸多因素，如政治的、经济的以及建设条件等。在评估中，运用一定的科学方法，对某些不确定因素的变化进行分析和预测，以确定项目在财务和国民经济上抗风险的能力，提高项目投资决策的可靠性和科学性。

（9）总体综合评估

综合评估是根据投资项目的总体建设目标，在全面调查、预测、分析和评估上述各方面内容的基础上对拟建项目进行总体上的综合评估，即汇总各方面的分析论证结果，全面客观地权衡利弊得失，统筹协调项目的宏观经济效益和微观财务效益之间的关系，合理分配各种指标的权重，运用科学方法进行综合研究，提出关于可否批准项目可行性研究报告和能否予以贷款等结论性意见和建议，为项目决策提供科学依据。如城市交通运输基础设施建设项目，虽然其企业经营财务效益可能偏低或不达标，但其社会效益十分显著，基于项目的公益性属性特征及主要目标考虑，项目综合评估结论依然会是可行的；再如，青藏铁路项目，由于沿线地质条件十分复杂，施工难度大，工程造价及运营成本都比较高，运量规模小，项目本身财务效益不理想，但从西部大开发战略、促进民族团结、巩固国防等国家总体利益考虑，其社会效益是巨大的，因此，综合评估项目是可行的。

在实际项目应用当中，综合评估需要考虑技术、经济、社会、环境等多方面的因素，明确各因素的重要度，并对相应的目标值赋予合理的权重。比如，政府主导或审批的投资项目，在项目评估过程中对环境保护因素、国民经济效益评价结果、社会稳定风险因素等往往占有较大的权重系数，甚至是采取“一票否决”机制。再比如，对于某一城市轨道交通建设项目的评估中，尽管项目财务盈利能力可能比较差，但如果其社会经济效益十分显著，并且有利于节能减排，可持续发展，项目综合评估结论就依然是可行的。

2）项目评估的依据

项目评估的主要依据如下。

① 有关部门颁布的投资项目评估方法。

② 国家发展改革委、建设部发布的《建设项目经济评价方法与参数》（发改投资〔2006〕1325 号）。

③ 项目可行性研究报告、规划方案等。

④ 各有关部门的批复文件，如项目建议书、可行性研究报告的批复。

⑤ 投资协议、合同、章程等。

⑥ 政府有关的方针、政策、法规、规定和办法等。

⑦ 有关的年鉴、统计公报等信息。

10.1.3　项目后评价

项目后评价是指在项目已经建设实施完成，并运行一段时间后，对项目的目的、执行过程、效益、作用和影响进行系统的、客观的分析和总结的一种技术经济活动。项目后评价于19 世纪 30 年代产生于美国，直到 20 世纪 60 年代，才广泛地被许多国家和世界银行、亚洲银行等双边或多边援助组织用于世界范围的资助活动结果评价中。项目后评价是基于投资项目全寿命周期管理的一种科学方法，最初主要是服务于政府投资项目或政府主导的投资项目的绩效评估与管理，后来逐渐被国内外许多企业所接受和采用。我国改革开放后，随着一些国家重点建设项目利用外资（最初主要是世界银行、亚洲开发银行等国际金融组织贷款）的需要，开始尝试引入这种方法，并应用于政府主导的基础设施建设项目（包括京津塘高速公路等）。

国内项目后评价最初主要局限于财政部、原交通部、国家开发银行等部委机构，并制定了相应的后评价试行办法。为加强和改进中央政府投资项目的管理，建立和完善政府投资项目后评价制度，规范项目后评价工作，提高政府投资决策水平和投资效益，根据《国务院关于投资体制改革的决定》要求，2008 年 11 月国家发展和改革委出台了《中央政府投资项目后评价管理办法（试行）》（发改投资〔2008〕2959 号），此后，国内各部委、央企等结合各自行业、企业特点陆续出台了相应的具体执行办法。投资项目后评价从此在全国广泛推广开来。

1. 项目后评价的概念

项目后评价是指在投资项目建成投产运营（交付使用）一段时间后，交通运输行业一般是在项目投产运营 3～5 年后，对项目的立项决策、建设目标、设计、施工组织与工程项目管理、生产运营过程所进行的系统的分析、总结，以及对项目所产生的财务效果、经济效益、社会和环境影响及其目标持续性所进行的综合评价。

2. 项目后评价的目的及意义

1）验证投资项目决策的准确性

通过投资项目的建设实施情况与预期目标的对照，考察投资项目决策的正确性和预期目标的实现程度。

2）总结投资项目实施成败得失的经验与教训，并促进项目的改进与完善。

通过对项目各阶段工作的回顾，查明影响项目成败的原因，总结其中的经验与教训，指出目前存在的主要问题，并提出改进措施与建议，以便增强项目目标的可持续性。

3）指导待建或在建的同类项目

通过将建成项目后评价成果与信息反馈、扩散，可以在行业内达到指导未来同类新建或在建项目，提高投资决策与项目管理水平的目的。

4）为投资项目提供一种科学的绩效管理方法与技术

后评价通过对投资项目实施全过程的跟踪评价，以及最终的实际效益、实施效果、外部影响及目标成功度等方面的评价，可为投资项目提供一种系统的、科学的绩效管理方法与技术手段。

3. 项目后评价的内容

投资项目后评价基本内容包括：项目目标评价、项目实施过程评价、项目效益（效果）评价、项目影响评价、项目目标持续性评价、指出存在的问题及提出改进的对策和措施等。

1）项目目标评价

评定项目立项时预定目标的实现程度，是项目后评价的主要任务之一。

2）项目实施过程评价

项目的实施过程评价应将立项评估或可行性研究报告中所预计的情况和实际执行的过程进行比较和分析，找出差别，分析原因。

3）项目效益（效果）评价

对项目的工程技术成果、财务效益、经济效益、项目筹资（融资）方式等进行分析评价，对照项目可行性研究及咨询评估的结论和主要指标，找出变化和差别，分析原因。

4）项目影响评价

（1）宏观经济影响评价

主要分析评价项目对所在地区、所属行业和国家产生的经济方面的影响。评价的内容主要包括：就业、国内资源成本（或换汇成本）、技术进步等。由于经济影响评价的部分因素难以量化，一般只作定性分析。

（2）环境影响评价

一般包括项目的污染控制、地区环境质量、自然资源利用和保护、区域生态平衡和环境管理等几个方面。

（3）社会影响评价

重点评价项目对所在地区社会进步的影响，一般包括消除贫困、保障社会平等、公众参与、妇女地位改善、非物质文化遗产的传承保护，以及可持续发展等内容。其评价原则是公平与效率的统筹兼顾。

5）项目目标持续性评价

项目目标持续性评价是指在项目的建设资金投入完成之后，项目的既定目标是否还能继续，项目是否可以持续发展下去，接受投资的项目业主是否愿意继续实现既定目标，项目是否具有可重复性，即是否可在未来以同样的方式建设同类项目。

6）指出存在的问题及提出改进的对策和措施

指出项目实施过程中及目前存在的主要问题，总结项目决策及实施过程中所取得的、值得推广交流的成功经验，以及值得汲取的主要教训，并提出项目改进的对策和措施。

10.2　城市交通运输基础设施建设项目投资财务评价

10.2.1　资金时间价值的原理和应用

1. 资金时间价值计算的基本参数

资金时间价值是指资金在使用过程中随时间的推移而发生的增值，资金时间价值的来源可以从两个方面理解。一个是将资金用作某项投资，在资金的运动过程中可获得一定的收益，即资金有了增值。资金在这段时间内所产生的增值，就反映了资金的“时间价值”。具体来讲，一笔用于建设项目的资金，投入后经过一定时间，由于净效益的产生，使得原资金得到增值，即获得了较原投资额更多的资金。归根到底，资金时间价值是在生产经营过程中产生的，来源于劳动者在生产过程中创造的新的价值。另一个是资金用作某项投资，必定放弃资金的其他使用权力，相当于失去收益的机会，也就相当于付出了一定的代价。在一定时期内的这种代价就是资金的“时间价值”。这种解释建立在资金用作某项投资的前提下。可以看出，资金时间价值的存在是以资金的投资作为大前提的，只有进入投资领域的资金才具有时间价值。

因为资金时间价值的存在，在不同时间点的资金在价值上是不相等的，也就是说资金的价值会随着时间而发生变化。即使不考虑通货膨胀因素，今天可用于投资的一笔资金也比将来同样数额的资金更有价值。资金时间价值的计算包括以下几个要素。

1）终值

终值又称将来值，是指现在一定量资金在未来某一时点上的价值，俗称“本利和”，通常记作 F。

2）现值

现值俗称“本金”，是指未来某一时点上的一定量资金折合到现在的价值，通常记作 P。现值与终值概念是相对的。某一时点的终值，可能是该时点以后时点的现值；某一时点的现值，可能是该时点以前时点的终值。

3）利息、单利和复利

在一个计息周期（可以是一年、一个月、一个季度等）结束时，终值与现值之间的差额，即这个计息周期的利息。

利息分为单利和复利两种。单利计算是以本金为基数计算利息的方法，每一计算期的利息是固定不变的。例如，今天存入 1 000 元，月利率为 1%，一个月后利息为 10 元，本利和为 1 010 元，两个月后利息为 20 元，本利和为 1 020 元，即第一个月的利息 10 元不参加之后的计息。

而复利计算是以本金与累计利息之和作为基础计算利息的方法，即上一期的利息可作为下一期的本金再计算利息，就是利上加利的计算。就上例来说，一个月后的利息为 10 元，本利和为 1 010 元，两个月后的利息为 20.1 元，本利和为 1 020.1 元，即上一期的利息还要参加下一期的计息。

在交通运输基础设施建设项目投资评价时，一般采用复利。

4）利率（i）、名义利率和实际利率

某个计息周期的利率等于该计息周期的利息除以本金。例如，本金为 1 000 元，一年后本利和为 1 050 元，则利息为 50 元，年利率为 5%。

计息周期有时是半年、一个季度、一个月。计息周期不同，同一笔资金在占用时间相等的情况下，利息额有差异。在计息周期与利率的时间单位不一致时，就出现了名义利率与实际利率的差异。

名义利率，是以一年为计息基础，按每一计息周期的利率乘以每年计息期数，是按单利方法计算的。例如，存款的月利率为 5‰，则名义年利率为 6%（即 5‰ × 12 个月）。

实际利率，又称有效利率，是以年为计息周期，用复利方法计算的年利率。如果计息期为一年，则名义利率也就是有效利率，二者的差异主要取决于实际计息期与名义计息期的差异，两者之间的关系如式（10－1）所示：

$$i_{有}=\left(1+\frac{r_{名}}{m}\right)^{m}-1 \tag{10-1}$$

式中：

$i_{有}$——有效年利率；

$r_{名}$——名义年利率；

m——一年内的计息期数。

5）年金

年金是指一定时期内每次等额收付的系列款项。年值具有三个特点：一是金额相等；二是时间间隔相等；三是一系列款项。图 10-1 表明了现值、终值和年金的关系。图 10-1 中的 P 表示现值，F 表示终值，A 表示年金，年金发生的间隔相同，金额相等。

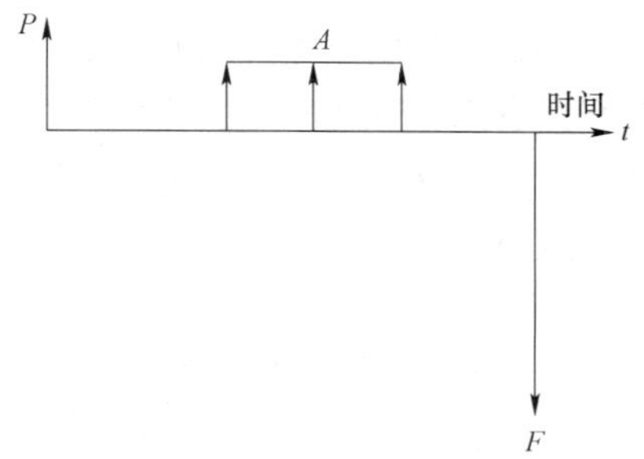

图 10-1　现值、终值和年金的关系

2. 现金流量与资金等值计算

1）现金流量和现金流量图

现金流量也称现金流动量或资金流量。在项目投资决策中，现金流量是指项目投资在其计算期内可能或应该发生的各项现金流入量与现金流出量的统称，是计算项目投资决策评价指标的主要根据和重要信息之一。

现金流量图是以现金流动量作为时间函数的图形，它能表示资金在不同时间点流入与流出的实际运动状况。

典型的现金流量图如图 10-2 所示。

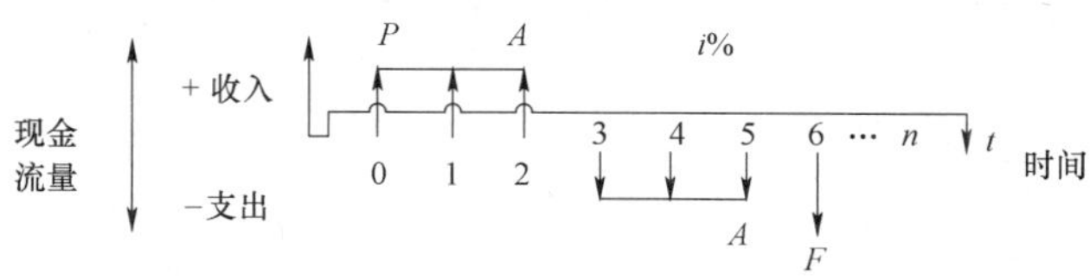

图 10-2　典型的现金流量图

横坐标量度时间，称时间轴，取计息周期的期数为时间刻度数值，如果以年计息，则时间轴上的刻度单位为年。纵坐标描述现金流量，单位为元、万元等。当资金流入项目时，现金流量为正值，绘制在时间轴上方，用向上的箭头表示；当资金流出项目时，现金流量为负值，绘制在时间轴的下方，用向下的箭头表示。

绘制现金流量图的优点是可以把项目整个计息期内所发生的现金流量（包括各年投资、营业收入、税金、经营成本等）都体现在图上，使各年资金流动状况一目了然，便于分析计算；缺点是必须画出某一笔现金的流入或流出，确定现金的流入或流出究竟是发生在计息周期的期初还是期末，这对资金流出或流出时间点明确的行为（如存款和取款）来说是有必要的，但对于交通运输基础设施建设项目投资来说，资金流入和流出往往平均发生在整个计息周期（例如，营业收入并不是在年末一次性流入的，而是在一整年内流入的）。这时，就很难明确地画出现金流入到底是在期初还是在期末。因此，现金流量图更适用于个人理财决策，而对于交通运输基础设施建设项目现金流入和流出的表示及相应指标计息，一般使用现金流量表。

2）资金等值的概念

所谓资金等值，是指在考虑资金时间价值的情况下，一笔资金与不同时点绝对值不等的另一笔或一系列资金，按某一利率换算至某一相同时点时，可能具有相等的价值。例如，在基年（即现在的时间点）的 10 万元贷款，按 10%利率用复利计算，其第一年、第二年、第五年的本利和分别为 11 万元、12.1 万元、16.1 万元，而这三年的终值转换为基年的现值均等于 10 万元。说明现值 10 万元按 10%复利计算，等于 1 年后的 11 万元，两年后的 12.1 万元和 5 年后的 16.1 万元。

等值的概念是评价不同时期资金使用效果的重要依据。为了正确地评价项目的经济效果，考虑在不同时间点上各种资金的时间价值，需要把不同时间点上发生的现金流量换算为同一时间点上等价的现金流量，这种考虑时间因素的资金转换计算，又称资金的等值计算。

3）一次性支付资金等值计算

即资金的收入或付出都是一次性发生的，它分终值计算和现值计算。一次性支付资金等值计算是最基本的资金等值计算。

4）一次性支付终值计算

即求某个计算期末的终值，它的经济含义是：若现在投资 P 元，按年利率 i 计，则 n 年后可以得到的终值总金额。可按式 10－2 计算本利和（终值）F：

$$F = P(1+i)^n \tag{10-2}$$

可以把 $(1+i)^n$ 记作（F/P，i，n），称为终值系数，其中 P，i 和 n 表示已知数，F 表示求解数。当利率为常用整数时，终值系数可以从复利系数表中查得。一次性支付终值的现金流量图如图 10－3 所示。

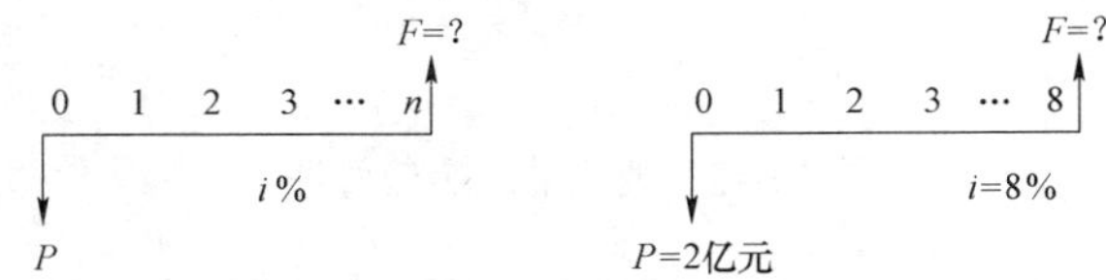

图 10－3　一次性支付终值的现金流量图

5）一次性支付现值计算

即已知终值 F 元，年利率 i，时间是 n 年，求现值 P。其现金流量图如图 10－4 所示。现值公式为终值公式的倒数，即

$$P = F\frac{1}{(1+i)^n} = F(P/F,i,n) \tag{10-3}$$

$(P/F,i,n)$ 称为现值系数。由于在交通运输基础设施建设项目投资评价时，习惯采用贴现的方式，即将不同时点的现金流量都通过资金等值换算到项目投资的基年，因此，一次支付现值公式是最常用的贴现公式。

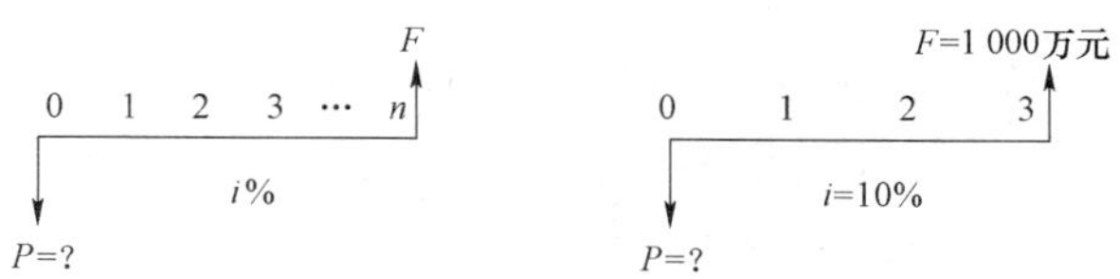

图 10－4 一次性支付现值的现金流量图

6）年金等值的计算

年金等值计算公式是通过一次性支付资金等值公式换算而来的，运用年金等值公式可减少计息工作量，但随着信息时代的到来，计算机的普及，年金等值公式的重要性已经降低了。尤其是对于交通运输基础设施建设项目投资来说，由于面临的成本、收益情况比较复杂，不太可能出现每年的现金流量相等的情况，也就不需要使用年金等值计算公式。但是，通过了解年金等值，有助于进一步理解资金等值的概念。

（1）等额支付序列年金终值计算和偿债基金计算

等额支付序列年金终值计算是指按时间序列，在每期末均发生（流入或流出）一笔等额资金 A，计算在 n 年后各年本利和累计终值 F。这是计算由一系列期末等额支付累计而成的一次支付终值，是一种等额序列零存整取的情况。其计算公式为

$$F = A\frac{(1+i)^n - 1}{i} = A(F/A,i,n) \tag{10-4}$$

其中，$(F/A, i, n)$ 为年金终值系数。等额序列支付年金终值的现金流量图如图 10－5 所示。

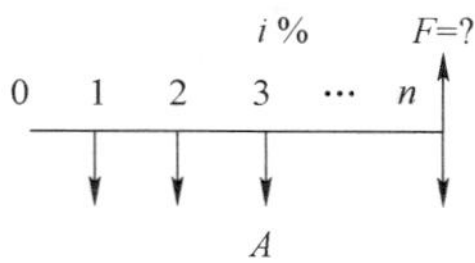

图 10－5 等额序列支付年金终值现金流量图

相反地，为了筹集将来 n 年后需要的一笔资金，在年利率为 i 的情况下，计算每个计息期（年）末应等额存储的金额，就是等额支付序列年金现值计算，其计算见式 10－5 所示，又称偿债基金公式。

$$A = F\frac{i}{(1+i)^n - 1} = F(A/F,i,n) \tag{10-5}$$

其中，$(A/F,i,n) = \frac{i}{(1+i)^n - 1}$ 为偿债基金系数。其现金流量图如图 10－6 所示。

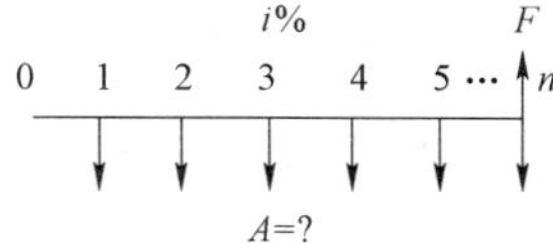

图 10－6 偿债基金现金流量图

等额支付序列年金终值系数和偿债基金系数互为倒数。

（2）资金回收计算和年金现值计算

资金回收计算，即以逐年等额偿还方式还清一次性贷款的计算方法。如某个投资项目在年利率 i 的条件下，在 n 年末全部偿还期初的一次性贷款 P，则每年应等额回收多少资金？其现金流量图如图 10－7 所示。资金回收公式如下

$$A = P\frac{i(1+i)^n}{(1+i)^n - 1} = P(A/P,i,n) \qquad (10-6)$$

其中，$(A/P,i,n) = \frac{i(1+i)^n}{(1+i)^n - 1}$ 为资金回收系数。

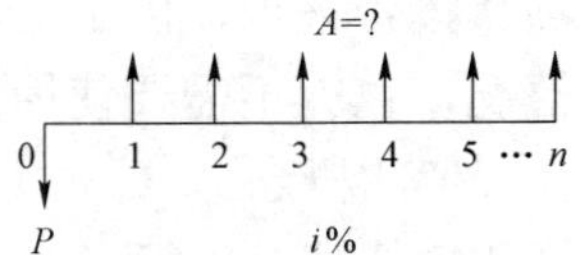

图 10－7　资金回收现金流量图

相反地，年金现值计算是指在特定时期内，每年年末收支等额金额的现值总和。即在 n 年内当逐年等额收支一笔资金 A，按年利率 i，求此等额年金收支的现值总额为多少？年金现值系数与资金回收系数互为倒数。年金现值的现金流量图如图 10－8 所示。

$$P = A\frac{(1+i)^n - 1}{i(1+i)^n} = A(P/A,i,n) \qquad (10-7)$$

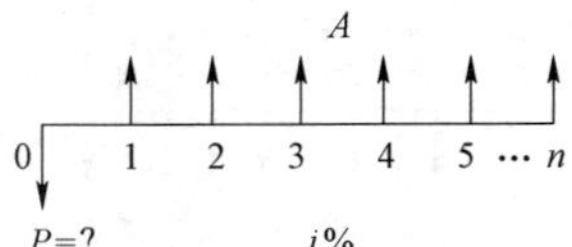

图 10－8　年金现值的现金流量图

【例 10－1】某新建城市交通运输基础设施，项目期初投资 4 亿元，在年利率为 8%的前提下，要在 10 年内全部回收期初投资，问每年平均利润应达多少？如果某投资人在项目投资初期即有意购买该项目经营权 15 年，预期投资收益率为 10%，按此平均利润计算，则投资人应花费的项目出让金应不高于多少？

按资金回收公式，可求得每年应得平均利润额至少不低于下列数值：

$$A = P\frac{i(1+i)^n}{(1+i)^n - 1} = P(A/P,10\%,8) = 4\times 0.149\,03 = 0.596\,12 \text{（亿元）}$$

根据年金现值公式，可求得未来 15 年的平均利润按 10%的贴现率贴现到基年的总金额：

$$P = A\frac{(1+i)^n - 1}{i(1+i)^n} = A(P/A,10\%,15) = 0.596\,12\times 7.606 = 4.534 \text{（亿元）}$$

（3）永续年金现值计算

如果每期末的净现金流量相等，为 A，且收益期限可以无限长，折现率为 i，则该系列数据的现值为

$$P = \frac{A}{i} \tag{10-8}$$

这种情况在半永久性的交通运输基础设施建设项目投资成本、收益折现过程中往往会遇到。

10.2.2　城市交通运输基础设施建设项目投资财务评价的内容

项目投资财务评价是根据国家现行财税制度、价格体系和项目评估的有关规定，从项目的财务角度分析计算项目直接发生的财务效益和费用、编制财务报表、计算评估指标的过程。项目投资财务评价的目的是考察项目的盈利能力、偿债能力和财务生存能力，判断项目的财务可行性，明确项目对财务主体的价值以及对投资者的贡献，能够为投资决策、融资决策和银行审贷提供依据。它是项目投资决策分析的第一步，是项目投资评价的核心内容。

项目类型不同会影响财务评价内容的选择。对于经营性项目，需要考察项目的盈利能力、偿债能力和财务生存能力；对于非经营性项目，财务评价应主要分析项目的财务生存能力。

1. 项目盈利能力

项目盈利能力是指项目投资的盈利水平，它直接关系到项目运营后能否生存和发展，是评价项目在财务上可行程度的基本标志。项目的盈利能力不仅是企业进行项目投资决策的首要考虑因素，与盈利水平直接相关的税收也是国家财政收入的重要来源，可作为衡量和判别项目对国家财政贡献大小的标准。项目财务能力主要从两方面进行评估：一方面是运用静态计算方法，用正常生产年份的企业利税占总投资的比例，来考察项目年度投资盈利能力；另一方面是用项目整个寿命期内的财务收益和总收益率，并考虑资金的时间因素，运用动态计算方法进行分析，较客观地反映企业所能达到的实际财务收益情况。

2. 项目偿债能力

项目偿债能力是指项目按期偿还其到期债务的能力，是银行进行贷款决策的重要依据。项目偿债能力的大小，直接决定着贷款者的贷款意愿和贷款决策。此外，通过计算资金流动比率、速动比率和负债比率等各种财务比率指标，对项目投产后的资金流动情况进行比较分析，可以反映项目所面临的风险程度，具体了解项目偿还流动负债（如短期贷款）的能力和速度。

3. 项目财务生存能力

盈利能力评价和偿债能力评价是针对整个项目计算期而言的，而项目财务生存能力评价则更多地考察项目计算期内各个年度的财务情况，避免出现财务整体良好但在某些年份捉襟见肘的情况。财务生存能力评估包括项目营收能力和项目融资能力两个方面，同时两个方面也是相辅相成，相互关联的。

在财务评价中，根据财务现金流量表，综合考察项目计算期内各年的投资活动、融资活动和经营活动所产生的各项现金流入和流出，计算净现金流量和累计盈余资金，分析项目是否有足够的净现金流量维持正常运营，这就是财务生存能力评估，也称资金平衡分析。对于财务生存能力的分析，需要结合偿债能力分析进行。如果拟安排的还款期过短，致使还本付息负担过重，导致为维持资金平衡必须筹借的短期借款过多，可以调整还款期，减轻各年的还款负担。通常，因运营前期的还本付息额较重，故应特别注重运营前期的财务生存能力分析。

10.2.3 城市交通运输基础设施建设项目投资财务评价的方法和指标

1. 城市交通运输基础设施建设项目投资财务评价的方法

1）融资前财务指标评价方法

所谓融资是指项目运用各种方式向金融机构或金融中介机构筹集资金的一种业务活动。

财务评价首先要进行融资前分析，它与融资条件无关，依赖数据少，报表编制简单，但其分析结论可满足方案比选和初步投资决策的需要。当分析结果表明项目效益符合要求时，再考虑融资方案，继续进行融资后分析；当分析结果不能满足要求时，可以修改方案、设计完善项目方案，必要时甚至可据此做出放弃项目的建议。

融资前分析广泛应用于项目各阶段的财务评价。在规划和机会研究阶段，可以只进行融资前分析，这时也可以只选取所得税前指标。一般来说，融资前分析的财务效益指标包括：财务内部收益率、财务净现值和动态投资回收期。计算财务效益指标后，应将算出的有关指标值与国家有关部门公布的基准值加以比较，并从财务的角度提出项目可行与否的结论。

2）融资后财务指标评价方法

在融资前分析结果可以接受的情况下，可以开始考虑融资方案，进行融资后分析。融资后分析包括项目的盈利能力分析、偿债能力分析和财务生存能力分析，进而判断项目方案在融资条件下的合理性。融资后分析是比选融资方案、进行融资决策的投资者最终决定出资的依据。可行性研究阶段必须进行融资后分析，但只是阶段性的分析。实践中，在可行性研究报告完成之后，还需要进一步深化融资后分析，才能完成最终融资决策。

融资后财务指标包括偿债能力指标（偿债备付率、利息备付率、资产负债率等），盈利能力指标（投资各方财务内部收益率、资本金净利润率等）。

3）非财务指标评价方法

非财务指标评价方法是指通过主观分析判断得出评价结果。随着项目和企业经营环境的日益复杂化，很多管理者都认识到财务指标评价方法的局限性，在实际工作中开始引进非财务指标。例如，针对项目主要投资人，从其技术经济实力、管理水平、资信程度等方面着手进行评价。这些非财务指标评价往往被银行等贷款机构采用，作为重要的评价依据。

4）综合评价方法

综合评价方法是指在应用各种财务评价方法的基础上，将财务指标与非财务指标结合起来，得出财务评价结论，如综合指数法。综合指数法是指在确定一套财务效益指标体系的基础上，对各项财务效益指标个体指数加权平均，计算出财务效益综合值，用以综合评价项目财务效益的一种方法。

2. 城市交通运输基础设施建设项目投资财务评价的指标

1）净现值

净现值，记为NPV，是指项目在计算期内各年的净现金流量（或净效益流量）按照一定的折现率折算到期初时的现值之和，它反映了考虑资金时间价值条件下，投资产生的净贡献。表达式为

$$\mathrm{NPV}=\sum_{t=1}^{n}(\mathrm{CI}-\mathrm{CO})_t(1+i_{\mathrm{c}})^{-t} \tag{10-9}$$

式中：

$(\mathrm{CI}-\mathrm{CO})_t$——第 t 年的净现金流量（或净效益流量）；

n——计算期；

i_{c}——设定的折现率。

计算出的净现值可能有三种结果，即 NPV＞0，或 NPV＝0，或 NPV＜0。当 NPV＞0 时，判断项目是可以接受的；当 NPV＜0 或＝0 时，说明拟建项目的净效益不足以抵付折现率计算的利息，甚至有可能是负的效益，一般判断项目是不可行的。

从净现值指标的定义可以看出，该指标的大小主要受三个因素影响。

（1）项目的净现金流量（或净效益流量）

在财务评价时，净现值指标表达式中的 CI 为项目的财务现金流入，CO 为项目的财务现金流出，（CI－CO）为净现金流量；在经济评价时，CI 为经济效益流量，CO 为经济费用流量，（CI－CO）即为净效益流量。CI 和 CO 都是根据项目的实际情况，通过市场分析和预测得出的。（CI－CO）的值越大，得出的净现值指标值就越大。

（2）选取的折现率

在运用净现值法进行投资决策时，正确选择折现率是至关重要的。折现率的选择直接会影响对投资项目的决策，折现率选择得过高或过低都会导致决策的失误，过高会导致一些效益较好的项目不能通过，过低会导致一些效益较差的项目得以通过，都会给投资人和社会带来损失。

在财务评价时，可以选择的折现率有资金成本率、预期投资收益率、行业平均收益率等，而在经济评价时，折现率只能采取国家发布的社会折现率。

（3）项目计算期长短

项目是有一定寿命期的，寿命期结束或者是项目整体结束，或者需要对项目进行改建。但在项目评价时，选择的计算期不一定等于寿命期，尤其是半永久性的交通基础设施建设项目。例如，港口的寿命期在 30 年以上，但在进行项目评价时，可将计算期定为 20 年。不将计算期设置过长的原因是，20 年或 30 年后的技术和经济情况很难预测，得出的净现金流量数据误差较大；而且由于资金时间价值的存在，30 年后的现金流量折现到基年后，其额度是非常有限的，对项目的评价结果产生的影响较小。

项目计算期的长短会影响净现值指标大小。如果项目后期每年的净现金流量（或净效益流量）都为正值，那么显然，计算期越长，净现值指标越大。

2）内部收益率

内部收益率，记为 IRR。这是一个重要的动态评价指标，是指使计算期内各年净现金流量（或净效益流量）现值之和为零时的折现率。内部收益率反映拟建项目的实际投资收益水平，其表达式为

$$\sum_{t=1}^{n}(\mathrm{CI}-\mathrm{CO})_t(1+\mathrm{IRR})^{-t}=0 \tag{10-10}$$

式中：

$(\mathrm{CI}-\mathrm{CO})_t$——第 t 年的净现金流量（或净效益流量）；

n——计算期；

IRR——需要求解的内部收益率。

内部收益率与净现值的表达式基本相同，它的经济含义可以这样理解：在投资项目的计算期内按折现率 $i=\text{IRR}$ 计算，始终存在未能回收的投资，而在项目结束时，投资恰好被完全回收。

用内部收益率评价投资项目的判别准则是：若 IRR＞i，则投资项目在财务或经济效果上可以接受：若 IRR＜i 或 IRR＝i，则投资不可以接受。这里的 i 可以是资金成本率、预期投资收益率、行业基准收益率或社会折现率。

内部收益率在使用时的优缺点如下。

① 使用内部收益率指标的优点。相比较用净现值指标决策投资项目，内部收益率指标有它的明显优势，因为在计算项目的净现值时必须事先由决策者给定一个基准折现率，然而确定基准折现率本身是一个比较困难又容易引起争议的问题。而内部收益率不是事先给定的，而是由内生变量决定的，即由项目现金流量（或效益流量）计算出来的。内部收益率法作为一种重要的财务动态分析方法，不仅能反映项目投资的可行性，还能反映投资的安全性和盈利能力。

② 使用内部收益率指标的缺点。经济生活中遇到的大多数投资项目都是典型投资项目，即先投资再回收，投资初期，净现金流量是负的，开始运营后净现金流量是正的，因此，项目计算期内各年净现金流量的正负号只改变一次。而对于非典型投资项目而言，其净现金流量正负号要改变一次以上，从 IRR 的计算方程可知，其方程式是一个高次方程，正实数根可能不唯一，这时其内部收益率的值就很难确定。但这些根中是否有真正的内部收益率呢？这就需要按内部收益率的经济含义进行验证。即以这些根作为折现率，检验在项目计算期内是否始终存在未被回收的投资。实际上，对于非典型的投资项目而言，只要 IRR 方程存在多个正根，则所有的根都不是真正的项目内部收益率。但如果非典型投资项目的 IRR 方程只有一个根，那么这个根就是项目的内部收益率。

交通运输基础设施建设投资项目在财务评价时是有可能没有真正内部收益率的。在运营过程中，大修、集中还贷等情况的发生，都会使项目在运营中期出现净现金流量为负值的情况。

3）投资回收期

投资回收期是指项目运营后用所获得的净收益抵偿全部投资所需要的时间，它是反映项目回收投资能力的重要指标。根据是否考虑资金的时间价值，可以分为静态、动态投资回收期，其中，动态投资回收期更为常用。计算公式为

$$\text{投资回收期}=\text{累计净现值开始出现正值年份}-1+\frac{|\text{上年累计净现金流量}|}{\text{当年净现金流量}}$$

计算出的投资回收期要与行业规定的标准投资回收期（若存在）或行业平均投资回收期进行比较，如果小于或等于标准投资回收期或行业平均投资回收期，则认为项目是可以考虑接受的。投资者一般都十分关心投资的回收速度，为了减少投资风险，都希望越早收回投资越好。动态投资回收期是一个常用的财务评价指标，但在经济费用效益评价中一般

不采用。

投资回收期指标的优点是计算较简便，容易理解。它最大的缺点是没有考虑投资回收之后的项目情况。对于交通运输基础设施建设项目来说，前期投资较大，投资回收期相对较长，但回收投资后依然会有较长时间的稳定收益，而投资回收期指标却无法反映。

10.3　城市交通运输基础设施建设项目投资经济评价

10.3.1　城市交通运输基础设施建设项目投资经济评价的内容

经济评价，又称国民经济评价或经济费用效益分析，是指按合理配置资源的原则，采用影子价格、影子汇率、影子工资和社会折现率等经济分析参数，从项目对国民经济所做出的贡献，以及社会为项目付出代价的角度，来考察项目投资的经济合理性的过程。相对于项目投资财务评价的微观经济分析视角和直接性，经济评价则更注重分析视角的宏观性和效益分析的间接性。

经济评价的理论基础主要是经济学中有关资源优化配置的理论。从经济学角度看，经济活动的目的是配置稀缺经济资源用于生产产品和提供服务，满足社会需要。当经济体系功能发挥正常，社会消费的价值达到最大时，就认为是达到了经济学上所谓的帕累托最优。从方法层面，主要是属于投资项目绩效评价范畴，并由此设计出一套适应于项目绩效管理的考核评价指标及其相应的指标定量分析方法。

1. 项目经济评价的内容

1）界定外部费用和外部效益

外部效益，又称间接效益，是指由项目引起的，在直接效益中没有得到反映的效益。主要包括技术扩散效果和乘数效果。技术扩散效果是指一个技术先进项目的实施，由于技术人员的流动，技术在社会上扩散和推广，从而使得整个社会都受益。乘数效果是指项目的实施使原来闲置的资源得到利用，从而产生一系列的连锁反应，刺激某一地区或全国的经济发展。

外部费用（成本），又称间接费用（成本），是指由项目引起而在项目的直接费用中没有得到反映的费用，属于投资项目实施所产生的外部性或外部成本理论范畴。如项目对自然环境造成的损害。对交通运输基础设施建设项目而言，环境及生态影响效果主要是间接费用，应尽可能对其进行量化，在可行的情况下赋予其经济价值，并纳入整个项目投资经济评价的框架体系之中。

将外部费用和外部效益纳入项目投资评价的范畴，是经济评价区别于财务评价的主要方面之一，也是通过评价达到合理配置社会资源的重要步骤。假设某项目会产生外部费用（如环境影响），而没有外部效益，如图 10－9 所示，MC 为厂商的私人边际成本，MPC 为考虑了外部费用的社会边际成本，MR 为私人边际效益，它等于社会边际效益 MPR。显然 Q_2 才是有配置效率的均衡点，而 Q_1 为未考虑外部费用的边际成本与边际效益的交点，在该点上资源的配置无效率。如果社会按照 Q_1 进行生产或提供服务，则会使资源被过多地分配到该领域而造成浪费，并且会因忽视项目的外部费用，而使社会更多地承担项目造成的负面影响。

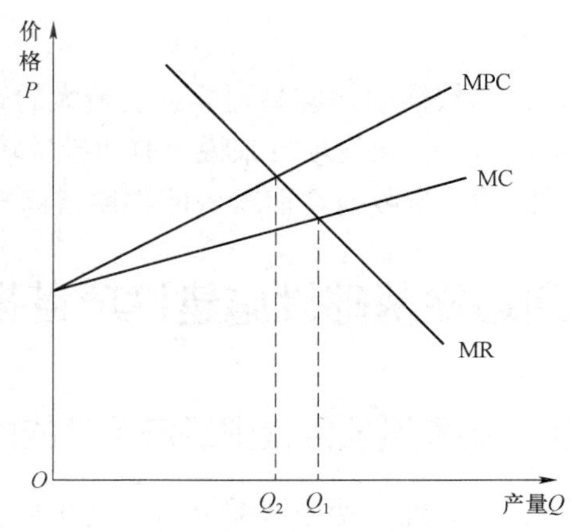

图 10－9 外部费用对产量影响示意图

2）通过影子价格调整项目直接效益和项目直接费用

项目直接效益是指由项目产出物产生的并在项目范围内计算的经济效益，大部分的直接效益可以在财务评价中得到反映。某些行业的项目，其产生的效益有特殊性，不可能体现在财务分析的营业收入中。例如，交通运输基础设施建设项目产生时间节约的效益，从经济分析的角度应记作项目的直接经济效益。

项目直接费用是指项目使用投入物所产生并在项目范围内计算的经济费用，一般表现为项目投入的各种物料、人工、资金、技术和自然资源而带来的社会资源的消耗。项目直接费用一般反映在项目的财务评价中。

影子价格是指资源处于最优配置状态时的边际产出价值，它是为实现一定的社会发展目标而人为确定的、比交换价格更能合理利用资源的效率价格，能更好地反映出产品的社会价值和资源的稀缺程度。在现实经济中，由于市场本身的原因及政府不恰当的干预，都可能导致市场配置资源的失灵，市场价格难以反映建设项目的真实经济价值，客观上需要通过影子价格来反映建设项目的真实经济价值。需要影子价格进行调整的一般具有三种可能性：一是项目的产出物不具有市场价格，如农村公路的使用；二是市场价格虽然存在，但无法确切地反映投入物和产出物的边际社会效益和成本，因而在竞争市场上提供这些服务得到的收益将无法充分地反映这些供给所产生的社会效益，如铁路货运价格；三是特殊投入物的影子价格（包括影子工资、土地费用、影子汇率和社会折现率等）。

2. 城市交通运输基础设施建设项目投资经济评价的方法

1）费用效益分析法

费用效益分析法（CBA）是项目投资经济评价的主要方法。费用效益分析是以寻求社会经济福利最大化为目的的经济理论。与财务评价仅考虑项目本身的现金流入和流出不同，在项目投资评价中引入费用效益分析，对项目的内部效益和外部效益进行分析、预测和评价，可以达到改善资源分配，追求最大社会经济利益的效果。

费用效益分析法是指在对项目的全部经济效益和经济费用进行分析的基础上预测可能发生的经济费用和收益，最后通过比较贴现后的费用和收益进行项目投资决策。

2）费用效果分析法

费用效果分析与费用效益分析类似，也是通过对项目预期效果和所支付费用的比较，判断项目费用的有效性和项目经济合理性的分析方法。费用和效益是可以用货币量化计算的，而效果则表示项目目标的实现程度，往往不能或难以用货币量化。

费用效果分析基本指标是效果费用比，公式为

$$R=\frac{E}{C} \tag{10-11}$$

式中：

R——效果费用比；

E——项目效果；

C——项目费用。

3）有无对比法

“有无对比法”是定量评价建设项目的经济影响时常运用的一种方法，可以用来衡量项目的真实影响、效益和作用。

“有无对比法”是将有项目和无项目进行对比，对于交通运输系统来说，“有项目”是指研究的交通运输系统为满足某种交通运输需求而拟建的项目在实施后将要发生的情况；“无项目”是指不实施该拟建项目，既有交通运输系统在计算期间将要发生的情况。该方法将“有项目”和“无项目”时的国民经济投入差额作为项目的费用，将“有项目”和“无项目”时产生的效益或运营成本差额作为项目的效益。

10.3.2　城市交通运输基础设施建设项目费用—效益分析法

目前，对城市交通运输基础设施建设项目的国民经济分析评价，普遍采用国际惯用的“费用—效益分析法”，即 CBA 分析法。由于城市交通运输基础设施建设项目自身功能影响的特点，因而利用费用—效益分析法对城市交通运输基础设施建设项目进行国民经济评价时，对项目费用和效益的确定除了与财务分析评价不同，还与一般具有直接产出的项目的国民经济评价存在着较大差异。

1. 关于费用—效益分析原理

费用—效益分析是以福利经济理论为基础的一种经济评价方法，其基本原理为：社会通过生产和消费来满足人们的需求，当消费者的总收益大于生产所消耗的总费用时，社会的福利才能得到提高；否则，表面上需求满足了，实际上社会福利反而降低了。费用—效益分析法正是把一项经济行为对社会福利的全部影响和效果，折算为以货币单位表示的费用和效益，通过项目发生的费用与效益的对比，按其净收益对项目的经济性做出评价。在这一评价过程中，由于考虑到项目实施和影响的长期性以及对项目占用资源所付代价的衡量，因而采用了体现资金时间价值的经济动态净贡献指标，即常用的“经济净现值 ENPV”和“经济内部收益率 EIRR”，作为对项目经济可行性的最终评价依据。

1）费用—效益分析法的原则

费用—效益分析法的要点在于如何根据项目实际发生的社会资源消耗和贡献，确定项目的费用和效益。在实际分析中，项目费用效益通常由项目各种社会投入产出物的数量和对应的影子价格计算确定。影子价格是能真实反映社会资源合理配置、货物价值和市场供求状况的价格，既可用特定的方法计算，也可依据国家颁布的基础货物影子价格或调整系数计算确定；项目分析的难点往往在于确定项目所发生社会投入产出物的范围和数量。为了解决这一课题，在费用—效益分析中，通常遵循以下原则。

（1）费用—效益识别原则

凡是项目对国民经济发生的实际资源消耗（国民经济为项目付出的代价），即费用；凡是项目对国民经济发生的实际资源产出或节约（项目对国民经济做出的贡献），即效益。

（2）项目有无对比原则

项目除了直接的费用—效益，通常具有间接的费用—效益，由于实际问题的复杂性，往往很难直接依照上述识别原则来确定项目的社会费用和效益。为了避免对项目费用—效益的遗漏或重复计算，在实际项目分析中，可以采用实施某项目与不实施该项目对国民经济影响（包括消耗与贡献）的对比，即项目“有无对比法”，来具体计算项目的费用和效益。

2）评价指标与参数

在用费用效益分析法对项目进行经济分析时，最主要的计算评价指标是“经济净现值ENPV”和“经济内部收益率EIRR”，它们分别反映项目消耗社会资源后，项目对国民经济的绝对净效益贡献和相对贡献率。对项目这两项指标的计算和评价，除了需要对项目的费用—效益进行确认计算，还需要借助一项重要的评价参数，即进行经济现金流量折现计算的社会基准收益率 i_s，它代表社会资金收益率的一般水平和标准。

2. 费用—效益分析法的微观经济学理论

借助微观经济学中的效用与供求理论，可以采用货币单位计量项目费用—效益发生的具体数值。

1）效用、边际效用与边际效用递减规律

效用是指商品或劳务满足人们需要的功用能力，人们通过消费商品或劳务来获得需求上的满足。效用表明了商品或劳务对个人的使用价值，同时也就代表着消费者个人的收益。边际效用是指最后增加的一种商品或劳务所具有的效用，它反映了效用随消费量变化的速率。一般而言，在市场规律作用下，总效用曲线的斜率是递减的，即商品或劳务的总效用的增加是递减的，这就是边际效用递减规律。当消费量增加时，边际效用逐渐减少，即单位消费量的效用减少；当消费增加到一定量时，边际效用等于零，表明对需求的满足达到饱和，此后，边际效用为负值，即新增加的消费带来负效用。

2）需求曲线、支付意愿与消费者剩余

不同的商品或劳务，体现其效用的物理量纲不同，可以用消费者为获得商品或劳务所愿意支付的货币价值来间接地衡量，即消费者的“支付意愿”。在项目评价中，可以用支付意愿来体现和度量项目的效益，而通常，商品或劳务的消费者支付意愿是可以通过一定方法测评出来的。用支付意愿来衡量效益，让人从狭隘的实际收益和支付中摆脱出来，赋予效益更广的意义。某些项目，特别是城市交通运输基础设施建设项目，可能没有实际收益，从表面看似乎没有效益，但如果用支付意愿来衡量，效益显然是存在的。支付意愿取决于消费者对商品或劳务的边际效用所持的态度，因此，可以按边际效用确定消费者对商品或劳务的支付意愿，同时，根据消费量的变化，得出消费者对商品或劳务的需求曲线。需求曲线与边际效用曲线一样，也是呈递减的规律，即当商品或劳务价格高时需求量减少；反之，则需求量增加。

10.3.3 城市交通运输基础设施建设项目的费用和收益

1. 城市交通运输基础设施建设项目费用的确定

在利用费用—效益分析法对城市交通运输基础设施建设项目投资进行经济评价时，由于项目对社会资源消耗形成的费用范围往往能从直观上进行判断，且也能通过币值来度量，所以，项目的费用往往较易确定。城市交通运输基础设施建设项目的费用通常包括项目直接或间接的社会投资及社会经营费用。

1）项目社会投资的计量

城市交通运输基础设施建设项目的社会投资，是指将项目建成达到预定运行状态所需消耗的各种社会资源和劳务的货币表现以及项目在运营期间所需用社会资金的总和。其中，既包括建设项目直接和间接消耗社会资源产生的固定投资，也包括项目运营和管理时直接与间接占用的社会流动资金。

2）项目社会经营费用的计量

城市交通运输基础设施建设项目的社会经营费用是指项目建成后在运营期间，每年项目运营及管理实际发生的社会资源和劳务消耗费用，同样，其中包括由项目运行直接消耗的费用和为保证项目运营社会资源发生的间接消耗费用。

2. 城市交通运输基础设施建设项目效益的确定

由于城市交通运输基础设施建设项目表现状态和服务方式的特殊性与多样性，因而其效益往往具有不直观、间接和难度量的特点，而且不同的城市交通运输基础设施建设项目反映其功能效用的效益也不同。可以说，确定建设项目的效益是运用费用—效益分析法对城市交通运输基础设施建设项目进行经济评价的关键点。根据建设项目有无对比法以及效用与需求曲线理论，各种城市交通运输基础设施建设项目实施后形成的交通运输总量通常由原有量、转移量和诱发量构成，它们对社会经济产生的效益不外乎是对社会资源（人、机、物、能）的实际贡献与节约，建设项目可能产生的各种效益具体如下。

1）对社会经济发展贡献的效益

城市交通运输基础设施建设项目对社会经济发展贡献的效益通过项目有无对比，利用对社会经济统计数据进行分析的方法来确定往往比较繁杂困难，可以用项目为社会提供诱发交通运输基础设施建设服务的消费者支付意愿来度量。

2）节省乘客出行时间的效益

城市交通运输基础设施建设项目节省人力资源和乘客出行时间消耗带来的效益体现为乘客在此时间内可能创造的社会经济价值。

3）节省机具时间的效益

城市交通运输基础设施建设项目节省交通运输设备工具消耗时间产生的效益，主要体现在设备工具在此时间内节省的运行成本消耗或可创造的社会经济价值上（但二者不能重复计算）。

4）节省货物运输时间的效益

城市交通运输基础设施建设项目不仅能带来人机时间消耗的节省，还能缩短货运时间，减少货物对社会资金的占用，为社会创造经济价值。

5）避免人、机、货损害的效益

城市交通运输基础设施建设项目的实施往往能够改善交通运输的状况和条件，降低各种交通安全和运输事故给交通运输人员、设施及货物带来的损害，从而产生社会经济效益。

10.4 城市交通运输基础设施建设项目投资社会评价

10.4.1 城市交通运输基础设施建设项目投资社会评价的特点和内容

1. 社会评价的特点

社会评价主要是依据外部性理论，针对某种公共产品或者其投资建设行为对于社会大众，尤其是直接或间接受到其影响的社会利益群体，所产生或施加的正负外部效应进行的一种系统分析与评价，因此，也可以称为社会影响评价。

从技术角度讲，社会评价是指在对投资项目实施过程中可能涉及的社会群体进行调查的基础上，运用社会学、经济学理论方法，分析拟建项目对当地社会的影响和当地社会对项目的适应性或可接受程度，评价项目的社会可行性；或者验证项目的社会发展目标的实现程度及其实施绩效。

对交通运输等公共基础设施建设或其他商业投资项目进行社会评价有利于国民经济发展目标与社会发展目标协调一致，防止单纯追求项目的财务效益；有利于项目与所在地区社会效益协调一致，减少社会矛盾和纠纷，防止可能产生不利的社会影响和后果，促进社会稳定；有利于避免或减少项目建设和运营的社会风险，提高投资效益。社会评价适用于社会因素较为复杂、社会影响较为久远、社会效益较为显著、社会矛盾较为突出、社会风险或对宏观经济影响力较大的建设项目。其中主要包括：需要大量移民搬迁或占用农田较多的项目；具有明确社会发展目标的项目，如扶贫帮困项目、区域发展项目、社会服务项目以及国防建设项目等；对国家或区域社会经济发展形态或总体布局、结构会产生重大影响的建设项目，交通运输基础设施建设项目，尤其是铁路、公路、轨道交通、港口码头、运输场站枢纽等基础设施建设项目，特别是城市运输场站枢纽的建设选址及布局对于城市总体发展规划的影响往往是非常深远的，在社会影响评估中应予以高度重视。

2. 城市交通运输基础设施建设项目社会评价的内容

1）社会影响评价

社会影响评价的目的是分析预测项目可能产生的正面影响和负面影响，主要有：对居民收入的影响，对居民就业的影响，对居民生活水平及生活质量的影响，对所在地区不同利益群体的影响，对弱势群体利益的影响，对所在地区文化、教育和卫生的影响，对当地基础设施、社会服务容量和城市化进程的影响，对所在地少数民族风俗习惯和宗教的影响。

2）项目与所在地的经济社会发展互适性评价

互适性分析的目的是分析预测项目所在地的社会环境、人文条件能否接纳、支持项目的存在和发展，项目所在地现有技术、文化状况能否适应项目建设和发展；考察项目与当地社会环境的相互适应关系，以及与项目直接相关的不同利益相关者对项目建设和生产运营的态度及参与程度。在此基础上选择可以促使项目成功的参与方式，并对可能阻碍项目存在和发展的因素提出防范措施。

3）社会风险评价

社会风险评价是在对可能影响项目的各种社会安定因素进行识别、排序的基础上，选择影响面大、影响持续时间长，并容易导致较大社会矛盾的社会因素进行重点评价，比如，项目建设实施所涉及的征地拆迁及移民安置、财产损失补偿等矛盾、冲突问题，分析可能出现各种风险的社会环境和条件。

10.4.2 城市交通运输基础设施建设项目投资社会评价的主要方法

社会评价的主体内容要以定性的方法开展，最常用的是以下几种方法。

1. 利益相关者分析法

利益相关者是指与项目有利害关系的人、群体或机构。利益相关者包括以下几类。① 主要利益相关者，即发展项目的直接受益者或直接受到损害的人；② 次要利益相关者，即与项目的方案规划设计、具体实施等相关的人员或机构，如银行机构、政府部门、非政府组织等。利益相关者分析在社会评价中用于辨认项目利益相关群体，并分析他们对项目的实施及实现目标的影响。

社会评价重点关注投资项目实施的主要利益相关者，包括项目发起者、政府主管部门、受益者或受损方等。为此，需要首先界定利益相关者，分析利益相关者的利益所在以及项目对他们的利益所产生的影响，进而对每个利益相关者的重要性和影响力进行分析，确认主要相关者后，为他们制定出相应的参与方案，应用参与式社会评价方法最大限度地均衡各相关方的自身利益，减少利益冲突可能造成的社会矛盾，降低项目投资的社会风险，如城市交通运输基础设施建设项目直接、间接涉及的拆迁户、沿线居民及商户、产品或服务用户等。

参与式社会评价方法是指通过一系列的方法或措施，由地方政府或项目发起人（或法人组织）通过多种媒介面向社会公众公开投资项目相关信息，并根据项目的社会关注度，组织社区调查、社会听证等方式，促使项目的相关群体积极地、全面地介入项目过程的一种方式方法。通过他们的参与，使项目所在地利益相关者和项目工作人员一起对当地的社会、经济、文化、自然资源进行分析评价，对所面临的问题和机遇进行分析，从而做出计划、制订行动方案并使方案付诸实施，最终使利益相关者从项目的实施中得到收益。在社会评价过程中，利益相关者主要参与到评价的活动中，并对他们掌握的理论知识、对项目的态度和意见等进行调查分析，将分析结果作为社会评价结论的重要组成部分，并最终为项目的投资决策提供依据。

2. 逻辑框架分析法

逻辑框架分析法是一种概念化论述项目的方法，即用一张简单的框图来清晰地分析一个复杂项目的内涵和关系，使之更易理解。逻辑框架分析法为项目计划者和评价者提供了一种分析框架，通过对项目目标和实现目标所需手段间逻辑关系的分析，用以确定工作的范围和任务。这种方法并非社会评价专用，也可以用于项目评价的多个方面，尤其是在项目评价作定性分析和综合分析方面。

逻辑框架分析法的核心概念是事物层次间的因果逻辑关系，即“如果”提供了某种条件，“那么”就会产生某种结果；这些条件包括事物内在的因素和事物所需要的外部条件。在逻辑框架中一般有四个层次：目标、目的、产出、投入和活动，见表 10－1。

表 10－1 逻辑框架的模式

层次描述	客观验证指标	验证方法	重要外部条件
目标	目标指标	监测和监督手段及方法	实现目标的主要条件
目的	目的指标	监测和监督手段及方法	实现目的的主要条件
产出	产出物定量指标	监测和监督手段及方法	实现产出的主要条件
投入和活动	投入物定量指标	监测和监督手段及方法	落实投入的主要条件

其中：

目标：通常是指高层次的目标，即宏观计划、规划、政策和方针等。宏观目标一般超越了项目的范畴，它是指国家、地区、部门或投资组织的整体目标以及项目对其可能产生的影响。

目的：目的是指“为什么”要实施这个项目，即项目直接的效果、效益和作用。一般应考虑项目能为受益目标群体带来什么，主要是社会和经济方面的成果和作用。

产出：这里的“产出”是指项目“干了些什么”，即项目的建设内容或投入的产出物。一般要提供项目可计量的直接结果。

投入和活动：该层次是指项目的实施过程及内容，主要包括资源的投入量和时间等。

3. 公众参与法

通过利益相关主体的民主协商，通过群众积极参与决策过程和专家的辅助作用，使利益相关群体中的普通群众真正拥有自我发展的选择权、参与决策权和受益权，建立合理有效的参与机制，实现资源公平、合理的配置和有效的管理，最终实现项目的可持续发展。具体过程中可采用的社会调查方法如下。

1）文献法

收集项目区交通路网的资料，以及交通部门和市政部门的相关资料。

2）座谈会

座谈会是指与包括项目实施影响涉及的居民、商户座谈，以及相关政府机构座谈，旨在了解目前的交通现状和其对本项目的需求、意见和建议。

3）深入访谈

深入实地重点考察了解包括项目征地拆迁涉及社区居民、弱势群体等在内的市民的利益诉求、交通出行需求和建议。

4）参与观察

公众参与评价前，对城市交通状况，特别是项目所涉及的地段进行实地勘察，掌握交通现状，并针对座谈会与访谈所提的问题地段进行勘察和核实。

5）问卷调查

设计面向社会公众的调查问卷，问卷内容涉及项目区和非项目区居民出行基本情况、居民对交通路网、道路基础设施、交通综合管理和安全方面的满意度及需求等方面。调查方式可以是深入社区、厂矿企业、商圈发放调查问卷，征集意见，以及网上公众意见调查等。调查问卷发放、回收既要保证一定的社会群体代表性、抽样数量，同时也要满足问卷填写有效等质量要求。

案例一：城市轨道S线的经济评价与财务评价

1. 评价依据

（1）国家发展改革委、建设部发布的《建设项目经济评价方法与参数》（发改投资〔2006〕1325号）。

（2）国家发展计划委员会办公厅2002年批转的《投资项目可行性研究指南》（试用版）。

（3）国家及地区现行财税制度。

（4）《国家开放银行人民币资金借款合同》及《外国政府贷款转贷协议》。

（5）运营公司提供的本项目自开工至现在的实际客流量。

2. 财务评价

1）评价原则

项目财务评价遵循以下原则。

（1）财务评价从项目财务角度分析、计算项目的财务盈利能力和偿债能力，并与可行性研究报告中财务评价的基础数据和评价指标进行对比分析，验证可行性研究报告预测的准确性和合理性。

（2）财务评价应遵循费用与效益计算口径一致的原则，只计算项目本身的直接效益和直接费用。

（3）财务评价以现行价格体系为基础，后评价时点以前使用实际发生的财务数据，后评价时点以后根据实际发生情况调整预测数据。

（4）财务评价以动态分析为主，静态分析为辅。

2）有关参数

（1）后评价时点。本项目的后评价时点定为2008年6月30日。后评价时点之前为实际发生的数据后评价时点之后为预测数据。

（2）采用价格。考虑到本项目运营期较长，为简化计算，本项目财务费用效益分析均以2008年第二季度的物价水平为基础来预测运营的价格，在计算期内各年均不考虑物价总水平上涨的因素。

（3）财务基准收益率。根据《建设项目经济评价方法与参数》（发改投资〔2006〕1325号）确定财务基准收益率为3%。

（4）计算期。本项目计算期与可研报告一致，计算期为28年，其中建设期为4年，运营期为24年。

3）基础数据

（1）项目建议书及可研报告中预测指标，如表10－2所示。

表 10-2　项目建议书及可研报告中预测指标

项目	年份				
	2000	2010	2001	2011	2026
年客运量/（万人次）	10 424	14 837	5 453	20 517	33 963
全日客运量/（万人次）	28.56	40.65	14.94	56.21	93.05
列车编组/辆	4	4	4	6	6
最小间隔时间/min	5	3.5	4	4	3
列车对数/（对/h）	12	18	15	15	20
高峰小时断面/人）	10 301	14 179	11 300	20 000	27 000
年行车公里/（万车公里）	358	537	7 709	2 602	3 329
定员/人	1 380	2 055	1 480	2 265	2 265
运输能力/（万人次/h）	1.13	1.71	1.42	2.14	2.86
年耗电量/（万千瓦/h）	5 044	7 179	1 194	1 791	2 208

（2）2002—2008 年运营实际指标，如表 10-3 所示。

表 10-3　2002—2008 年运营实际指标

项目	年份						
	2002	2003	2004	2005	2006	2007	2008（1—6）
年客运量/（万人次）	357	2 251	4 262	5 610	6 303	8 917	7 155
年行车车公里/（万车公里）	96.11	819.55	1 196	1 320	1 561	1 875	1 166
定员/人	—	8 580	10 621	2 557	19 336	14 900	—
年耗电量/万度	441	3 098	3 472	3 639	3 789	—	—
其中：牵引用电/万度	172	1 417	1 801	1 993	2 185	—	—
动轨照明用电/万度	268	1 681	1 671	1 647	1 603	—	—

（3）工程投资。

① 初期投资形成的资产，如表 10-4 所示。

表 10-4　初期投资形成的资产

序号	项目	金额/万元
1	建设投资	523 344.24
2	建设期利息	39 134.30
3	流动资金	1 344.00
合计		563 822.54

② 评价期追加设备投资。考虑到客流量的逐年递增，运能也需逐年递增，运营期间需增加车辆投资。同时由于设备折旧，在评价期内，车辆基地的维修设备、通风设备与自动扶梯设备、自动售检票系统设备、通信、信号及电力监控等设备需更新，因此需要增加投资。

（4）项目投资及资金到位情况。根据《城市快速轨道交通工程结算及财务决算评审报告》（征求意见稿），截至 2004 年 12 月 31 日，本项目工程总投资为 562 478.54 万元，其中包括支付使用资产 533 946.99 万元，预估费用 2 912.57 万元，收尾工程已完成投资 4 195.78 万元，收尾工程尚需投资 21 423.2 万元。

截至 2004 年 12 月 31 日轨道交通工程实际到位建设资金 575 202.05 万元，其中：法人资本 244 005 万元，基建借款合计 331 197.05 万元。

（5）票价。2003 年 1 月，城市轨道 S 线全线通车，单程票价 3 元。

2007 年根据地区相关规定，票价调整为 2 元，因此，在经济评价中预测年度按照 2 元票价进行运营收入预测。

4）成本分析

（1）工资及职工福利费。工资及职工福利费指后评价时点以前根据实际发生数据计算，后评价时点以后根据 2008 年当地职工人均年收入预测以后年度的职工工资及福利费。可研报告中预测 2006 年该项费用为 5 193 万元，2006 年实际发生工资及职工福利费用为 9 222 万元，增加 4 029 万元。

（2）车辆修理费。车辆修理费指车辆大修理费用及车辆的厂修、架修、定修、月检、列检等日常维护修理所消耗材料的费用。可研报告中预测 2006 年该项费用为 5 004 万元，2006 年实际发生车辆修理费为 547 万元，减少 4 457 万元。

（3）修理费用。修理费用指除车辆等载运工具外的隧道、桥梁、房屋建筑、设备系统的大修理费用及日常维修费用。可研报告中预测 2006 年该项费用为 10 881 万元，2006 年实际发生修理费用为 1 362 万元，减少 9 519 万元。

（4）电力费用。电力费用指所有的牵引、动力、照明用电费用。根据 2002 年至 2008 年上半年的用电情况，并参照当地现行电价及近年来电价的变动趋势，预测 2009 年及以后年度的电力费用。以前年度电力费用按实际发生计算。可研报告中预测 2006 年该项费用为 977 万元，2006 年实际发生电力费用为 2 224 万元，增加 1 247 万元。

（5）运营费用。运营费用包括站务费、车务费、燃料费、水费、运输费、低值易耗品摊销、租赁费、差旅费、排污费、劳动保护费、事故损失费、安全消防费、计量费等开支。参照已运营年度的运营费用单位成本及当地价格水平，预测后评价时点以后的运营费用。可研报告中预测 2006 年该项费用为 2 566 万元，2006 年实际发生运营费用为 2 098 万元，减少 468 万元。

2002—2007 年度实际运营成本见表 10－5。

表 10－5　2002—2007 年度实际运营成本　　单位：万元

项目	年份						
	合计	2002	2003	2004	2005	2006	2007
工资	32 739	639	3 520	5 478	5 880	8 089	9 132
职工福利费	3 515	90	493	767	823	1 133	210
车辆修理费	4 373	1 707	434	529	547	534	622
修理费用	7 998	160	1 102	1 083	2 136	1 362	2 156
电力费用	10 200	225	1 580	1 771	1 332	2 224	3 070
运营费用	11 576	689	2 000	2 070	2 464	2 098	2 254

（6）管理费用。管理费用指企业行政部门为管理和组织经营活动而发生的各项费用，包括由企业统一负担的工经费、工会经费、职工教育费、劳动保险费、失业保险费、董事会会费、咨询费、税金及其他管理费用。可研报告中预测 2006 年该项费用为 2 513 万元，2006 年实际发生的管理费用为 6 303 万元，增加 3 790 万元。

（7）折旧。折旧指后评价时点以前固定资产折旧额按实际发生数值计算，后评价时点以后固定资产折旧年限根据《城市轨道交通工程项目建设标准》（建标 104—2008）计算；建设期利息按复利计入固定资产原值，并提取折旧。城市轨道交通的固定资产采用直线法，残值率取 4%，各种设施折旧年限如下。

土建工程：隧道为 100 年；高架桥为 50 年；房屋为 35 年；交通声频障为 15 年；轨道为 25 年；隧道特殊减振设施为 30 年。

运营设备：车辆为 30 年；车辆基地的维修设备为 18 年；供电与排水设备为 25 年；通风设备与自动扶梯设备为 20 年；站台屏蔽门为 15 年；通信、信号、环境监控、电力监控、防灾与报警等控制系统设备均为 15 年；自动检售票系统为 10 年。

残值率按 4%计算。

（8）摊销。摊销指根据资产保全原则，在本项目财产评价中将生产职工培训费 1 223 万元按 10 年进行分摊，计入总成本中。

（9）财务费用。财务费用指因占用资金而发生的各项费用，包括运营期间各种贷款的利息支出、汇兑损失、银行手续等支出。根据《国家开放银行人民币资金贷借款合同》和《外国政府贷款转贷协议》，贷款利率如下。

① 海外基金贷款。根据所签署的贷款协议，贷款年利率为 0.95%，贷款期限为 40 年，含宽限期为 10 年。

② 国家开发银行借款。根据签订的《国家开发银行人民币资金款合同》，借款期限为 15 年，借款利率按年息 6.21%计算，借款利息按季计收，结息日为每季度第 3 个月的第 20 日。

5）收入分析

（1）营业收入。本项目的营业收入主要是指运营票款收入，可研预测营业收入与实际营业收入对比分析2002—2007年运营实际指标见表10－6。

表10－6　2002—2007年运营实际指标　　单位：万元

项目名称	年份					
	2002	2003	2004	2005	2006	2007
可研预测营业收入	13 231	13 786	14 365	14 968	50 620	52 746
实际营业收入	859	5 614	10 492	15 221	19 777	20 548

（2）营业外收支净额。通过地铁运营公司提供的财务报表，此项目费用暂不计列。

（3）税金。本项目涉及的税费如下。

营业税：根据国家规定及当地公交计税现状，按营业税收入的3%计列。

城市维护建设税：按国家规定，以营业税的7%计列。

教育附加费：按国家规定，以营业税的3%计列。

以上三种税列在营业税金及附加项目内。

所得税：根据国家对发展轨道交通项目的优惠政策，本项目的所得税按申请减免考虑。

（4）利润。根据总成本、营业收入、税金等编制本项目的损益表。盈余公积金按可供分配利润的10%提取，公益金按可供分配利润的5%提取。

6）财务评价主要指标分析

（1）盈利能力分析

① 财务内部收益率（FIRR）。财务内部收益率反映项目占用资金的盈利率，是考察项目盈利能力的主要动态指标。

② 财务净现值（FNPV）。财务净现值是反映项目在计算期内获利能力的动态指标。

③ 项目投资回收期（Pt）。项目投资回收期是指项目的净收益抵偿全部投资所需要的年限，是考察项目在财务上投资回收能力的主要静态指标。

后评价财务指标与可研报告财务指标对比，见表10－7。

表10－7　财务评价指标对比　　单位：万元

指标	项目	
	可研报告	后评价
财务内部收益率（全部投资）	4.02%	—
财务净现值（全部投资）（$I=5\%$）	060776	－748 423
投资回收期（全部投资）	21.9	计算期内无法回收
财务内部收益率（自有资金）	2.34%	—
财务净现值（自有资金）（$I=5\%$）	－139 722	－779 959
投资回收期（自有资金）	26.3	计算期内无法回收
投资利润率	2.19%	计算期内不能形成盈利
投资利税率	2.56%	计算期内不能形成盈利

通过计算得到的上表指标对比分析，项目财务盈利方面不是很理想，计算期内总收入较预期的收入低 84.52 亿元，仅相当于预期收入的 48%，一个重要原因是初期实际客流量较可研预测量小很多，另一个重要原因是票价 2 元政策的实行对城市轨道交通的票款收入造成相当大的影响。

（2）偿债能力分析

项目运营期间，因为受客流及票价政策影响，计算期间一直未实现盈利，只是政府补贴金额在逐渐减少，到 2023 年无须政府补贴，运营公司能够实现收入抵付营运成本。企业经营相对脆弱，抗风险能力极低，并且用全部折旧与摊销进行还贷，企业设备更新改造资金匮乏。所以企业按合同限期归还贷款的财务压力较大。

3. 经济费用 – 效益分析

经济费用 – 效益分析是按照土地、能源等国家资源合理配置的原则，从国家整体角度考察项目的效益和费用，用影子价格、社会折现率等经济参数分析、计算项目对国民经济的净贡献，评价项目的经济合理性。

1）评价原则与方法

（1）评价原则

① 效益与费用的计算范围和口径一致原则。

② 效益与费用可比性原则。

③ 从国民经济整体的角度考察效益和费用的原则。

④ 定量与定性分析相结合的原则，以定量分析为主；动态分析与静态分析相结合的原则，以动态分析为主。

⑤ 突出重点，把握项目的主要效益和费用。

（2）评价方法

本项目国民经济评价根据“有无对比”原则，确定项目国民经济效益与费用，通过费用—效益分析法计算国民经济评价指标并做出评价和判断。

2）费用调整

本项目国民经济后评价以城市轨道 S 线的后评价时点以前的实际客货运量及后评价时点以后的预测客货运量为基础，根据本段客运量的主要影响范围，研究分析“有项目”和“无项目”两种情况下所发生的运量及其产生的国民经济效益与费用，从而进行项目的经济费用效益分析。

（1）工程建设费用的调整

工程建设费用主要计算“有项目”情况下与“无项目”情况下增加的资源消耗，其计算公式为

工程建设费用 =“有项目”情况下的工程建设费用 –

“无项目”情况下的工程建设费用

①“有项目”情况下的工程建设费用。“有项目”情况下的工程建设费用以财务费用—效益建设投资估算为基础，主要有以下几个方面的调整：

- 剔除财务现金流量中的通货膨胀因素，得到以市价表示的财务现金流量。
- 剔除运营期财务现金流量中不反映真实资源流量变动状况的转移支付因素。
- 用影子价格和影子汇率调整建设投资各项组成，并剔除其费用中的转移支付项目。

● 土地机会成本是按车辆段占用的土地而使国民经济为此放弃的该土地“最佳可行代替用途”的净效益测算。

土地影子价格 = 土地机会成本 + 新增资源消耗

②“无项目”情况下的工程建设费用。如果不建设本项目，为满足运送客流的需求，需要采用其他的交通方式给予解决，在各种运输方式（出租车、公共汽车等）中，公共汽车是一种比较经济又满足要求的运输方式，因此，在分析时，“无项目”情况增加对公共汽车的投入来计算工程建设费用和运营维护费用。

为解决运送旅客的需求，需要对现有公共汽车运输系统的规模进行扩大，其工程建设费用主要包括新增车辆的投资、公共汽车配套设施的投资、道路拓宽费用等。

● 新增加车辆的投资。需新增加公共汽车以满足客流增加的需求。对车辆投资的计算公式为

车辆投资成本 = 所需车辆数 × 车辆的经济价格

式中：

车辆的经济价格——按车辆市场价格 30 万元/辆计算；

所需车辆数——按扣除自行车转乘部分的客运后的最大断面流量计算。

● 公共汽车配套设施的投资。公共汽车的增加需要增加相应的配套设施。如车场、管理用房、检修厂、机械厂及相应的机械设备等。此部分投资按每辆车需增加投资 15 万元估算。

● 道路拓宽费用。现状道路已经非常拥挤，若增加大量公共汽车满足客流需求，就急需道路拓宽才能保障正常运营。此部分投资主要包括道路拓宽部分的房屋拆迁费和道路工程费用。

（2）运营维护费用

运营维护费用主要计算“有项目”情况下与“无项目”情况下运营维护费用的差额。其计算公式为

运营费用 = “有项目”情况下的运营维护费用 −
“无项目”情况下的运营维护费用

①“有项目”情况下的运营维护费用。对财务评价的运营成本进行调整以计算“有项目”情况下的运营维护费用，主要是用影子价格调整主要材料、燃料及动力费用、工资及福利费用等。

②“无项目”情况下的运营维护费用。“无项目”情况下的运营维护费用主要计算公共汽车的经济运营成本。

经济运营成本 = 运营车公里 × 经济运营车公里成本

3）经济效益分析及计算

（1）经济效益分析

城市轨道交通的修建给社会带来的效益是非常显著的，和“无项目”情况相比，它将产生诱发客流效益、节约时间效益、减少疲劳效益、减少交通事故效益以及其他许多无法定量计算的外部效益。

① 诱发客流效益。诱发客流效益主要计算“有项目”情况下由于本项目的建设运营所诱发的客流所产生的效益。

② 节约乘客出行时间效益。目前城市铁路交通沿线公共汽车的平均运行速度为 15 km/h，而城市铁路的平均运行速度为 40 km/h，全线通车运营后，乘客的平均运距为 11.48 km，则每人次客流可节约时间 30 min。该条线路的工作客流系数为 80%。

③ 减少乘客疲劳，增加舒适度的效益。城市轨道与公共汽车相比减少了给乘客带来的疲劳，提高了劳动生产率，从而产生效益，参考有关资料，本项目建成后运营所提高的劳动生产率按 4.5%考虑。

④ 减少道路交通事故效益。分析测算通过轨道交通建设，分流了相当部分同方向道路交通出行，从而减少了道路交通事故。在本项目中根据当地公共交通 2007 年统计资料来测算城市轨道减少道路交通事故的效益。

⑤ 减少公交系统投资。上文中提到，若不建设本项目，则为了满足运送乘客的需求，需要增加对公共汽车的投入。因此，在分析时，“无项目”情况按增大对公共汽车的投入来计算工程建设费用和运营维护费用。这部分费用包括：新增车辆的投资、公共汽车配套设施的投资和道路拓宽费用。这部分费用都在上文提及，不再详述。

（2）经济效益评价指标

① 经济内部收益率。EIRR = 12.5%，大于社会折现率 8%。

② 经济净现值为 357 654 万元，国民经济效益良好。

四、评价结论和建议

城市轨道 S 线作为公益性项目，一方面运营初期客流量相对预测值小很多，另一方面当地实行低票价策略，财务效益比较差，因此，计算期内不能形成盈利，企业抗风险能力较弱，若无政府补贴，企业自身不能归还建设贷款。财务效益各项指标均未能达到预期目标。

经过分析，认为城市轨道 S 线的国民经济效益较好，计算期内实现净现值 35.76 亿元，未达到可研报告中提出的 64.58 亿元的预期目标。

案例二：城市轨道 S 线的社会评价

1. 评价依据

（1）城市轨道 S 线建设项目总结评价报告（自评报告）。

（2）城市铁路可行性研究报告。

（3）国家发展改革委员会政府投资建设项目后评价试行办法。

2. 评价内容

1）利益群体分析

针对城市轨道 S 线建成后的社会效益进行分析，根据实地调查了解到的情况，编制了该项目利益群体分析表，以对该项目所涉及的直接利益群体和间接利益群体在该项目建设完成后受到的各种影响进行分析，并在此基础上分析该项目产生的社会效益。

城市轨道 S 线建设项目利益群体分析详见表 10－8。

表 10－8　城市轨道 S 线建设项目利益群体分析

利益群体		对项目的兴趣	对项目的态度和要求	项目实施和运营中的权力
直接利益群体	HD 区政府	直接受益者。本区的公共交通环境将得到改善，并改善经济社会发展环境，有利于沿线经济社会的发展	积极支持。希望建设项目能改善区内科技园区的交通条件，减轻交通压力，有效弥补道路客运能力不足，解决居民乘公共汽车出行耗时过长问题	不大
	CP 区政府	直接受益者。本区的公共交通环境将得到改善，并改善经济社会发展环境，有利于沿线经济社会的发展	积极支持。希望建设项目能为边缘集团提供快捷交通条件，促进边缘集团建设，解决居民出行难问题	不大
	CY 区政府	直接受益者。本区的公共交通环境将得到改善，并改善经济社会发展环境，有利于沿线经济社会的发展	积极支持。希望建设项目能为边缘集团提供快捷的交通条件，促进边缘集团建设，解决居民出行难问题，同时分担部分线路客流量	不大
	XC 区政府	受益者。项目完成后，强化区内交通枢纽作用	支持。希望能按照综合规划建设交通枢纽，为乘客提供安全、便捷、舒适的换乘设施	不大
	DC 区政府	受益者。项目完成后，强化区内交通枢纽作用	支持。希望能按照综合规划建设交通枢纽，为乘客提供安全、便捷、舒适的换乘设施	不大
	城铁公司	直接受益者。项目完工后将形成优质资产，为投资主体带来持续收益	积极支持。希望项目有充足的客流，提高竞争力	很大
	建管公司	直接受益者。加快当地城市轨道交通建设，完善轨道交通网络	积极支持。希望项目在建设过程中能得到有关部门的积极配合	很大
	运营公司	直接受益者。项目完成后会进一步完善轨道交通网络，提高自身市场竞争能力	积极支持。希望项目有充足的客流，提高运输能力。要求改善各项配套设施，减少运营中的困难	很大
	城铁沿线地区	直接受益者。项目完成后，将给沿线各区带来公交条件的进一步完善，有利于改善发展环境，获得更多的发展机会	支持。希望提高建设标准，完善周边配套设施	小
	城铁沿线居民	直接受影响者。交通条件的改善，有利于沿线人口从事经济、社会活动，增加发展的机会。同时，城市铁路的噪声也一定程度上影响了居民的生活	支持。希望完善配套设施，减少噪声等对居民生活的影响	小
	乘客	直接受益者。改善了交通出行条件	积极支持。希望获得优质、价廉、便捷的城市轨道交通服务	很小
	城铁沿线企事业单位	受益者。改善了对外交往的硬件设施	支持。希望完善配套设施，降低城铁对企事业单位的干扰	小
	受土地和房屋征用拆迁的人口	直接受影响者。土地和房屋征用拆迁涉及居民的切身利益，非常关注	不反对。希望房屋和土地征用拆迁能得到合理的补偿	大
	其他交通方式	直接受影响者。城市轨道交通运输能力的提高，将对公共汽车和出租车形成竞争压力，同时也带来相互协调发展的机会	不反对。希望城铁建成后不会形成过大的竞争压力，同时能够以适宜的方式与城铁配合	很小
间接利益群体	当地市政府	间接受益者。该项目的建设将落实当地城市总体规划，减少市中心区人口，缓解市中心区压力	支持。希望城市轨道 S 线能为边缘集团提供快速轨道交通客运服务，促进疏解中心区人口，加快边缘集团建设，实现城市建设重点的战略转移	很大
	当地财政局	间接受影响者	支持	大
	当地交通委	间接受益者	支持	大
	当地发展和改革委员会	间接受影响者	支持	大
	当地规划委员会	间接受益者	支持	大
	其他地区	间接受益者。轨道交通条件的改善有利于地区间的经济、社会和文化交流，改善发展环境，提高经济、社会发展水平	支持。希望道路交通与城市轨道 S 线各站点衔接起来，改善区域内出行条件	小

2）项目的社会影响分析

城市轨道交通项目的社会效益在于其公益性，而且一般较难定量计算，如改变城市形态、功能与布局结构，促进城市经济发展，刺激土地开发等。城市轨道 S 线的社会效益主要体现在以下几方面。

（1）提高城市客运能力，完善区域交通结构，促进沿线经济社会发展。

（2）改变城市用地结构，通过 TOD 模式，带动边缘组团开发及新城建设，完善城市的产业与人居住合理布局。

（3）增大了城市居民的就业范围和生活空间，提高了城市居民的生活质量。

（4）促进城市绿色交通发展，减少了交通碳排放等造成的环境污染，增强了城市交通的可持续发展能力。

案例三：某城市快速道路 LSL 项目社会评价

1. 项目影响评价依据

（1）B 市发展改革委政府投资建设项目后评价试行办法。

（2）中国投资项目社会评价指南。

（3）公路建设项目后评价报告编制办法。

2. 项目社会经济影响系统分析与评价

结合项目特点，对其社会经济影响进行系统分析，建立城市快速道路 LSL 项目社会经济影响评价指标体系见表 10－9。

表 10－9　城市快速道路 LSL 项目社会经济影响评价指标体系

推动城市道路交通体系发展完善	优化完善城市快速交通体系
	缓解交通紧张状况，提高城市道路运输能力
	提高路网容量，适应汽车化社会发展需要
	提升区域可达性、增加交通出行工具选择
推动城市道路交通体系发展完善	完善公共交通服务体系
	带动相关道路建设
促进区域经济发展	促进工业布局调整
	推动商贸服务业发展
	促进都市旅游业发展
推进城市规划建设进程	推动城市空间布局规划实施
	带动沿线土地开发、利用和升值
	优化人口空间布局，改善人居环境
	推进城市化进程，加快城乡接合部发展
	促进公共服务设施建设完善

1）对B城市道路交通系统的影响分析

（1）完善城市快速路系统，优化城市快速交通体系。城市快速路是城市路网中大运量的快速交通干道，具有大运量、快速等特点。城市快速路网是全市性的快速交通走廊，在承载城市交通运输中起到了十分关键的作用，为中长距离出行提供交通服务，疏导跨区交通，是路网系统的主骨架。

该项目与城市快速环路紧密衔接，加强了各主要环路之间的相互联系，构筑起西南区域路网的重要骨架，扩充了城市道路网的容量，承担着沿线区域大量交通量的集疏任务，有力地增强了中心城区对外交通的快速辐射能力，提高了路网承载能力。

（2）缓解城区及市郊间的交通紧张状况，提高城市道路网效率和运输能力。该项目的建设，有效缓解了B市的交通压力，不仅提高了该地区的道路网密度和人均道路面积，也将众多次干道和支路连接起来，优化了道路网结构和布局，进而改善了城市交通总体运行状况，对完善快速路网功能发挥了重要作用，有效提高了区域城市道路网效率和通行能力；同时，该项目还承担了部分过境交通量，为方便、快捷地疏导B市过境交通提供了条件。

（3）提高道路网容量，适应汽车化社会要求。该项目沿线区域多为居民住宅区，项目的建成使沿线地区居民交通出行更加便捷，成了沿线居民通勤、出行的重要交通基础设施，为轿车出行提供了便利，在一定程度上也刺激了沿线社区轿车拥有量的增加，初步适应了沿线机动车迅速增长带来的交通压力，适应了B市汽车化社会发展的要求。

（4）提升区域可达性，增加交通出行选择。项目的修建缓解了该地区紧张的交通状况，为该市内部区域提供了快速联系的通道，并为该地区的企事业单位、居民区提供了良好的道路交通条件，增加了交通出行选择，提高了沿线区域的可达性和道路服务水平，缓解了城市中心区交通、人口方面的压力，为实现城市开发建设的重点逐步从市区向郊区转移，加快该地区边缘集团和新城的建设奠定了坚实的基础。

（5）完善公共交通服务体系，方便沿线居民出行。项目的开通，满足了B市西部区域经济发展和人民出行的需要，为构建公共交通体系奠定了基础，打通了一条边缘集团和新城到市区的快速通道，推动了沿线公共交通线网的优化调整，提高了公共交通车辆的运行速度、服务水平和吸引力，并对于优化沿线的交通出行结构也有积极影响。

2）对沿线区域经济发展的影响

项目作为B市城市快速路网的重要干线，其快速、便捷、大容量的交通服务功能和效应，有力地推动沿线区域的社会进步及经济发展，对加速沿线的现代化、城市化进程起到了十分重要的作用。

（1）促进工业布局调整，推动开发区建设。首先，项目的建设推动了沿线工业布局和结构调整的步伐。项目的建设使沿线地区的交通基础设施条件得到了很大改善，为发展现代金融、商品流通、科技教育、社区服务等现代服务业，拓展和强化城市核心功能打下了基础，区域产业结构调整和工业布局优化的要求也更加强烈。

其次，项目的建设为沿线开发区的建设和发展创造了极为有利的条件。改善区域交通条件，提升了沿线的区位优势和投资环境，为开发区的招商引资和建设发展创造了有利条件。

（2）推动沿线商贸服务业发展。该项目的建设进一步完善了城市综合服务功能，提高了新城和边缘集团的商贸流通现代化水平，沿线将继续拓展辐射全国和面向国际的服务功能，推进科技创新与文化教育的发展，提升娱乐休闲和商务服务功能。

（3）促进城市西部地区都市休闲旅游业的发展。包括该项目在内的城市快速放射干线的建设，拉近了郊区与中心城区的距离，带动了沿线旅游资源的开发和旅游配套设施的建设，为郊区都市休闲旅游业的发展创造了便利条件，是推动都市旅游圈形成的一个重要因素。出行时间的极大缩短，使得过去很多远郊区成为近郊区，都市旅游圈的半径范围得到了扩大，进一步带动了都市休闲旅游、生态旅游和假日旅游的迅速发展。

3）对城市规划与发展的影响

（1）推动城市空间布局规划目标的实现。该项目的规划建设打通了一条边缘集团和新城到市区的快速通道，扩大了快速道路网络的容量，增强了路网的应变能力，为推动沿线地区城市功能的拓展，加快城市建设步伐奠定了基础。同时，项目的建设为远郊区、新城区的土地和房产开发创造了良好的基础环境，将有效地疏解、引导中心地区部分职能、功能和人口向边缘集团和远郊新城区转移，同时使地区积聚新的产业，带动区域的规模化发展，为城市空间结构的形成奠定了良好的基础。

（2）带动沿线土地开发、利用和升值。该项目的建成，使得沿线区域的可达性大大提高，便捷的交通已经加快了沿线区域的土地开发和利用速度，使得土地价值大幅上升，有力地推动了沿线房地产业的发展。

（3）优化城市人口空间布局，改善人居环境。该项目的建设，提高了周边区域路网的交通运行质量，改善了区域交通条件，成为引导和疏散中心城的产业和人口，减轻市中心区人口压力，改善人们居住环境的重要基础设施。随着项目的建设，沿线周围地区不仅埋设了雨污水等一系列市政基础管线，同时，对道路进行了绿化，对沿线环境进行了整治，彻底改变了道路周边的面貌，为沿线居民居住环境的改善提供了条件。

（4）推进城市化进程，加快城乡接合部区域发展。该项目的建成通车带动了沿线区域的经济发展，加速了边缘集团和远郊区新城的城市化进程。项目贯通了城市西部地区和中心城区，进一步拉近了城区之间、城乡之间的时空距离，促进城区、城乡之间的交流，为城市功能转移和产业扩散提供了便捷、快速的通道，增强了城市的经济和文化辐射带动作用，促进城乡接合部的发展。

（5）促进沿线公共服务设施的建设完善。该项目的建成通车为沿线的企事业单位、居民区提供了良好的道路交通条件，特别是有利于快速公交（BRT）的发展，提高公共汽车的吸引力和竞争力；并且随着沿线房地产业的大力发展，对沿线交叉主干道等进行了拓宽改造工程，电力、电信等市政配套设施和银行、教育等基础设施也更加完善，为道路沿线地区的经济发展和人民生活提供了完善的公共服务设施保障。

4）评价结论

LSL 项目的规划、建设和运行，通过改善城市基础设施条件和交通服务水平，有效引导和支持了沿线区域城市空间结构与产业功能布局的优化调整，带动了西南新城和边缘集团的发展，为沿线地区建设综合服务区、都市休闲旅游区、高科技产业区以及高品质住宅区创造了良好的条件；优化了城市人口空间布局及居住环境；提升了沿线区位优势和投资环境；带动了沿线房地产业、现代综合服务业和旅游业的发展，是加快沿线区域社会经济现代化、城市化及机动化进程的重要举措。

复习思考题

1. 财务评价方法及其指标是什么？
2. 费用–效益分析法的基本原理和原则是什么？评价指标有哪些？
3. 如何改善城市轨道交通运输基础设施建设项目的财务效益？
4. 对城市交通运输基础设施建设项目投资进行社会评价的意义和作用有哪些？
5. 对城市交通运输基础设施建设项目投资的社会评价方法各有什么优缺点？
6. 城市交通运输基础设施建设项目前评估与后评价的相同点及区别何在？
7. 城市交通运输基础设施建设后评价的意义和作用有哪些？
8. 城市交通运输基础设施建设项目投资社会影响评价主要包含哪些内容？
9. 试举例说明城市交通运输基础设施建设项目对于城市经济的投资拉动作用和影响。

第 11 章

城市交通运输经济政策

经济政策是一国政府为了增进社会经济福利而制定的解决经济问题的指导原则和措施，它是政府为了达到一定的经济目标而对经济事务进行有意识的干预活动。国家经济政策分为宏观经济政策和微观经济政策。宏观经济政策包括财政政策、货币政策、收入政策等；微观经济政策是指政府制定的一些反对垄断等干扰市场正常运行行为的立法以及环保政策等。

交通运输经济政策是政府为了指导、影响运输经济活动所规定并付诸实施的准则和措施，是国家经济政策的重要组成部分，是交通运输领域的准则，是国家对交通运输业实施调控的重要手段。政府通过对交通行业实行经济政策实现运力资源配置、产业布局、环境保护以及运输业与其他产业的协调发展。交通运输经济政策在宏观层面包括公共交通财政补贴政策、交通基础设施投资政策，在微观层面包括交通价格管理政策和交通管制政策等。在各国交通运输资源配置和交通运输业发展、促进运输市场的有效运作、引导运输市场健康发展以及技术进步、安全、环境、社会福利等方面，交通运输政策都扮演了极其重要的角色。同时也应该看到，改革开放四十多年来，尽管我国交通运输基础设施建设取得了举世瞩目的巨大成就，但在交通运输经济政策研究方面总体上依然滞后于交通基础设施建设发展步伐。主要表现在尚未形成科学完善的政策体系，尤其是顶层设计欠缺，此外，对政策理论研究重视和投入不足，人才缺乏，且微观经济政策与宏观经济政策之间缺乏统筹协调和有机联系。

11.1 城市交通运输经济政策概念与内涵

11.1.1 城市交通运输经济政策的概念及政策体系

1. 城市交通运输经济政策的概念

国家或政府制定的经济政策主要包括：① 制定经济和社会发展战略、方针，制定产业政策，以控制社会总供给和总需求的平衡，规划和调整产业布局；② 制定财政政策、货币政策、财政与信贷综合平衡政策，调节积累与消费之间的比例关系，实现社会财力总供给和总需求的平衡，控制货币发行，制止通货膨胀；③ 制定收入分配政策，引导消费需求的方向，改善消费的结构，从而使积累基金与消费基金保持适当的比例关系，防止通货膨胀的发生。

根据经济政策作用的对象划分，经济政策可以分为宏观经济政策和微观经济政策两种类型。宏观经济政策是影响社会总供给和总需求的政策，通常也称为经济稳定政策。宏观经济政策通过作用于经济总量而发挥作用，这些经济总量通常包括投资、消费、国际收支、货币供应量、失业率、物价总水平和经济增长率等；微观经济政策是通过影响个体（个人、家庭或企业）的经济行为或经济活动而发挥作用的，这种作用通常是通过影响产品、服务或要素的相对价格，进而影响个体的经济行为或经济活动而产生的。如政府对公共交通课征低税或给予补贴，借以降低消费价格，满足公众需求。

城市交通运输经济政策属于城市经济政策的一部分，是国家和各级政府为了实现某种社会或经济目标所制定的，以城市交通运输为对象，通过对城市交通运输的扶持和调控，直接或间接参与或干预其组织、财政、市场、服务等过程的政策总称。城市交通运输经济政策作为城市交通经济方面的政策，必须和城市交通运输密切关联领域的经济政策结合在一起考虑。城市交通运输经济政策确定了城市交通运输建设的原则，是系统内部投资分配、交通网络规划设计、交通经营和管理等一系列方案和实施措施的依据。

2. 城市交通运输经济政策体系

城市交通运输经济政策体系主要包括宏观经济层面的财政政策（主要是财政补贴政策）和投资政策等，以及微观经济层面的价格政策和管制政策等。

城市交通运输经济政策从经济、社会和生态环境这三个视角进行综合考虑，使得交通运输行业的发展符合“效率与公平统筹兼顾”的社会发展总体目标。其任务和目的是在一定的资源和环境承载能力下，以经济社会资源的最合理分配来满足市民的出行和物资运输需求；并且对于垄断性行业、特许经营企业进行必要的管制，以保证交通运输基础设施的公益性，防止垄断经营带来的市场失灵和对广大出行者基本利益的危害；同时，通过政策对不同层次需求进行科学合理的管理和调控，来实现交通运输供给结构的合理化，把交通运输发展所产生的负面效果限制在可承受的范围内，综合运用一切可能利用的交通运输经济政策手段来实现为全社会提供高效与安全的交通出行、便捷的货物运输条件的目标，为交通运输业的可持续发展奠定基础。

11.1.2 城市交通运输经济政策的特征

由于城市交通运输的特殊性质，城市交通运输经济政策具有以下几个鲜明的特征。

1. 权威性

城市交通运输经济政策是关系到城市交通运输及经济社会发展的重大议题，由城市政府部门制定，具有严肃性和指导性，体现不容置疑的权威性。

2. 系统性

城市交通运输经济政策内的各组成部分及与城市其他政策之间的相互制约、协调，呈现系统相关性，政策缺乏系统性会使其达不到预期的政策效应。

3. 原则性

城市交通运输经济政策必须具有高度的原则性，即必须鲜明地体现出“提倡什么、反对什么、鼓励什么、限制什么”，而非模棱两可，从而维护政策的严肃性和权威性。

4. 理论性

城市交通运输经济政策经由科学严谨的论证，建立在扎实的理论基础之上，体现出科学合理的理念。

5. 指导性

城市交通运输经济政策旨在促进和加快交通运输发展，一方面给企业指明了宏观环境的发展方向，另一方面使财政、金融、法律等部门可根据城市交通运输政策的指导，来决策各种经济杠杆和法律措施对城市各种交通运输企业的调控强度，从而较好地实行调控管理。

6. 相对稳定性

城市交通运输经济政策是稳定性与连续性的统一。政策是建立在客观规律之上的社会规范，因此，具有相应的稳定性。连续性是指保持城市交通运输政策合理内容的继承性和衔接性。稳定是相对的，变动是绝对的。

7. 可实施性

城市交通运输经济政策用以解决实际交通问题并促进城市的运行，因此，必须付诸行动，加以落实。

8. 目的性

城市交通运输经济政策是为解决城市交通运输实践中的实际问题而制定的，因此，具有明确的目的性和针对性，政策的生命力在于它能为社会带来利益与价值。

9. 时空性

城市交通运输经济政策包括历史性和区域性两方面。历史性表现在两个方面：① 不同国家在不同历史时期的城市交通运输政策是有差异的；② 城市交通运输政策本身是历史发展的产物，需随城市社会经济发展而变化。区域性则是指制定政策必须因“地”制宜，不同城市政策环境差异较大，影响的因素众多，如经济发展、人口状况、风俗习惯、气候条件、地理条件等自然社会因素。

11.1.3 城市交通运输经济政策的功能

1. 通过交通运输政策促进产业结构及布局合理化

运输业是连接各产业、各经济区域的纽带，只有以优质高效的交通运输体系作为基础保障，才能形成合理的产业结构和布局。因此，各国交通运输政策无不以追求资源的合理配置及产业的合理布局为目标。

合理的交通运输政策往往鼓励和支持在原材料产业和生产基地之间建立高等级的运输干线以保证资源的及时、合理输送。为了方便产品与消费者之间的联系，多数国家都不惜斥资建立公路、铁路等交通运输通道，该举措除了满足政策、经济社会和文化的需要，客观上也有利于促进资源在地区之间的合理配置。

随着经济体制改革的不断深化，我国城市交通运输政策正在从以行政手段为主向以行政手段与市场经济手段相结合的方向发展，并且针对客、货运业的不同特点，采用不同的政策调控方式，除涉及公共客运交通方式的财政补贴与价格管制政策外，随着城市货运业全面实现物流化，主要采用完善市场运行监督机制及宏观调控政策，针对微观经济的调控政策逐渐减少。

2. 交通运输政策促进运输结构的合理化、运力资源配置的最优化

交通运输合理化是政府运输政策追求的主要目标。交通运输的合理化主要包括运输布局、运输结构和运输组织模式的合理化，以及运力资源整合和优化配置。

1）交通运输布局合理化

交通运输布局主要是根据国家或区域的经济发展、自然条件、资源分布、生产力的布局、城市化的水平等情况进行交通规划和运力资源配置。交通运输布局的合理化主要是指在环境和资源承载能力下，为适应区域经济社会发展，满足区域客货运输需求，对交通运输资源进行的合理布局规划。

2）交通运输结构合理化

交通运输结构是指各种交通运输方式的能力和实际运输量的总运输能力在运输量中所占的比重。交通运输结构的合理化不仅是交通运输资源合理配置的要求，更是国民经济发展的需要。交通运输政策对交通运输结构在宏观上的管理，可以充分有效地利用各种交通运输方式和地理地形优势，以经济最优化的方式为国民经济和人民生活提供服务。

3）交通运输组织合理化

交通运输组织的合理化是指在现有运输布局的基础上最有效地利用各种交通运输方式。在计划经济体制下我国曾经利用国家计划手段来实行交通运输组织的合理化，随着社会主义市场经济体制的基本建立，交通运输组织的合理化相应地转向利用建立合理高效的市场体制和指导性的政策来达到目的。

城市交通运输政策通过财政政策、投资政策、运价政策、交通需求管理政策等多种手段，促进城市综合交通运输体系的建设和发展，大力倡导公共交通优先政策，促进公交线网布局及出行结构的合理调整，实现城市交通运输的可持续性发展，如北京市的地铁公交低票价、高财政补贴政策、轿车限购与尾号限行政策、限制“黄标车”的政策法规、限制大型货车进入主城区的政策法规、提高中心城区停车费政策等。

3. 协调交通运输工作

在考虑维持交通运输正常秩序的同时，为了提高整个交通运输系统的效率和服务水平，还必须考虑各种交通运输方式协调衔接，进行系统性的、有组织的交通运输服务供给。例如，在城市电车、公共汽车、出租汽车与铁路、航空等运载工具的运行时刻表上，进行统一规划、统一制定，使其合理衔接、便利乘客换乘，并尽可能减少换乘等待时间，提高整个城市公共客运系统的运转效率。

11.1.4 国外城市交通运输经济政策

西方发达国家城市交通运输发展经历了马车时代、铁道时代、汽车时代、后轿车时代四个发展阶段。与之相应的城市发展经历了“绝对集中”“相对集中”“相对分散”“绝对分散”四个过程，城市交通运输政策也由单纯的道路交通工程建设转变为交通系统管理（TSM）、交通需求管理（TDM），最大限度地挖掘既有设施的潜力，满足城市客货运输需求。以下是几个典型发达国家交通运输经济政策发展历程。

1. 美国的城市交通运输政策

美国的交通运输模式以轿车的相对自由发展为主，其交通运输发展和政策演变主要经历了以下几个阶段。

第一阶段：自 19 世纪末到 20 世纪初，随着汽车工业的崛起，公共汽车以快速灵活、初期费用低、不受轨道线路限制等优势逐渐取代有轨电车，到 20 世纪 20 年代末，公共汽车占据了客运交通的主导地位。

第二阶段：第二次世界大战以后，轿车成为客运交通的主体。轿车的迅猛增长导致公共汽车的全面萧条。伴随这一趋势，以洛杉矶、底特律、丹佛、盐湖城等为代表的城市，采用“完全机动化战略”，城市结构松散，交通网络多呈方格网状布局；而以旧金山、芝加哥、波士顿等为代表的城市采用“弱中心战略”，市中心规模较小，城市普遍郊区化，一般采用环形放射式交通网络，城郊联系主要依靠轿车交通。

第三阶段：20 世纪 60 年代，针对轿车相对自由发展带来的一系列城市问题，政府审议通过并颁布了“公共交通法”，引导大城市由轿车交通向大容量快速轨道交通转化。而后，交通公害及环境保护问题日渐受到关注，要求将个体交通与公共交通置于同等重要的地位，提倡城市交通运输规划的连续性，将公路与公共交通的方针、规程合为一体。这一阶段政府为复苏公共交通做出了一定的努力。

第四阶段：进入 20 世纪 80 年代后，国家制定了环境保护法，要求发展公共交通代替轿车出行，但其代价极其巨大，短时期内交通状况很难实现改观。这一阶段，随着地理信息系统（GIS）的发展，交通运输需求管理更加受到重视，给予使用道路交通设施高效的用户优先权（HOV），有的城市开辟了公交专用道，新建了城市轻轨，提出了面向公共交通的土地开发新思想（TOD）。

第五阶段：进入 20 世纪 90 年代后，美国在智能道路交通系统（ITS）方面的研究取得了较大的进步。1989 年联邦运输部开始研究车辆公路智能系统（IVHS），其中包括交通运输管理系统、交通运输信息系统、城市公共交通运输管理系统、车辆控制系统、营业车辆运营系统、市际交通运输管理系统等。虽然投资巨大，但应用 IVHS 技术后，一年产生的社会效益就可以收回投资成本，成效显著。

第六阶段：进入 21 世纪后，美国在大力推进道路交通智能系统建设的同时，积极发展城市公交专用道和大站快车，提出交通规划中的远期规划（TP）与近期实施规划（TIP）并重。

2. 英国的城市交通运输经济政策

1946 年，英国才开始制定全国高速公路网发展规划，但其后持续的经济压力迫使政府把有限的财源转而支持基础产业设施建设，道路建设计划被搁置。1951 年以后，经济发展对道路建设的压力日益增大，议会中要求扩大道路投资的呼声越来越高，1955 年政府扩大了道路建设计划的规模。

1960 年以前，英国对城市道路建设并未给予足够的重视，造成城市道路建设严重滞后，无法适应快速发展的汽车交通需求，政府被迫采取“提高现有道路网络使用效率”的方针。此方针的实施，为政府带来了良好的收益。

1960 年初期，英国经济再次陷入缓慢的发展之中，由于公共产品建设投资趋于紧缩，对于城市道路的建设投入逐渐减少，政府希望通过有计划地分散城市中的各种活动达到缓解交通拥堵的目的，于是在广泛调研的基础上，制定了《都市的汽车交通》报告，此报告为缓解交通拥堵发挥了重要的作用。

1960 年后期，政府在加强大城市交通需求抑制的同时，仍然在财力允许的范围内尽力建设都市内的干线道路网络。因此，直到 1960 年中期，城市内大规模进行快速道路建设的计划仍然受到广泛的支持。

1970 年前后，英国出现了对城市交通运输问题不同的考虑方法。1969 年出版的《伦敦的高速道路》一书明确指出，过去的方针是确保交通运输流动畅通，没有考虑交通运输质量和生活质量，具有一定的片面性，对于伦敦来说，应该通过交通运输设施建设和抑制交通运输需求两种方法相结合，以求获得交通系统的整体均衡。

截至 1987 年年底，英国交通部认为主要的环境问题是汽车尾气、噪声、交通事故、对居住地或自然生息地的分割、对田园的侵占等，因此，其主要功能对策为建设绕行道路、新建道路隧道化、建立植树防护带、对大型车的运行进行管制和降低噪声等。

1990 年至今，英国交通运输政策经历了最为激烈的变化，即所谓的“范式改变”。虽然认为中央政府并不是出于发展公共交通的目的推行公共交通私有化，但政府仍继续推行交通运输需求管理政策，并在交通运输白皮书中阐明了一系列新措施。

3. 法国的城市交通运输经济政策

在法国巴黎，每天有 1/3 的人在地上，有 1/3 的人在地下（地铁），另外 1/3 的人在睡觉，城市公共交通对出行者尤为重要。因此，法国对公共交通十分重视。法国的公共交通经历了三个发展阶段。

第一阶段：1945—1973 年，在这个阶段，公共交通由私人经营，由于经济效益较低，一些企业停开了效益差的交通运输线路，其中包括地铁线路和公共汽车线路。在此期间，轿车发展迅速。

第二阶段：1973—2003 年，政府干预公共交通，将公共交通收为国有经营。在此期间，公共交通发展非常迅速，政府完善了公共交通网络，并大力发展贫困地区的公共交通，满足居民的出行需要。

第三阶段：2004 年至今，在公共交通得到平衡发展后，政府开始下放权力，着眼于制定法律、法规，较少干预企业经营。为了促进公共交通的发展，法国政府专门开征交通税，交通税按工资收入征收，最高为工资收入的 2.6%，最低为工资收入的 0.55%，征收对象为年工资总额在 1 万欧元以上的所有人员。

法国公共交通的经营者主要为国有企业。在巴黎，90%的公共交通由国有企业经营，如法国地铁公司。在巴黎以外的城市，15%的公共交通由国有企业经营，85%的公共交通由私营企业经营。目前，法国正按照欧盟的要求进行公共交通私有化改革，以打破国有企业的垄断地位。法国对从事公共交通经营的企业要求非常严格，要求其必须具备三方面条件：① 必须有从事公共交通的能力，比如，要有相应的设施、设备和人员等；② 要确保能够提供服务能力，满足公共交通的普及性、快速性、时效性的要求；③ 要有足够的资金作支持。

法国正在采取措施进一步推进公共交通的发展：① 鼓励减少私家车，增加公共汽车的数量，满足居民的出行需要；② 整合不同的交通运输形式，提高交通运输效率；③ 出台新的停车政策，减少市中心公共停车场的车位，通过加大停车难度来限制私家车的使用，同时鼓励国民改乘公共汽车；④ 加大城市货运的整治，限制货车进城时间和可进入区域，减少交通堵塞，提高公共交通运行效率。

4. 新加坡的城市交通运输经济政策

新加坡的城市交通运输特色在于其快速轨道交通、公共汽车和出租车共同构建了一个高效的城市公共交通运输系统。为满足新加坡日益增长的交通运输需求，并提供高标准的运输服务，新加坡陆路交通运输局在 1996 年发表了“世界级的陆路交通运输系统”的交通政策白皮书。为实现公共交通出行比例达到 75%的目标，最大限度地发挥现有交通运输网络的运输能力，最优化地建设未来的交通运输网络系统，努力做到人口增长和经济发展不受制于有限的空间。白皮书中提出了四项基本政策，即交通运输系统与土地利用规划的综合发展、建设完善的道路网络系统、交通运输需求管理措施以及加强公共交通系统的建设。

① 20 世纪 60 年代后期，新加坡开始进行土地利用与交通运输基础设施建设的长远规划，政府结合主要客流集散点进行了公共交通线路的布设。

② 1970 年以后，城市道路交通拥堵成为新加坡的主要问题之一。为解决道路交通拥堵问题，1975 年政府实施地区许可证制度，最初是在早高峰实施，之后扩至全天。

③ 1990 年以后，购买新车者首先必须通过公共招标获得许可证。车辆定额配给与价格政策较为成功地控制了新加坡轿车拥有量的增长速度，在一定程度上缓解了城市交通拥堵。

④ 在积极采取对策限制轿车拥有量的同时，1998 年，新加坡政府正式开始实施道路电子收费系统，并将 ERP 扩充到整个中心商业区、高速公路和交通拥堵的区域，这种灵活的收费方式，使得道路的使用更加合理。

11.2 城市公共交通运输财政补贴政策

11.2.1 财政补贴政策含义及作用

财政补贴政策是指在经济结构失衡或出现供给“瓶颈”时，政府提供各种形式的财政补贴，以保护特定的产业及地区经济。财政补贴政策是国家协调经济运行和社会各方面利益分配关系的经济杠杆，也是发挥财政分配机制作用的特定手段。财政补贴政策是世界上许多国家政府运用的一项重要宏观经济政策。

财政补贴作为一种宏观调控手段，可被政府用来实现多种政策目标，如对促进生产和流通的发展、稳定市场价格、保障人民生活水平、扩大国际贸易等都有积极作用。但是也应注意，如果运用不当，补贴范围过宽，数额过大，就会超出财政的承受能力；如果补贴造成了某些产品的价格扭曲和企业的经营机制混乱，就会使之从调节社会经济活动的杠杆变为抑制经济发展的包袱。

我国自 20 世纪 50 年代起实行的财政补贴政策，重点体现了国家保持社会政治、经济和人民生活稳定的要求，主要起到了以下作用。

1. 支持农业生产发展

中国的财政补贴大部分用于以粮、棉、油、猪为主的农产品价格补贴，且农产品价格补贴增长很快，在全部财政补贴中占据重要地位。

2. 稳定人民生活

长期以来政府从国家的具体国情出发，实行了保持人民生活基本必需品特别是粮油、肉蛋禽、民用煤等价格基本稳定的政策，并对城市住房、水电、公共交通等实行低租金、低收费制度，因而发生的政策性亏损由国家给予财政补贴，或者在提高与人民生活关系密切的商品价格后，对职工或城镇居民给予适当的物价补贴。因此，我国的财政补贴具有绝大部分直接或间接用于人民生活的特点。

此外，在我国经济体制改革特别是价格改革不断深入的过程中，科学、适当运用财政补贴政策，在一定程度上可以缓解因价格和利益关系变动带来的矛盾，为价格体制改革的顺利进行和社会稳定创造条件。

11.2.2 城市公共交通财政补贴政策的内容

公共交通补贴政策是政府为了维护某种运输方式能够正常经营所给予的优惠政策。政府对运输的补贴形式多种多样，但归纳起来可以分为直接补贴和间接补贴两种。各国家对公交的扶持主要体现在直接的财政补贴上。

直接补贴是指从国家财政或征收的税金里拨出一定比例，用于弥补公交企业经营的亏损及进行公共交通基础设施的建设。以市场经济发达的国家美国为例，到 1991 年年底，美国各级政府对公共交通运营及设备改造的财政补贴总额达到 138.8 亿美元; 1998 年美国签署的《21 世纪交通平衡法》提出保证到 2003 年将为公共交通提供 360 亿美元的资金，并且另有 50 亿美元可用于各种贷款；目前美国城市公共交通运营费用的 70%由财政补贴供给。加拿大大力发展公共交通以缓解城市交通拥挤和减轻城市空气污染，于 2001 年提出在全国所有大城市发展公共交通计划，预计耗资 20 亿加元；如，欧洲各国的很多城市政府对购置公共汽车和公交专用道的修建都给予了巨额的财政补贴；又如，成品油价格上涨相应增加了城市交通运输成本，一些国家为了缓解成品油调价对交通运输业的影响，严格控制其引起的连锁反应，其中就有部分国家以发放财政补贴的形式进行调控。

间接补贴通常是指政府对公共交通运营企业的财政减免。例如，德国对公共交通运营企业的税收减免主要是减少公共交通销售税（增值税）的 50%或完全免收公共交通的车辆税，另外，还减收公共汽车的用油税。我国香港地区一方面不对公共交通运营企业进行直接的财政补贴，但是在税收方面给予公共交通运营企业一定的优惠措施，免收燃油税和车辆进口税；同时从另一方面，香港特区政府提高轿车税率，从而达到抑制私家车、扶持公共交通的目的。

1. 城市公共交通财政补贴的原则

城市公共交通财政补贴是政府为体现城市公共交通服务的公益性、为保证城市公共交通运营企业的正常经营和服务质量而采取的措施。由于补贴需要由政府财政支付，为了保证补贴的合理及到位，政府在制定和实施补贴计划时需要遵循以下基本原则。

1）正确区分政策性亏损和经营性亏损

城市公共交通属于公共事业，承担普遍服务的职能。政府对公共交通运营企业要加强管理和调控，由财政给予政策性支持。要正确区分城市公共交通运营企业的政策性亏损和经营性亏损，前者由财政补贴，后者由价格补偿。公交票价的政策取向也不应以减少乃至取消政府财政补贴为目的，而应通过企业体制改革增强企业活力，使政府财政补贴效益发挥到最佳状态，为社会提供更优质便捷的公共交通服务。要建立科学的财政补贴评估制度，制定补贴评估办法，使财政补贴真正补给政策性亏损。

2）普遍性与特殊性相结合

综合考虑影响公共交通运营的因素，考虑公交线路等级、当地经济发展水平、区位、国家宏观战略等因素为亏损公共交通企业制定不同的补贴政策。

3）以效率为导向，兼顾公平

兼顾“公平与效率”是国家制定财政政策的主要依据，制定公共交通运营专项补贴政策，一方面要保证社会效益显著但受资金约束存在运营困境的公共交通运营企业能够维持运营，国家给予一定补贴以实现这些企业正的社会外部经济效益；另一方面要限定补贴的范围，提高补贴效率，充分促进公共交通在发展中求生存，特别是促使国营公共交通运营企业冲破“等靠要”思想的束缚，提高自身运营效率。

2. 城市公共交通财政补贴的形式

城市公共交通具有公共服务性质，在维护低廉票价的基础上，为了保证公共交通的正常运行，以及公共交通运营企业的稳定收入，政府对公共交通运营企业所承担的公益性功能而造成的政策性亏损应进行补贴。好的补贴方式不但可以让公共交通运营企业持续经营，还能调动其积极性，促使公共交通运营企业提高运营效率，改善服务质量，而合理性较差的补贴方式则会降低公共交通运营企业的积极性，让公共交通运营企业完全依赖政府，服务质量得不到改进。目前公共交通补贴具体有以下几种方式。

1）亏损全额补贴

亏损全额补贴这种补贴方式在计划经济体制下一直使用，政府根据城市公共交通运营企业申报的年度财务决算报告和经营计划确定补贴额，企业亏损多少就补贴多少。因此，长期以来，由政府统包的国营公共交通运营企业没有增加收入、降低成本、更新改造设备技术和提高服务质量的动力，政府也无法确定补贴是否用于政策性亏损，在造成政府沉重财政负担的同时，城市公共交通的公益性得不到保障。

2）定额补贴

定额补贴这种补贴方式在城市公共交通运营企业体制改革后使用，目前在很多城市存在，又称“补贴包干”。运用这种补贴方式，政府给予城市公共交通运营企业每年固定的补贴额度，几年不变，多亏不补，少亏不退缴。这种方式能够在一定程度上调动企业的积极性、增收减支，同时减轻了政府的负担。但是，政府在确定补贴额度时，往往依据历史数据，每年的补贴额度可能会与企业当年的盈亏相差甚远，缺乏公平性和合理性。

3）按客运量补贴

按客运量补贴又称“人公里补贴”，是指按照企业运营里程和客运量的综合水平确定补贴额度。运用这种补贴方式可以促使城市公共交通运营企业为获得更多补贴努力提高客运量、注重设备更新与提高服务质量。这种方式较好地发挥了补贴的积极作用，是对前两种补贴方式的改进。但是，企业可能由于偏远线路客运量很小而不愿意或者消极运营，损害了公益性。

4）基于服务质量的补贴

基于服务质量的补贴首先需要建立一套完整、科学的包括运营服务情况、设备服务情况、人员服务情况、乘客满意度调查等在内的城市公共交通的服务质量评价指标体系。运用该指标体系对城市公共交通各运营企业进行服务质量评估，建立政府财政补贴金额与公共交通服务质量挂钩、实行服务质量评级的机制，根据服务质量评估的等级发放不同的补贴金额，给予相应的奖惩。该方式实际包含激励机制，可以鼓励企业尽力提高服务质量。

3. 国内外公共交通财政补贴政策

1）我国城市公共交通财政补贴政策

我国在城市公共交通财政补贴方面也陆续出台了一系列的规定办法，2012 年 12 月 29 日，国务院发布《国务院关于城市优先发展公共交通的指导意见》，中央政府从城市公共交通的有效提供角度给予的优惠主要集中在税收方面。如：免征城市公共交通运营企业新购置的公共汽（电）车的车辆购置税；依法减征或者免征公共交通车船的车船税；对城市轨道交通运营企业实施电价优惠。这些"税式支出"包含中央收入部分和地方收入部分，不全由中央政府"买单"。2016 年，国家交通运输部出台了《城市公共交通"十三五"发展纲要》，明确了城市公共交通"社会公益性事业"的性质，城市公共交通运营企业在政府管制票价的前提下，向市民提供舒适、便利的服务，满足市民出行需求，同时给予特殊群体一定的优惠政策，如残疾人、老年人免费乘车，学生优惠乘车等。但是公共交通企业作为市场主体，也必须注重经济效益，需要盈利来满足自身的正常运作及支付员工的薪酬福利。

2020 年 4 月，财政部、工业和信息化部、科技部、国家发展改革委联合发布《关于完善新能源汽车推广应用财政补贴政策的通知》，将新能源汽车推广应用财政补贴政策实施期限延长至 2022 年年底，并提前明确 2021 年、2022 年新能源汽车购置补贴退坡幅度，稳定市场预期。为加快公共交通等领域汽车电动化，城市公共交通、道路客运、出租（含网约车）、环卫、城市物流配送、邮政快递、民航机场以及党政机关公务领域符合要求的新能源汽车，2021 年补贴标准在 2020 年基础上退坡 10%。该《通知》还明确了不同类型、不同领域车辆产品的补贴标准，为补贴政策精准执行提供依据。

2）欧美等国家城市交通财政补贴政策

在欧美等发达国家，城市交通财政补贴政策相当完善，美英法德等国家在城市公共交通财政补贴方面均形成了一套完善的政策体系。

（1）立法、税收双重保障

从 20 世纪 60 年代开始，美国政府就出台了《城市公共变通法》《城市公共交通扶持法》《综合地面交通效率法》《国家能源政策法》《21 世纪交通平衡法》等一系列的法律法规，保证对公共交通的财政补贴。1982 年首次建立了联邦公共交通账户，列入公路信托基金。联邦汽油税对每加仑汽油加收 5 美分，其中 1 美分进入公共交通账户。洛杉矶向市民收取 0.5%的零售税用于发展公共交通。

德国《乡镇社区交通资助法》和《区域化法》规定联邦政府推行公共交通优先政策及推动公共交通建设中的投资数额。政府还对公共交通运营企业减少公共交通销售税（增值税）

的 50%，免收公共交通的车辆税，另外还减收公共汽车的用油税。

法国交通法规定“公共交通企业执行规定的票价和服务标准，应该得到合理的政府补贴”。税法规定，9 人以上企业需按工资总额提取 1.2%～2%的公共交通税。交通税由巴黎交通管理委员会每月分配给公交总公司、国铁等交通运输企业。政府还规定企业要支付员工公共交通黄票（类似于月票）成本票价的一半费用。

（2）公共交通投资补贴

英国运输部《英国 2000—2010 年交通运输发展战略：10 年运输规划》提出，大量投资将用于资助现代公交、有轨电车、轻轨系统和自行车道建设，使公共交通乘客人数增长 10%；扩大农村地区公共交通补贴；实行老年人和残疾人乘坐公共汽车票价半价制度。

1996—2016 年，美国联邦政府为改善交通运输基础设施计划补贴 185.53 亿美元，其中 43.3 亿美元用于巴士公交，142.23 亿美元用于城市铁路（包括地铁、城市铁路等）建设。

日本中央政府对新建公共交通设施的资助比例为 50%～60%。欧洲国家的很多城市，政府对购置公共交通车辆和修建公共交通专用道都给予巨额财政补贴。例如，德国、奥地利和瑞士修建轨道交通会享受 50%的财政补贴。法国对于有轨电车的资助比例可达到 35%，对地铁资助比例可达到 20%。

（3）公共交通运营补贴

法国巴黎每 3 年由公共交通运营企业提交收支平衡的计划，由巴黎交通管委会根据计划审核客运收入。交通税以外的收支差额，全部由财政补贴补齐，国家负担 51%，地方负担 49%。政府还在公共交通运营企业安插监督员，保证公共交通财政补贴的落实。依据德国城市交通财务法，城市公共交通都得到政府的财政补助，票款收入约占公共交通运营公司收入的 40%，州和城市或县政府的补助比例占公共交通运营企业收入的 50%以上。美国公共交通运营成本中 40%来自票款收入，21%来自当地政府，16%来自非政府及税费，州和联邦政府分别占 20%和 3%。

11.3 城市交通运输投资政策

11.3.1 投资政策的含义、作用及范围

1. 投资政策的含义

投资政策是指国家对投资主要是对固定资产投资进行宏观调节或宏观管理的政策。在任何社会中，社会总投资都是由政府投资和非政府投资两大部分构成的。政府投资是指政府为了实现其职能，满足社会公共需要，实现经济和社会发展战略，投入资金用以转化为实物资产的行为和过程。与政府投资相对应的非政府投资则是指由具有独立经济利益的微观经济主体进行的投资。政府投资是国家宏观经济调控的必要手段，在社会投资和资源配置中起重要宏观导向作用。

2. 政府投资的作用

政府投资可以弥补市场失灵，协调全社会的重大投资比例关系，进而推动经济发展和结构优化。政府投资的作用一般表现在以下几个方面。

1）均衡社会投资政府发挥宏观调控作用

在市场经济条件下，尽管政府投资量不占据主要地位，但对社会投资总量的均衡能起到调节作用。当社会投资量呈扩张势头、通货膨胀趋势严重时，政府投资主体通过减少投资量，缓解投资膨胀。当经济不景气、社会投资低迷时，政府投资主体采取增加投资量的途径，扩大社会需求，推动经济发展。

2）政府投资对调节投资结构、引导社会投资方向起着重要作用

国家在经济发展的不同时期需要制定不同的产业政策，确定产业发展次序，投资的基本方向是国家产业政策规定优先发展的产业，特别是国民经济薄弱环节，对社会效益大而经济效益并不显著的产业予以重点扶持，这有利于优化投资结构，协调投资比例关系。在市场经济条件下，政府已不是唯一的投资主体，即使是国家需要重点扶持的基础设施及其他重要产业也需要鼓励社会投资的介入，但政府投资起到了一种先导和示范作用，它通过运用直接投资和间接投资手段（如投资补贴、投资抵免、投资贷款贴息等），引导全社会投资更多地投入国家鼓励发展的产业和领域。

3）为社会民间投资创造良好的投资环境

投资的环境好坏，很重要的一个方面是公用设施和社会基础设施完善与否。公用设施和社会基础设施及软环境建设，有相当部分是无法实现商品化经营或商品化程度很低，即不能实现投资经济活动投入产出的良性循环，因此，这方面的投资是政府投资主体的义务和责任，是政府投资的一个重点。

4）支持地区内国家重点项目适时建设

政府投资从资金、移民搬迁、劳动力供给等方面为重点项目的建设提供保障，承担区域内公益性项目投资，集中力量投资于基础项目和支柱产业项目。同时通过各项政策和经济手段，推动资产的重组，进行存量调整，推进现代企业制度建设，使企业成为投资的基本主体。

3. 政府投资的范围

根据《国务院关于投资体制改革的决定》，政府投资主要用于关系国家安全和市场不能有效配置资源的经济社会领域，包括加强公益性和公共基础设施建设，保护和改善生态环境，促进欠发达地区的经济和社会发展，推进科技进步和高新技术产业化的经济和社会领域的发展。

① 政府投资要严格限制在公共领域，包括公益性项目和基础设施项目，并允许企业集团、实力较强的私营企业对有盈利能力的公益性和基础性项目进行投资。政府投资要进一步划分为公共事业投资和产业投资，并实行不同的投资管理模式。政府投资项目要实行项目法人责任制，严格按现代企业制度要求进行经营管理，确保投资者的利益和风险约束机制得到落实。同时，改革预算外资金管理体制，变分散管理为必要的集中管理，弱化部门利益，堵塞管理漏洞，壮大政府投资实力。建立政府投资的项目评估审议制度和错案追究制度，促进投资决策民主化、科学化。

② 创建公共财政支出框架，调整支出结构，确定支出范围。保证国家机器的正常运转，加大对社会公益事业的支持，扶持农牧业生产和扶贫，搞好非经营性基础设施建设。实现职能回归，压缩生产性基本建设投资和企业挖潜改造资金，财政资金坚决退出生产性和竞争性

领域。理顺财政职能与企业发展的关系，财政对企业扶持仅限于安排下岗职工基本生活保障和再就业补助，剥离企业中的社会事业机构等。在完成事业单位机构改革的基础上，按照“公益”标准确定事业单位类别，区别情况安排资金。

③ 政府投资对经营性基础设施项目，要积极推动产业化经营，改变目前基础设施项目主要由政府“一家抬”局面，减轻财政负担。对有收益的基础设施项目，如轨道交通、收费公路、自来水厂、燃气、热力以及污水、垃圾处理设施等，政府要采取招标方式选择投资企业，赋予投资企业项目的特许经营权。对中标的投资者采取BOT（建设—运营—转让）、BOOT（建设—拥有—运营—转让）、BOO（建设—拥有—运营）和BTO（建设—转让—运营）等多种投融资建设方式。

11.3.2 城市交通运输基础设施建设投资政策特点及导向

1. 城市交通运输基础设施建设投资政策特点

城市交通运输基础设施具有较强的公益性和资金密集性的特点，为了保证城市交通运输基础设施的合理供给和可持续发展，城市交通运输基础设施建设主要依靠政府投资或财政政策的支持。城市交通投资政策具有以下特点。

1）公益性和公平性

城市交通运输基础设施建设投资政策的公益性主要体现在，城市交通运输基础设施建设投资政策关注的重点是交通基础设施建设项目的社会效益，即城市交通运输基础设施建设投资政策总是倾向于那些对城市经济社会有重要影响、具有维护社会公平和安定团结作用、保护弱势群体利益、能带动城市社会整体福利水平提升的基础设施建设项目，而不是那些以追求投入资金的高回报率为根本目标的项目。公益性是城市交通运输基础设施建设投资政策最显著的特性。

2）导向性

城市交通运输基础设施建设投资政策是城市经济政策的重要组成部分，共同服务于城市经济社会发展稳定的大局，政策指向鲜明，对城市交通运输基础设施建设具有引导作用。例如，国务院发出大力发展城市公共交通的号召，城市交通运输基础设施建设投资政策会进行相应的调整，城市交通运输基础设施建设项目的审批和资金支持等方面会做出调整，投资规模会扩大，投入力度会加大。

3）调控性

由于我国是由计划经济体制向市场经济转化的发展中国家，我国投资宏观调控是宏观经济政策的重要内容。投资宏观调控的主要任务包括：调控投资总量，保持合理的投资规模；调控产业结构和部门结构，促进产业结构优化升级，实现国民经济和社会的可持续发展；调控投资地区布局，促进地区经济协调发展。而城市交通运输基础设施建设投资政策在调整城市交通结构等方面具有重要调控作用，因此，城市交通投资政策也具有调控性。

2. 城市交通运输基础设施建设投资政策导向

随着国家产业结构的调整和国家经济发展方式的转变，实现城市交通的可持续发展，实现城市经济的健康、和谐和可持续发展成为城市经济社会发展工作的重心。在此背景下，城市交通运输基础设施建设投资政策也体现了一定的政策导向。

1）强调交通建设的经济适应性，注重引导交通结构改善

除了快速增长的出行需求总规模，不合理的城市交通出行结构往往也是城市交通拥堵问题产生的直接原因。城市交通系统中道路资源占用量高、运输效率低的轿车出行比例不断升高，而低碳节能的公共交通方式由于基础设施服务水平比较低，在城市交通出行比例中所占的比例比较低，这种城市交通结构已经不能满足城市经济社会的健康和可持续发展的需求。城市交通投资政策注重基础设施与经济社会发展的适应性，政府部门通过对城市交通运输基础设施建设投资项目的政策引导和规制，引导城市交通结构布局。近年来，我国城市交通运输基础设施建设投资政策向城市轨道交通、城市快速路、综合换乘枢纽、场站建设等项目大力倾斜，引导了城市交通结构的优化。近年来，我国越来越多的地方政府将投资的目光放到了城市轨道交通上面。截至 2020 年 12 月 31 日，全国共有 28 个省（自治区、直辖市）的 44 个城市开通运营城市轨道交通线路 233 条，运营里程 7 545.5 km，车站 4 660 座，实际开行列车 2 528 万列次，完成客运量 175.9 亿人次，进站量 109.1 亿人次。同时，很多城市轨道交通投资项目正在如火如荼地建设中，或开工、或正在审批、或正在进行论证。《中华人民共和国国民经济和社会发展第十四个五年规划和 2035 年远景目标纲要》提出，“十四五”期间我国将新增 3 000 km 城市轨道交通运营里程，由此可推算，2025 年末我国城市轨道交通运营里程数将有望突破 10 000 km。“十四五”时期我国城市轨道交通累计完成投资额有望达到 18 188 亿元，累计客运量有望达到 1 292 亿人次。

2）注重运力资源的优化配置，保证公益性与公平性

城市交通运力资源的配置应按照公平与效率统筹兼顾的原则，进行优化。城市公共交通是与人民群众生产生活息息相关的重要基础设施，是关系国计民生的社会公益事业，为了促进城市公共交通的发展，2006 年建设部发布了《关于优先发展城市公共交通若干经济政策的意见》（建城〔2006〕288 号）等促进城市公交优先发展的政策。通过城市交通投资政策的引导实现运力资源的优化配置。《国务院关于城市优先发展公共交通的指导意见》（国发〔2012〕64 号）明确总体发展目标为：通过提高运输能力、提升服务水平、增强公共交通竞争力和吸引力，构建以公共交通为主的城市机动化出行系统，同时改善步行、自行车出行条件。要发展多种形式的大容量公共交通工具，建设综合交通枢纽，优化换乘中心功能和布局，提高站点覆盖率，提升公共交通出行分担比例，确立公共交通在城市交通中的主体地位。《2020 年北京市交通综合治理行动计划》指出坚持“慢行优先、公交优先、绿色优先”理念，加大精治、共治、法治力度，加快构建综合、绿色、安全、智能的立体化、现代化城市交通系统，实现中心城区绿色出行比例提高到 75%，路网交通指数控制在 5.6 左右，持续提升首都交通综合治理能力和治理水平。

公共交通优先发展政策导向主要包括三个方面。① 加强公共交通用地综合开发。对新建公共交通基础设施用地的地上、地下空间，按照市场化原则实施土地综合开发，收益用于公共交通基础设施建设和弥补运营亏损。② 加大政府投入。城市政府要将公共交通发展资金纳入公共财政体系。对城市公共交通运营企业实行税收优惠政策，落实对城市公共交通行业的成品油价格补贴政策，对城市轨道交通运营企业实行电价优惠。③ 拓宽投资渠道。通过特许经营、战略投资、信托投资、股权融资等多种形式，吸引和鼓励社会资金参与公共交通基础

设施建设和运营。

3）注重发挥政府财政的主导作用，积极利用社会资金，积极推动投资体制改革，鼓励多渠道筹资，积极探索多元化融资模式

《国务院关于投资体制改革的决定》中指出，放宽社会资本的投资领域，允许社会资本进入法律法规未禁入的基础设施、公用事业及其他行业和领域。逐步理顺公共产品价格，通过注入资本金、贷款贴息、税收优惠等措施，鼓励和引导社会资本以独资、合资、合作、联营、项目融资等方式，参与经营性的公益事业、基础设施项目建设。《交通运输部关于深化交通运输基础设施投融资改革的指导意见》中指出，为了更好地发挥政府投资的引导作用，要充分利用社会资本特别是民间资本参与交通基础设施建设，深化交通运输基础设施投融资改革，创新投融资模式。

4）重视和推进城市交通的可持续发展战略的实施

目前，城市交通投资政策对智能交通信息技术和城市交通低碳环保领域的政策支持逐渐加大。

（1）推进城市智能交通信息技术发展

智能交通系统是指为了将先进的信息技术、通信技术、传感技术、控制技术以及计算机技术等有效地集成运用于整个交通运输管理体系而建立起的一种在大范围内、全方位发挥作用的实时、准确、高效的综合的运输和管理系统。智能交通作为可直接改善城市居民出行感受和生活质量的基础设施，近年来的投资力度逐渐被加大。

（2）推进城市交通可持续发展

人类过度开发造成的资源枯竭和自然环境恶化的现象，使人们意识到合理开发资源和保护生态环境的重要性。交通作为能源消耗和环境污染较为严重的产业，转变发展方式，通过科技创新实现交通运输行业的节能减排，发展低碳、绿色交通是城市交通系统主要的发展趋势。国家战略性新兴产业发展规划将发展新能源汽车等产业作为交通领域发展的重点行业，也已出台了投资政策等相关配套政策。

5）注重城市综合交通一体化发展

根据2019年9月中共中央、国务院印发《交通强国建设纲要》，我国将构建布局完善、立体互联的基础设施，构筑多层级、一体化的综合交通枢纽体系。依托京津冀、长三角、粤港澳大湾区等世界级城市群，打造具有全球竞争力的国际海港枢纽、航空枢纽和邮政快递核心枢纽，建设一批全国性、区域性交通枢纽，推进综合交通枢纽一体化规划建设，提高换乘换装水平，完善集疏运体系，大力发展枢纽经济。2021年2月，中共中央、国务院印发的《国家综合立体交通网规划纲要》指出要加强规划统筹，优化网络布局，创新运输组织，调整运输结构，实现供给和需求更高水平的动态平衡。推动融合发展，加强交通运输资源整合和集约利用，促进交通运输与相关产业深度融合。强化衔接联通，提升设施网络化和运输服务一体化水平，提升综合交通运输整体效率，为城市交通乃至城市综合交通产业的发展带来机遇。

3. PPP 项目融资政策

20世纪90年代开始，随着我国交通基础设施建设的快速发展，为了弥补政府财政资金的不足，积极探索吸收社会资本，交通运输行业就在经营性收费公路等领域探索应用政府和社会资本合作模式。自2014年下半年以来，各地交通运输部门更是大力推进PPP模式的运用，

助力稳增长，但由于很多建设项目多地处中西部地区，建造成本高、投资经济效益差，加之操作和审批流程“复杂烦琐”，PPP 项目落地难问题依然突出。2015 年 5 月 7 日，国家发展改革委印发《国家发展改革委关于当前更好发挥交通运输支撑引领经济社会发展作用的意见》（发改基础〔2015〕969 号），意见指出推广政府与社会资本合作模式（PPP）。根据交通运输基础设施网络性强、初期投入大、回收期长等特点，对交通 PPP 项目实施加强指导。探索采用“网运分离”、放开竞争性业务等思路，综合考虑投资成本、价格变动、服务质量、规划调整等因素，清晰界定项目投资风险边界，采取特许经营、购买服务、股权合作等多种形式，给社会资本清晰的参与路径、合理的投资回报预期，切实推动 PPP 项目落地。完善交通运输发展基金等政策，研究进一步支持铁路发展基金的相关政策，研究改革政府专项建设资金使用方式，对经营性项目由直接投资项目改为与社会资本共同设立交通投资基金，降低社会资本投资风险，改善投资预期，放大政府投资效应，优先投资国家重大项目。研究出台投资、土地等优惠政策，鼓励民间资本设立交通产业投资基金，投资城际铁路等资产界面清晰的项目。允许符合条件的、以新建项目设立的企业为主体发行项目收益债，支持交通重大项目发行永续期债券。规范和清理交通运输领域收费，减轻运输企业经营负担。

2016 年 7 月 18 日，中共中央、国务院印发了《关于深化投融资体制改革的意见》（中发〔2016〕18 号），该文件力推 PPP 模式，各级交通运输部门应积极协调财政部、发改委等部门及上级有关部门，抓紧明确 PPP 项目操作审批问题，研究存量项目向 PPP 模式转换问题，探索项目打捆、公路+旅游等资源打捆，对资源进行充分整合利用，给予社会资本合理回报，吸引更多社会资本参与到交通行业发展中来。各级交通运输部门在协调本级政府及财政部、发改委等部门组建政府投资基金时应积极明确操作流程、合理统筹规划、落实配套政策的到位，并积极研究政府投资基金合理回报、期限与 PPP 项目全生命周期的匹配性、基金有效退出机制、风险合理分配等问题。

经过从 2016 年至 2020 年的 5 年发展，PPP 模式已成我国稳增长、促改革、调结构、惠民生的重要抓手。截至 2020 年年底，管理库在库项目累计 10 010 个，投资额 15.4 万亿元。《中华人民共和国国民经济和社会发展第十四个五年规划和 2035 年远景目标纲要》提出要深入实施扩大内需战略，增强消费对经济发展的基础性作用和投资对优化供给结构的关键性作用，建设消费和投资需求旺盛的强大国内市场。深化投融资体制改革，发挥政府投资撬动作用，规范有序推进政府和社会资本合作（PPP）。

11.4 城市交通运价政策

城市交通运价政策是指政府通过对交通运输业运价制定引导、限制和规范等方面政策来调节交通运输服务的需求与供给。市场通过价格来调节供需，运输市场的结构随着交通运输服务供需双方的变化而改变，因此，应重视价格在运输市场中的职能和作用，交通运输政策也必须与这种变化同步。归纳起来，交通运价政策的制定主要是为了使运输资源在不同的运输方式中得到合理的配置和使用，促进运输业稳步发展，维护交通运输消费者的合法权益。

11.4.1 价格政策的含义与方式

价格政策是运输业统管政策的重要内容，对于促进经济社会发展和保持正常的运输工作秩序起到了重要作用。因此，各国对运输业运价的审批制度都很重视，运价的制定由各级政府统管。

在市场经济发达的国家，政府一般是通过市场及其相关法律法规进行运价调控。但对于一些特殊领域如公共交通，政府往往使用一些直接的方法控制运价。具体而言，政府调控的方式主要有以下几种。

1. 制定价格上限

一般的价格上限是由政府通过对该行业进行价格测算、确定企业平均生产成本和边际生产成本来决定的。对可能形成垄断或缺少竞争的运输服务，如国有铁路、城市轨道交通、城市公共交通等，为防止产生垄断，政府一般都采取制定价格上限的办法。这种方法旨在防止过高的垄断利润而使消费者遭受损失。

确定价格上限是大多数国家为了达到一定时期的目标而实施的短期价格政策。这种方法一般适用于具有垄断性质的运输行业，或处在战争及国民经济某个特定时期下，从而保证运输为国民经济和战争服务。若国家存在以上情况，这种制定运价上限的政策一般容易奏效，但在长期推行中，这种价格政策手段往往会造成运输市场的僵化。

2. 价格的审批和报备

价格审批是指运输企业在实施运价之前，须经政府主管部门审批。政府在审批过程中必须为每种运输服务确定一个价格上限，只有这样才能起到价格审批的作用。如我国汽车运价就是由各级政府主管部门会同物价部门统一管理的。

价格报备是指运输企业必须将其将要实施的价格上报其运输主管部门备案，并规定在一定的时段内不得变更价格，其目的是使运价得以相对稳定，有力地控制了一些运输企业竞相杀价的做法，防止出现不公平竞争，有利于运输市场和企业的健康发展，同时也有利于运输服务的用户能得到较为稳定的运输服务。

3. 实施“费改税”政策

自 2009 年 1 月 1 日起我国开始正式实施《关于实施成品油价格和税费改革政策的通知》，该政策为建立完善的成品油价格形成机制和规范的交通税费制度，促进节能减排和结构调整，公平负担，依法筹措交通基础设施维护和建设资金提供了坚强后盾。该通知中取消了长期实行的公路养路费、公路运输管理费、公路客货运附加费等六项收费，以及逐步有序地取消政府还贷二级公路收费。“费改税”政策的实施有利于解决公路税收公平问题，提高道路运输效率。

11.4.2 城市交通运价政策的内容

根据有控制的市场价格模式及其相应的直接管理与间接控制相结合的管理原则，运价管理手段应是法律手段、经济手段和行政手段三者的结合体。

1. 以法律手段管理运价

价格管理的法律手段，是指国家通过制定价格法律和法规对价格进行规范化的管理。就运价而言，指的是规范其管理形式和管理权限、调价的基本原则、保护措施、禁止运价垄断和暴力行为的措施和制裁办法等。

我国尚未颁布调整运输业的统一价格管理法规，而仅制定了若干单项运价规则。如《铁路货物运价规则》《汽车运价规则》等。这些规则分别适用于铁路、水路和公路运输，各自为政、自成系统、相互之间不协调。另外，这些规则从内容上看也仅包括运价的管理形式、管理权限及制定方法，而无禁止价格垄断、反暴利的措施和制裁办法等规范运输市场秩序的条款，故有待进一步完善。

2. 以经济手段管理运价

以经济手段管理运价，是指国家利用财政、税收、货币、信贷、投资等手段来影响和控制运价水平，即变原来的事后价格对资源的调节为事先调整运价的形成机制，从而达到社会资源的合理配置和运输能力的最有效使用。

运输业是一个初期投资大、资本回收期长、对国民经济发展具有举足轻重作用的基础产业。除了运输企业本身应适应运输需求的变化，准确选定、实施经营决策并改善经营管理，国家应对运输业进行必要的扶植。世界各国大多对运输业推行经济扶植政策。按我国现行的《营业税暂行条例》，运输业营业税率最低为3%，这就体现了国家对运输业的优惠政策。同时，国家在以往较长一段时间内对运输业实行较其他行业优惠的低利率贷款政策，鼓励运输企业增加基础设施，这为缓和客、货运输的紧张状况起到重要作用。但从1996年开始，国家不再对运输业贷款实行优惠利率，这使得众多运输企业无力还贷，经济效益有所下降。这说明，一方面政策的取舍应该进行全面的效果评估；另一方面企业必须真正走上市场，接受竞争的考验。

3. 以行政手段管理运价

行政手段是指国家运输主管机关或部门运用行政命令，下达统一的运价、实施强制性的措施和监督办法，管理和协调各种价格关系的一种手段。

我国长期以来主要通过行政手段来管理运价，这在计划经济体制下是完全必要的。随着市场经济体制的进一步深化，则应更注重法律手段或经济手段来管理价格，但也并非完全取消采用行政手段。例如，铁路运输由国家经营，采用行政手段来管理其价格就比较有效。又如社会发生非常事件或生产故障而急需运输某些物资，就必须由有关部门运用行政命令的办法责令有关运输企业按政府定价或政府指导价实施运输。

11.4.3 我国城市交通运价政策

2019年10月30日，交通运输部、国家发展改革委发布《关于深化道路运输价格改革的意见》，明确健全主要由市场决定的道路运价形成机制，建立完善科学、规范、透明的道路运价监管制度，促进道路运输转型升级、提质增效，更好满足人民日益增长的美好生活需要。基本原则为坚持市场导向、坚持保障民生、坚持包容审慎及坚持统筹推进。改革目标为到2020年，道路运输竞争性领域和环节价格基本放开，确需保留的实行政府定价、政府指导价的道路运价动态调整机制，道路客运、出租汽车等领域经营者价格行为更加规范，主要由市场决定的道路运价形成机制和科学、规范、透明的道路运价监管制度基本健全，价格机制引导资源配置、促进行业高质量发展、满足人民群众出行需求的作用明显增强。主要措施包括规范政府定价行为、规范经营者自主定价行为、加强价格监测和信用体系建设以及推进完善行业治理体系。意见自2020年1月1日起施行。

11.5 城市交通运输管制政策

11.5.1 管制政策的理论依据、来源和内容

1. 管制产生的原因

管制的基本内容是制定政府条例和市场激励机制，以干预经济主体的定价和销售等决策。对于交通运输来说，市场的不完善之处会给运输服务的使用者带来不利的影响，可能是价格过高，可能是提供的服务有危险，可能是这些服务会危害第三者。而政府管制是为了克服市场失灵，保护社会公众利益。在交通运输领域需要进行政府管制的原因如下。

1）抑制垄断权力

垄断权力在铁路运输中最为突出，从 19 世纪 30 年代后期开始的近 100 年来，铁路控制了内陆运输，现今虽然在某些运输活动领域垄断权力仍然存在，但是许多运输方式中的技术进步，降低了纯粹垄断的可能性。更为常见的或许是担心运输公司联合组成卡特尔（一种垄断组织形式），以限制运输生产量，并阻碍新的竞争企业进入市场。

2）控制外部性

垄断经营、信息不对称等现象造成市场机制的缺陷，可能导致交通运输生产活动产生包括在私营部门决策之内的间接成本，其中交通运输生产过程带来的污染、交通拥挤和运输服务质量下降是人们日常生活最为关心的。

3）提供公共产品

由于交通运输基础设施的某些项目，如城市道路、交通出行信息服务平台、交通安全保障体系等，具有公共物品的特性，即在一定程度上具有无排他性和无竞争性，如果没有政府干预，将导致公共产品供应短缺。另外，由于交通运输基础设施普遍具有高昂的成本和漫长的投资回收期，投资风险较高，如果没有某种形式的政府参与，将降低交通设施等重要的基础设施建造的可能性。

4）将运输业纳入更广泛的经济政策，保障城市交通经济一体化协调发展

运输业是国民经济的基础性产业，是城市经济社会持续稳定发展的基础和保障，通过交通经济政策对运输业进行宏观调控，在土地、资金、技术等资源配置上向交通运输业倾斜，加快城市交通体系建设，协调好交通建设与城市经济发展的相互关系，使之更好地服务于经济社会发展，实现交通经济一体化发展的目标。

2. 管制经济学理论概述

管制经济学又称规制经济学，是起源于 20 世纪 70 年代，之后逐步发展并在实证领域起重要作用的一门学科，主要研究在市场经济体制下政府或社会公共机构如何依据一定的规则对市场微观经济体进行社会或经济干预管理，具体指规制机构以自然垄断规制和市场进退规制为主要手段，对企业的进入、退出、产品或服务的价格、服务的质量等方面进行干预。规制经济学理论发展经历了公共利益规制理论、规制俘虏理论、新规制经济理论、激励性规制理论等。公共利益规制理论是规制理论的最初理由，在规制理论领域居于正统地位。该理论认为，规制发生的原因是存在着市场失灵，涉及自然垄断、外部性、信息不对称等，在这些

情况下，政府对市场规制具有经济学上的合理性。它是一种做实证理论的规范分析。该理论把政府对市场的规制看成政府对公共利益和公共需要的反应，它包含这样一个理论假设，即市场是脆弱的，如果放任自流，就会导致不公正或低效率。所以政府规制是从公共利益出发而制定的规则，目的是防止和控制受规制的企业对价格进行垄断或者对消费者滥用权力，并假定在这一过程中，政府可以代表公众对市场做出无成本的、有效的计算，使市场规制过程符合帕累托最优原则。维斯库斯提出自然垄断的永久性理论和短暂性理论，认为应当动态地对待自然垄断产业的规制。但是，公共利益规制理论还存在许多缺陷。① 公共利益规制理论规范分析的前提是对潜在社会净福利的追求，然而却没有说明对社会净福利的追求是怎样进行的；② 规制并不必然与外部经济或外部不经济的出现或与垄断市场结构有关。

规制俘获理论认为利益集团在公共政策形成中发挥重要作用，规制的供给是应产业对规制的需求（立法者被产业俘获），或者随着时间的推移规制机构逐渐被产业控制（规制者被产业俘获）。它是由 20 世纪七八十年代芝加哥学派的经济学家们提出的。他们认为：政府的基础性资源是强制权，它能使社会福利在不同人之间进行转移；规制的参与双方都是理性的，通过选择行为来实现自身利益最大化。规制的供给与利益集团收入最大化的要求相适应，通过规制，利益集团可增加其收入。斯蒂格勒的经典论文《经济规制论》首次运用经济学的方法分析规制的产生，将规制看成经济系统的一个内生变量，由规制的需求和供给联合决定。佩尔兹曼进一步完善了斯蒂格勒的理论，他证明了最优规制价格处于利润为零时的竞争性价格与产业利润最大化的垄断价格之间。政府立法者、规制者不会将价格定为使产业利润最大化得以实现的价格。最有可能被规制的产业是那些或具有相对竞争性或具有相对垄断性的产业。在竞争性产业中生产者将从规制中大量获益；而在对垄断产业管制过程中消费者将从中获益，如粮食、石油、电力、铁路、城市轨道交通等行业。利益集团规制理论完全超越了公共利益规制理论的公共利益范式，将经济人假设引入对政治家的分析中，将政府对市场管制置于供求分析的框架下，更贴近现实，也具有很强的解释力。

3. 交通运输管制的主要内容

交通运输管制是政府对运输业实施的特殊管理形式。由于交通运输业的特殊性，政府对其管制的政策工具被划分为两类，一类旨在进行宏观经济管理；另一类旨在进行社会公共事业管理。前者控制运输市场的供给数量、从事运输服务的供应商以及消费者支付的运价；后者控制运输服务的质量和社会服务保障水平。实际上这两套政策工具之间存在不可避免的重复。例如，限制市场进入，可以抑制运输生产对生态环境产生的许多有害影响，而严格的质量控制可以起到抑制不良竞争、保障人民基本生活水平的作用。

1）进入和退出管制

市场准入与退出机制属于政府对市场采取的微观经济政策调控范畴，政策的科学合理性对市场运行效率有很大影响。政府可以给车辆驾驶人员、运输工具或运输单位签发执照，以此来管理和控制交通运输设施及设备的规模和质量。进入和退出管制的内容涵盖了运输企业从设立到退出行业的全过程，如对从事城市交通领域的公交、出租车、专业性物流运输（如危险品、特种运输等）等经营企业的审核批准以及特许经营行政许可等。

例如，我国对公路客运企业实行许可证制度，《中华人民共和国道路运输条例》第十条规定：“申请从事客运经营的，应当按照下列规定提出申请并提交符合本条例第八条规定条件的相关材料：① 从事县级行政区域内客运经营的，向县级道路运输管理机构提出申请；② 从事省、自治区、直辖市行政区域内跨两个县级以上行政区域客运经营的，向其共同的上一级道路运输管理机构提出申请；③ 从事跨省、自治区、直辖市行政区域客运经营的，向所在地的省、自治区、直辖市道路运输管理机构提出申请。依照前款规定收到申请的道路运输管理机构，应当自受理申请之日起20日内审查完毕，做出许可或者不予许可的决定。予以许可的，向申请人颁发道路运输经营许可证，并向申请人投入运输的车辆配发车辆营运证；不予许可的，应当书面通知申请人并说明理由。对从事跨省、自治区、直辖市行政区域客运经营的申请，有关省、自治区、直辖市道路运输管理机构依照本条第二款规定颁发道路运输经营许可证前，应当与运输线路目的地的省、自治区、直辖市道路运输管理机构协商；协商不成的，应当报国务院交通主管部门决定。客运经营者应当持道路运输经营许可证依法向工商行政管理机关办理有关登记手续。"

2）运价管制与政府补贴

运价管制是交通运输管制的一项重要内容。运价政策是指政府对运输业价格制定的引导、限制和规范等方面的相关政策。制定价格政策的原因较多，但归纳起来主要是为了促进运输业稳步发展和维护运输消费者的合法权益。

运价管制主要包括两方面的内容：一是为了保证运输供给需要的投资而实行的投资回报率管制，抑制垄断性行业或特许经营企业利用垄断价格牟取暴利的行为给用户利益带来的损失以及社会成本的增加；二是为了运输市场公平竞争及保护运输服务消费者利益而实行的运价上下限管制，防止恶性竞争造成的资源浪费。

我国交通运价管制主要有政府定价、政府指导价和市场调价三种形式，不同的运输方式和不同运输用途采用不同的价格管制形式。

在城市交通运输中，由于客运和货运的性质不同，城市客运和货运有着不同的价格管制方法。在城市公共交通以及出租车行业，政府往往使用一些直接的方式控制运价，尤其是针对城市客运业，公共交通“价格听证”制度是一种常用的价格管制方式。在货运领域，由于与商品市场的紧密联系，特别是随着物流产业的迅猛发展，除煤炭、能源等大宗保障物品运输外，我国货运业已逐渐完全融入地区或区域物流产业体系，较客运业市场化程度高，因此，城市货运价格基本根据市场的运输供需情况确定。

在城市土地价格逐年快速上涨，交通基础设施建设造价及运输装备采购成本不断增长的前提下，政府对城市公共交通运价的管制必然造成城市公共交通企业的亏损增加，由此导致政府对被管制企业、行业的财政补贴也必然相应提高，虽然许多城市公共交通补贴数额逐年上升，但由于出行需求过快增长，交通拥堵状况的改善效果却并不显著，北京市就是典型的例子。2011年全市公共交通补贴总额占全市财政支出的11%。如此巨额的补贴虽然在一定程度上缓解了交通拥堵，但随着经济社会高速发展导致人口、机动车总量规模的快速增加，由此派生的出行需求增速逐年上升，并未能很好地达到其改善交通拥堵、保护居住环境的目的。对比国内外公共交通补贴经验，可以分析我国城市公共交通补贴现存的一些问题，并找出解决的思路和对策。比如，美国纽约的主要公共交通工具包括地铁、通勤铁路、公共汽（电）车、轮渡等。纽约市公共交通日均客运量达700万人次，占出行总量的75%。1996—2016年，美国联邦政府计划改善公共交通基础设施，包括新建线路、购买公共汽车车辆等共计补贴185.53亿美元。在运营补贴方面，美国大部分城市公共交通运营的资金来源主要是票价收入、州政府补贴、地方政府补贴，少部分款项来自联邦政府补贴，其他款项则通过减免营业税、消费税或发行债券等其他收入补齐。

作为政府支持城市公交事业的积极财政政策的具体体现，2013 年北京市公交补贴为 200.1 亿元，占全市财政收入的 5.47%，2014 年补贴额为 154 亿元，占全市财政收入的 3.82%。最近的一次大的财税补贴政策改革是在 2014 年年底，地铁由均价 2 元变为起价 3 元，上不封顶，乘车距离越长票价越高。地面公交起价则为 2 元，10 km 以后再行加价。持普通 IC 卡和学生卡乘地面公交票价有一定优惠，地铁票价则没有优惠。2015 年计划财政补贴地面公交约 83.7 亿元，补贴轨道交通约 58.8 亿元，共计 140 多亿元。

据学术界专家学者对我国城市公共交通财政补贴政策的分析，存在的问题主要有以下几个方面。

（1）补贴政策缺乏精准度，补贴方式仍显粗放

由于目前政府政策调控主要采取总量管控为主导，并未能根据城市交通需求的层次结构性特征制定精准的补贴政策以及具体的分类化补贴计划，所以对公交企业的补贴主要是直接的财政补贴。粗放的补贴方式的结果就是，尽管补贴的金额一再上涨，但由于出行社会群体在收入、成本承受能力等方面的存在的显著差异，在补贴效果和使用效率上却并没有很大的提升，并城市交通现状改善有限。

（2）补贴对象不能明确

尽管近年来专家学者一再强调要区分政策性亏损与经营性亏损，但由于具体的实施细则仍未形成，政府无法彻底区分二者，导致的结果就是城市公共交通资源的补贴效率和优化过程受到很大影响。由此可见，公益性和经营性的亏损是不容易区分的，强行实施的成本也不可谓不高。补贴对象的不能明确直接造成了政府每年大额资金的投入浪费，钱不能花在点子上，投入再多，效果也不会更好。这就给目前城市公共交通资源的优化配置带来了困难。

（3）补贴金额难以确定

要确定补贴金额，就需要先计算合理成本与每车公里运营收入。目前北京采取的是大部分无人售票与小部分人工售票并行的方式，在查证营业收入时要查看电子票证并且抽查运营车辆验票的情况。因为迄今为止还未能完全实现电子票证，收入的情况并不能完全透明化。有关成本的确定，燃料、车辆、人工等资源在同一线路的交叉问题也难以单独计量。糟糕的情况是企业为了获得更高额的补贴而隐瞒自身较低的成本情况，补贴金额难以确定，未来需要交通信息化的推进和大数据技术的支持。

（4）补贴收效甚微

任何一个调节市场供需的微观经济政策都有两面性。众所周知，北京市公交企业长期依靠政府补贴，近年来补贴力度更是不断加大，客观上也使得公交、地铁运营企业一定程度上缺少经营管理机制改革优化的积极性。由于目前缺乏具体合理的补贴机制，无法区分企业的政策性亏损和经营性亏损，因此补贴效率并不高。补贴机制未与管理效率和服务质量挂钩也是重要原因之一。这样的结果就是企业所有者为了自身利益，不思考如何降低运营成本，而将注意力集中于如何向政府征得更多补贴。

（5）对政策性补贴的绩效评估考核指标也缺少依据

按规定，政策性补贴考核的是受补贴的线路是否按计划得到了补贴，对于后期实施效果的考察关注不够，缺乏事后监督评价机制是补贴效率不高的原因之一，同时也可能导致公共

交通企业亏损的进一步增加。

3）服务质量或水平管制

服务水平管制的内容涵盖运输业经营的技术和服务标准。《中华人民共和国铁路法》《铁路货物运输规程》《铁路旅客及行李包裹运输规程》《汽车旅客运输规则》《汽车货物运输规则》《水路运输管理条例》《水路旅客运输规则》《中华人民共和国民用航空法》《国内旅客行李航空运输规则》《国内航空货物运输规则》等法规对运输设备、班次、时刻表、票据、运营线等有比较明确的规定。例如，在《中华人民共和国铁路法》第十三条中对铁路服务水平做出了规定，在《中华人民共和国民用航空法》第九十五条中对航空服务水平作出了规定，而交通安全则由诸多交通安全规则加以规范。在我国目前的服务水平管制的规定中，有关安全、运输工具、运输业从业技术人员的考核以及运输合同条款方面的规定较多也较为详细，而对于服务的水平、质量等规定比较笼统。

4）标准与规章制度

通过相关的标准与规章制度对交通运输进行管制，也是政府常用的一种手段。以控制公路运输外部性的政策为例，可以采用制定排放标准、强制性推行低污染汽车或强制报废旧汽车等直接或间接的手段；公路上执行的速度限制旨在降低事故风险，并有节约燃料的补充效果；许多国家强迫驾车者系上安全带也是为了降低事故成本；定期检测车辆和给卡车、飞机等运载工具发放许可证，都是为了保证达到最低的安全和环境标准。其所要达到的目的是相似的，即减少运输的边际环境成本。

11.5.2 交通运输管制的分类

交通运输管制可以分为经济管制和非经济管制，非经济管制也称社会管制。经济性的运输管制主要是防止资源配置的低效和为消费者提供公平服务，由政府对企业运输市场的资格，退出运输市场的条件，提供运输服务的质量、数量和价格以及运输企业的投资、财务等方面进行一系列的规定。社会性的运输管制则是指以保障运输业中劳动者和消费者的安全与健康、保护环境、防止社会生产生活秩序混乱等为目的，对提供运输服务相关的各种活动制定一定的标准，并限制或禁止某些特定行为的规范。

1. 政府对运输业的经济管制

经济管制是指政府为了实现一定经济目标而对交通运输业进行的管制，主要是指基于交通运输业在国民经济产业体系中的基础性特征，以及其产品或服务的公益性或公共物品属性，如铁路运输、城市公共交通等。经济管制的基本出发点是限制行业垄断行为和不合理竞争。

1）政府对垄断的管制

交通运输业作为国民经济的基础产业，是最容易形成垄断的行业，尤其是具有规模经济特征的公共交通运输业，而在各种运输方式中，铁路运输一般被认为是最容易形成独家垄断的运输方式，所以以往政府对垄断行业的管制主要是针对铁路进行的，目前交通领域对垄断行业管制还包括城市轨道交通、城市公共交通、高速公路等。美国从 19 世纪六七十年代的格兰其法令，1887 年 4 月 15 日开始实行的“商务管制法”，1903 年通过的艾尔金法，1906 年的哈布恩法，都表明政府的权力在若干方面不断得到加强，并且从对铁路的管理权利扩大到有关附属业务和其他运输方式的管理。政府对垄断管制的主要任务是维护市场公平竞争机制，保障供需均衡，维护货主、旅客和其他承运人的利益。

2021 年 4 月 29 日，我国交通运输部明确表示将充分发挥交通运输新业态协同监管部际联席会议制度的作用，进一步明确规则，划清底线，创新监督监管方式，配合有关部门加强反垄断的监管，推动实现事前、事中、事后全链条监管，有效地规范企业经营行为。水陆空在内的各种形式的交通运输行业、快递及快递柜行业都要同时兼顾新经济和传统经济的反垄断执法、反垄断法规，把反垄断法规引入行业标准。

2）政府对运输业竞争的管制

运输业的竞争主要是不同运输方式之间的竞争和企业间的竞争，对运输竞争的管制主要通过两种措施来实现：一种是对市场准入方面的控制，任何运输企业进入市场，必须经过运输管理机关审查批准，并规定其在指定的运输路线经营和运送指定的货物和旅客。另一种是对运价尤其是最低运价的控制，控制最低运价的目的是限制某一运输方式内的竞争或不同运输方式间的竞争以及保留每种运输方式的内在优势，针对不同交通方式建立健全补偿机制，避免运输企业恶性竞争的发生，保证行业健康发展。

2. 政府对运输业的社会管制

社会管制是指政府为了实现一定的社会目标对运输业所进行的管制。运输业是一个既能带来正外部效益，也能造成外部成本的特殊基础产业，为了保障经济社会大系统正常运行，维护社会和公众的利益，保护人类的生存环境，保证人们的生命财产安全，各国政府及有关国际组织对运输业进行社会管制。

1）政府对城市交通拥堵的管制

城市的交通拥堵问题是世界各大城市面临的重要社会问题，而且随着各国城市化进程的加快，这一问题日益严重。拥堵的首要原因之一是汽车产业高速发展，大中城市私人汽车保有量及家庭普及率的快速增长，超过了城市交通的供给增长步伐，致使以一般税收所建造的城市道路面积被大部分私人汽车出行占用，有失社会公平，而拥堵造成的能耗增加、环境污染加剧等问题对城市交通等公共资源环境的承载力也是一个巨大的冲击。据统计，进入 21 世纪以来，随着我国经济的发展，我国私人汽车数量持续高速增长。2016 年我国私人汽车拥有量 16 330.22 万辆，同比增长 15.8%。相比 1985 年我国私人汽车拥有量仅 28.49 万辆，32 年累计增长 16 301.73 万辆，环比增长 22.7%。2018 年我国汽车保有量达 2.4 亿辆，比 2017 年增加 2 285 万辆，增长 10.51%。这个增幅在目前世界上也是独一无二的。从发展角度看，2018 年我国每千人汽车保有量是 170 辆左右，距离主要发达国家保有量水平还有比较大的差距，比如美国的千人保有量是在 800 辆左右，欧洲、日本为 500～600 辆。由此可见，未来一段时间，随着我国经济持续发展，汽车消费市场还是有较大的发展空间。

此外，从空间分布来看，我国的汽车保有量，特别是轿车绝大多数分布在大中城市。如北京市 2018 年登记在册本地机动车保有量达 608.4 万辆，其中汽车 574.6 万辆，私家车 479 万辆，占汽车总保有量的 83%。这还是在 2011 年市政府采取汽车限购政策以来的情况，不包括大量涌入的外地车辆以及北京市居民使用的外地牌照车辆。汽车拥有量的过快增长使北京等国内主要城市的交通拥堵不断加剧，据百度等机构发布的 2016 年度我国主要城市交通拥堵排行榜，哈尔滨、济南分别为早、晚高峰“最堵”。2016 年度十大“堵城”分别是：济南、哈尔滨、北京、重庆、贵阳、深圳、昆明、杭州、大连和广州。济南和哈尔滨超越北京，成为全国最堵的两个城市。其中，济南是2016年年度晚高峰最堵的城市，可以说是“下班最艰难之城”；哈尔滨则是2016年年度早高峰最堵的城市，可以说是“上班最艰辛之城”。此外，全国 1/3 的城市高峰通勤受到拥堵的威胁，总体上一线城市由于陆续出台交通管控措施，拥堵增长基本趋于停滞，二线城市增长迅猛。其中，深圳市拥堵涨幅小于2%，北京拥堵涨幅微弱，仅为0.24%，老牌堵城广州和上海甚至稍有下降，这说明各地政府的治堵措施起到了作用。

综上所述，面对日趋严重的城市交通供需矛盾，以及由此引发的拥堵加剧、资源环境等一系列负外部性问题，各国政府都应想尽各种办法加强对全社会机动车的交通管制以解决交通拥堵问题，如新加坡、英国伦敦等城市实施了拥堵收费政策，按照需求管理的思路，近十年来，我国北京等大城市陆续出台了机动车交通管制政策措施，如北京市最早实行的机动车尾号限行以及小客车数量调控暂行规定（即限购政策），都属于城市交通需求管理政策，在加快城市交通基础设施建设的同时，运营政策调控手段，在一定程度上延缓了城市交通拥堵趋势的蔓延。

2）政府对城市交通环境污染的管制

运输业的发展推动经济社会发展的同时也给人类的生存环境带来了消极的影响。交通运输业对环境的污染主要有两大方面：一是空气污染；二是噪声污染。特别是城市交通出行需求规模大，时空分布密集，加之轿车普及率高位增长，因此，城市交通对资源环境压力最大，也是环境治理的重中之重。为了提高环境质量，政府采取了相应的对策措施：控制废气排放标准；改善交通车流；限制轿车使用；鼓励公共中小型汽车；此外，为了减少噪声污染，政府设立了合理的防止噪声污染的法律、法规和有关规定，由指定机关严格执行，如规定某些地区不得鸣笛、修建隔音装置或绿化带等。

3）政府对交通安全的管制

交通安全管制也是运输社会管制的一个重要方面，因为大量交通事故的发生，给人们的生命和财产安全带来了巨大威胁。为了减少交通事故的发生，除了对交通设施和运输工具设计制造制定相应的安全技术标准，还对运输工具的安全性能进行定期检测；禁止运输工具超载运行；禁止驾驶员酒后驾车、超速行驶等，以保证运输工具的安全运行。2021年中国道路交通事故万车死亡人数为1.57人。

4）政府对停车的管制

城市停车管制也是大城市运输管制的重要内容，通过完善停车管理、对停车收费重新定价和对机动车停车实行管制，停车收费和管理能在很大程度上改善出行行为，从而减少交通拥堵与污染、降低轿车出行分担率，同时还可以增加财政收入。例如，北京市提高了城市核心区的停车收费费率，增加了轿车的出行成本，一定程度上抑制了弹性轿车交通出行需求。

11.5.3 城市交通运输需求管理政策及应用

对交通需求管理措施按照出行行为的各个阶段（出行产生、出行分布、出行方式选择以及空间路线选择、时间路线选择等）来划分，即可以针对不同的行为阶段设定不同的管理目标，并根据各阶段管理目标采取相应的管理措施。出行产生阶段主要以抑制出行总量的措施为主，例如，土地利用控制等；出行分布阶段也以抑制出行总量的措施为主，例如，限制土地利用类型等；出行方式选择阶段，以促使低容量方式向高容量方式转移的措施为主，例如，公共交通优先、限制轿车使用等；空间路线选择阶段以实现交通负荷空间均衡的措施为主，例如，错时出行、高峰时段限行等。

交通出行行为各阶段的需求管理 TDM 目标以及所采取的具体管理措施见表 11－1。

表 11－1　针对交通出行各阶段的需求管理 TDM 目标与管理措施

出行阶段	TDM 目标	TDM 措施
出行产生	控制或减少交通发生源以抑制出行问题	土地利用控制（控制或消除那些可以导致出行的特定活动或特定场所）； 现代通信替代出行，例如，视频会议、网上购物、电话会议、电话购物（消除那些与一定特定活动有关的出行产生）
出行分布	控制或减少交通吸引源以抑制出行总量	实行限制土地利用类型和发展的分区控制，在全市或局部地区内改变某些活动的地点； 实行出行约束措施、优化附属活动的位置，例如，工作地点的辅助设施、托儿所、食堂、饭馆等服务性设施
出行方式选择	将出行由低容量向高容量方式转移	在允许的范围内增大发展密度，以增加本地区高容量交通设施建设的必要性； 对某些交通运输方式的发展被选激励或抑制措施。例如，停车费的调整、对于多人合乘汽车和乘坐公共交通补贴、设置自行车和行人专用道等
空间路线选择	将出行由交通拥挤的地区向非拥挤的地区转移以使交通流在空间分布上尽可能均衡	保持街道安静、设置临时性或永久性的路障，禁止通过交通在住宅区内通行； 灵活选择出行路线，采用现代通信技术及时为出行者提供周围路网交通状况信息，使其能选择一条最优路线
时间路线选择	将出行由高峰时段向非高峰时段转移以使交通流在时间分布上尽可能均衡	综合利用土地，平衡工作与居住用地（不同的土地利用代表着不同的出行产生特点）； 错时工作计划，例如，灵活的工作时间、压缩工作日等

世界各国采用的交通需求管理方法很多，大致可以分为政策法规强制类措施、经济手段调节类措施、技术及设施引导类和其他辅助措施四大类型。虽然从政策制定到技术实施各不相同，但是这些交通需求管理方法都是基于所实施地区的实际情况使用的。本节主要介绍政策法规强制类措施和经济手段调节类措施。

1. 政策法规强制类措施

政策法规强制类措施是指政府通过目标明确的规划或建立相应的运行机制来推行需求管理、引导需求消费的各类方法和途径，具有较明显的强制性特点。它属于管制经济学在城市公共事业领域的应用范畴。这类措施主要包括车辆拥有限制、出行时段限制、出行区域限制、车辆种类限制等。

1）车辆拥有限制措施

车辆拥有限制措施是通过征收额外的费用来限制人们对轿车的拥有，以达到从根源上减少轿车出行总量的目标。例如，新加坡采用拍卖车牌的措施，并在一定拥有期满后重新进行拍卖，上海实行了车牌拍卖措施，北京推行了车牌摇号分配措施，目的均是减缓车辆快速增长的势头，控制轿车出行需求的迅猛增长。

2）出行时段限制措施

出行时段限制措施是通过限制车辆一定时间段的行驶权实现需求总量的降低及其时间分布的均衡。例如，北京实施的单双号限行、尾号限行等措施，在一定程度上降低了全日特别是高峰时间段机动车出行总量。

3）出行区域限制措施

出行区域限制措施是通过限制车辆一定空间区域内的行驶实现需求总量降低及其时间分布的均衡。例如，北京采取了部分路段外地车、大货车高峰时段五环内禁行的措施，2021 年

11月起拟对外地牌照车辆实行进京出行总量控制措施。

4）车辆种类限制措施

车辆种类限制措施是通过限制特定种类车辆的行驶权以实现需求总量降低。例如，部分城市实施的货车、大型货车日间限行措施，以降低这部分车辆与城市公共交通车辆、轿车对道路资源的竞争力度。

2. 经济手段调节类措施

经济手段调节类措施对于交通需求管理来说，是运用市场经济规律采取的一项合理、有效的出行需求管理手段，它可以起到抑制道路等稀缺运力资源的过度使用，并能够反映出拥挤的边际费用、社会费用、污染和环境费用等作用。经济手段调节类措施主要包括道路通行收费（含城市中心区道路拥挤收费）措施、停车收费措施、公交收费调整措施等。

1）道路通行收费措施

道路通行收费措施是传统的向使用者收取养路费的形式。由一条或几条边界线划定一个收费区域，在通往区域的边界道路上征收费用。费用直接与旅程穿越的边界线数目相关。费用也可以在一个弹性边界内变化，例如，为了鼓励路线或旅行时间上的实时变化，可以根据拥挤情况收费。

（1）基于时间的道路收费

基于时间的道路收费方式是在具体地区出行时，基于出行时间的可变费用确定金额的收费方式。费用率可以根据一天中的时间、车辆使用者类型和跨越不同时区而变化。一项可行的技术是，道路边的微波装置向附于汽车挡风玻璃上的车载接收装置（IVU）提供收费信息，驾驶者可以使用智能卡根据在具体区域行驶花费的时间缴费。这种无现金的缴费方式可取代停车收费，不需要随身携带零钱。

（2）基于运距的道路收费

基于运距的道路收费在技术要求上与基于时间的系统相似，是根据在具体地区旅行距离收费的可变化费用，如通达机场的道路、高速公路等机动车专用道路按照车公里费率计费通行等收费管理方式。我国高速公路目前小客车通行费率一般在0.5元/车公里左右，车型越大，费率标准就越高；货运车辆为了限制超载现象，也有按照实际载荷计重收费的辅助方式；而城市机场高速公路往往略高于此费率标准。该方式的主要优点是实用，费用计算简单。

（3）基于拥挤的道路收费

基于拥挤的道路收费是指在交通相对拥挤的地区开展附加收费以降低拥挤区交通流量从而缓解该区域拥挤水平的方法，其常见形式是高峰期收费。基于拥挤的收费包含了当前拥挤水平直接相关的道路使用费用，有人认为它比基于距离收费和基于时间收费更加公平，因为只有当拥挤发生时才应该收费。基于拥挤的收费技术需要微波装置和车载接收装置。

拥挤收费的一个有效替代方案是征收燃油税。原因很简单，每千米的出行成本增加自然导致人们减少出行里程和出行次数。与征收拥挤道路费相比，燃油税征收的方案简单、便于操作，然而这种措施对高收入群体影响有限。

2）停车收费措施

停车收费措施是最广泛应用的停车控制方式之一。停车收费措施将需求保持在可以提供的停车空间以下来减少寻找停车位的时间。定价策略有基于统一标准、以单位时间定价、最大停留时间定价等方法。停车收费的效果依赖于驾驶者的可选方式，与停车—换乘相比，它在中央商务区实施效果好，在郊区效果较差。表 11－2 给出了美国一项研究显示的停车费对出行量减少的影响。

表 11－2 停车费对出行量减少的影响 单位：%

地区	增加 1 美元	增加 2 美元	增加 3 美元	增加 4 美元
低密度的郊区	6.5	15.1	25.3	36.1
城市中心区	12.3	25.1	37.0	46.8
中心商业区	17.5	31.8	42.6	50.0

3）公交收费调整措施

公交收费调整措施是通过对公交服务的细分，制定吸引乘客的合理价格。这种措施对乘客使用公共交通和轿车出行具有直接的影响。措施包括根据使用者（职工与学生、通勤者与非通勤者、年长者与年幼者）、地区税（地区关税）、交通方式（包括联合运输售票）、出行时间段（工作、假期、昼夜等）等方面对费用进行调整和区别。实践表明，公共汽车的费用弹性在－0.3 左右，轨道交通稍高一些。公共交通价格调整措施对改进公交使用者的可达性和公平性、改善交通系统效率、降低环境污染都有一定贡献。

案例一：北京市公交财政补贴制度

1. 北京公交改革概况

北京公交改革细则规定：自 2007 年 1 月 1 日起，取消公交成人月票卡、学生月票卡、公交联合月票卡。公交普通 IC 卡乘公交 4 折，学生卡 2 折，包括空调车在内公交汽车基础价是 1 元。也就是说，乘坐普通的一元公共汽车，普通乘客每次花费 4 毛钱，学生只用 2 毛钱。按照一名每天需要乘坐 4 次公交的普通乘客来算，改革后一个月能省 72 元，这给持卡乘客带来巨大的优惠。与之相应的是国家财政对公交集团的补贴。2007 年北京市将 116.5 亿元财政投入改革中的基础设施建设和公交部门的亏损补贴，其中 31.37 亿元用于财政补贴，占当年财政收入 1 492 亿元的 2.1%，其余 80 亿元用于支持城市轨道交通建设，北京市政府还将投资 1 000 余亿元用于交通环境等方面的改善。2014 年 11 月 27 日，北京市发改委正式发布北京公共交通价格调整最终方案。新方案最终选取了听证方案中轨道交通方案二和地面公交方案二，即地铁起步 3 元坐 6 km，不含机场线；公共汽车起步 2 元坐 10 km。新方案于 12 月 28 日起实施，即和轨道交通新开通线路同步实施。

2. 公交财政补贴的经济效益

财政补贴是国家为实现特定的政策目标，在一定时期内先特定企业和个人提供的无偿补助和津贴。

1）平抑物价水平，保证居民生活水准

北京市对公交集团的补贴属于财政补贴中的价格补贴，它是政府为提升居民生活质量所采取的微观经济政策。解决交通问题而对北京市公交集团的企业亏损做出的补贴，2019 年北京市城市客运共运送乘客 84.0 亿人次，其中轨道交通完成客运量 39.62 亿人次，地面公交超过 35.6 亿人次，大量居民乘坐公共交通有效地减少了北京马路拥堵情况和环境污染情况，低票价也减轻了北京居民的出行负担。可见本次改革不仅在一定程度上缓解了北京的交通压力，也为居民带来了实惠，这属于财政补贴的正面效应。

2）实现外部性的内部化，提高资源配置效率

更多的居民乘坐公共汽车具有正外部性。首先，这有利于节能减排，减少环境污染。其次，更多的居民选择公交出行这意味着私家车的使用会减少，一定程度上缓解了交通压力 对于公交集团来说，政府对公交亏损进行补贴，有助于实现企业正外部性的内部化。能够使企业生产决策的均衡点更接近于有效率的均衡点，这也是属于财政补贴的正面效应。

3）扭曲价格体系，增加财政负担

公共汽车是属于混合型公共产品，随着消费人数的增加会产生拥挤，从而减少每个消费者可以从中获得的效益。当公共汽车大幅度降价后，过低的价格会吸引大量的消费者，出现供不应求的局面。使得公共汽车更为拥挤。由财政补贴保障的大幅度降价不仅增加了财政负担，也扭曲了价格体系，这是财政补贴的负面效益。

3. 公交改革存在的问题

除了在财政补贴的经济效益中分析的扭曲价格体系、增加财政负担，本次车改还存在以下问题。

1）价格过低，引发需求不平衡

事实上，早在 1999 年，北京的公共汽车起价就从 0.5 元涨到了 1 元，而这次调价把票价降得比以前还低。远低于均衡价格的票价引起供求关系的变动，特别是空调车，改革以后空调车全程票价下降 6.4 元。和非空调车价格无异，这使得空调车处于满载状态，高峰时期更是超负荷运载。

2）降低公共汽车舒适度，带来安全隐患

根据北京市交通委员会数据，优惠后公共汽车的平均满载率达到了 75%，尤其是原来月票无效的 7、8 字头的公共汽车，其满载率提高了 48%。过多的乘客选择公共汽车，给居民带来两个难题：一是乘坐公共汽车难，二是公共汽车舒适难。由于公共汽车的密封性较强，客流量增多使其舒适度大大降低。在一些空调车上，这种情况尤为明显，虽然每辆车上都有安全锤，但过高的客流量使得公共汽车存在一定的安全隐患。

3）学生卡票价更低，产生造假问题

持学生卡打 2 折，这和普通票价之间存在价格差距。这项规定的本意是优惠学生，却给一些人可乘之机：一是存在假冒学生卡或者让学生替办卡，二是，虽然学生卡上附有照片，但是实际操作中没有人检查是否为持卡本人。刷卡名不副实的现象会导致财政补贴的无效率和浪费现象。

案例二：北京市机动车需求管理政策

1. 机动车尾号"限行"政策

为了缓解城市交通拥堵问题，国内一些特大城市纷纷采取了交通需求管理措施。以北京

市为例，北京市的机动车保有量从 2000 年的 157.8 万辆激增至 2019 年 636.5 万辆，巨大的机动车保有量规模及其快速增长态势，不断加剧城市交通供需矛盾，使得近年来北京市交通拥堵及交通事故发生得更加频繁，宏观经济运行成本与居民、企业单位交通出行微观经济损失不断增大。在 2008 年北京奥运会期间，奥组委与市政府为保证运动会正常进行，试行了严格的交通管控措施，包括公交优先、错时上下班、单双号限行和公务车限行在内的一系列交通需求管理政策被统一执行，使得该期间内北京市交通状况得到了有效改善。2008 年北京奥运会后，为了延续北京奥运会时期北京交通顺畅通行的状况，以实施“公交优先”战略为核心，优化调整城市交通供需结构，促进绿色交通发展，北京市机动车尾号限行等交通管制政策被一直沿用至今。

根据 2020 年发布的《北京市人民政府关于实施工作日高峰时段区域限行交通管理措施的通告》，“本市行政区域内的中央国家机关，本市各级党政机关，中央和本市所属的社会团体、事业单位和国有企业的公务用车按车牌尾号每周停驶一天（0 时至 24 时），范围为本市行政区域内道路。根据《中华人民共和国道路交通安全法》和《北京市大气污染防治条例》有关规定，除上述第一条范围内的机动车外，本市其他机动车实施按车牌尾号工作日高峰时段区域限行交通管理措施，限行时间为 7 时至 20 时，范围为五环路以内道路（不含五环路）。自 2020 年 6 月 1 日至 2020 年 7 月 5 日，星期一至星期五限行机动车车牌尾号分别为：1 和 6、2 和 7、3 和 8、4 和 9、5 和 0（机动车车牌尾号为英文字母的按 0 号管理，下同）；自 2020 年 7 月 6 日至 2020 年 10 月 4 日，星期一至星期五限行机动车车牌尾号分别为：5 和 0、1 和 6、2 和 7、3 和 8、4 和 9；自 2020 年 10 月 5 日至 2021 年 1 月 3 日，星期一至星期五限行机动车车牌尾号分别为：4 和 9、5 和 0、1 和 6、2 和 7、3 和 8；自 2021 年 1 月 4 日至 2021 年 4 月 4 日，星期一至星期五限行机动车车牌尾号分别为：3 和 8、4 和 9、5 和 0、1 和 6、2 和 7。”

据百度、高德等机构发布的城市拥堵调查数据年度分析报告，北上广深等特大城市近年来的交通拥堵峰值都呈现出逐渐回落态势。

从交通综合治理角度看，2021 年以来，随着我国防疫政策的落实，本土新型冠状病毒性肺炎疫情传播基本阻断，城市通勤、通学出行需求日渐旺盛，轿车出行意愿上升，城市道路运行压力较大，不限行工作日拥堵尤为明显。据监测，因放假调休，不限行工作日道路交通指数较限行工作日提高 7.5%，道路运行速度降低 7.1%。截至 2021 年 3 月，北京市机动车保有量已超过 662 万辆，今年还将配置 10 万个小客车指标，我国大城市道路交通运行压力有进一步加大的趋势，交通需求管理政策将得到持续的落实和完善。

此外，从当前面临形势角度看，按照推动实现“碳达峰”“碳中和”的部署，特别是保障冬奥会等重大活动大气质量优良、交通秩序良好的要求，依据《中华人民共和国道路交通安全法》第三十九条和《北京市大气污染防治条例》第七十二条的规定，北京市将继续实施尾号限行措施。为优化车辆能源结构，推广应用新能源汽车，纯电动小客车将继续不受尾号限行措施限制。

2. 轿车“限购”政策

2010 年 12 月 23 日，北京市人民政府公布了《北京市小客车数量调控暂行规定》（以下简称规定），规定指出，小客车年度增长数量和配置比例由市交通行政主管部门会同市发展改革、公安交通、环境保护等相关行政主管部门，根据小客车需求状况和道路交通、环境承载能力合理确定，报市人民政府批准后向社会公布；小客车配置指标按照公开、公平、公正的原则，以摇号方式无偿分配；住所地在本市的个人，名下没有本市登记的小客车，持有效的机动车驾驶证，可以办理摇号登记；市交通行政主管部门的指标调控管理机构负责具体工作；指标有效期为6个月，不得转让。指标有效期内，不得重复办理摇号登记。

限购政策的实施在一定程度上从总量规模上控制了北京市机动车的增长速度。2011年度北京市的24万个小客车指标额度用完，全年无偿配置个人小客车购车指标21.12万个，单位小客车购车指标2.4万个，剩余0.48万个营运小客车以“申请+审核” 的方式配置给汽车租赁企业，购车摇号限购至少减少了60万辆新车上路，使北京市机动车保有量突破500万辆的时间延后了近一年。而同时，一系列新政的落实，让2011年北京交通拥堵程度得到缓解，工作日平均交通拥堵指数下降 21.3%，拥堵时间减少 75 min，全年“中度拥堵”等级以上天数减少78 d；工作日早晚高峰路网平均车速分别提高10.5%和13.2%。根据2021年1月8日公安部交通管理局发布的数据，2020年全国汽车保有量达2.81亿辆，其中北京以603.2万辆位居第一。目前北京每年增加10万个小客车指标，新能源小客车家庭指标2021年是32 520个。但随着燃油型车辆限购政策也使得各大城市电动汽车等需求管理政策支持的新能源车辆近年增速也在不断加快，以及大城市相当一部分居民使用外地牌照车辆现象也比较普遍，部分抵消了北京等大城市限购政策应有的缓解城市道路交通压力的作用。从各贯彻落实供给侧结构性改革的方针的思路出发，这就要求各大城市交通需求管理政策作出进一步的调整，当然，管制政策的理论依据也应该随之不断完善，包括本书在内相关研究旨在为我们的交通政策提供充分的理论方法支持。

复习思考题

1. 什么是城市交通经济政策？
2. 城市交通政策的特征有哪些？
3. 城市交通政策具有哪些功能？
4. 相关政府部门对公共交通企业采用哪些补贴形式？请简要介绍。
5. 相关政府部门如何对交通价格进行调控？
6. 城市交通经济政策有哪些？谈谈你的认识。
7. 公路“费改税”政策与原来的征收养路费政策相比有哪些优点？意义何在？

参考文献

[1] 甄峰. 城市规划经济学［M］. 南京：东南大学出版社，2011.
[2] 林恩. 发展经济学［M］. 王乃辉，等译. 上海：格致出版社，2009.
[3] 庇古. 福利经济学［M］. 何玉长，译. 上海：上海财经大学出版社，2009.
[4] 苏东水. 产业经济学［M］. 北京：高等教育出版社，2010.
[5] 王庆云. 交通运输发展理论与实践［M］. 北京：中国科学技术出版社，2006.
[6] 陆大道. 中国地域空间、功能及其发展［M］. 北京：中国大地出版社，2011.
[7] 金凤君. 基础设施与经济社会空间关系［M］. 北京：科学出版社，2012
[8] 刘秉镰，韩晶. 区域经济与社会发展规划的理论与方法研究［M］. 北京：经济科学出版社，2007.
[9] 宛素春. 城市空间形态解析［M］. 北京：科学出版社，2004.
[10] 管楚度，龙科军“一带一路”关键交通节点区位分析与开发［M］. 北京：人民交通出版社，2016.
[11] 张秀生，张平. 中国区域经济发展［M］. 北京：中国地质大学出版社，2009.
[12] 杨小凯. 发展经济学：超边际与边际分析（修订版）［M］. 北京：社会科学文献出版社，2019.
[13] 巴顿. 运输经济学［M］. 北京：商务印书馆，2001.
[14] 杨浩. 运输组织学［M］. 北京：中国铁道出版社，2004.
[15] 陆化普. 交通规划理论与方法［M］. 北京：清华大学出版社，2006.
[16] 贾顺平. 交通运输经济学［M］. 3 版. 北京：人民交通出版社，2018.
[17] 陈艳艳，刘小明，陈金川，等. 城市交通需求管理及应用［M］. 北京：人民交通出版社，2009.
[18] 刘红. 运载工具运用基础［M］. 上海：上海交通大学出版社，2012.
[19] 胡思继. 综合运输工程学［M］. 北京：清华大学出版社，2006.
[20] 荣朝和. 西方运输经济学［M］. 北京：经济科学出版社，2008.
[21] 毛保华，王明生，贾顺平，等. 城市客运管理［M］. 北京：人民交通出版社，2009.
[22] 王侃，吕向丽. 运输与运载［M］. 北京：中国物资出版社，2009.
[23] 毛保华，郭继孚，陆金川，等. 城市综合交通结构演变的实证研究［M］. 北京：人民交通出版社，2011.
[24] 冯树民，白仕砚，慈玉生. 城市公共交通［M］. 北京：知识产权出版社，2012.
[25] 张理. 现代物流学概论［M］. 北京：中国水利水电出版社，2009.
[26] 龙江，朱海燕. 城市物流系统规划与建设［M］. 北京：中国物资出版社，2004.
[27] 方虹. 城市物流研究［M］. 北京：高等教育出版社，2006.
[28] 肖生苓. 现代物流技术与管理［M］. 哈尔滨：东北林业大学出版社，2006
[29] 唐秀丽. 城市物流［M］. 北京：中国物资出版社，2011.

[30] 隽志才. 运输技术经济学 [M]. 5版. 北京：人民交通出版社，2013.
[31] 秦四平. 运输经济学 [M]. 2版. 北京：中国铁道出版社，2007.
[32] 赵淑芝. 运输经济分析 [M]. 2版. 北京：人民交通出版社，2008.
[33] 严作人，张戎. 运输经济学 [M]. 北京：人民交通出版社，2003.
[34] 邵春福，秦四平. 交通经济学 [M]. 北京：人民交通出版社，2008.
[35] 郭继孚，毛保华，刘迁，等. 交通需求管理：一体化的交通政策及实践研究 [M]. 北京：科学出版社，2009.
[36] 徐剑华. 运输经济学 [M]. 北京：北京大学出版社，2009.
[37] 蒋惠园. 交通运输经济学 [M]. 武汉：武汉理工大学出版社，2009.
[38] 喻小贤，陆松福. 物流经济学 [M]. 北京：人民交通出版社，2007.
[39] 纪红任，游战清，刘克胜，等. 物流经济学 [M]. 北京：机械工业出版社，2007.
[40] 谢海红，贾元华，罗江浩. 交通项目评估与管理 [M]. 2版. 北京：人民交通出版社，2017.
[41] 贾元华. 铁路项目评估与管理 [M]. 北京：中国铁道出版社，2010.
[42] 贾元华. 高速公路经济适应性研究 [D]. 北京：北京交通大学，2002.
[43] 王江. 地铁运营评估 [M]. 北京：中国铁道出版社，2008.
[44] 高杨斌. 区域综合交通体系战略规划研究 [D]. 南京：东南大学，2005.
[45] 刘露. 天津城市空间结构与交通发展的相关性研究 [M]. 天津：天津大学出版社，2011.
[46] 陆大道. 论区域的最佳结构与最佳发展：提出“点—轴系统”和“T”型结构以来的回顾与再分析 [J]. 地理科学，2001 (2)：127-135.
[47] 王春才，赵坚. 城市交通与城市空间演化相互作用机制研究 [J]. 城市问题，2007 (6)：15-19.
[48] 郑捷奋，刘洪玉. 香港轨道交通与土地资源的综合开发 [J]. 中国铁道科学，2002 (5)：3-7.
[49] 叶霞飞，胡志晖，顾保南. 日本城市轨道交通建设融资模式与成功经验剖析 [J]. 中国铁道科学，2002，(4)：128-133.
[50] 郑捷奋，刘洪玉. 日本轨道交通与土地的综合开发 [J]. 中国铁道科学，2003 (4)：134-139.
[51] 沈满洪，何灵巧. 外部性的分类及外部性理论的演化 [J]. 浙江大学学报：人文社会科学版，2002 (1)：152-160.
[52] 翟会颖，甄东兴. 财政与金融 [M]. 北京：清华大学出版社，2013.
[53] 张光远，张冬升，王伟. 运价管理：政策、现状、借鉴与分析 [M]. 北京：中国市场出版社，2005.
[54] 邵春福. 交通规划原理 [M]. 2版. 北京：中国铁道出版社，2014.
[55] 北京交通大学北京交通发展研究院. 北京市交通发展年度报告：2019 [M]. 北京：社会科学文献出版社，2020.
[56] 祝福恩. 推进供给侧结构性改革的理论及实践依据 [N]. 黑龙江日报，2016-02-24 (6).
[57] 邱永涵，李毅，杨超. 站城综合开发目标下广州北站一体化交通体系构建策略 [J]. 铁

道运输与经济，2021，43（5）：117-122.

［58］张文佳，王梅梅. 交通拥堵治理的空间与基础设施政策综述［J］. 人文地理，2021，36（2）：20-26.

［59］熊嘉月. 铁路综合客运枢纽交通换乘设施空间布局研究：以高邮综合客运枢纽为例［J］. 城市住宅，2021，28（4）：146-147.

［60］陈旭梅. 城市智能交通系统［M］. 北京交通大学出版社，2013.

［61］林晓言. 交通蓝皮书：中国城市交通绿色发展报告（2020）［M］. 社会科学文献出版社，2020.

［62］刘雪杰，白同舟，林旭，等. 北京市“十四五”时期交通发展思路分析［J］. 城市交通：2021，1-9.

［63］李玉祺，王广民，徐猛. 随机 OD 需求下城市道路交通网络设计问题的 BP 神经网络算法研究［J］. 系统工程理论与实践，2021，41（11）：3009-3019.

［64］孙立山，贾琳，魏中华，等. 基于 GPS 数据的出租车出行需求预测研究［J］. 交通信息与安全，2021，39（5）：128-136.

［65］陈艳艳，路尧，孙浩冬. 国家综合立体交通网下的城市群交通一体化：以京津冀城市群为例［J］. 中国公路，2021（9）：38-41.

［66］黄书雷，方行明，鲁玉秀，等. 交通和信息基础设施对经济增长的影响机制、效应评估和路径优化研究［J］. 经济问题探索，2021（10）：100-111.

［67］王振华，刘翘楚，江金启. 交通可达性、集聚外部性与区域经济高质量发展［J］. 软科学：2021，1-11.

［68］冉婧入. 城市轨道交通 PPP 项目经济风险分析及规避风险建议［J］. 城市轨道交通研究，2021，24（9）：236-237.

［69］焦禹萃. 城市轨道交通工程建设中的经济管理风险及防范措施［J］. 城市轨道交通研究，2021，24（9）：252-253.

［70］周伊冰，霍娅敏，张奕源. 基于潜在类别分析的城市轨道交通通勤市场细分研究［J］. 综合运输，2021，43（9）：9-16.

［71］夏杰长. 我国综合交通运输创新发展的总体思路和对策建议［J］. 新经济导刊，2021（1）：4-9.

［72］北京交通大学北京综合交通发展研究院. 北京交通蓝皮书：北京交通发展报告（2020）［M］. 社会科学文献出版社，2021.

［73］百度地图：2020 年度中国城市交通报告，2021.

［74］张思颖，陈宁，李延晖，等. 低碳视角下城市冷链物流配送系统优化决策研究［J］. 工业工程与管理：2021，1-17.

［75］赵国富，刘俊华，崔莹，等. 基于 AHP 城市群无人货车物流配送中心选址评估：以内蒙古地区呼包鄂城市群为例［J］. 物流工程与管理，2021，43（9）：97-100.

［76］王宁，胡大伟，徐杰，等. 基于客户价值和满意度的城市冷链物流时变路径问题［J］. 中国公路学报，2021，34（9）：297-308.

［77］温旭丽，张振宇，杨涛. 大城市公交分担率测算模型构建与实证研究［J］. 重庆交通大

学学报（自然科学版），2016，35（4）：127-132.
[78] 邓红星，秦佳琪．基于服务水平调查的城市公交满意度综合评价［J］．重庆理工大学学报（自然科学），2020，34（5）：226-232.
[79] 林静．基于城市交通基础设施发展协调性的公共交通优先评价与建议［J］．北京规划建设，2020（3）：80-84.